布坎南和诺思的
经济思想的比较与反思

——理解国家的两条经济学进路

汪毅霖 著

The Compare and Critique on
Economic Thought of Buchanan and North:
Two Economic Patterns for Understanding State

图书在版编目(CIP)数据

布坎南和诺思的经济思想的比较与反思：理解国家的两条经济学进路 / 汪毅霖著. -- 重庆：西南大学出版社，2023.12

ISBN 978-7-5697-2141-6

Ⅰ.①布… Ⅱ.①汪… Ⅲ.①经济思想史—研究 Ⅳ.①F09

中国国家版本馆CIP数据核字(2023)第242502号

布坎南和诺思的经济思想的比较与反思——理解国家的两条经济学进路
BUKANNAN HE NUOSI DE JINGJI SIXIANG DE BIJIAO YU FANSI——LIJIE GUOJIA DE LIANGTIAO JINGJIXUE JINLU

汪毅霖　著

责 任 编 辑：何思琴
责 任 校 对：张昊越
装 帧 设 计：闻江文化
照　　　　排：吕书田
出 版 发 行：西南大学出版社(原西南师范大学出版社)
网　址:http://www.xdcbs.com
地　址:重庆市北碚区天生路2号
邮　编:400715
电　话:023-68868624
印　　　　刷：重庆市圣立印刷有限公司
成 品 尺 寸：165 mm×238 mm
印　　　　张：21.25
字　　　　数：445千字
版　　　　次：2023年12月 第1版
印　　　　次：2023年12月 第1次印刷
书　　　　号：ISBN 978-7-5697-2141-6
定　　　　价：88.00元

国家社科基金后期资助项目
出版说明

　　后期资助项目是国家社科基金设立的一类重要项目,旨在鼓励广大社科研究者潜心治学,支持基础研究多出优秀成果。它是经过严格评审,从接近完成的科研成果中遴选立项的。为扩大后期资助项目的影响,更好地推动学术发展,促进成果转化,全国哲学社会科学工作办公室按照"统一设计、统一标识、统一版式、形成系列"的总体要求,组织出版国家社科基金后期资助项目成果。

全国哲学社会科学工作办公室

目录
CONTENTS

第一章 导论 ……001
第一节　为什么选择这一主题 ……001
第二节　研究现状述评 ……026
第三节　研究方法和基本思路 ……032

第二章 如何理解国家：两条进路的方法论比较 ……037
第一节　两条进路的基本情况 ……037
第二节　两种研究纲领各自的硬核假设 ……056
第三节　如何理解国家是什么和做什么：代表性国家模型的比较 ……066
第四节　小结：两条进路的方法论异同的来源、内容和表现 ……078

第三章 制度的评价：正义、效率与自由 ……086
第一节　布坎南进路下的制度评价：正义与效率并重 ……087
第二节　诺思进路下的制度评价及其超越：从效率唯一到并重自由 ……097
第三节　小结：两条进路的制度评价标准的反思与互补 ……108

第四章 把权力关进制度的笼子里：以财政问题为例 ·············· **113**

- 第一节　布坎南看待国家的财政活动的批判视角 ·············· 115
- 第二节　诺思看待国家的财政活动的历史视角 ·············· 131
- 第三节　小结：看待财政问题的布坎南和诺思的视角的不足 ····· 155

第五章 好制度的情境依赖性与路径创造：中国视角 ·············· **159**

- 第一节　制度评价的情境依赖性与好制度的探索学习过程 ······ 159
- 第二节　好制度的实现：路径创造与制度企业家 ·············· 174
- 第三节　小结：好制度的评价和实现的中国视角 ·············· 189

第六章 两条进路对中国的误读：表现和原因 ·············· **193**

- 第一节　两条思想进路误读中国经济的表现 ·············· 193
- 第二节　两条思想进路误读中国经济的原因：对批判的批判 ····· 209
- 第三节　小结：西方中心论的陷阱与中国实践对西方理论的超越 ··· 242

第七章 结论与展望 ·············· **246**

- 第一节　比较研究的结论 ·············· 246
- 第二节　关于中国特色的国家理论的初步展望 ·············· 252

附录一：公共选择弗吉尼亚学派的内部关系与外部分殊 ·············· **264**

- 第一节　弗吉尼亚学派和公共选择学派其他分支概况 ·············· 264
- 第二节　学派内部的关系：以布坎南和塔洛克为中心的讨论 ····· 268
- 第三节　分支之间的分殊：以布坎南和奥尔森为中心的讨论 ····· 276

附录二：新制度经济学华盛顿学派的内部关系与外部分殊 ·············· **284**

- 第一节　华盛顿学派和新制度经济学其他分支概况 ·············· 284
- 第二节　学派内部的关系：以诺思和巴泽尔为中心的讨论 ······ 287
- 第三节　分支之间的分殊：以诺思和阿西莫格鲁为中心的讨论 ··· 294

参考文献 ·············· **307**

第一章　导论

第一节　为什么选择这一主题

本书所欲为者乃是开展关于经济学的"国家理论"的思想史研究，虽然从范围上说只是研究了经济思想史中一个近代的重要片段。具体来说，本书是要对理解国家的两条经济学进路——以布坎南（James Buchanan，1919—2013）为中心的弗吉尼亚学派的公共选择理论和以诺思（Douglass North，1920—2015）为中心的华盛顿学派的新制度经济学国家理论——进行思想史的比较研究。我们要研究这一主题的根柢性质的原因在于：布坎南和诺思的思想是理解国家的两条代表性经济学进路，因此对二者的研究纲领和具体内容的比较本身就有思想史的研究意义。同时，由于二者都诞生于西方世界的社会语境和思想语境，因此即使是二者的合集也无法解释中国特色的国家制度建设，从而有理论与现实的冲突。我们的研究目的恰是在思想史梳理的基础上，从中国化的情境出发来发展经济学的国家理论，进而实现理论与现实的统一。

一、"国家"理论在经济思想史上的传承

"国家"(state)①是经济学中一个重要但在很长一段时间内未得到足够重视的概念。人类的历史已经反复证明,没有强大而善意的国家,就不会出现有效的市场和持续的经济繁荣。这一认识不仅出现在经济学鼻祖亚当·斯密(Adam Smith)的著作中,也被晚近的理解国家的两种不同的新古典经济学思想进路——以布坎南为代表的公共选择理论和以诺思为代表的新制度经济学理论——所反复强调。

在斯密的著作尤其是1776年出版的《国富论》和更早的《法理学讲义》中,斯密对于适当的国家职能进而好的国家治理有着清晰的描述。按照自由自然的制度,国家(斯密将之还原为"君主")的职能或者说义务限于三个方面②:"第一,保护社会,使不受其他独立社会的侵犯。第二,尽可能保护社会上各个人,使不受社会上任何其他人的侵害或压迫,这就是说,要设立严正的司法机关。第三,建设并维持那些公共事业及某些公共设施(其建设与维持绝不是为着任何个人或任何少数人的利益),这种事业与设施,在由大社会经营时,其利润常能补偿所费而有余,但若由个人或少数人经营,就决不能补偿所费。"③而在《国富论》诞生之前的1755年,斯密就已经指明,在履行此三项国家职能或者说君主义务的过

---

① 无论是在中文还是英文的语境下,"国家"一词都是一个具有复合型含义的概念。在中文的各类辞典中,"国家"的常见含义有二:其一是指一个国家政权所领有的区域;其二是指阶级统治的机关,是占统治地位的阶级为维护本阶级的利益、巩固其统治,对被统治阶级施用暴力的机器(这明显是受了马克思主义国家学说的影响)。英文中至少有三个词与"国家"有关(韦森,2019):一是"country",指国家领土的概念,可简称为"疆国"。二是"nation",强调的是民族、国民,可简称为"族国"。三是"state",指的是政权,可简称为"政国"。国家治理的实施主体只能是政权意义上的"国家",其显然对应的是中文第二种含义即英文中的"state"。还有一种常见的英语的组合是"nation-state",即中文翻译的"民族国家",其是17、18世纪在西欧率先出现的国家形式,也是当前主要的国家形式,其强调由一个民族(nation)在一定国界(country)范围内组织成一个国家(state)。在韦伯看来,"民族(nation)是一个能在自己的国家(state)中充分展现自己情感的共同体,因此,民族是一个通常会建立自己国家的共同体"。(菲力蒲·G.罗伊德:《民族—国家的创建方式》,练睿民译,载郭忠华、郭台辉编《当代国家理论:基础与前沿》,广东人民出版社,2017年,第2页)
② 至迟在1762—1763年的讲义中,斯密的这一观点就已经形成,并将之概括为"财产安全""公共治理""不受外来侵略",以及为适当履行上述职能而必需的君主或国家的费用。([英]亚当·斯密:《法理学讲义》,R. L. 米克、D. D. 拉斐尔、P. G. 斯坦编,冯玉军、郑海平、林少伟译,中国人民大学出版社,2017年,第46页)
③ [英]亚当·斯密:《国民财富的性质和原因的研究》(下卷),郭大力、王亚南译,商务印书馆,1974年,第252—253页。

程中,好的国家治理原则无外乎"和平、轻赋税、宽容的司法监管","一国摆脱野蛮迈向最高程度的丰裕的条件仅此而已,其他条件都会自然地随之而来"[①]。

在斯密的整个思想体系中,经济学是法理学的一部分,而"国家"[②]是斯密的法理学的重要的甚至有起点[③]性质的概念。斯密甚至还曾经计划要撰写一部篇幅巨大的关于国家理论的著作(在《道德情操论》的最后一段中做了预告),以便阐释"法律和政治历史的理论"[④]即"法律和政治的一般原理"[⑤],但终因年老力衰而未能如愿。

虽然斯密之后的数代经济学家都清楚国家会对经济发展产生显著影响,但他们更多将之视为政治学家而非经济学家应该关注的问题,从而主动放弃了对决定经济绩效的根本制度性原因的讨论。正如西尼尔(Nassau Senior)所说,"促使生活资料与人口作相对增长的原因是什么,关于在这方面的作出解释,实在是政治学作家的职责,而不是政治经济学作家的职责"[⑥]。于是,从李嘉图(David Richard)、马尔萨斯(Thomas Malthus)等19世纪初的古典经济学家到马歇尔(Alfred Marshall)、罗宾斯(Lionel Robbins)、凯恩斯(John Keynes)等20世纪上半叶的新古典经济学家,几乎所有重要学者的研究兴趣都从关注政府与市场关系的政治经济学领域转向更为技术性的纯经济分析。即使有经济学家如穆勒(John Mill)较为详细地讨论了国家职能或国家治理(穆勒认为国家有责任保护产权,但国家有时候反而是问题本身),他们也基本上只是列举了善治的标准和条件,而对国家起

---

① Smith, Adam, 1982, *Essays on Philosophical Subjects*, Indianapolis: Liberty Fund, p. 322.
② 根据斯密上述对国家职能和善治的原则的讨论,并参考其他经济学家的观点可知,国家(state)不等同于政府(government),国家治理也不同于政府治理。政府只是国家的一部分,是国家的部分角色和职能的有形代表。国家治理考虑的是如何通过制度改革而实现国家的长治久安等重大问题,而政府治理则考虑的是如何在现有的制度结构下优化政府的内部效率和提高公共服务的供给水平。
③ 在目前被发现的两个版本(1762—1763年版和1766年版,后者即著名的坎南版)的斯密的"法理学"课堂笔记中,关于"国家"的内容都被放在讲义开头的位置。
④《亚当·斯密通信集》,[英]欧内斯特·莫斯纳、伊恩·辛普森·罗斯编,林国夫、吴良健、王翼龙、蔡受百译,商务印书馆,2000年,第395页。
⑤ [英]亚当·斯密:《道德情操论》,蒋自强、钦北愚、朱钟棣、沈凯璋译,商务印书馆,1997年,第1页。
⑥ [英]西尼尔:《政治经济学大纲》,蔡受百译,商务印书馆,1977年,第79页。

源和性质①的讨论则付之阙如——这或许是因为他们认为当时的英国正是符合善治要求的样板(欧文②,2021)。

在19世纪的著名经济学家中间,马克思是一个重要的例外,其与斯密一样在国家理论的研究中投入了比他人更多的精力。马克思在研究资本主义经济制度时,曾经把自己的研究计划分为六个部分,其中之一就是国家③。马克思原本打算以分册的形式专门撰写一本以国家为主题的著作④。该书虽然没有完成,但是从1843年的《黑格尔法哲学批判》开始,马克思在《共产党宣言》(1848年)、《1848年至1850年的法兰西阶级斗争》(1850年)、《路易·波拿巴的雾月十八日》(1852年)、《法兰西内战》(1871年)和《哥达纲领批判》(1875年)等著作中都有关于资本主义国家的本质和社会主义国家的可能前景的大篇幅的讨论。恩格斯则在《反杜林论》(1878年)、《社会主义从空想到科学的发展》(1880年)和《家庭、私有制和国家的起源》(1884年)中对国家问题有较为详尽的讨论。所以就连诺思也承认,虽然"不存在马克思主义国家理论的权威阐述,但是马克思和恩格斯都给出了(若干)国家理论的基本要件,马克思的追随者们则写出了大量关于该

---

① 从性质和起源上来说,斯密指出,政权意义上的国家即"政治制度的首要的设置是维护正义,进而防止社会成员侵犯他人财产或夺取不属于自己的东西"。([英]亚当·斯密:《法理学讲义》,R. L. 米克、D. D. 拉斐尔、P. G. 斯坦编,冯玉军、郑海平、林少伟译,中国人民大学出版社,2017年,第45页)或者说得更露骨一些,"就保障财产的安全说,民政组织的建立,实际就是保护富者来抵抗贫者,或者说,保护有产者来抵抗无产者"。([英]亚当·斯密:《国民财富的性质和原因的研究(下卷)》,郭大力、王亚南译,商务印书馆,1974年,第277页)显然在起源的意义上,斯密认为从富人与穷人的冲突中保护富者的私有产权是建立国家的初始目的,且国家的这一职能是符合正义的。

② 括注中,人名为中文译名时,表示引文来源于中文文献资料。

③ 马克思与恩格斯对于建构国家制度的初始目的认识基本与斯密一样。正如恩格斯对国家的精辟概括:"国家无非是一个阶级镇压另一个阶级的机器。"([德]弗里德里希·恩格斯:《卡·马克思"法兰西内战"1891年版导言》,载《马克思恩格斯选集》第三卷,人民出版社,2012年,第55页)并且马克思发现,国家的这一属性随着生产力的向前发展和革命高潮的到来而表现得愈发明显:"现代工业的进步促使资本和劳动之间的阶级对立更为发展、扩大和深化。与此同步,国家政权在性质上也越来越变成资本借以压迫劳动的全国政权,变成了为进行社会奴役而组织起来的社会力量,变成了阶级专制的机器。每经过一场标志着阶级斗争前进一步的革命以后,国家政权的压迫性质就暴露得更加突出。"([德]卡·马克思:《法兰西内战》,载《马克思恩格斯选集》第三卷,人民出版社,2012年,第96页)

④ [德]卡·马克思:《〈政治经济学批判〉序言》,载《马克思恩格斯选集》(第二卷),人民出版社,2012年,第1页;[德]卡·马克思:《马克思致斐迪南·拉萨尔(1858年2月22日)》,载《马克思恩格斯选集》(第四卷),人民出版社,2012年,第431页。

主题的研究"[1]。

　　西方经济学家在斯密之后对于国家理论的忽视在二战前后有所改观。二战前,庇古(Arthur Pigou)的《福利经济学》和凯恩斯的《就业、利息和货币通论》(后称《通论》)大为扩张了国家在微观和宏观经济领域的干预范围。但是二战后,芝加哥学派兴起并渐成主流。该学派的主要政治倾向是信奉市场的自由竞争,反对国家干预经济,而重新思考"国家"的性质以批判庇古和凯恩斯等人隐含持有的国家是全知全能全善的主体的假设,无疑可最为直接地颠覆一切主张国家干预经济的观点。另外,从外部的社会环境来看,20世纪80年代英美的撒切尔—里根改革在很大程度上不仅体现了芝加哥学派的政策主张,也唤醒了人们重新关注奥地利学派自20世纪二三十年代以来对国家全能主义的持续反对。

　　于是,从20世纪50年代开始,先后出现了一批建构经济学的国家理论的努力,而以布坎南[2]为代表的公共选择的弗吉尼亚学派和以诺思[3]为代表的新制度经济学的华盛顿学派先后获得了诺贝尔经济学奖的肯定,成为当今经济学界最有影响力的研究国家的思想进路。虽然在研究方向上各有侧重,且在研究纲领上也有所不同(拉卡托斯,1986),但是公共选择理论和新制度经济学理论都在不同程度上反映了斯密[4]和马克思所开创的经济学国家理论的研究传统的复兴。

---

[1] North, Douglass, 1982, "The Theoretical Tools of the Economic Historian", in Charles Kindleberger, and Guido di Tella (eds.), *Economics in the Long View: Essays in Honour of W. W. Rostow*, Vol. 1, Models and Methodology, London: Macmillan Press Ltd, p. 22.

[2] 布坎南于1986年单独获得诺贝尔经济学奖。诺贝尔奖评委会给出的布坎南的获奖理由是:"发展了建基于契约和宪制之上的经济和政治决策理论",而其贡献集中于"政治决策理论和公共经济学"。(1986年诺贝尔经济学奖颁奖词)

[3] 诺思在1993年与福格尔(Robert Fogel)分享了诺贝尔经济学奖。诺贝尔奖评委会给出的诺思的获奖理由是:"开创了应用经济理论和量化方法的经济史研究,从而可以解释经济和制度的变迁。"诺贝尔奖评委会认为诺思的主要贡献在于:"对于欧洲和美国在工业革命期间和之前的经济发展提出了新的洞见;强调了产权和制度所扮演的角色。"(1993年诺贝尔经济学奖颁奖词)

[4] Buchanan(1976)曾经讨论过亚当·斯密的国家理论中的公共选择元素。

二、学脉渊源和观点异同

(一)学脉渊源的交集和观点上的共识

诺思的重要作品在出版时间上要明显晚于布坎南的代表作,这与诺思迟至20世纪60年代末才发生研究方向和研究方法的转型有关。在这一转型过程中,诺思受到了公共选择学派的作品的显著影响。在诺思的20世纪70年代的经典著作中,诺思都引用了布坎南和塔洛克的《同意的计算》(The Calculus of Consent,英文版1962年发表),并将其称为自己重要的思想来源之一。诺思在70年代经常引用的公共选择学派的作品还包括唐斯(Anthony Downs)的《民主的经济理论》(An Economic Theory of Democracy,英文版1957年发表)及奥尔森(Mancur Olson)的《集体行动的逻辑》(The Logic of Collective Action,英文版1965年发表)。诺思在70年代初甚至在论文中坦言,公共选择学派的工作"提供给我们一个值得信赖的起点"[①]。

从表1-1所表现的两个学派的学脉渊源来说,公共选择理论对诺思的显著影响一方面是通过该学派的作品,另一方面是源于私人的交往(主要是诺思与公共选择学派的另一位巨擘塔洛克)。根据de Almeida (2019)的考据,诺思曾经在私人通信中称自己为塔洛克的粉丝。在一封1986年写给塔洛克的私人信件中,诺思写道:这些年来我确确实实地从您那里学到了很多关于国家的知识,而且我好像是从您那里学到了黑手党国家(mafia-state)的概念。由于塔洛克是布坎南多年的同事和密友,故如果考察布坎南和诺思各自的学脉渊源的话,塔洛克是连接二者学术网络的关键节点。

表1-1 布坎南和诺思各自的学脉渊源及其交集

	布坎南的学脉渊源	诺思的学脉渊源
前辈学者	维克塞尔——>布坎南 奈特——>布坎南 哈耶克**——>布坎南	马克思——>诺思 哈耶克**——>诺思 熊彼特*——>诺思 库兹涅茨——>诺思

[①] North, Douglass, 1974, "Beyond the New Economic History", *Journal of Economic History*, Vol. 34, No. 1, p. 5.

续表

	布坎南的学脉渊源	诺思的学脉渊源
同辈学者	阿罗<——>布坎南 塔洛克**<——>布坎南 罗尔斯<———>布坎南	科斯*———>张五常———>诺思 塔洛克**———>诺思 西蒙———>诺思 巴泽尔<———>诺思
后辈学者	阿马蒂亚·森<———布坎南 奥斯特罗姆<———布坎南	格雷夫<———>诺思 阿西莫格鲁<———>诺思

注：箭头的方向表示学者之间产生学术影响的方向，双向箭头则意味着这种影响是相互的。星号代表布坎南和诺思在学脉渊源上的交集，"**"为强交集，"*"为弱交集。

在塔洛克之外，另一个起到学术网络的关键连接作用的经济学家是布坎南和诺思的前辈，即著名的奥地利学派的领袖哈耶克。

由于研究主题相近，二战后才开始自己学术生涯的布坎南自然而然地会受到成名已久的哈耶克的影响，布坎南还曾经于1978年对哈耶克进行过长达几个小时的学术专访。虽然在很多方面有独立的见解，但布坎南仍然在哈耶克等奥派经济学家的影响下将市场视作一个创造性的复杂过程，布坎南也同意哈耶克的古典自由主义倾向（无论是在规范价值观上还是在研究方法论上），并从20世纪90年代开始在如何限制多数人暴政的问题上也开始接受哈耶克的"普遍性原则"。另外，哈耶克及其后辈奥地利学派经济学家关于企业家的观点也影响了布坎南对市场的性质的理解（Buchanan and Vanberg[1]，1991）。

诺思在原则上是一个制度的理性建构主义者，但是，诺思的理性建构的制度观是非常不彻底的。诺思强调演化色彩更浓的非正式制度与国家制定和实施的正式制度一样甚至更加重要，且诺思还承认个体理性的有限性和集体学习的重要性，这就使得诺思的制度理论与哈耶克的思想天然具有亲近性。哈耶克对诺思的影响更多是通过私人交往实现的。二人由于共同的研究兴趣而结识于20世纪70年代初，从此结为忘年的莫逆之交（韦森，2016）[2]。哈耶克的集体学习、适应性效率等概念及奥地利学派经济学独有的对时间概念的重视都融入了诺思后期的著作中（North，2005；韦森等，2019）。

---

[1] 括注中，人名为英文名时，表示引文来源于英文文献资料。
[2] 哈耶克在1974年获得诺贝尔奖之后，曾经到诺思位于伊利诺伊州的私人农场住了3天。

除了塔洛克和哈耶克这两位关键的节点性人物外，布坎南与诺思之间还有其他的学脉渊源。例如，布坎南的博士论文导师弗兰克·奈特是芝加哥学派第一代的领军人物，故布坎南是一名根红苗正的芝加哥学派经济学家，虽然他在对市场的理解上不同于大部分第二代芝加哥学派经济学家，而是更具奥地利学派的色彩。而在职业生涯早期，诺思从与同事戈登（Donald Gordon）的私下交往中获得了芝加哥学派的经济学价格理论的知识。诺思自己回忆："随着我重新学习经济学，我变成了一名坚定的新古典芝加哥学派的经济学家。"[①] 又如，1991年诺贝尔经济学奖得主科斯（Ronald Coase）曾是布坎南在弗吉尼亚大学工作时的同事，而科斯后来透过张五常深刻地改变了诺思的研究范式。另外，熊彼特（Joseph Schumpeter）的后期作品（熊彼特，1999）在公共选择领域产生过"轻微的或巨大但相对较晚的直接影响"[②]，这从布坎南的部分作品中可见[③]，而熊彼特的创造性破坏和企业家概念对于诺思的影响则显著体现于他的几乎全部的代表性作品中。

由于有上述学脉渊源上的交集，以布坎南为代表的公共选择的弗吉尼亚学派和以诺思为代表的新制度经济学的华盛顿学派在对国家的理解上存在若干共识，可至少分为两个方面和五点具体内容。

一方面，由于诺思的新制度经济学国家理论受到了公共选择学派尤其是塔洛克的影响，而塔洛克又是布坎南学术生涯中最重要的合作者。这一学脉渊源上的交集（见表1-1）使得布坎南和诺思在关于"国家"的认识上至少存在以下共识。

共识之一：国家的两面性。双方都重视研究国家在构建法律、制度乃至宪制时的关键作用，但同时也都认识到了国家还具有掠夺和剥削的面向。

亚当·斯密曾经断言："任何国家，如果没有具备正规的司法行政制度，以致人民关于自己的财产所有权，不能感到安全，以致人民对于人们遵守契约的信任心，没有法律予以支持，以致人民设想政府未必经常地行使其

[①] Horn, Karen, 2009, *Roads to Wisdom, Conversations with Ten Nobel Laureates in Economics*, Cheltenham: Edward Elgar, p. 164.
[②] Mueller, Dennis, 2003, *Public Choice Ⅲ*, Cambridge: Cambridge University Press, p. 2.
[③] 虽然在重要性和使用频率上都比不上诺思的作品，但布坎南和塔洛克在《同意的计算》中也使用了"政治企业家"的概念。（[美]詹姆斯·M.布坎南、戈登·塔洛克：《同意的计算：立宪民主的逻辑基础》，陈光金译，中国社会科学出版社，2000年，第298页）

权力,强制一切有支付能力者偿还债务,那么,那里的商业制造业,很少能够长久发达。简言之,人民如对政府的公正,没有信心,这种国家的商业制造业,就很少能长久发达。"①

斯密的意思很明确,若没有按照正义的司法确立起安全的财产制度,则一国的经济繁荣便是无源之水。布坎南和诺思都在不同程度上继承乃至发展了斯密的这一洞见。

可能是由于在哲学上反对作为有机体的国家的概念,布坎南极少直接点明和分析国家在构建法律和制度时所扮演的核心角色,但布坎南还是曾经指出,"国家应该做的是落实执行法制"②,而对于法治一般理解显然包括财产受到法律和制度上的保障。诺思在此问题上的观点——国家的主要职能是通过法律和制度的构建来为人们提供公正——要比布坎南更为明确。早在1973年的《西方世界的兴起》中,诺思就开宗明义地指出:"国家可视为一个组织,其通过提供保护和正义来换取岁入。即是说,百姓向国家来付费,让其确立和实施产权。"③后来,诺思进一步将国家按照职能理解为"有强制力的组织,其可作为有强制力的第三方来有效地监督产权和执行契约"④。

虽然承认国家有积极和好的一面,但是,布坎南和诺思也都充分认识到国家还具有掠夺和剥削的面向。用布坎南的话说:"广义上的国家,是一系列复杂的制度性安排,既能做许多'好'事,这是由政治集团的成员所作的评价,但是国家也能施加负面影响——也就是能做许多'坏'事——这也是由参与集体事业的人作出的评价。"⑤诺思关于国家具有善恶两面性的观点更为著名,即有所谓的"诺思悖论"——"国家的存在是经济增长的基本条件,然而国家又是人为造成的经济衰退的根源"⑥。这在诺思的后期作品

---

① [英]亚当·斯密:《国民财富的性质和原因的研究》(下卷),郭大力、王亚南译,商务印书馆,1974年,第473页。
② [美]詹姆斯·M.布坎南:《为什么我也不是保守派:古典自由主义的典型看法》,麻勇爱译,机械工业出版社,2015年,第112页。
③ North, Douglass, and Robert Paul Thomas, 1973, *The Rise of The Western World: A New Economic History*, Cambridge: Cambridge University Press, p. 6.
④ North, Douglass, 1990, *Institutions, Institutional Change, and Economic Performance*, New York: Cambridge University Press, p. 59.
⑤ [美]詹姆斯·M.布坎南,理查德·A.马斯格雷夫:《公共财政与公共选择:两种截然不同的国家观》,类承曜译,中国财政经济出版社,2000年,第81页。
⑥ North, Douglass, 1981, *Structure and Change in Economic History*, New York: W. W. Norton & Company, Inc., p. 20.

中愈发明显且截然不同于早期的偏乐观的观点(North,1977,1978)①。

共识之二：宪制约束的重要性。在政策含义上，都主张在宪制上对国家的权力加以约束。

由于国家不仅有做好事的可能，也有做坏事的可能，所以，布坎南和诺思都同意要对国家的权力加以约束。布坎南和诺思都把规则和制度视为对人类行为的约束，在二者的分析框架中，宪制（constitutional institution）②[也称宪法（constitution）或宪则（constitutional rule）]所起到的作用之一是约束国家可能滥用权力的行为。

布坎南为此而开创了宪制经济学的研究，且提出了两种如何约束国家权力的具体原则——"一致同意原则"和"普遍性原则"。一致同意原则是一种程序性约束，其要求在制度选择阶段采用一致同意的集体决策规则，而在后制度选择阶段或者说常规政治领域则可以采用简单多数等集体决策规则，因为按照一致同意原则所制定的宪制此时已经构成了对常规政治决策的制度约束。普遍性原则是一种在结果上的约束，其假定简单多数决定是唯一的集体选择规则。此时，普遍性意味着消除了公共政策为任何特殊利益集团谋利的可能，从而实质上等同于规定了集体行动的结果的范围，并且"将肯定使现代民主过程恢复更多的公共性方面的特征"③。

诺思的问题意识与布坎南接近——如何令"政权或君主承诺遵守规则或被规则所制约"④，不过他的主要工作是从经济史的视角，来说明光荣革

---

① 在诺思早期研究中，他曾经批评过公共选择学派关于国家的性质的过于悲观的先验判断。但是，诺思在《暴力与社会秩序》中其实已经与公共选择在国家性质上达成了观点的基本一致，只不过诺思的判断可能更具经验属性，其认为开放准入秩序从19世纪中叶才开始在这个世界上出现（首先出现在英国、美国和法国），且始终是一种不占多数的社会秩序。"或许25个国家和15%的世界人口今天生活在开放准入社会；其他175个国家和85%的人口生活在自然国家。"(North, Douglass, John Wallis and Barry Weingast, 2009, *Violence and Social Orders: A Conceptual Framework for Interpreting Recorded Human History*, Cambridge: Cambridge University Press, p. xii)

② 在布坎南的研究中，宪制、宪法、宪则这几个概念的含义是完全相同的，国内学界在翻译布坎南作品的时候也有交替使用这几个名词的现象。基于价值中立和考虑到宪法是制度的一种特殊形式，我们在本书中主要使用"宪制"这一概念。在近年来的官方文件中，"宪制秩序"一词也是通行的用法。(《中共中央关于党的百年奋斗重大成就和历史经验的决议》，人民出版社，2021年，第57页）

③ [美]詹姆斯·M.布坎南，理查德·A.马斯格雷夫：《公共财政与公共选择：两种截然不同的国家观》，类承曜译，中国财政经济出版社，2000年，第93页。

④ North, Douglass, and Barry Weingast, 1989, "Constitutions and Commitment: The Evolution of Institutional Governing Public Choice in Seventeenth-Century England", *Journal of Economic History*, Vol. 49, No. 4, p. 803.

命后的英国(而不是布坎南所关注的现代的美国)是如何实现依据宪制限制君主(国家)任意征税的权力。诺思发现,如果宪制可以"自我实施",那么就可以有效约束国家肆意征税甚至没收私人财产的行为,从而在国家和民众之间形成以公共服务(主要是正义)交换税赋的"可信承诺"。诺思还发现,通过实施财政上的宪制约束,以财政汲取能力来衡量的国家能力在光荣革命后反而明显增强。

共识之三:双方都强调在国家及其构建的正式制度之外,非正式制度和规则——社会的习俗、惯例、道德规范等——在实现经济繁荣和秩序稳定中扮演着重要角色。

宪制和法律都是正式制度,布坎南和诺思都承认这些正式规则之于经济发展和社会秩序的重要性。但同时,布坎南和诺思的另一个共识是:非正式规则与正式规则互为补充,非正式规则的作用不次于甚至重于正式规则。

布坎南论证过:"对行为的正式约束条件,例如像法律和宪法结构所施加的约束条件,从来不能单独保证社会秩序的可行性。一套内在的伦理规范或标准似乎是必不可少的。"[①]这种内在的非正式约束引导人们在规则内行动,减少了机会主义的发生可能,从而有利于市场中互惠交易的开展(Buchanan,1994)。在后制度选择阶段,布坎南通过引入"宪制责任伦理"这一概念解释了为什么有很多选民会在选举中投票,而单纯从经济人假设出发却会推理出他们将选择理性的无知和弃权。同时,宪制责任伦理还可视为在制度选择阶段进行宪制选择时的伦理约束(霍恩,2012)。

诺思对于非正式规则的重视较之布坎南有过之而无不及。布坎南认为正式规则与非正式规则的关系是相互协同发挥作用或在某些领域相互替代发挥作用;诺思则认为非正式制度更为重要,因为从长期看非正式制度决定着正式制度(North,1990)。只有当正式制度未与非正式制度相违背——如法律在文本上的规定不会违反社会的公序良俗,正式制度才能以较低的实施成本在长期内持续实施。诺思还清晰地指明了正式制度与非正式制度在实施方式上的差异,正式制度可以在一夜之间通过文本上的改变而颁布实施,但非正式制度却不可能在短期内被社会大众广泛接受并自愿实施。诺思从这一角度解释了东欧诸国在20世纪90年代早期的转型中

---

① [美]詹姆斯·M.布坎南、理查德·A.马斯格雷夫:《公共财政与公共选择:两种截然不同的国家观》,类承曜译,北京:中国财政经济出版社,2000年,第19页。

所遇到的挫折，"将成功的西方市场经济体的政治和经济规则移植到第三世界和东欧经济体，这不是好的经济绩效的充分条件。私有化不是解决经济绩效疲软的万能灵药"[①]。

除了上述三点共识外，布坎南和诺思之间在（作为国家的对照物的）市场问题上也存在若干共识，这主要归功于哈耶克、科斯、熊彼特等学术网络的关键节点人物的影响（见表1-1）。于是我们有：

共识之四：双方都主张研究真实世界，反对从纯理论所勾画的理想状态出发来论证市场的有效性以及讨论国家与市场的关系。

新古典经济学内部存在两种不同的市场观，一是强调市场失灵无处不在，二是迷信市场竞争所带来的普遍效率。布坎南和诺思并不同意上述两种脱离了真实世界的理想化的市场观念，分别从政府失灵和交易成本出发提出了相反的看法。

布坎南指出，经济学家中间一直存在一种错误的思想进路（起源于庇古的新古典福利经济学）：先用观察到的真实市场情况与理想化的市场情况之间的差距来定义市场失灵（market failure），然后再以此来论证应该由国家出面来纠正市场失灵，甚至应该用国家控制的计划经济来全面取代市场（Buchanan，2003）。然而，这一进路及其所衍生出的建议背后存在一个未言明的假设：理想化的国家能够完美地纠正市场失灵，完全不考虑任何真实世界中可能出现的政府失灵（government failure）。然而对布坎南来说，公共选择理论对于当代发达资本主义社会的政治运行的研究证明："不论是市场还是政治体制，都比不上它们在观念上理想化了的模式所具有的功能。这是一个简单的真理，但它是一个经常为社会科学家与哲学家所忽视的真理。"[②]

诺思反对的是新古典经济学在研究市场运行时的另一种错误倾向，就是过分强调市场竞争的有效性，而完全忽视了真实世界中客观存在的交易成本（利用市场机制的成本）以及国家政权在降低交易成本时可能发挥的作用。诺思认为在经济领域和政治领域都存在交易成本，如果利用市场的经济领域的交易成本过高，则无法通过市场上的分工和交易来实现经济繁

---

① North, Douglass, 1994, "Economic Performance Through Time", *American Economic Review*, Vol. 84, No. 3, p. 366.
② [美]詹姆斯·M.布坎南：《自由、市场与国家》，平新乔、莫扶民译，生活·读书·新知三联书店，1989年，第383页。

荣,而由国家来建立和实施产权制度在诺思看来是最能显著降低经济领域的交易成本的机制(North and Thomas,1973)。但是,政治领域的交易成本(其至少是主要原因之一)有时候也会阻碍君主(国家)推动有利于经济发展的制度变迁,反而诱使国家对市场中的私人主体伸出掠夺之手(North,1981,1994)。

共识之五:双方在关于经济学的性质和市场的功能的认识上都不同于新古典主流经济学。二者不是关注市场在资源配置中的静态效率,而是强调市场制度在解决知识问题和促进创新等方面的功能。

与其他同辈的芝加哥学派经济学家相比,布坎南在方法论上的一个重要不同之处是对经济学的性质和市场的功能的理解。布坎南主张"必须把极大化范例从经济学工具中的统治地位上驱除出去"[1],继而市场的主要功能就不在于其在静态的资源配置效率上的意义。布坎南认同的是哈耶克所提倡的,关注知识在市场中的运用和契约在市场中的实施的"交易经济学"(catallaxy),以至于"时常认为这才是经济理论中名副其实的唯一真正的'原理'"[2]。布坎南还接受了哈耶克和柯兹纳(Israel Kirzner)等人的奥地利学派的企业家观点,认为企业家的创造性选择(creative choice)不仅可以解决市场运行中的知识问题,而且可以产生出市场活动的目的本身(Buchanan and Vanberg,1991)。一个自然的推论是,国家应该供给法治和正义来激励企业家活动,从而为实现动态的市场有效性服务。

诺思同样很重视企业家概念,且把企业家的影响范围从经济领域推广到了政治领域。不过,诺思的企业家概念不是来自奥地利学派,而是受惠于生长生活于奥地利却开创了以自己的名字命名的新学派的熊彼特。由于熊彼特的影响,诺思更关注企业家在经济制度和政治制度创新中的作用(Davis and North,1971;North et al.,2009)。在评价经济制度的有效性时,诺思所在意的也并非静态的资源配置效率,而是以财富增长情况(从长期看是经济制度激励技术创新的水平的函数)作为判据(North and Thomas,1973),或者使用"适应性效率"(adaptive efficiency)的标准(North,1990a),看重一个社会在面临冲击和挑战时的适应能力。企业家在制度领域的职

---

[1] [美]詹姆斯·M.布坎南:《自由、市场与国家》,平新乔、莫扶民译,生活·读书·新知三联书店,1989年,第30页。
[2] [美]詹姆斯·M.布坎南:《自由、市场与国家》,平新乔、莫扶民译,生活·读书·新知三联书店,1989年,第31页。

能是发现无效的制度并努力朝着有效的方向推动制度变迁。

在反思主流新古典经济学对于市场功能的片面认识的过程中,布坎南和诺思不约而同地形成了一些一致的方法论观点。

例如,二者都重视"时间"这一在新古典经济学中未得到充分重视的概念。布坎南将经济学思想史上对"时间"的研究追溯至马歇尔,他的贡献是区别了短期和长期:固定资本在短期是给定的参数,在长期却是可变的,从而使得固定投入从约束集合转变为可以选择的目标集合。在这一意义上,固定投入是"相对的绝对之物"而非"绝对的绝对之物"。每个人的人生都是开放的,过去和当下的"选择可以决定随后的约束和偏好"[1],即变化并非来自物理时间,而是源于选择本身。于是,不同于新古典经济学的模型假定偏好是稳定的,布坎南认为集体选择中的个人偏好可以在"时间"历程中发生演变,途径是穆勒提出并经由奈特(Frank Knight)传给布坎南的"通过讨论来治理"(government by discussion)。在制度的意义上,"宪制约束日常政治选择(ordinary political choices),而日常政治选择将宪制视为相对绝对的绝对之物(Relatively Absolute Absolutes)"[2]。诺思也极为强调"时间"在制度分析中的重要性[3],在他看来,"新古典经济主义理论模型是一个瞬间的时间模型,因此,它并没有将时间因素会起什么作用考虑进去。然而,时间因素却是非常重要的一件事情,时间因素限制和塑造了我们这个演进中的世界。正是在时间的发展序列中,人类才会有学习,而人类学习的过程是积累性的,学习的过程不仅伴随着一个人的终身,而且还发生于人类代与代之间"[4]。

又如,布坎南和诺思都认为经济学并非罗宾斯所定义的选择的科学,

---

[1] Buchanan, James, 1989/1999, "The Relatively Absolute Absolutes", in Geoffrey Brennan, Hartmut Kliment and Robert Tollison (eds.), *The Collected Works of James M. Buchanan*, Vol. 1, *The Logical Foundations of Constitutional Liberty*, Indianapolis: Liberty Fund, p. 445.

[2] Buchanan, James, 1989/1999, "The Relatively Absolute Absolutes", in Geoffrey Brennan, Hartmut Kliment and Robert Tollison (eds.), *The Collected Works of James M. Buchanan*, Vol. 1, *The Logical Foundations of Constitutional Liberty*, Indianapolis: Liberty Fund, p. 448.

[3] 诺思曾经将新古典经济学的缺陷概括为三个方面:"一是没有涉及制度;二是支撑其理论的行为假定是不充分的;三是缺乏时间因素的考虑。"([美]道格拉斯·C.诺思:《期待着政治学和经济理论的联姻》,载[美]詹姆斯·艾特、玛格丽特·莱维、埃莉诺·奥斯特罗姆主编《竞争与合作:与诺贝尔经济学家谈经济学和政治学》,万鹏飞等译,北京大学出版社,2011年,第340页)

[4] [美]道格拉斯·C.诺思:《期待着政治学和经济理论的联姻》,载[美]詹姆斯·艾特、玛格丽特·莱维、埃莉诺·奥斯特罗姆主编《竞争与合作:与诺贝尔经济学家谈经济学和政治学》,万鹏飞等译,北京大学出版社,2011年,第342页。

而是一门以交易为中心的科学,故关于交易的谈判和执行的契约(contract)问题是经济学的中心问题之一。布坎南不仅是著名的关注"契约—宪制谈判"的经济学家,甚至还是与罗尔斯(John Rawls)和诺奇克(Robert Nozick)并列的重要的契约主义的政治哲学家。新制度经济学家赞同并参与了布坎南复兴经济研究的契约视角的努力[1],科斯和威廉姆森[2]专注于企业组织的治理,而新制度经济学华盛顿学派的代表诺思则更关注国家在私人契约有效实施中所扮演的第三方监督者角色,以及国家自身作为立约一方时的可信承诺问题。这种从聚焦代表性个体的选择到注重人际交易的视角转换的意义在于,契约视角"产生了许多可证伪的含义,并提供了许多公共政策上的教训,而且超越了产业组织,进而更广泛地涵盖了公共政策的制定"。在上述这些领域,"如果契约视角被更为频繁使用,就可以避免最近所见到的错误"[3]。

(二)两条进路的观点分歧

随着自身研究的深入,诺思开始对公共选择学派的文献(奥尔森,1999;布伦南,布坎南,2004a[4];塔洛克,2008)有愈来愈多的反思和批评。总体上说,诺思(2005)的批评是温和且建设性的,他认为公共选择方法和新制度经济学方法都有各自的局限性,在很大程度上可以互补。

诺思(2005,2017)多次批评了布坎南和塔洛克在《同意的计算》中所给出的互投赞成票的政治交易方案,尤其强调政治市场中的高交易成本所造成的承诺难题:"今天的立法者所进行的大量交易只有在未来才能确认承诺是否被遵守。为了降低交易成本,必须进行一系列的制度安排来保障交易可跨空间和时间开展。与在经济交易中一样,涉及的问题也是权利交换

---

[1] [美]奥利弗·E.威廉姆森:《契约、治理与交易成本经济学》,陈耿宣编译,中国人民大学出版社,2020年,第32页。
[2] 威廉姆森在自己2009年的诺贝尔奖得主演讲中正面提及了布坎南的契约方法,认为该方法是比新古典经济学的选择范式更合适的理解真实世界的透镜。([美]奥利弗·威廉姆森:《交易成本经济学的自然演进》,载中信《比较》编辑室编《建立现实世界的经济学:诺贝尔经济学奖得主颁奖演说选集》,中信出版社,2012年,第272页。)
[3] [美]奥利弗·威廉姆森:《契约、治理与交易成本经济学》,陈耿宣编译,中国人民大学出版社,2020年,第39页。
[4] 表示该作者有多个2004年出版的作品或发表的文章被引用,用a,b,c,d标示先后顺序。

的测度和实施。"①

此外,诺思还批评过奥尔森(Mancur Olson)的分利联盟(distributional coalition)理论以及布坎南和塔洛克的寻租(rent-seeking)理论。诺思认为奥尔森②的利益集团模型的问题在于忽视了国家的独立角色——该模型"没有具体说明国家的性质,这就给我们造成一种印象:国家是既得利益的被动反映"③。同时,奥尔森的模型也没有重视意识形态的作用——"因为利益集团模型方法假定人们总是在搭便车"④。诺思批评布坎南和塔洛克则是因为寻租理论并不是一个关于国家的好的理论:该理论将国家视为一种专门从事收入再分配和合法盗窃的巨型怪兽,但实际上,寻租的发生是制度失败的结果,而不是政治的必然结局。

在另一方面,公共选择的弗吉尼亚学派的主要经济学家在看待诺思的作品时大体上保持了肯定的态度(Tullock,1972,1983),虽然也不乏建设性的批评。例如,布坎南就批评了诺思的两个重要概念——交易成本和意识形态。在他看来,诺思"一直以来的看法是政府的经济职能应当在于追求经济活动的交易费用最小化。可是我觉得那是一个非常空泛的观点,从那里我们得不到什么实质性的分析"⑤。同时,"在操作层次上非常难以将'意识形态'这类因素严格限定(且不说定量限定)和加以分析(且不说数学分析)"⑥,而意识形态是否能够像诺思设想的那样对社会合作和经济发展起到积极作用本身就存在疑问,因为国家可能有意识地利用意识形态并对意识形态的发展施加影响(Vanberg,1992)。

在上述的双向批评的背后,是两条理解国家的经济学进路——以布坎

---

① North, Douglass, 1990, "A Transaction Cost Theory of Politics", *Journal of Theoretical Politics*, Vol. 2, No. 4, p.359.
② de Almeida(2019)考证出诺思曾经作为评审人否决了奥尔森的美国国家科学基金的申请,以及诺思作为审稿人曾经建议芝加哥大学出版社的编辑不要出版奥尔森的一部专著(诺思认为这个书内容陈旧且主题与时代节拍不符)。不过,这些情况并不意味着诺思不看重奥尔森的工作。实际上,诺思多次引用并在课堂上讲授奥尔森的《集体行动的逻辑》和《国家的兴衰》。
③ [美]道格拉斯·C.诺思:《制度研究的三种方法》,载[美]大卫·柯兰德编《新古典政治经济学——寻租和DUP行动分析》,马春文、宋春艳译,长春出版社,2005年,第26页。
④ [美]道格拉斯·C.诺思:《制度研究的三种方法》,载[美]大卫·柯兰德编《新古典政治经济学——寻租和DUP行动分析》,马春文、宋春艳译,长春出版社,2005年,第26页。
⑤ 高小勇、汪丁丁:《高小勇、汪丁丁专访诺贝尔经济学奖得主:大师论衡中国经济与经济学》,朝华出版社,2005年,第175页。
⑥ 高小勇、汪丁丁:《高小勇、汪丁丁专访诺贝尔经济学奖得主:大师论衡中国经济与经济学》,朝华出版社,2005年,第173页。

南为代表的弗吉尼亚学派的公共选择理论和以诺思为代表的华盛顿学派的新制度经济学国家理论——之间在研究纲领的"硬核"上的显著分歧,进而引发了在很多具体问题上的观点差异。

分歧之一:双方在研究纲领的硬核假设上存在分歧。

布坎南曾经不止一次地陈述过公共选择理论的三块方法论基石——用科学哲学的研究纲领的语言可称之为三个"硬核"假设(布坎南,塔洛克,2000;Buchanan, 2003):第一,方法论个人主义(methodological individualism);第二,经济人(homo economicus),有时用"理性选择"(rational choice)假设代替;第三,作为交易的政治(politics as exchange)。

与公共选择的观点相对应,诺思(2005)也提出过自己的研究纲领,其同样包括三个基本假设[①]:第一,个人为自己的利益而不是集体的利益行动;第二,私人契约要靠规则支持,而规定和实施这些规则是有成本的;第三,意识形态限制完全自利的最大化行为。

我们可以明显地看出:双方只在"方法论个人主义"这一立场上是基本一致的,虽然我们将会在下一章讨论二者在运用方法论个人主义时的差异。而二者在其他方面的硬核假设则都是相互冲突的。

例如,布坎南的"经济人"假设意味着个人(政治活动的各类参与者)追求自身效用最大化(布坎南对效用有宽泛的理解),但诺思的"意识形态约束"的假设恰恰是这一论题的反题——诺思引入意识形态的初衷就是为了解释何以很多人在制度变迁时没有选择搭便车(这一选择是符合狭义的个人效用最大化的)。

又如,"作为交易的政治"和强调"实施规则的成本"则表达了双方对于政治的性质和国家的主要职能的不同看法。对于布坎南来说,政治的本质是集体选择过程,而此过程可以从类似于市场交易的角度来理解(只不过代议制民主的交易标的物是选票)。虽然布坎南承认国家界定产权和维护契约的职能本身及其经济影响皆重要,但它们不在布坎南主要关注的范畴之内,布坎南主要关心的是如何在集体选择过程中保护少数人。相反,诺思将政治视作一场权力博弈,博弈的均衡决定了国家的制度特征。并且,从相对成本的比较优势来说需要由国家来界定和实施产权制度,国家的行为决定了一个社会的产权关系和交易成本,进而左

[①] [美]道格拉斯·C.诺思:《制度研究的三种方法》,载[美]大卫·柯兰德编《新古典政治经济学——寻租和DUP行动分析》,马春文、宋春艳译,长春出版社,2005年,第21页。

右了经济发展。

所有的科学研究都是在特定方法论(研究纲领)的指导下开展的,故接近的研究纲领一般来说会衍生出相近的具体学术观点,反之则相反。所以,上述硬核假设的差异可以引出一些具体学术观点上的分歧,故有:

分歧之二:双方对于国家做好事的可能和国家的合理规模有不同的见解。

在布坎南看来,"公共选择论在方法论上的核心要旨是将直截了当的效用最大化概念加以延伸,来解释那些公共选择角色扮演者的行为"[①]。而通过将"经济人"假设运用于政治领域,政府失灵得到了个人动机层面的解释。虽然布坎南承认政府失灵是否真实存在和(相对或绝对的)严重程度很大程度上是个经验问题,并且同意国家有善恶的两面性,但由于政治领域的"经济人"这一方法论或者说研究纲领上的特征,以布坎南为中心的公共选择的弗吉尼亚学派对于国家做好事的可能性有更悲观的看法。

在布坎南看来,"大政府"的诉求源于现实中仍然遍布着的"对'国家'所存在的浪漫和理想化的幻想,……即认为国家是这样一个实体,它仁慈地对待其公民,并为他们提供全面自我实现的机会。在这种幻想中,任何原则一定能发挥抑制集体—政治事业的作用,并可能阻止国家'做善事',而做'善事'是在国家自身全知全能的发现中所界定的"[②]。布坎南还认为这种幻想在欧洲比在美国更加严重,欧洲人在传统上更信任政治家,且想让国家这头老虎吃草[③]。布坎南还认为,如果在观察世界时摘掉"仁慈君主"的眼罩,则在民间部门和政府部门所组成的社会混合体中,"政府部门的主导程度会更低"[④],即出现"小政府"。

诺思反对先验地将国家放在做坏事的嫌疑人的位置上,而是认为国家做坏事是宪制约束失败的结果,是一种可能而非必然。在诺思看来,公共

[①] [美]詹姆斯·M.布坎南:《宪则经济学:人类集体行动机制探索》,韩朝华译,中国社会科学出版社,2017年,第33页。
[②] [美]詹姆斯·M.布坎南、罗杰·D.康格尔顿:《原则政治,而非利益政治——通向非歧视性民主》,张定淮、何志平译,社会科学文献出版社,2004年,第1—2页。
[③] [美]詹姆斯·M.布坎南、理查德·A.马斯格雷夫:《公共财政与公共选择:两种截然不同的国家观》,类承曜译,中国财政经济出版社,2000年,第68页。
[④] [美]詹姆斯·M.布坎南:《宪则经济学:人类集体行动机制探索》,韩朝华译,中国社会科学出版社,2017年,第30页。

选择学派尤其是其中的弗吉尼亚分支在看待国家时态度过度悲观以及过于极端地强调了古典自由主义的价值至上性。由于相信国家[①]有在宪制约束下做好事的可能,如果"大政府"意味着更有效的产权制度安排,从而有更低的经济领域的交易成本和更优的经济发展绩效,则"小政府"并非自然是最优的国家规模。于是,国家的合理规模只有在特定历史文化和现实情况下的情境最优,而不存在理论上唯一的先验最优解。

分歧之三:双方在如何评价制度的问题上存在标准的差异。

布坎南和诺思都研究制度和制度变迁,但是对于什么算是"好"的制度,二者所采取的评价标准是不一致的。简单地说,布坎南从正义、效率、自由等多个维度来评价制度,而诺思主要是从效率的单一维度来评价制度。

这种分歧与双方看待政治的方法论视角有关。布坎南将政治视作一种交易,而既然是交易,自愿是基本的前提,故可以讨论正义(国家在多数人的公意的名义下对少数人的剥削肯定违反了自愿原则),也可以分析效率(自愿意味着交换双方都要获益)。与布坎南不同,诺思是从权力博弈的视角来解读国家和国家制度,权力的使用不需要出于被影响者的自愿,故无法直接从正义维度来评价,而只能通过国家的经济影响来做关于制度的效率评价。

布坎南在比较集体选择的一致同意规则和多数决定规则时体现了制度评价的二维标准。对于多数决定规则,布坎南的评价是既非正义也无效率(Buchanan, 2003)。说它非正义,是因为它忽视了少数人的呼声,从而构成了政治上的歧视;而歧视可能会导致国家把公共事务的多数成本附加在少数群体身上,而不是按照符合效率的受益原则来分摊成本。相反,一致同意规则同时满足了正义和效率的要求,其不会导致歧视(因为最小的少数集团也具有否决权),也可以保障效率(因为给任何一个人带来净成本的方案都不会通过,故一致同意规则下产生的方案必然满足帕累托改善)。

诺思对制度的评价聚焦于效率的维度。不过,他使用的效率概念并不是布坎南所使用的帕累托标准。因为在给定交易成本为正的前提下,任何

[①] 布坎南和诺思一样,都将组成国家的公共选择参与人——例如君主——设定为自身效用最大化者,也都同意非经济因素如伦理考虑也存在于这些参与人的效用函数之中(布坎南,2017;North, 1981, 2015)。但是,布坎南的观点比诺思悲观,他认为在制度改革中应该追求的是避免最坏的结果,而诺思则希望通过制度变迁来降低交易成本并促进经济发展。

关于资源配置效率的帕累托最优标准都是没有意义的,交易成本不为零使达成帕累托最优变得不可能。作为替代,诺思惯常使用的效率概念之一是经济增长,即好的制度是能够降低交易成本从而促进经济增长的经济制度;诺思经常使用的另一个效率概念是适应性效率——"社会灵活调整以应对冲击的能力和制度通过演化可有效处理变化了的'现实'(reality)的能力"①。

布坎南在评价制度时还经常会引入的一个标准是"自由"。这体现了布坎南的古典自由主义的价值立场——支持个人自由。利维坦式的国家因为是个人自由的潜在威胁而需要被警惕,相反,"古典自由主义确实支持扩大市场,并不仅仅为了更好地实现效率,而是由于市场是限制集体权威的一种手段"②。另外,私有产权的意义被认为着重于自由而不是效率(布坎南,2002)。诺思的框架中则极少出现自由的概念,更遑论以其作为制度的评价标准。不过,在近年来后起的新制度经济学国家理论的研究中,"自由"已经成为评价政治制度的主要标准(Acemoglu and Robinson,2019)。

分歧之四:双方在如何看待中国的发展成就问题上有着不同的处理方式。

著名的政治学家福山(Francis Fukuyama)曾经说过:任何关于国家兴衰的理论如果不能解释中国作为一个后发大国的重新崛起,则其学术价值都是十分可疑的,或至少说理论的普遍意义是存有缺陷的(Fukuyama,2012)。然而,正是在如何回答中国奇迹的问题上,布坎南和诺思采取了不同处理方式,这与二者的方法论差异有关。

布坎南的公共选择理论以现实中的美国政治作为理论分析的经验对象,并认为"美国政治,自60年代以来,变得越来越'不那么正确',越来越腐败"③,故他的研究纲领中的硬核假设或可视为对美国现实政治的一种似然还原。布坎南从未否认自己是以西方标准下的成熟的自由民主制度作为预设的经验背景。所以,对于中国的经济奇迹,布坎南可以将中国作为

---

① North, Douglass, 2005, *Understanding the Process of Economic Change*, Princeton: Princeton University Press, p. 6.
② [美]詹姆斯·M.布坎南:《为什么我也不是保守派:古典自由主义的典型看法》,麻勇爱译,机械工业出版社,2015年,第12页。
③ 高小勇、汪丁丁:《高小勇、汪丁丁专访诺贝尔经济学奖得主:大师论衡中国经济与经济学》,朝华出版社,2005年,第172页。

一个谜题存而不论,只是说"至少我们西方人,我们不理解中国"[①]。中国和美国之间巨大的背景差异使得中国问题确实已经超出了布坎南的理论可以直接加以解读的范围,布坎南于是选择了理性的沉默,故公共选择的弗吉尼亚学派关于中国之谜的可能解读必须通过间接的方式——我们在第六章将采用"创造的诠释学"方法(Fu,1976;傅伟勋,1989,1996;贾根良,2016)——推理获得。这一方法不仅需要参考布坎南的人生经历尤其是与诠释者所关注的内容最为相关的部分(Farrant,2019;Farrant and Tarko,2019),也要引入"语境"(context)分析(斯金纳,2018),尤其是社会语境(作者的文本所参与的社会争论)和思想语境(作者的文本可利用的思想资源)。

与前者不同,诺思的国家理论一方面关注英美等国历史上的制度变迁,另一方面则关注后发经济体现实中的落后状况的制度成因。从方法论上看,诺思对意识形态和信念的关注使得他的理论本该有很强的跨文化包容性,而这种文化包容性又理应与国家规模和职能的情境理性相协调。所以,虽然中国的历史文化和现实背景是如此地不同于西方世界,但诺思的新制度经济学国家理论似乎应该在解释中国问题时有更好的适应性。然而,诺思在面对中国问题时明显存在一种两难:一方面,中国的未来前景按照诺思的理论框架必然不被看好;另一方面,中国持续向前发展经验态势又使得诺思不得不承认中国在未来有证伪自身理论的可能(诺思等,2013a)。

我们在第六章将会回到关于中国问题的讨论,并致力于挖掘布坎南未言明却按照其理论的逻辑可能表达的观点,还会进一步讨论布坎南和诺思在分析中国问题时的经验错误和逻辑缺陷。

三、开展比较研究的理论价值和现实意义

两个完全相同的主题不可能有开展比较研究的意义,两个完全相异的主题也无法进行比较研究,因为存在太多的不可控的影响因素。布坎南和诺思所开辟的理解国家的两条经济学进路恰好体现了和而不同——既存

[①] 高小勇、汪丁丁:《高小勇、汪丁丁专访诺贝尔经济学奖得主:大师论衡中国经济与经济学》,朝华出版社,2005年,第172页。

在多方面共识,同时又在立场、观点和方法上存在明显分歧。所以,二者所代表的两条理解国家的经济学进路在原则上可视为较为合适的比较研究的对象。那么,这一比较研究的理论价值和现实意义又是什么呢?

(一)两条进路的比较研究的理论价值

第一,有助于我们理解国家到底是什么。

斯密认为国家是为了保护私人财产而诞生的产物;马克思与斯密观点类似,认为国家是代表统治阶级利益的机器;新古典的主流财政学则将国家假设为全知全能全善的公共利益的代表。布坎南和诺思的理解不同于新古典经济学的主流观点,且都体现了对斯密和马克思的重要观点的扬弃。布坎南的作品中存在两种国家模型,一是拒绝有机体国家观,从方法论个人主义的立场将国家视为集体选择的规则和结果的反映(布坎南,塔洛克,2000);二是恢复了霍布斯(Thomas Hobbes)的传统,将国家假设为追求自身财富最大化的利维坦(布伦南,布坎南,2004a)。诺思的作品中也存在前后两种国家模型,一是单一治国者模型(North,1981),二是将国家视为"组织的组织"(North, et al., 2009)。

可见,关于国家的性质问题,不仅经济学家之间观点不一,即使同一经济学家也可能采用复数的模型。这就要求我们在总结经济思想史上的共同知识的基础上,进一步整合各种观点和模型的合理元素,然后再以能否涵盖近代西方世界和中国关于国家的特征事实(stylized facts)为经验准则,综合形成一套在方法论上有说服力的关于国家的理解。

第二,有助于深化我们对国家与市场的关系的理论认识。

国家应该在多大程度上干预甚至取代市场,这实是经济思想上(至少可以追溯到 20 世纪 20 年代关于计划经济可行性的论战,甚至可以追溯到斯密对重商主义的批判)一个长期争论不休的问题。对于国家在经济领域应该做什么,布坎南和诺思的观点基本上是一致的:为市场的有效运转制定规则(立法者)并执行规则(裁判员)。用布坎南的话说(在语言风格和实质含义上都与诺思一致):如果"你那里没有一套(可以支持广泛交易的)道德体系,或者没有一套(用于监督交换行为的)法律体系,那么你也许无法从事交易,更谈不上降低交易费用,你将疲于处理契约的监督执行方面的种种问题"[1]。布坎南和诺思在理解国家的经济职能上的基本逻辑也许是正确的,但即使不考虑动机问题——国家是否有意愿做有利于市场繁荣和经济发展的正确的事(布坎南和诺思在不同程度上对此持怀疑态度),也还有另外两个问题需要回答:知识问题——国家何以知道什么是有利于市场繁荣和经济发展的正确的事和怎样做好正确的事(布坎南和诺思在不同程度上已涉及但远未完全阐明这一问题);能力问题——国家是否有足够的能力去完成它认为的正确的事(布坎南和诺思都几乎完全忽视了这一问题)。

通过对两条进路的比较研究,我们不仅可以发现二者在理解国家和市场关系时的理论智慧,而且可以批判性地发现现有研究尚存的理论缺环,进而反思产生这些理论缺环的思想史渊源和西方社会情境因素,并主要参考近代中国尤其是新中国成立以来的特征事实来补全上述理论缺环。

第三,有助于提醒我们警惕西方经济学思想传统下的国家理论的西方中心论倾向。

与新古典主流公共财政学一样,布坎南和诺思的思想进路都是以西方世界为中心的。布坎南毫不讳言自己的理论以美国现实政治为经验参照,而中国则是一个谜(高小勇,汪丁丁,2005);诺思在20世纪70年代的开创性研究分别以美国和西欧为研究对象,且在晚年承认中国可能是一个特例(诺思等,2013a)。于是,我们并不难发现,布坎南和诺思的作品中都有较为明显的西方中心论色彩。如布坎南对于古典自由主义的坚守,并把国家视为侵犯自由的潜在的敌人(布坎南,2015);又如,诺思只把英美等少数经济体视为符合西方自由民主标准的现代国家,而把所有不符合西方标准者都称为"自然国家"(North, et al., 2009)。

由于带有这种明显的西方中心论色彩,布坎南和诺思在面对中国问题时难免会产生一些片面的看法。虽然布坎南和诺思在中国问题上都相对谨慎,更愿意将中国视为一个"谜"或"特例",但是在一些晚近的他人的作品中(Acemoglu and Robinson, 2013, 2019),这种由西方中心主义所衍生出来的片面性暴露得十分突出。所以,对布坎南和诺思的作品的

---

[1] 高小勇、汪丁丁:《高小勇、汪丁丁专访诺贝尔经济学奖得主:大师论衡中国经济与经济学》,朝华出版社,2005年,第174页。

比较研究有助于我们从方法论或者研究纲领的层面揭示西方中心论如何影响学术研究,并理解所谓的研究中的"价值中立"(value free)为何难以实现,这对于我们正确认识西方的学术观点尤其是对中国的国家制度的评价无疑是一针"清醒剂"。

第四,有助于为我们构建中国化的国家理论打下基础。

一方面,我们关于布坎南和诺思的思想进路的比较研究是为了实现理论上的扬弃,即通过挖掘其中的合理元素和祛魅其中的西方中心主义成分,为讲好中国的现代化故事——国家与市场繁荣和经济发展的关系——打下基础。另一方面,我们的最终目标是提出一个初步的分析框架,从而有助于合理解释和预测中国的国家建设的过去、现在和未来,并能正确理解在新时代背景下国家在经济建设中所起的作用。

布坎南和诺思的作品中所蕴含的西方中心论色彩是构建中国化的国家理论分析框架的天敌,因为所谓的民主自由不是可口可乐,不可能全世界都是一个味道。正如习近平总书记在党的十九大报告中所指出的:"世界上没有完全相同的政治制度模式,政治制度不能脱离特定社会政治条件和历史文化传统来抽象评判,不能定于一尊,不能生搬硬套外国政治制度模式。"[①]

不过对于构建中国化的国家理论来说,布坎南和诺思所各自代表的思想进路(除了可留作"清醒剂"之用外)仍然是具有正面的启发意义的——为我们在中国大地上的研究提供了基准参照系。任何新理论的研究不可能完全脱离既有的理论,旧理论的存在为新理论的诞生提供了批判的靶子和远眺的立足点(马克思对资本主义的批判也是站在古典政治经济学的基础上完成的),旧理论中设定或遗漏的问题也正是新理论要重新回答和补漏的(如国家的复杂动机问题、有限知识问题和国家能力问题等)。我们可以汲取布坎南和诺思的作品中有益的分析工具和建模思路,把他们的研究作为我们前进的起点——这种新理论构建前的准备工作正是经济思想史研究的本职工作。

---

① 习近平:《决胜全面建成小康社会 夺取新时代中国特色社会主义伟大胜利——在中国共产党第十九次全国代表大会上的报告》,《人民日报》2017年10月28日,第1版。

(二)比较研究的现实意义和经济思想史研究者的时代使命

关于"国家"的研究是理解中国已取得的现代化成就的钥匙,且其在当前和未来相当长一段时期内仍具有重大的意义。

回顾历史,新中国成立以来尤其是改革开放后的40多年来,中国特色的国家治理体系彰显出了巨大的和全方位的制度优势,这不仅被党的十九届四中全会"推进国家治理体系和治理能力现代化"的决定所强调,也被中国经济发展的奇迹所证实,更为中国在应对重大突发事件时的能力所证明。放眼未来,国家制度建设之于中国的现代化的未来长远前景仍将十分重要,这源于中国目前所处的国内外环境和亟待解决的治理难题。

中国目前仍然处于一个机遇和风险挑战并存的时代,国家治理体系和治理能力正在承受着来自内部和外部的各种压力。对内来说,中国依然面临着发展的不平衡不充分及其所引发的各种矛盾,而国家治理现代化是化解新时代中国社会主要矛盾、推动经济长期高质量发展的制度前提。对外来说,中国正在面临日益严峻的逆全球化浪潮,且大国博弈的"修昔底德陷阱"(Thucydides's Trap)已然成为中国在崛起过程中无可避免的威胁,只有增强国家回应外部挑战的能力,中国的现代化建设才可能拥有一个更加有利的国际环境。所以,正如列宁在20世纪初俄国面临着激烈矛盾斗争和重要历史机遇时所说:"国家问题,现在无论在理论方面或在政治实践方面,都具有特别重大的意义。"[1]

于是,在中国特色社会主义新时代,关于如何理解国家制度及其执行能力的现代化,理论工作者们尤其是经济思想史的研究者们面临着三项递进的理论任务:一是学习归纳的工作,即归纳总结东西方各个时代关于国家理论的研究成果。布坎南和诺思的作品正是这些研究成果的杰出代表。二是批评反思的工作,即批判性地看待历史上已有的成果,尤其是警惕其中的西方中心论倾向,并要采取"拿来主义"的态度准确甄别这些西方理论中的精华和糟粕。布坎南和诺思的作品中的西方中心论元素很适合在这里扮演反面教员的角色。三是提升完善的工作,即不仅

---

[1] [苏]弗拉基米尔·列宁:《国家与革命:马克思主义关于国家的学说与无产阶级在革命中的任务》,人民出版社,1959年,初版序言第1页。

要"拿来",还要有结合中国经验所原创出来的中国特色的经济学国家理论,从而为理解近代以来国家在后发经济体赶超过程中所扮演的角色贡献中国智慧。布坎南和诺思的思想进路为我们完成这项工作提供了可资批判和借鉴的参照系。

第二节 研究现状述评

一、国内外研究综述

(一)国内研究现状

公共选择理论在中国的引入相对较早,这可能源于布坎南早在1986年就获得了诺贝尔经济学奖。在应用研究上,江小涓(1993)关于产业政策的公共选择研究是早期较为突出的作品,获得了第二年的孙冶方奖。唐寿宁(2005)和汪丁丁(2007)关于公共选择的理论研究也产生了较大的学术影响。

新制度经济学传入中国也是在20世纪80年代,早期主要是通过当时已经回到香港大学的张五常的转介。随着科斯和诺思在90年代初先后斩获诺贝尔经济学奖,这一学派在中国一时间获得了压倒性的影响力:"在整个90年代初期,制度经济学几成一种理论时尚。尤其是有影响的中青年经济学者,多与制度经济学沾边。"[①]

虽然如此,综述国内学界在关于两个学派的比较研究的直接成果仍很困难,主要是因为比较研究的文献相对于两位经济学大师和两个学派在国内外的学术影响力而言没有形成数量上的规模。

蔡志明(1993)的论文是较早的一篇直接比较公共选择经济学与新制度经济学的文献。该文以布坎南作为公共选择的代表,而以科斯作为新制度经济学的代表,几乎没有提到诺思的国家理论。以今日的眼光看,该文当时提出的两个学派的差异多已不再明显,唯强调过程和注重结果仍然是

[①] 盛洪:《制度经济学在中国的兴起(代序)》,载《现代制度经济学》(下卷),北京大学出版社,2003年,第4页。

两个学派明显的方法论分歧。张敏(2005)的论文是另一篇涉及两个学派的直接比较的文献。该文指出了二者的一个重要差异:虽然宪制经济学和新制度经济学都以"交易"为主要的方法论特征,但是,前者的交易是自愿的、无强制的,而后者则考虑了暴力和权力的影响。李增刚(2009)将公共选择和新制度经济学都归结为广义的新政治经济学,从而间接地指出二者在研究对象上的相似性:经济对政治的影响;反过来,政治对经济的影响;制度、意识形态等经济学传统上不涉及的主题。

不同于早期研究以理论前沿介绍为主,晚近的研究更关注公共选择和/或新制度经济学国家理论的中国化。汪丁丁(2013)力图以思想史为方法,在中国转型期社会的背景下,整合公共选择、社会选择、新制度经济学等新政治经济学领域的文献。该书提出个人选择依赖于国家层面对制度的选择,而制度的评价要同时考虑正义和效率。冯兴元(2013)尝试从公共选择的立场出发来理解发展和稳定的中国经验,提出所谓的大国治理之道,就是用分散化的理念来处理好政府和市场的关系,构建能促进市场在资源配置中起决定性作用和更好(不是更多也不是更少)发挥政府作用的制度框架。而按此理解的中国的经济现代化道路具有普世意义。张永璟(2017)以中国经济改革为研究对象,讨论了政治制度、经济制度以及二者的关系等问题,认为中国经济改革的制度演化路径——改革向何处去——仍是有待回答的问题。该文主要关注的是公共选择问题和相关关系,对于与作者研究主题紧密相关的新制度经济学领域的文献则关注不够。

虽然关于公共选择和新制度经济学间关系的比较直接研究在国内尚缺少代表性成果,不过在经济学的国家理论这一领域,已经有了一些较有影响和特点的国内研究,而这些研究都或隐或显地借用了公共选择和/或新制度经济学的立场、观点和方法。

姚洋的"中性政府"(disinterested government)或许是国内最有影响力的经济学国家理论(贺大兴,姚洋,2011;姚洋,2009)。该理论明显受到了奥尔森(2005)的"共容利益"观点的启发,认为中国的政府不会受到利益集团或者说分利联盟的左右,而是会站在民族长远利益的立场上制定和执行政策——包括精准扶贫、反腐败、扩大对外开放等。中性政府模型的最新进展(姚洋,席天扬,2018)已经开始关注国家治理的中国特色和中国经验(王绍光,2014;赵鼎新,2016;Zhao,2009)。但是,这一模型仍不够完整,还需要补充国家能力、国家合法性、国家的主流意识形态、国家机器内部的委托—代理问题等维度,且共容利益的可持续性仍然是一个有待时间检验的命题。

张宇燕关于国家和制度变迁的研究也自成体系。张宇燕和何帆(1998)追随熊彼特的"税收国家"(tax state)的思想传统(希克斯,1987;Schumpeter,1918/2012①),提出了财政压力推动制度变迁的假说。在这一模型中,新制度经济学中被广泛采用的假设——治国者岁入最大化——被治国者追求义理性(legitimacy,政治学中更常见的翻译是"合法性"或"正当性")最大化的假设所取代。追随这一模型的实证工作通过分析日本和俄国的近代史在一定程度上验证了该假说(车维汉,2008;车维汉,茆健,2012)。不过将财政压力视为制度变迁的初始动因在思路上与新制度经济学的文献并无创新之处,且该模型还需要补充关于中国近代制度变迁的更多实证工作。

张宇燕的创新是提出了关于"海外货币流入—国家机器的传统运转方式—制度变迁"之间关系的假说(张宇燕,高程,2004,2005),从而为东西方世界近代的不同命运提供了一个新的解释,也引起了相关的争论(陈强,2009;皮建才,2007;张宇燕,高程,2006)。在张宇燕看来,中国式的官商结合的制度(尤其表现为官商之间的高度流动性),使得商人阶层既没有激励也无法组织集体行动(因为商人本身甚至都算不上一个独立的阶层)来推动制度变迁。于是,在西欧引发了制度革命的货币流入和商人阶层财富积累(Acemoglu, et al., 2005b)却没有在中国产生类似的影响。但是,该模型只能解释资本主义制度为什么没有在中国自发兴起,而无法解释中国近代以来的国家制度建设情况。

总体看来,国内研究的现状尚不能完全让人满意:关于公共选择和/或新制度经济学国家理论的研究仍然是以引介为主,较为全面的批判性学理反思较为少见(卢周来,2009;孟捷,2020;韦森,2009;姚洋,2002;朱富强,2018)。少数联系中国经验而提出的国家理论虽然讲述了中国故事,但理论架构的解释力尚待进一步整合和完善,并亟待在国际学术界与现有的西方经济学的国家理论争夺话语权。

---

① 表示首次发表(期刊论文)的年份为1918年,图书出版的年份为2012年。

(二)国外研究现状

de Almeida(2019)是难得一见的从思想史的视角来研究公共选择与新制度经济学在国家理论上的关系的文献。作者通过对诺思的档案和信件的爬梳,整理出了公共选择对新制度经济学国家理论在早期形成阶段的显著影响,从学脉渊源上挖掘出了新制度经济学关于国家具有善恶两面性的认识根源。

或许是因为学脉渊源颇深,两个学派之间的相互学术批判罕见。诺思(2005)可能是难得的直接进行范式比较的文献。诺思认为布坎南、奥尔森和自己的研究方法都没有为理解制度、意识形态、国家等主题提供完整的答案。国家理论的拼图还有很多缺失的部分,需要三种方法相互补充,也需要有新的方法出现。公共选择学派的经济学家们并没有直接回应诺思的上述观点,但是布坎南曾经在访谈中对诺思的工作加以评论(高小勇,汪丁丁,2005)。相较诺思之于公共选择的委婉批评,布坎南对新制度经济学的研究持更为明显的保留态度。

由于缺少直接的学术交锋和思想比较,公共选择学派经济学家对诺思所代表的新制度经济学华盛顿学派的工作的看法,更多体现在前者为后者所撰写的书评中。作为对诺思产生了重要学术影响的著名公共选择经济学家,塔洛克认为诺思在1971年出版的《制度变迁与美国经济增长》类似于一次新范式的初步但重要的探索。新古典经济学文献只在现有的经济制度下展开分析或干脆假设现有经济制度是最优的,公共选择文献只讨论现有的政治制度和经济制度的最优性质,而《制度变迁与美国经济增长》一书却提出了重要的正确问题——制度是如何变迁和发展的(Tullock,1972)。塔洛克还赞扬了[①]诺思在1981年的《经济史中的结构与变迁》中将公共选择引入了对历史上的西方非民主国家的分析,以及诺思强调了意识形态这一被新古典经济学甚至是公共选择理论严重忽略了的元素(Tullock,1983)。

另一位著名的公共选择经济学家,布坎南的长期学术合作者范伯格(Viktor Vanberg)在评价诺思1991年发表的《制度、制度变迁与经济绩效》

[①] 塔洛克同时也对诺思在研究中的视角的单调性提出了批判:诺思将研究背景仅限于西方世界,以中国为代表的东方世界以及世界的其他地区都被忽视了。如果诺思有更为广阔的视角,则他的观点可能会有所不同(Tullock,1983)。例如,诺思认为军事技术的进步是解释欧洲的封建体制的兴起和衰落的关键,但这一论断在东方国家的历史上显然无法成立。

一书时指出(Vanberg,1992):诺思关于意识形态的研究仍然需要进一步拓展。一是对于确立有效率的制度这一目标来说,更重要的是意识形态起作用的方向——意识形态驱动的极权主义(totalitarianism)很难说比一个寻租政权更具吸引力。二是虽然人类可以通过思考对任何观点加以反思,但是对话和反思可能会受到限制,以便让某些特定观点和意见显得更为正确。这种限制在政治过程中明显存在,从而影响到宪制的制定和制度的变迁。这与布坎南对诺思的意识形态研究的批评不谋而合(高小勇,汪丁丁,2005)。

来自两个学派外部的一些研究主要是在整合而非比较两种思想进路,如 Acemoglu and Robinson(2006,2012a,2019)就典型代表了(布坎南的)公共选择学派和(诺思的)新制度经济学国家理论的结合。但是在这些作品中,诺思的痕迹要更加明显,故与其说是体现了公共选择与新制度经济学的整合,倒不如说是从诺思那里间接继承了公共选择的国家观。另外,斯密德(1999)试图用广义的公共选择来解释既定法律的变迁,然后再讨论法律的影响。但是他所研究的是制度影响(institutional-impact)理论而不是制度变迁(institutional-change)理论,从而不符合布坎南和诺思的本意。

国外学界虽然对布坎南和诺思的直接的比较研究开展得较少,但是从公共选择或新制度经济学立场出发的国家理论的研究却有较大规模。一方面,在从公共选择的视角展开的研究中,最为著名的是塔洛克关于官僚制、寻租、投票等问题的思考(塔洛克,1999,2005,2006,2007a,2007b,2008,2010a,2010b,2011),以及奥尔森在集体行动、分利联盟、共容利益、权力的逻辑等领域的开拓性研究(奥尔森,1995,1999,2005;柯兰德,奥尔森,2005;麦圭尔,奥尔森,2008)。另一方面,按照新制度经济学的范式开展的工作最显著的理论贡献包括:巴泽尔的更为关注国家起源、性质、范围等传统问题的国家理论(Barzel,1992,2000,2002),阿西莫格鲁及其合作者较多专注于国家和经济发展关系的国家理论(Acemoglu and Robinson,2012a,2019);另外,无论是格雷夫引入博弈论(Greif,2006;Greif and Tadelis,2010;Greif and Rubin,2016),还是张五常使用更传统的制度(交易)费用分析(张五常,2009,2015),他们也都尝试按照新制度经济学的思路构建国家理论。关于这些作品的内容及它们与布坎南和诺思的国家理论之间的关系,本书将会在附录部分进一步讨论。

二、为什么要进一步拓展现有研究

显而易见,公共选择与新制度经济学的国家理论方面的比较无论在国内还是在国外都仍然是尚未完全展开的工作,更遑论进行更为细致的思想史梳理工作,如从思想史的视角比较分析布坎南代表的公共选择的弗吉尼亚学派和诺思代表的新制度经济学华盛顿学派。

那么,且不论国内,为什么国外关于两个学派的比较研究也如此寥寥无几呢?从研究兴趣看,公共选择关注规则的正义问题,试图分析不同制度体系的规范正当性,这是新制度经济学国家理论未曾涉及过的领域,后者很难用自身现有的分析工具——如交易成本——对这一问题加以研究。而从研究对象来说,公共选择理论主要关注的是美国式的问题。不同于哈耶克的制度演化思想,也不同于诺思的路径依赖理论,布坎南的作品中不存在关于制度的起源和变迁的宿命论观点。布坎南的美国式看法是:制度是人类理性建构的产物,如果制度有错,我们至少在逻辑上可以依靠理性加以修正(Mueller, 1990)。相反,区别于布坎南以现代美国为研究对象,诺思和其他华盛顿学派的新制度经济学家从20世纪70年代中期以来越来越多地把注意力投向15—19世纪的西欧和近代的后发国家,在这些历史和现实场景中大量展现的关于无效制度的经验事实使得诺思等人不得不强调历史的路径依赖。正是研究兴趣和研究对象的差异,使得公共选择和新制度经济学的国家理论方面的比较研究在西方世界的学术语境中很难成立。

但是,作为一个处于转型期的发展中大国,中国正面临的最重要的公共政策主题之一是共同富裕,这意味着好的制度必须能够同时回应广大人民群众对于正义和效率的双重诉求。而为了实现从不那么好的制度向好的制度甚至更好的制度的变迁,如何凝聚社会的普遍共识从而形成在维护多数人利益的同时可兼顾少数人利益的集体决策,是不得不深入研究的公共选择问题。所以,从事公共选择(布坎南所代表的弗吉尼亚学派)与新制度经济学的国家理论(诺思所代表的华盛顿学派)的比较研究,之于中国来说,在短期和中长期都有非常重要的公共政策实践意义。古人云,"为往圣继绝学,为万世开太平"。这项经济思想史工作[1]在理论层面的一点可能贡献，或许有助于夯实理解中国的国家制度及其变迁的经济学理论根基，故其在理论上的中长期意义可能更为重要。

第三节　研究方法和基本思路

一、开展比较研究的方法

公共选择的弗吉尼亚学派和新制度经济学的华盛顿学派所专注和擅长的是对国家"看得见的手"的合理边界的思考，二者都主张以宪制为手段来束缚"看得见的手"，以免其从扶助之手蜕变为掠夺之手。不过，双方在很多具体问题上有比较明显的观点分歧，而这些观点分歧又来自研究纲领中的硬核和保护带的差异。

我们希望对上述两个学派进行比较研究，其主要目的在于：系统梳理两个学派在具体观点和方法论上的异同，从而总结二者在如何约束"看得见的手"问题上的理论智慧。继而，可知国家与市场关系的复杂性以及让扶助之手常态化的困难所在。所谓兼听则明，思想史上的比较研究可以算是一种兼听以求明的手段。

然而，比较研究的麻烦之处在于，每一个学派内部的经济学家之间往往也会有研究兴趣和理论观点上的差别，甚至家族内部还有批评和交锋。

例如，在公共选择学派内部，除了布坎南和塔洛克所领导下的弗吉尼亚学派，还有奥斯特罗姆夫妇[2]（Vincent Ostrom and Elinor Ostrom）主导的关于共有资源（common resources）的多中心研究，以奥尔森（Mancur Olson）为代表的利益集团研究，尼斯坎南（William Niskanen）和唐斯（Anthony

---

[1] 学术文献的爬梳是思想史研究的基本功，其中必然涉及大量从英文翻译为中文的文献。本书引用的翻译作品的部分内容按照英文原文有所修改，后面不再说明。

[2] V.奥斯特罗姆是公共选择学派的开创者之一，还是公共选择学会的第四任主席（1967—1969年）。E.奥斯特罗姆是首位获得诺贝尔经济学奖的女性（2009年与威廉姆森分享）。诺贝尔奖评审委员会给出的E.奥斯特罗姆的获奖理由是"她分析了经济治理，尤其是对公共资源（commons）的治理"，而E.奥斯特罗姆的贡献在于"挑战了传统智慧，证明了在地财产（local property）可以成功地进行在地的集体治理，而不必求助于中央权威或私有化"。（2009年诺贝尔经济学奖颁奖词）

Downs)所专注的官僚制研究。即使是仅考虑弗吉尼亚学派本身,则布坎南和塔洛克在研究方向上也是有差异的,前者主攻宪制经济学和契约论政治哲学,后者更感兴趣的是官僚制和寻租(塔洛克是寻租理论的奠基人之一)。

又如,在新制度经济学内部,诺思的研究对象——国家理论——就明显不同于同样获得诺贝尔经济学奖的科斯和威廉姆森(Oliver Williamson)[1]所关注的企业。即使是在华盛顿学派内部,张五常的主要研究兴趣也不在国家理论上(虽然《经济解释》上专有"国家理论"一章),而巴泽尔(Yoram Barzel)和诺思之间也有国家理论上的观点和方法差异。

我们处理这一比较研究的难点的方法论原则是:为了集中分析和比较公共选择的弗吉尼亚学派和新制度经济学的华盛顿学派的主要观点,我们将关注的焦点投向了两个学派各自最有代表性的经济学家——布坎南和诺思。两人不仅是各自学派的奠基人和领军人物,也是两个学派迄今为止唯一获得了诺贝尔经济学奖的经济学家。这样的处理有助于提炼出两个学派各自的核心观点和主要方法论特征,从而可方便比较研究的展开,同时也避免了在讨论学派内部差异时耗费太大的精力(内部差异的讨论当然是有意义的,但不在本书的主要研究范围内)。换言之,这种以学派内最具代表性的经济学家的思想为主的处理,有利于在比较研究时聚焦双方的核心观点。

当然,这绝不意味着我们的研究将对两个学派的其他重要学者的观点视而不见。实际上,我们虽然是以布坎南和诺思的工作为比较的重点,但同时会大量参考分属于两个学派的其他学者——如公共选择的弗吉尼亚学派的塔洛克、范伯格、布伦南(Geoffrey Brennan)[2]和新制度经济学的华盛顿学派的巴泽尔、张五常等——的观点为补充。我们进而还会引述、评价

---

[1] 诺贝尔奖评审委员会给出的威廉姆森的获奖理由是:"分析了经济治理尤其是企业的边界问题。"诺贝尔奖评审委员会认为威廉姆森的主要贡献在于:"提出了一个理论来解释为什么有些经济交易发生在企业内部,而一些类似的交易发生在企业之间即市场上。该理论帮助我们了解怎样处理关于人类组织的最重要的基础性选择——何时决策权应该保留在组织内,又何时应该将决策交给市场。"(2009年诺贝尔经济学奖颁奖词)对比诺贝尔奖评审委员会所给出的科斯、威廉姆森和诺思的获奖理由和贡献可知:科斯开创了基于交易成本和产权的新制度经济学研究范式,而威廉姆森和诺思则是沿着不同的应用路线对范式加以发展。威廉姆森集中于企业的治理结构,而诺思则专注于经济史中的制度结构及其变迁。值得一提的是,威廉姆森还是"新制度经济学"(new institutional economics)这一概念的提出者(Coase, 1984; Williamson, 1975)。

[2] 布伦南(Geoffrey Brennan)2002—2004年任公共选择学会主席。

和比较与上述两个学派在研究对象和/或研究方法上相近的重要经济学家——如阿马蒂亚·森(Amartya Sen)、阿西莫格鲁(Daron Acemoglu)、格雷夫(Avner Greif)等——的观点以供参考。

在具体开展比较工作时,我们将主要使用"创造的诠释"(creative hermeneutics)和"语境"(context)两种经济思想史的重要研究方法。使用"创造的诠释"方法(Fu,1976;傅伟勋,1989,1996;贾根良,2016)是因为布坎南并没有关于中国问题的明确阐述,故需要根据布坎南的理论范式和在其他问题上发表的见解来推导演绎出其在中国问题上最有可能持有的观点,这相当于经济思想史上的"理性重建"。使用"语境"方法(Lee,2020;斯金纳,2018)的必要性在于,为了在布坎南和诺思的西方式理论的基础上,融入中国经验以使经济学的国家理论有所升华,就必须有对中国化情境的"历史重建"。实际上,只有将"理性重建"和"历史重建"有机结合在一起,才能实现在梳理西方经济学的国家理论的基础上,以中国经验为养分升级既有理论的研究目标。在综合使用"创造的诠释"和"语境"方法开展对两位经济学家的国家理论的比较的过程中,研究的程序是先从"头部"——双方的研究纲领——开始,然后再深入"肢体"的各个部分——双方在重叠的应用领域的观点——的共识或分歧。

二、全书的基本思路和结构安排

如前所述,虽然有多处共识,但布坎南(代表公共选择的弗吉尼亚学派)和诺思(代表新制度经济学的华盛顿学派)在方法和观点上也有多处明显的分歧。其中,最为基本的分歧体现在研究纲领中。布坎南的思想进路在研究纲领的硬核上与诺思多有差异。

所以,本书的研究在第二章将重点讨论两条进路的研究纲领问题。先介绍二者的基本情况;然后深挖双方在研究纲领的硬核上的分歧;继而考察两个学派在方法论的其他部分的异同。

在第三章,我们所讨论的仍然是一个颇具方法论味道的主题——制度的评价标准。布坎南的框架中秉持的是正义和效率(帕累托有效)的双重制度评价标准;诺思的框架中则只有(非帕累托意义上的)效率这样一个主要制度评价标准。这种评价标准的二元VS一元在很大程度上可以通过研究纲领的差异来解释,并且随之衍生出双方在国家理论的很多个应用领域的具体观点的分歧。

第四章大体可视作比较两个学派的理论在一个重叠的领域(如何限制国家的权力)的应用,以及这一应用又应该如何具体化到一个专门的领域——国家财政问题。布坎南所代表的公共选择的弗吉尼亚学派在限制国家权力和保护少数人权益问题上,将关注点集中于两项主要的宪制原则——"一致同意"(unanimous)和"普遍性"(generality)。然后,再用上述原则来评价现实中的财政制度,如财政支出上的赤字预算制度和财政收入上的税收制度。诺思所代表的新制度经济学华盛顿学派更关心的问题是制度(最高层级的制度是宪制)何以能得到有效实施。诺思给出的答案是宪制需具备"自我实施"的条件(North and Weingast,1989),而自我实施的条件实际上就是博弈各方在权力上的相互制衡——可称为"红皇后效应"(Acemoglu and Robinson,2019)。可以说,布坎南更注重财政上的宪制的规范性问题(发现违背正义、自由、效率等预设的价值目标的制度缺陷并加以改革);诺思所在意的则是一个更具政策实践意义的问题——宪制在现实中的可实施问题。对这两种视角不同但目的一致(限制国家伸出掠夺之手的可能)的研究的比较或可对我国的国家治理现代化尤其是作为基础和支柱的财政制度的建设提供一定的启示。

第五章开始进入对布坎南和诺思的国家理论进行反思的环节。我们的反思将基于历史和现实中的中国情境,从而与布坎南和诺思基于西方世界的情境所创造的理论构成对照实验组。我们发现,"好"制度的标准是多元的,不能奉布坎南和诺思所提出的标准为一尊;通向好制度的变迁需要打破"路径依赖",故应该引入"路径创造"的概念;而制度的"路径创造"需要有微观的行动者,从而需在分析框架中引入制度企业家(包括政治企业家、经济企业家和文化企业家)。

第六章是对上一章的反思的延续,反映了我们的学术初心——将西方理论中国化,用创造性转化后的理论来讲述中国故事(非以中国之足适西方之履,乃以中国之斧削西方之器)。我们将分析布坎南和诺思的思想进路在面对中国问题时所表现出的局限性。进而,我们将分析造成这种局限——对中国经济成就的错误解释和对中国经济前景的悲观预测——的方法论根源。

第七章是结论与反思,我们将从一个更具整合性的视角来讨论布坎南和诺思所代表的思想进路在立场、观点、方法等方面的共识和分殊;然后还有基于中国视角对如何超越两条思想进路,进而迈向中国特色的国家理论的初步展望。

在上述章节之外,本书最后还安排了"附录一"和"附录二",以集中讨论两个主题,一是"公共选择弗吉尼亚学派的内部关系及与其他分支学派的分殊",二是"新制度经济学华盛顿学派的内部关系及与其他分支学派的分殊"。之所以要设有附录部分,我们的考虑是:作为两个学术共同体,公共选择和新制度经济学的共同特点都是规模较大且分支流派较多。于是,公共选择的弗吉尼亚学派和其他公共选择分支学派之间(如布坎南和奥尔森之间),新制度经济学的华盛顿学派和其他新制度经济学分支学派之间(如诺思和阿西莫格鲁之间)有非常明显的分殊。不仅如此,即使在公共选择的弗吉尼亚学派和新制度经济学的华盛顿学派内部,代表性经济学家之间(如布坎南和塔洛克之间,诺思和巴泽尔之间)的差异也是可识别的(虽然共性可能更多)。基于上述考虑,为了能让读者从更为整体的层面来把握经济学的国家理论的两条思想进路,本书特设两个"附录"来展现这些关系与分殊,从而避免将比较的视角仅仅局限于布坎南和诺思之间所可能产生的以偏概全。

第二章　如何理解国家：
两条进路的方法论比较

在科学研究中,方法论在大体上可分为两种不同的含义,一是大写的M,即Methodology;另一种是小写的m,即methodology。前者关注的是形而上的方法论内涵,如一个理论乃至一门学科的范式或研究纲领之类的哲学性架构。后者则更为形而下,多关注"器"的问题,即要构建怎样的模型来研究一个具体的科学问题。

在本章中,我们将在第二和第三节分别从M和m层面对两条进路开展方法论的比较。不过在此之前,我们要在第一节先解析两条进路的理论贡献和思想渊源方面的基本情况,以作为方法论比较的准备。

第一节　两条进路的基本情况

一、布坎南的主要理论贡献和思想来源

以布坎南为中心的公共选择的弗吉尼亚学派兴起于20世纪60年代。布坎南与该学派的另一位代表人物塔洛克(Gordon Tullock)在1963年共同创立了"公共选择学会"[1](Public Choice Society),随后在1966年创办了《公共选择》杂志[2]。由于从20世纪50年代末以来,布坎南和塔洛克在大部分时间都任职于弗吉尼亚州内的各大学,故以布坎南为中心的学术共同体被

---

[1] 该学会在1963年10月刚刚创立时被称为"非市场决策协会"(Committee on Non-Market Decision-Making),设立在布坎南和塔洛克当时所在的弗吉尼亚大学,并在20世纪60年代末随二人迁移到弗吉尼亚理工大学,最终在1983年又随二人迁入乔治·梅森大学。布坎南任首任主席(1964年),塔洛克则为第二任主席(1965年)。
[2] 该杂志最初的名称为《非市场决策论文集》,直到1969年才改为现在的名称(Buchanan, 2003;塔洛克,2011)。

称为公共选择的弗吉尼亚学派①。

(一)布坎南的代表作和理论贡献

布坎南著作等身,除了大量的论文外,其主要出版的著作和其中的理论贡献如表2-1所示。

表2-1　布坎南的代表作及其理论贡献

出版时间	作品名称	理论贡献
1958年	公债的公共原则:辩护与重述(Public Principles of Public Debt: A Defense and Restatement)	纠正了当时流行的正统凯恩斯主义观点,认为既然未来世代与当前决定财政支出的世代是完全不同的一批人,则现有公债决策制度不满足维克塞尔(Knut Wicksell)的契约主义要求:所有受到某项财政支出决策影响的个人都有权选择拒绝
1960年	财政理论与政治经济学(Fiscal Theory and Political Economy)	挖掘了意大利的财政学传统,并与盎格鲁-撒克逊的财政学文献加以比较进而批评当时的主流财政学研究存在严重缺陷:关于国家的财政活动的分析没有考虑各个集团的决策活动,除非税收直接地显著影响了这些集团
1962年	同意的计算:宪制民主的逻辑基础(The Calculus of Consent: Logic Foundations of Constitutional Democracy)	围绕"一致同意"原则,发展了一种集体选择(collective choice)理论,关注不同的决策规则会如何影响参与集体选择的个人。提出了构成公共选择的研究纲领的三个硬核性质的前提假设:方法论个人主义、经济人、作为交易的政治
1966年	民主财政论:财政制度和个人选择(Public Finance in Democratic Process: Fiscal Institutions and Individual Choice)	发展了特定的财政制度在集体选择过程中会如何影响个人的行为的理论。先分析了外生财政制度下的个人行为,再分析内生(个人对制度有一定的选择权)财政制度下的个人行为

---

① [美]詹姆斯·M.布坎南:《自由、市场与国家》,平新乔、莫扶民译,三联书店上海分店,1989年,第18页。

续表

出版时间	作品名称	理论贡献
1968年	成本与选择：一次经济理论研究（Cost and Choice: An Inquiry in Economic Theory）	澄清了经济学家在使用成本概念时的混乱，运用方法论个人主义和主观主义的机会成本概念来说明一些重要的公共政策分歧的成因。同时回顾了成本概念的经济思想史演变过程
1975年	自由的界限：在无政府和利维坦之间（The Limits of Liberty: Between Anarchy and Leviathan）	深化了无政府主义的理论，同时形成了与罗尔斯、诺奇克的作品并驾齐驱的契约主义理论。补充了在逻辑上先于《同意的计算》的内容，因为任何按照"一致同意"原则所进行的决策，都需要一个基于自然均衡的起点
1977年	赤字中的民主：凯恩斯勋爵的政治遗产（Democracy in Deficits: The Political Legacy of Lord Keynes）	在赤字问题上构建了同社会的政治制度相联系的所谓好的经济学理论。批评凯恩斯经济学的政治预设会导致政治家过度自由，也批评了经济学家们忽视了社会基本制度结构和经济政策制定之间的必然联系和相互作用
1978年	宪制契约中的自由：一个政治经济学家的视角（Freedom in Constitutional Contract: Perspectives of a Political Economist）	构建了宪制契约理论的雏形，将全部分析都建立在两个假设之上：自由无论从个人还是集体的角度看都是值得期待的；获得和保全自由的唯一通路是宪制契约。呼吁经济学家更加重视法律和制度，同时扩展对于经济秩序的基本原理的理解，因为他们所分析的经济活动就在制度下运行
1979年	经济学家应该做什么（What Should Economists Do?）	论证了经济学应该主要研究各类特定的人类活动，而各种制度就是由于存在这些特定的活动而产生；也论证了经济学家应该将关注人际交易的市场理论而不是实际上回避了人的创造性选择的资源配置理论作为研究的中心

续表

出版时间	作品名称	理论贡献
1980年	征税的权力：财政宪制的分析基础（The Power to Tax: Analytical Foundations of a Fiscal Constitution）	采用宪制主义的视角对征税的限制进行了经济学分析。证明了如果在选择基本财政制度的制度选择阶段以外，人们在后制度选择阶段对政府的财政行为无法加以控制，那么在立宪阶段就会诞生对可能出现的最坏结果的宪制约束
1985年	规则的理由：宪制的政治经济学（The Reason of Rules: Constitutional Political Economy）	论证了在政治和经济领域发挥着调节作用的规则的重要性和本质，解释了规则何以能够产生并加以完善，进而为关于规则即制度（最上层的是宪制）的研究提供了一个方法论说明和分析基础
1986年	自由、市场与国家：20世纪80年代的政治经济学（Liberty, Market and State: Political Economy in the 1980′s）	阐述了自身关于自由、市场和国家三者之间关系的观点以及这种观点是如何形成的。市场选择是受到竞争的限制的，市场中一个人对其他人的剥削（破坏自由）不可能超出这一限制。相反，市场倾向于在国家的政治控制之下保护人的自由，故自由在市场发达的社会中得到最好的保护
1991年	宪制秩序的经济学和伦理学（The Economics and the Ethics of Constitutional Order）	讨论了宪制经济学与传统的经济学之间在研究对象上的差异，前者关注如何对制度性约束条件进行选择（对宪制的选择），而后者则专注于既定制度约束条件下的选择。同时区分了在任一阶段的集体选择中，人际分歧的来源：一是利益问题，二是认知问题
1998年	原则政治，而非利益政治：迈向非歧视民主（Politics by Principle, Not Interest: Towards Nondiscriminatory Democracy）	从《同意的计算》的"一致同意"的立场上有所后退，承认"简单多数决策"已经成为标准的民主决策规则。为了在简单多数决策规则的前提下防止国家权力的滥用和维护少数人的利益，需要采用哈耶克的"普遍性"[①]原则来替代"一致同意"原则

[①] 布坎南在宪制观念上的"普遍性"转向更早是以论文的形式展现的。（Buchanan, James, 1972/1999, "Before Public Choice", in Geoffrey Brennan, Hartmut Kliment and Robert Tollison (eds.), *The Collected Works of James M. Buchanan*, Vol. 1, *The Logical Foundations of Constitutional Liberty*, Indianapolis: Liberty Fund, pp. 429–441）

续表

出版时间	作品名称	理论贡献
1999年	公共财政与公共选择：两种对立的国家观（Public Finance and Public Choice: Two Contrasting Visions of The State）	通过辩论，同意自己的观点处于马斯格雷夫（Richard Musgrave）的观点和哈耶克的观点之间（但更倾向于哈耶克），即处于认为应该完全基于共同利益建立社会秩序与完全基于自利追求建立社会秩序之间。同时，详细阐述了强调过程约束的一致同意原则和强调结果约束的普遍性原则之间的差异
2006年	我为什么也不是保守派：古典自由主义的典型看法（Why I, Too, Am Not a Conservative: The Normative Vision of Classical Liberalism）	回应了哈耶克1960年在《自由宪章》一书中的名篇《我为什么不是保守派》。在经济上，古典自由主义被确立为强调市场竞争的经济理论的哲学基础；而在政治上，古典自由主义对宪制的重视源于保护少数人利益的意图。并且，古典自由主义并不反对制度变迁本身，从而不同于把维持现状本身视为一种价值的保守主义

资料来源：根据诺贝尔奖委员会网站上的作者"自传"和笔者的理解整理。

在表2-1所包含的作品中，《财政理论与政治经济学》《同意的计算》《自由的界限》《赤字中的民主》《宪制契约中的自由》《征税的权力》《规则的理由》《自由、市场与国家》被认为与布坎南获得诺贝尔经济学奖直接相关[①]。而在这些经典著作中，《同意的计算》又被布坎南自视为公共选择的第一杰作[②]。

通过表2-1所概括的布坎南的经典作品及它们的理论贡献，我们可以大致了解布坎南的国家理论的主要内容和关键特征。布坎南的研究较少直接讨论国家理论的传统问题，如"国家是什么""国家应该是什么""国家

---

① 参见1986年诺贝尔经济学奖颁奖词。另外，布坎南在"自传"中也称《同意的计算》为公共选择理论经典。（Buchanan, James, 1986/1999, "Better than Plowing", in Geoffrey Brennan, Hartmut Kliment and Robert Tollison (eds.), *The Collected Works of James M. Buchanan*, Vol. 1, *The Logical Foundations of Constitutional Liberty*, Indianapolis: Liberty Fund, p. 21）
② [美]詹姆斯·M.布坎南：《自由、市场与国家》，平新乔、莫扶民译，生活·读书·新知三联书店，1989年，第35页。

是如何组织起来的"①等。对于与国家的本质相关的问题,布坎南往往通过先验的假设来直接处理——如在《征税的权力》中使用的"利维坦国家"的假设。之所以如此处理,是因为布坎南拒绝将"国家"视为有独立意识,可以代表社会普遍意志和公共利益的有机体国家(organic state)。相反,他更倾向于遵循"方法论个人主义"来发展一种集体选择理论,因为任何"集体行动(collective action)必定是由个体行动(individual action)组成的"②,相关的个体可以是选民、立法者、官僚、政客等。"方法论个人主义"只是布坎南的公共选择研究纲领(research program)的三个主要的硬核假设之一,"经济人"(布坎南在有的场合也会使用"理性选择"概念)和"作为交易的政治"是另外两个假设。

布坎南的学术初心或者说起点性质的问题意识是:如何在政治决策中避免以公共利益之名和借国家机器的力量对少数人施以歧视和剥削。为了实现这一目标,布坎南从20世纪50年代开始就偏爱维克塞尔的"一致同意原则"——一项从程序上约束国家的掠夺之手的原则:任何集体决策只有全体同意(或作为对现实的让步至少绝大多数人同意)方可通过。反过来说,任何个人都有对于集体决策的一票否决权。在20世纪90年代,布坎南开始思考在不改变多数裁定规则的前提下实施一种新的约束——通过"普遍性原则"在结果上施加约束。该原则严格限制集体决策的结果的可选项,超过这一结果范围的选择都被宪制约束所拒绝(如任何时候多数人都不能剥夺少数人的生命、自由和财产);然后,"普遍性约束在收益必须在所有成员中进行平均分配和按照确定的普遍性准则征税的意义上的确能保证集体行动具有真正的'公共性'。对少数人明目张胆的剥削程度受到了极大的限制"③。

(二)布坎南学术思想的理论来源和影响力

在学术思想的成长过程中,布坎南受到了很多前辈经济学家的教诲,有的是通过私人纽带(如奈特),有的是完全通过学术著作(如维克塞尔),

---

① [美]詹姆斯·M.布坎南、戈登·塔洛克:《同意的计算:立宪民主的逻辑基础》,陈光金译,中国社会科学出版社,2000年,第2页。
② [美]詹姆斯·M.布坎南、戈登·塔洛克:《同意的计算:立宪民主的逻辑基础》,陈光金译,中国社会科学出版社,2000年,第2页。
③ [美]詹姆斯·M.布坎南、理查德·A.马斯格雷夫:《公共财政与公共选择:两种截然不同的国家观》,类承曜译,中国财政经济出版社,2000年,第91页。

或者是二者的混合(如哈耶克)。布坎南与同辈的经济学家乃至政治哲学家(布坎南自身就是二战后最重要的契约论政治哲学家之一)的交流也十分广泛。对于后辈经济学家来说,布坎南是重要的思想导师和学术英雄,受到其重要影响的诺贝尔经济学奖获得者至少有两人——1998年的得奖者阿马蒂亚·森和2009年的得奖者埃莉诺·奥斯特罗姆(见图2-1)。

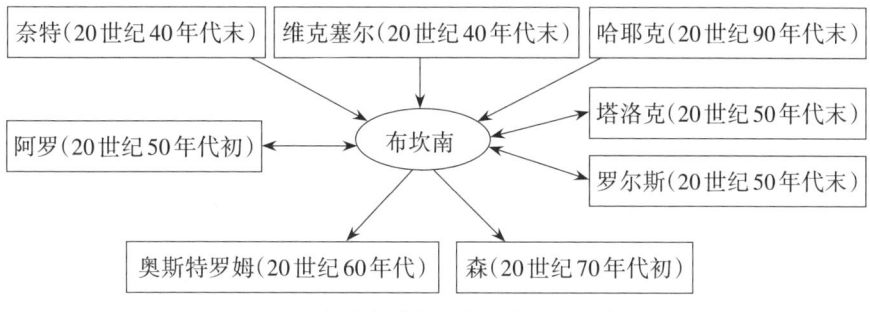

图2-1 布坎南学术思想的来源和影响力

注:箭头的方向表示学者之间产生学术影响的方向,双向箭头则意味着这种影响是相互的。括号内为发生影响的开始时间。

作为其博士论文的指导教师,弗兰克·奈特对布坎南的学术观点的影响是综合性的,在如何理解市场制度,如何看待政府与市场的关系,如何认识民主,如何维护自由等问题上,布坎南的思想中都有奈特的影子。可以说,是奈特将布坎南培养成了一个在很多方面有着标准的芝加哥学派信仰的经济学家。奈特的影响最初发生的时间是布坎南在芝加哥大学读博期间,即20世纪40年代末。

另一位从20世纪40年代开始就对布坎南产生重要影响的经济学家是维克塞尔。正如布坎南自己坦言:"伟大的瑞典经济学家奈特·维克塞尔,对我的思考具有压倒性的影响,不过是通过他的著作而不是通过任何私人纽带。"[1]在自己的诺贝尔奖得主演讲中,布坎南集中阐述了维克塞尔式的二分法——规则的选择和规则下的策略选择[2],甚至因而忽视了对奈特的

---

[1] 高小勇、汪丁丁:《高小勇、汪丁丁专访诺贝尔经济学奖得主:大师论衡中国经济与经济学》,朝华出版社,2005年,第149页。

[2] Buchanan, James, 1987, "The Constitution of Economic Policy", *American Economic Review*, Vol. 77, No. 3, p. 247.

影响的强调[①]。

维克塞尔为布坎南提供了一条最重要的检验宪制的正义和效率的原则——"一致同意"。该原则出现在维克塞尔共三部分的博士论文的第二部分——"正义的征税的新原则"（a new principle of just taxation），其成了布坎南工作的出发点。这篇博士论文被长期闲置于芝加哥大学图书馆的故纸堆中，直到布坎南如有天意般地发现了这篇论文并将其译为英文（原文为德文），该文才开始在英语学界焕发光彩（维克塞尔，2015）。在"一致同意"原则的约束下，国家征税和国家提供公共服务可以被理解为自愿交易的过程（公共收入和公共开支同时决定）。维克塞尔使用"一致同意"原则的目的在于要使议会投票的每一票都起作用，从而在财政选择中保护少数；布坎南的工作则是把"一致同意"原则从后制度选择阶段的财政策略选择移植到制度选择阶段的宪制选择。

哈耶克对布坎南的影响愈到布坎南学术生涯的后期（大致是从20世纪90年代末开始）就愈加明显。一方面，布坎南认为自己与哈耶克之间在制度如何生成的问题上存在分歧：布坎南在制度选择问题上是一个理性构建主义者，其相信应该让自生自发形成的规则经受理性的检验；相反，哈耶克是一个公认的制度演化主义者，其极其反对制度的理性建构主义，虽然有时仍会存在边际和局部的建构主义倾向[②]（哈耶克，2000b，2002）。但是另一方面，晚年的布坎南在宪制问题上更接近于哈耶克的立场即"普遍性"原则（布坎南，康格尔顿，2004），且明确表示自己与哈耶克在价值观上一致——都信奉古典自由主义（布坎南，2015）。

在同辈学者中间，大致有三个来源对布坎南的学术思想产生过较大影响（这种影响是相互的）。其中，塔洛克是最重要的长期合作者和公共选择的弗吉尼亚学派的共同缔造者（从20世纪50年代末二人在同一学校任教开始）。二者虽然在研究的兴趣点上略有差异，但基本方向是一致的（都是

[①] 布坎南与其导师奈特确实存在某些方面的观点差异，例如奈特一直以来都反对方法论个人主义，而这是布坎南所坚持的硬核假设之一。奈特对布坎南的影响可能更多体现为后者对伦理问题的关注，这种理论兴趣在布坎南获得诺贝尔经济学奖之后变得更为显著。(Emmett, Ross, 2018, "Why James Buchanan Kept Frank Knight's Picture on His Wall Despite Fundamental Disagreements on Economics, Ethics, and Politics", in Richard Wagner (ed.), *James M. Buchanan: A Theorist of Political Economy and Social Philosophy*, London: Palgrave Macmillan, pp. 1155–1170)
[②] 哈耶克在20世纪70年代的《法律、立法与自由》三卷本中，对于美国的宪制，提出了关于制度改革的理性建构主张。

将经济学的研究方法引入传统政治学的领域,并关注政治对经济的影响)。塔洛克的一些研究成果如"寻租"理论不仅构成了公共选择研究的外围的一部分,而且也引起了布坎南的学术关注(Buchanan,2003)。

布坎南将罗尔斯①称为"许多年的朋友,我们一直研究同样的题目并且交换意见"②。这一影响的发生不晚于20世纪50年代末,因为布坎南深受罗尔斯1958年的论文中对"作为公平的正义"(justice as fairness)的论证(1971年出版的《正义论》的早期版本)的影响。在1962年的《同意的计算》中,他提出了"不确定性之幕"(veil of uncertainty)的模型,与罗尔斯的"无知之幕"(veil of ignorance)明显具有相似性。借用这一分析工具可以清晰地分辨制度选择阶段与后制度选择阶段,并且使得在宪制选择时达成一致同意更具说服力。布坎南从不讳言,在所谓的公平正义问题上,自己基本上是一个罗尔斯主义者(布坎南,马斯格雷夫,2000)。布坎南对罗尔斯也产生了影响。布坎南认为对幕布模型的运用应该停留在程序层面而不是具体结果层面,例如"差别原则"(difference principle)只是各种可能结果中的特殊的一种。罗尔斯曾经对布坎南私下承认,自己推导出具体明确的"两个正义原则"的做法,也许走得过远了(高小勇,汪丁丁,2005)。

布坎南与1972年诺贝尔经济学奖得主——社会选择理论的创立者阿罗(Kenneth Arrow)③之间的关系是相互竞争又相互影响的学术争论对手(阿罗开创社会选择这一领域的博士论文出版于1951年)。布坎南对"阿罗不可能定理"的批评始于20世纪50年代初(Buchanan,1954a,1954b)。

---

① 罗尔斯是一个有着丰富经济学知识的哲学家。他的多篇论文发表在了《美国经济评论》和《政治经济学杂志》之类的顶级经济学期刊上。罗尔斯在20世纪50年代初在普林斯顿大学参加了由当时还很年轻的著名经济学家William Baumol开设的一个研讨班和一个非正式的学习小组,其间阅读了大量的经济学著作。罗尔斯的原初状态的设计受到了经济学的芝加哥学派创始人——布坎南的导师弗兰克·奈特在1935年的一篇文章的影响。森后来也加入了哈佛大学的哲学系,并在此期间获得了诺贝尔经济学奖。所以有人笑谈,罗尔斯之所以没有获得诺贝尔经济学奖,是因为经济学家们实在不情愿短期内把该奖颁给同一大学的两位哲学家。罗尔斯与阿罗之间的交流也非常多,1968—1969年在哈佛大学,罗尔斯与阿罗,加上当时是访问教授的阿马蒂亚·森一起主持了一个跨学科的研究生讨论班。罗尔斯在哈佛大学的职位是标志着一个学校最高学术等级的"大学教授",而这一职位的前任正是阿罗。
② 高小勇、汪丁丁:《高小勇、汪丁丁专访诺贝尔经济学奖得主:大师论衡中国经济与经济学》,朝华出版社,2005年,第158页。
③ 诺贝尔奖评审委员会给出阿罗的获奖理由是:"领航了一般经济均衡理论和福利经济学理论的研究";贡献在于:"复兴了一般均衡理论,以及在福利经济学和社会选择领域的工作。"(1972年诺贝尔经济学奖颁奖词)

在布坎南看来,阿罗求解集体选择的理性结果(集体选择的可决定性)的努力,是一种方向性的错误。集体选择的循环性恰恰表达了一种重要的政治价值——尊重各个个体尤其是少数人的利益,拒绝虚构的有机体国家观及其代表的所谓的"公共利益"。阿罗虽然并不同意布坎南对不可能定理的批评(阿罗,2010),但是在另一个方面却认同布坎南的见解,即自己过度专注于偏好既定条件下的"投票"民主,而忽略了可能改变和塑造偏好的"对话"民主(阿罗,2016)。

布坎南的学术影响力让很多后辈经济学家受益匪浅,其中最广为人知的是两位诺奖得主阿马蒂亚·森和埃莉诺·奥斯特罗姆。

从阿马蒂亚·森在社会选择领域最早的代表作《集体选择与社会福利》(Collective Choice and Social Welfare)的出版时间来看(1971年),布坎南对森的影响最迟不晚于20世纪70年代初。在阿马蒂亚·森看来,公共选择理论正确地强调了公共讨论(民主的重要组成部分)在偏好形成上的作用。布坎南的民主本质的观点在这里与阿罗的处理方式存在重大差别,阿罗采取了保守而节制的做法,将个人偏好设定为集体选择函数所要处理的数据。布坎南则继承了小穆勒的传统,将民主定义为"通过讨论来治理",个人偏好随着时间历程中的讨论的深化而改变。森甚至认为,布坎南关于对话民主的研究大大提高了经济学家们理解政治时的品位(Sen, 2011)。

奥斯特罗姆也曾明确指出,自己的工作受到了布坎南和塔洛克的《同意的计算》一书的极大启发(因此布坎南对奥斯特罗姆的影响至晚是从20世纪60年代初开始的)。该书区分了政府、市场和社区等多种治理制度,从而把奥斯特罗姆引入了从社区自治的角度分析共有资源问题的学术之路(Ostrom, 2011),并逐渐发展为与弗吉尼亚学派并立的公共选择的另一个分支。

二、诺思的主要理论贡献与思想来源

与布坎南相比,诺思更接近于是亚当·斯密的古典政治经济学国家理论的直接继承者。因为自斯密以降,关于国家与长期经济增长的关系,"直至道格拉斯·诺思和其他人开始就制度及其形成的激励对促进经济增长的重要性著书立说,经济学界才重新关注这些问题"[①]。

---

① [美]道格拉斯·欧文:《亚当·斯密论"尚可容忍的司法管理和国民财富"》,《比较》2021年第1期,第39页。

以诺思为中心的新制度经济学的华盛顿学派的兴起在时间上——20世纪70年代初——略晚于公共选择的弗吉尼亚学派。除了诺思外,巴泽尔和张五常是这一学派的另外两位代表人物。由于诺思等人长期工作在华盛顿大学西雅图分校(University of Washington in Seattle)和圣路易斯华盛顿大学(Washington University in St. Louis),故这一学术共同体被称为新制度经济学的"华盛顿学派"。

(一)诺思的代表作和理论贡献

诺思与布坎南一样,也是勤奋且著作等身的作者。除了发表的大量论文[①]外,诺思具有代表性的重要著作见表2-2。

表2-2 诺思的代表作及其理论贡献

出版时间	作品名称	理论贡献
1971年	制度变迁与美国经济增长(Institutional Change and American Economic Growth)	新制度经济学华盛顿学派的开山之作。定义了制度,为解释制度变迁提供了一个概念框架的雏形。按照成本—收益分析的新古典经济学理论来解释制度变迁
1973年	西方世界的兴起:新经济史(The Rise of The Western World: A New Economic History)	引入了产权、交易成本等概念,也意识到了国家的重要性。强调要素间相对价格的改变是西欧制度变迁的主要动力,从而完善了新古典经济学理论对制度变迁的解释

[①] 一般来说,诺思最重要的公开发表的论文被认为有两篇(North, 1968; North and Weingast, 1989)。其中一篇是1968年发表的《远洋航运的生产率变化的源泉》(Sources of Productivity Change in Ocean Shipping, 1600-1850)。该文被认为初步论证了制度变迁能促进经济发展和国家对于制度变迁的重要性。这篇论文有一个非常有趣的起源:1960年,诺思参观位于荷兰的海事历史博物馆。他注意到船模在很长时间内没有展现出任何重要的技术进步,但是船上携带的武器却越来越少。曾在二战期间担任过多年船上领航员的诺思深知这一变化对于航运成本的意义,于是萌发了研究这一问题的兴趣。另一篇是1989年发表的《宪制与承诺》(Constitutions and Commitment: The Evolution of Institutional Governing Public Choice in Seventeenth-Century England)。该文聚焦于支撑经济增长和市场发展的政治制度,重点讨论了宪制层面的制度变迁对国家所做出的承诺的可信性的影响,以及这一影响的经济结果。诺思认为这是自己最好的一篇论文。(姚洋:《制度与效率:与诺斯对话》,四川人民出版社,2002年,第7页)

续表

出版时间	作品名称	理论贡献
1981年	经济史中的结构与变迁（Structure and Change in Economic History）	详细阐释了产权与经济增长的关系，提出了关于国家的新古典模型，强调意识形态的重要性。开始自觉地超越新古典经济学理论对制度变迁的解释
1990年	制度、制度变迁与经济绩效（Institutions, Institutional Change, and Economic Performance）	进一步探寻政治和经济制度变迁与经济绩效之间的关系，提出"路径依赖"（源于制度矩阵的规模报酬递增和心智结构的不完善）来解释为什么很多经济体长期陷于不发达
2005年	理解经济变迁的过程（Understanding the Process of Economic Change）	人类的感知或曰意向影响了制度变迁。人的感知来自信念即心智结构，而信念结构是学习过去和当时的经验的产物。由于学习过程是渐进累积的，故文化的影响是长期的
2009年	暴力与社会秩序：诠释有文字记载的人类历史的一个概念性框架（Violence and Social Orders: A Conceptual Framework for Interpreting Recorded Human History）	控制暴力是国家的根本任务，而按照控制暴力的方式的不同，可将国家区分为限制准入秩序（自然国家）和开放准入秩序；从限制准入秩序转型为开放准入秩序先要以达到一定的门槛条件为前提，然后真正的转型才有可能发生

资料来源：根据Hodgson（2017），Wallis（2014，2016）和笔者的理解整理。

如果详细梳理表2-2中诺思的代表性作品，我们就可发现：诺思所代表的新制度经济学国家理论存在一个不断演化并渐趋成熟的过程。在1971年的《制度变迁与美国经济增长》中，国家被定义为"一个有强制力的组织"[①]，此时国家在分析框架中完全是外生变量，是不变的外部制度环境[②]

[①] Davis, Lance, and Douglass North, 1971, *Institutional Change and American Economic Growth*, Cambridge: Cambridge University Press, p. 5.
[②] 当普通的个人和私人组织从事政治、经济、社会活动时，他们/它们需要考虑的选择问题是，或者在既定制度下实现目标函数最大化，或者干脆去改变制度。国家的地位与他们/它们并不平等，因为国家在暴力上的优势可以在多数时候阻止个人和私人组织改变制度的努力，故国家在本体论和认识论上都可以视为个人和私人组织需要面对的制度环境的一部分。

的一部分。到了1973年的《西方世界的兴起》,国家为市场有效运行提供制度基础的作用被进一步强调,且国家被更详尽地按照功能定义为通过确立和实施产权来交换百姓贡赋的组织。

从20世纪80年代初开始,诺思有意识地放弃了制度变迁的效率假说,并为解释无效制度的产生及其负面经济影响而提出了新古典国家理论(单一治国者效用最大化模型)[①]。诺思进而开始强调意识形态的重要性,自觉地超越了新古典经济学理论对制度变迁的解释,这后续引发了诺思在90年代和21世纪初对心智和信念的研究。最终在2009年的《暴力与社会秩序》中,诺思将国家定义为"组织的组织"[②],并且放弃了韦伯主义者关于暴力的假设——国家是暴力的垄断者[③]。"组织的组织"这一定义意味着诺思要挖掘在不同社会秩序类型下,国家如何以不同的方式控制暴力。于是,诺思的国家理论先是将国家设定为外生的制度环境因素,再将其还原化为一个追求自身财富最大化的单一治国者,最后才打开了作为组织的国家的黑箱,开始分析政权内部精英之间的互动关系。

(二)诺思学术思想的理论来源和影响力

相较于布坎南,诺思的学术思想的理论来源更为复杂,并且中间还发生过一次大转型(见图2-2)。与图2-1一样,图2-2也是对上一章的表1-1的延伸。图2-2的横轴表示某位学者(学派)对诺思的影响的持续时间(距离原点越远,表示这种影响的持续时间越长),纵轴则表示某位学者(学派)对诺思有所影响的早晚(距离原点越近,表示这种影响发生得越早)。

---

① 这一模型的早期版本可参见North(1979)。
② North, Douglass, John Wallis and Barry Weingast, 2009, *Violence and Social Orders: A Conceptual Framework for Interpreting Recorded Human History*, Cambridge: Cambridge University Press, p. 17.
③ 作为诺思曾经的同事和追随者,约翰·奈早在1997年(英文版)发表的一篇文章中,就曾经以欧洲的历史为例质疑过国家垄断暴力的假设:"现代国家往往会宣称在其领土范围内拥有合法使用暴力的垄断权。但是我们知道,从历史上看,这种宣称的真实性并不总是与其过去和将来的合法性一致。国家常主张拥有那些其没有任何控制力的地区,而各种背叛原有组织结构的合法和非法团体也常从组织结构外部施加影响。此外,国家排他地使用暴力的合法权利这一概念,只是晚至17或18世纪政府才努力在欧洲确立起来。"(约翰·V.C.奈《关于国家的思考:强制世界中的产权、交易和契约安排的变化》,载[美]约翰·N.德勒巴克、约翰·V.C.奈编《新制度经济学前沿》,张宇燕等译,经济科学出版社,2003年,第151—152页)

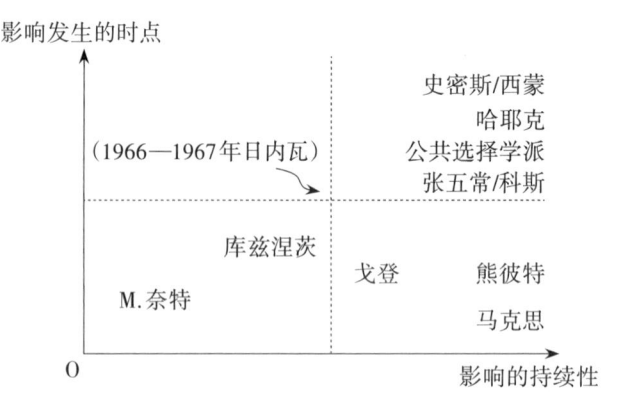

图2-2 诺思的思想来源和理论兴趣的转折

(1)诺思的计量经济史研究阶段

诺思最初的学术启蒙来自本科阶段(加州大学伯克利分校)所阅读的马克思的作品(尤其是《资本论》)[①]。诺思在专门讨论马克思的经济学理论时曾经承认,自己的新制度经济学理论是对马克思思想的一个发展(North,1986a),是在用一个更为精密的框架来解析生产力(productive forces)和生产关系(relations of production)之间的矛盾,自己所研究的"社会的制度结构"(institutional structure of the society)就是"马克思所说的生产关系"[②]。

在刚刚开始进入学术领域的20世纪50年代初,诺思受其年轻同事戈登的影响曾经差点变成一名芝加哥学派的经济学家(Horn,2009)。但是,诺思并没有彻底地转向右翼,马克思的思想始终左右着诺思的终极关怀和问题意识(North et al.,2015b)[③]。所以,诺思在掌握了芝加哥学派的价格

[①] 直至晚年,诺思仍然认为马克思所提出的问题都是正确的,虽然诺思对马克思所给出的解答有所保留。诺思在求学时代认真研读了《资本论》等马克思的著作。诺思认为,虽然他后来不再是一个马克思主义者,但是马克思的重要影响在他身上始终存在。诺思曾解释为什么自己在大学阶段无论在思想还是行动上都倾向于马克思的思想:"是因为大萧条,当时有25%的美国劳动者失业。……我不知道任何一个人怎么可以在那样的日子里不变成激进主义者,因为我们被困境包围着。因此我转变成了马克思主义者。不是一个共产主义者,而是马克思主义者。二者有重要的区别。"(Horn, Karen, 2009, *Roads to Wisdom, Conversations with Ten Nobel Laureates in Economics*, Cheltenham: Edward Elgar, pp.159-160)

[②] North, Douglass, 1986, "Is It Worth Making Sense of Marx?", Inquiry, Vol.29, No.1-4, p.58.

[③] 在2014年7月11日的采访中(这可能是诺思有生之年最后一次接受采访,故代表了诺思的最终观点),诺思指出:"我生命中的焦点问题是人类如何彼此相处。人类如何学习去发展出复杂的结构、制度和类似物——这占据了我的一生。"(North, Douglass, Gardner Brown and Dean Lueck, 2015, "A Conversation with Douglass North", *Annual Review of Resource Economics*, Vol.7, No.1, p.7)

理论的同时仍可保持清醒："一方面,马克思主义对于回答很多平庸的经济学问题来说并不充分。另一方面,标准经济学理论也无法回答马克思主义所提出的那些重大的主题。"[1]

在20世纪50年代初,除了重新学习价格理论外,诺思还接受了熊彼特的企业家理论[2]。在1950年完成了研究生阶段的课程学习后,诺思搬到纽约居住,以便为自己的博士论文收集素材。诺思的博士论文的主题是美国的人寿保险业,而美国当时所有的人寿保险公司几乎都集中在纽约。在这一年,诺思获得了一笔奖学金,从而可以一边安心写作博士论文,一边到哥伦比亚大学和哈佛大学继续学习。在哈佛大学,诺思参与了 Arthur Cole 企业家学院的活动,从此一生都被熊彼特的企业家观点所影响,乃至于在其后来的作品中不仅经常出现"经济企业家"的概念,他自己还提出了所谓的"政治企业家"的概念,并且把两类企业家的活动范围都扩展到了制度变迁领域。

诺思作为一名经济学家成名于其20世纪60年代的计量经济史(Cliometrics)[3]研究。这一方面是因为诺思在加州大学伯克利分校的博士论文导师 M.奈特(Melvin Knight)[4]就是经济史领域的学者,更是因为诺思在这一领域的工作受到了1971年诺贝尔经济学奖获得者库兹涅茨(Simon Kuznets)[5]很大的影响。1956到1957年,诺思以研究助理的身份

---

[1] Horn, Karen, 2009, *Roads to Wisdom, Conversations with Ten Nobel Laureates in Economics*, Cheltenham: Edward Elgar, p. 164.
[2] 熊彼特对诺思的影响是间接的,因为熊彼特去世于1950年1月。也是在这段时间里,诺思还受到了两位社会学家比较大的影响。一位是哥伦比亚大学的 Robert Merton,另一位是哈佛大学的 Talcott Parsons。
[3] Cliometric 是由 Clio 和 econometric 拼合而成,前者代表的是希腊神话中掌管历史的女神。
[4] M.奈特是布坎南的博士论文导师 F.奈特的亲兄弟。M.奈特并不是诺思的首选。诺思在决定开始撰写博士论文时,他先找到的是美国经济史的专家 Sanford Mosk,但是被拒绝(诺思猜测被拒绝的原因是自己当时仍然是一名激进主义者)。之后,诺思才选择让 M.奈特做自己的导师。诺思认为 M.奈特很博学,他总是能说出很多有趣的经济史故事。有趣的是,作为亲兄弟,M.奈特厌恶理论,而 F.奈特却是一位著名的理论经济学家。
[5] 诺贝尔奖评委会给出的库兹涅茨的获奖理由是:"提出了对经济增长的基于经验的解释,从而为理解发展过程和经济社会结构变化提供了新的更为深入的洞见。"诺贝尔奖评委会认为库兹涅茨的主要贡献在于:"在国家间的经济增长领域做出了开拓性的研究;发展了计算国民收入规模和变化的方法。"(1971年诺贝尔经济学奖颁奖词)

在国民经济研究局(NBER)工作了一年[①],在那里结识了库兹涅茨。在接下来的一年里,诺思每周都有一天时间是与库兹涅茨一起进行经验性的数据分析工作。诺思20世纪60年代早期的关于1790—1860年间美国经济绩效的研究(North,1961)就受惠于在国民经济研究局工作时期与库兹涅茨共同工作的经历。

综上,在转入新制度经济学的研究领域之前,最早对诺思产生影响的显然是马克思,这种影响发生在20世纪30年代末40年代初的大学本科阶段;马克思的影响不仅发生得早,而且一直持续到诺思研究工作的最后。所以,马克思的名字出现在图2-2的右下角。二战结束后直到20世纪60年代末70年代初开始进入新制度经济学研究领域之前,诺思先后在学术思想上受到了M.奈特、戈登、熊彼特、库兹涅茨的影响。其中,M.奈特的影响出现得很早(在研究生阶段),但却持续时间不长,故M.奈特的名字出现在图2-2的左下角。库兹涅茨和戈登对诺思的影响也较早,但都没有持续到最后,故二者的名字出现在了图2-2中间偏下的位置。而与马克思类似,熊彼特的影响不仅出现得早,且贯穿始终,故熊彼特的名字出现在图2-2的右下方比马克思略为靠上的位置(因为马克思的影响发生得更早)。

(2)诺思的新制度经济学研究阶段

诺思从20世纪70年代初开始正式转向研究制度和制度变迁,库兹涅茨和戈登的影响随之变弱。一方面,按照库兹涅茨的进路所开展的计量经济史研究不再是诺思的主要研究方向,制度分析取代经验分析成了诺思的经济史研究的主轴。另一方面,虽然早在50年代初,诺思在戈登的影响下就已经成了一名新古典经济学家和芝加哥学派的价格理论的拥趸,且在70年代的制度变迁研究中以相对价格的变化作为最核心的解释变量,但这一基于价格理论的解释在后来的研究中不断被淡化。自20世纪60年代末70年代初之后,张五常、哈耶克、史密斯(Vernon Smith)等人对诺思的影响先后变得日益显著,而公共选择学派在诺思的作品中的印记也很鲜明(见图2-2)。

在20世纪60年代末,诺思开始意识到:之前令他成名的计量经济史研究的局限在于缺少了关于制度和制度变迁的研究,而新古典经济学并

[①] 诺思到国民经济研究局工作的介绍人是当时该机构的一位研究项目负责人Solomon Fabricant。诺思在这一年中不仅认识了在国民经济研究局中来来往往的多数顶尖经济学家,而且有了与库兹涅茨一起工作的经历。

第二章　如何理解国家：两条进路的方法论比较

不能为分析这一主题提供完整的工具箱,因为新古典理论"对市场如何演进问题只字未提。不仅如此,它还是一个静态的理论,而我们需要的则是一个能够对跨时间的经济演进做出解释的动态理论"[①]。正在诺思苦于找不到可用于研究制度变迁的分析工具时,很幸运地,张五常于1969年进入了华盛顿大学西雅图分校,成了诺思的同事和下属(诺思时任经济学系主任)。通过与张五常对话和在张五常的课堂上旁听[②],诺思从他那里学到了产权和交易成本等方面的知识,间接地接受了科斯的思想(Coase, 1992)[③]。

诺思的分析制度变迁的工具箱里并不是只有张五常和科斯所提供的工具。诺思所理解的制度不仅包括正式制度,也包括惯例、习俗、文化传统等非正式制度(诺思甚至认为非正式制度更为重要,因为从长期看非正式制度决定着正式制度),而人们所处的非正式制度是当地文化的长期演化的结果,这就使得诺思的制度观念在建构主义之外也有了演化论的影子。20世纪从制度演化的视角来研究人类社会的自发秩序(spontaneous order)的最重要的经济学家无疑是哈耶克,而诺思思想的哈耶克[④]色彩在其晚年的研究中愈发明显。二人的相识是在诺思1973年出版了《西方世界的兴起》之后不久。诺思在某一天得到了一个令他备感兴奋的消息,哈耶克已经读到这本书并且认为它很有意义,有意与诺思深入交流。随后二人

[①] [美]道格拉斯·C.诺思:《绪论》,载[美]约翰·N.德勒巴克、约翰·V.C.奈编《新制度经济学前沿》,张宇燕等译,经济科学出版社,2003年,第13页。
[②] 1993年诺思拿到诺贝尔经济学奖时,张五常曾经大叹"走了宝"。
[③] 诺思曾经在一次接受采访中说:1988年在德国的一次学术活动中,诺思和科斯同场发表演讲。诺思在演讲中指出,科斯定理和交易成本可以被革命性地运用于分析时间历程中的社会演化——为了降低交易成本而进行制度创新。科斯在演讲结束后对诺思表示,自己从未有过这个方面的思考。(Horn, Karen, 2009, *Roads to Wisdom, Conversations with Ten Nobel Laureates in Economics*, Cheltenham: Edward Elgar, p. 170)但是实际上,科斯此后在交易成本这一分析工具的应用范围上也有了新的思考:他认为交易成本的重要影响并不限于私人企业,还触及整个社会的整体经济的运作。"如果交易成本超过了交易所得,则交易不会发生,而来自专业化的更高产出也不会出现。从这一角度来说,交易成本所影响的不仅是契约安排,也影响到何种商品和服务会被生产出来。"(Coase, Ronald, 1992, "The Institutional Structure of Production" *American Economic Review*, Vol. 82, No. 4, p. 716)
[④] 与布坎南一样,哈耶克也是一位不能在严格意义上划入新制度经济学家行列,却对新制度经济学产生了很大影响的诺贝尔经济学奖获得者。哈耶克于1974年获颁诺贝尔经济学奖。诺贝尔奖评审委员会给出的获奖理由是:"在货币和经济波动理论上的领航性的研究;对经济、社会和制度运行的有穿透力的分析",而哈耶克的主要贡献在于:"研究了经济、社会和政治过程之间的相互关系。"(1974年诺贝尔经济学奖颁奖词)

真的如约在西雅图度过了两天的时间。诺思对哈耶克的评价是:"如果你要寻找一个真的在试图理解这个世界的人,哈耶克比历史上任何人都更接近于一名理想化的代表。"[1]哈耶克关于集体学习和适应性效率的概念对诺思[2]的研究产生了尤为重要的影响(North,1999),诺思甚至将哈耶克誉为"理解变迁过程的研究的真正的领路人"[3],而哈耶克的这些概念自然也进入了诺思的工具箱。

为了解释制度尤其是非正式制度的长期演化(这也是哈耶克尤为关注的内容),诺思从20世纪80年代中期开始在研究中愈发关注认知科学。诺思认为自己是在1983年转入圣路易斯华盛顿大学后开始认真思考认知科学的,而这种关注使得诺思对一系列问题都有了新的见解。对于认知问题的关注(涉及大脑如何工作、信念如何形成以及为何信念塑造了人类创立制度的方式)引领诺思进入行为经济学和实验经济学的研究领域(Knight and North,1997)[4]。在这一领域对诺思产生较大影响的是1978年诺贝尔

---

[1] Horn, Karen, 2009, *Roads to Wisdom, Conversations with Ten Nobel Laureates in Economics*, Cheltenham: Edward Elgar, p. 170.

[2] 诺思认为,新制度经济学受益于"哈耶克在认知科学上的分析性贡献,这些贡献反过来奠定了他从集体学习视角来理解文化演化的基础。新制度经济学近来的发展很好地移植了他所树立的基石,特别是我们关于非正式制度演化方式的理解与他的洞见是一致的。而且,只有当我们按照集体学习的遗产来加以认识时,路径依赖的强有力的影响才是可以理解的"。(North, Douglass, 1999, "Hayek's Contribution to Understanding the Process of Economic Change", in Viktor Vanberg (ed.), *Freiheit, Wettbewerb und Wirtschaftsordnung*, Freiburg: Haufe, p. 95)

[3] North, Douglass, 1999, "Hayek's Contribution to Understanding the Process of Economic Change", in Viktor Vanberg(ed.), *Freiheit, Wettbewerb und Wirtschaftsordnung*, Freiburg: Haufe, p. 80.

[4] 在1983年转入华盛顿大学圣路易斯分校(Washington University in St. Louis)之后,诺思在该校建立了一个哲学、认知科学和心理学的跨学科研究项目,还开设了一门认知科学和经济学的联合课程。诺思在行为经济学上有自己的偏好,诺思表示自己不喜欢以个人为中心的行为经济学的研究,即卡尼曼(Daniel Kahneman)、特维斯基(Amos Tversky)、塞勒(Richard Thaler)等人的工作,因为他们的研究聚焦于个人理性,从而"无法充分地把握认知和社会情境之间的互动"(Knight, Jack, and Douglass North, 1997, "Explaining Economic Change: The Interplay between Cognition and Institutions", *Legal Theory*, Vol. 3, No. 3, p. 217, footnote)。诺思的上述观点明显受到了哈耶克的认知理论尤其是关于集体学习的理论的影响。公平地说,卡尼曼等人的研究也强调"情境"的影响,但是这种影响集中于个人的行为层面,他们所定义的"情境"也与哈耶克和诺思的理解有很大差异。所以在诺思看来,卡尼曼等人的研究属于"传统的认知科学文献,其在探究认知过程的性质时忽视了历史、文化和人为的环境",而诺思继承自哈耶克的方法则"强调作为重要的认知角色的社会制度"。(North, Douglass, 1999, "Hayek's Contribution to Understanding the Process of Economic Change", in Viktor Vanberg (ed.), *Freiheit, Wettbewerb und Wirtschaftsordnung*, Freiburg: Haufe, p. 83)

经济学奖得主西蒙(Herbert Simon)[①]和2002年的诺贝尔经济学奖获得者史密斯[②]。前者对诺思的影响是通过作品间接产生的[③],后者则是在20世纪80年代后通过交流与合作而对诺思产生了直接影响。诺思承认自己从史密斯和他的团队那里学到了很多[④],并且诺思在很长一段时间里与史密斯有非常亲密的学术合作:诺思提出待研究的问题,然后两个人一起开展实验。

回到图2-2,张五常对诺思的影响开始于20世纪60年代末,哈耶克则是在70年代才开始与诺思的交往并对后者产生影响,史密斯与诺思合作并产生影响更是迟至80年代。所以,三者的名字依次出现在图2-2的右上方——表示他们的学术影响发生得较晚却持续到了诺思生命的终点。其中,张五常是诺思与科斯之间的理论中介,而史密斯则帮助诺思更好地去理解西蒙的思想。在图2-2的右上方,公共选择学派的影响也位列其中。这种影响主要归功于塔洛克,相关内容上一章第一节的第二部分已经有所涉及,此处不再赘述。

(3)诺思对后辈经济学家的影响

诺思在教学中投入了大量精力,甚至还亲自编写了一本经济学基础教科书(米勒,本杰明,诺思,2019)。不仅如此,诺思在提携后辈上也是不遗余力。在通过私人关系或作品而受到诺思的思想的影响的后辈经济学家中,格雷夫和阿西莫格鲁是最为典型的代表。

[①] 诺贝尔奖评审委员会给出的西蒙的获奖理由是:"在经济组织内部的决策过程领域做出了前瞻性的研究。"诺贝尔奖评委会认为西蒙的主要贡献在于:"在许多领域都有建树,包括科学方法论、应用数理统计、运筹学(operations analysis)、经济学和行政学。他的工作被整合为组织决策的新理论。"(1978年诺贝尔经济学奖颁奖词)

[②] 诺贝尔奖评审委员会给出的史密斯的获奖理由是:"建立了实验经济学这一经验上的经济学分析工具,尤其应用于关于各类市场机制的研究。"诺贝尔奖评委会认为史密斯的主要贡献在于:"发展了经济学的实验方法,从而可帮助我们理解经济行为。"(2002年诺贝尔经济学奖颁奖词)

[③] 西蒙对诺思的最重要的影响是有限理性(limited rationality)概念。诺思第一次直接大段引用西蒙的有限理性的观点是在1988年发表的论文中。(North, Douglass, 1988, "Ideology and Political/Economic Institutions", *Cato Journal*, Vol. 8, No. 1, p. 25)

[④] 诺思在1981年的《经济史中的结构与变迁》和《理解经济变迁的过程》的致谢部分都提到了史密斯,感谢他阅读了作品的原始版本并提出了重要的建议或参加了关于作品的讨论会。而且,诺思是史密斯的诺贝尔经济学奖的提名人之一。另外,在史密斯(此时他已经获得了诺奖)离开其原先所在的乔治·梅森大学后,该校曾经对诺思发出过邀请,希望诺思能够到该校来领导史密斯留下来的团队。但由于诺思当时已经87岁,而该校希望诺思能够重新建构和组织一个新的研究规划,诺思婉拒了这一邀请。(Horn, Karen, 2009, *Roads to Wisdom, Conversations with Ten Nobel Laureates in Economics*, Cheltenham: Edward Elgar, p. 169)

格雷夫1955年出生在以色列的特拉维夫，先是在特拉维夫大学获得历史学的学士（1981年）和硕士学位（1985年），后在美国的西北大学获得经济学的硕士学位（1988年）和博士学位（1989年）。1989年，格雷夫进入斯坦福大学（Stanford University）任职，现为该校经济学和历史学的双料教授。格雷夫曾称诺思是自己的老师[1]。格雷夫回忆：自己"从未与诺思有过正式的研究上的合作，无论是作为同事还是共同作者"，自身从诺思那里获得的"影响、支持和鼓励来自他的作品或同他的谈话"。[2]而且，根据诺思的华盛顿大学圣路易斯分校（诺思1983年从华盛顿大学西雅图分校转入该校）的同事回忆，格雷夫早在研究生阶段就从诺思那里得到了很多学术上的帮助。另外值得一提的是，格雷夫是新版《新帕尔格雷夫经济学大辞典》的"诺思"词条的作者（Greif, 2008）。格雷夫近年来正在尝试从"合法性"（legitimacy）的视角来扩展诺思思想进路下的国家理论（Greif and Tadelis, 2010; Greif and Rubin, 2016）。

如果说格雷夫还与诺思保持着有限的私人交往的话，阿西莫格鲁则几乎完全是通过作品接受了诺思的影响，他的情况我们将在附录二中进行详细的介绍。

第二节 两种研究纲领各自的硬核假设

双方学术思想理论来源的差异，不仅决定了双方在关注的问题、使用的分析工具和基本观点等方面存在分歧，而且决定了各自在研究纲领的硬核上存在本质的差异。

按照20世纪下半叶的英国著名哲学家拉卡托斯（Imre Lakatos）提出的"科学研究纲领"，任何一套科学理论都由以下部分组成：硬核（hard core）——若干不可置疑的公理，其代表了一个研究纲领最核心的特征；保护带（protective belt）——研究纲领中所包含的大量的辅助性假说（auxil-

---

[1] Greif, Avner, 2006, *Institutions and the Path to the Modern Economy: Lessons from Medieval Trade*, Cambridge: Cambridge University Press, p. xvii.
[2] Greif, Avner and Joel Mokyr, 2017, "Cognitive Rules, Institutions, and Economic Growth: Douglass North and Beyond", *Journal of Institutional Economics*, Vol. 13, No. 1, p. 25.

iary hypotheses)和初始条件,其本身是可以调整的,从而使得硬核得到保护;反面启发法(negative heuristic)——告诉我们应该避免遵循哪些研究路径,其作用在于避免把批判的矛头指向硬核;正面启发法(positive heuristic)——告诉我们应该尽量采用哪些研究路径,其由一些或明或暗的提示组成,作用在于把批判和改进理论的思路引向保护带。在任何一套理论的整个研究纲领中,"硬核"都是最核心的部分,因为其决定了任一理论的本质及其与其他理论的区别。

拉卡托斯的研究纲领作为一种科学哲学的分析工具,在经济学界尤其是经济学方法论研究界有着广泛的影响(巴克豪斯,2000;豪斯曼,2000),经济学家们试图区分经济学的各种基本理论——如厂商理论、完全竞争理论、垄断理论、一般均衡理论、消费者理论——的硬核和保护带。例如,在将研究纲领引入经济学的最早研究中(Latsis, 1976),就有作品将消费者需求理论的硬核理解为(Coats, 1976):第一,基本的经济学模型是抽象的、静态的和普遍形式化的。第二,基础假设因而必须被简化、统一和保持不变。这些假设不必是现实的亦不需要经受证伪检验。第三,消费者的目标是最大化自身的满足即总效用。第四,消费者只有有限的收入。第五,消费者普遍有无限的欲望,但是随着连续消费一种给定的商品,消费者的边际效用递减。第六,消费者有关于市场上商品的价格、内容和质量的完备信息。第七,消费者可以理性计算收入的不同用途,从而可在边际上调整支出。第八,个人的决策独立于其他人的选择。

作为一种科学哲学的分析工具,研究纲领可以让我们在认识布坎南和诺思的思想进路的逻辑结构时,思路更加清晰。并且,由于研究纲领的话语体系对经济学家所产生的深刻影响,布坎南和诺思都曾主动用研究纲领的语言来解析自己的理论框架,这也为我们的研究提供了极大的便利。

一、布坎南的研究纲领的硬核假设

布坎南曾经称:"公共选择是一种库恩(Thomas Kuhn)语境下的新范式,或者用尼采(Friedrich Nietzsche)的隐喻来说是打开了一扇新的窗户。"①不过,布坎南更多的时候是将公共选择称为一种新的研究纲领,而研究纲领中最本质的内容是其硬核假设。布坎南多次表达过自己的公共选择理论的三个最重要的假设(布坎南,塔洛克,2000),其中的假设1和2是新古典经济学中的共同硬核,而假设3是公共选择的最具特色的硬核(Buchanan,2003;Brennan,2012)。

(一)布坎南的硬核假设之一

布坎南研究纲领中的第一个硬核假设是方法论个人主义(Buchanan's Assumption No.1,简称BA1)。

布坎南明确反对有机体国家观,认为只有个人才是行动和选择的本源,组织、集体、国家不过是个人的有目的的行动和选择的集合体。也就是说,唯有个人是本源性的存在,而国家是一种派生性的存在。按照这样一种本体论上的个人主义,可以衍生出方法论上的个人主义:拒绝任何公共利益、社会理性、社会正义等具有集体主义色彩的概念,只有个人才是有独立目的和意志的进行选择的主体。因而,只有个人才是经济学研究中唯一的分析单元。

相反,国家等集体性质的存在物在方法论个人主义的视角下被降低到了经济分析的次要地位:"集体行动(collective action)被视为个体在选择集体地而非个体地实现目标时的行动,而政府则被视为不过是允许这样的集体行动发生的诸过程之集合(set of processes)或机器而已。"②或者用芝加哥学派第二代领袖弗里德曼(Milton Friedman)的话来说:"对自由人而言,国家是组成它的个人的集体,而不是超越在他们之上的东西。……他把政府看作为一个手段,一个工具,既不是一个赐惠和送礼的人,也不是盲目崇拜和为之服役的主人或神灵。除了公民们各自为之服务的意见一致的目标以外,他不承认国家的任何目标;除了公民们各自为之奋斗的意见一致的理想以外,他不承认国家的任何理想。"③

---

① Buchanan, James, 1979/1999, "Politics without Romance: A Sketch of Positive Public Choice Theory and Its Normative Implications", in Geoffrey Brennan, Hartmut Kliment and Robert Tollison (eds.), *The Collected Works of James M. Buchanan*, Vol. 1, *The Logical Foundations of Constitutional Liberty*, Indianapolis: Liberty Fund, p. 46.
② [美]詹姆斯·M.布坎南、戈登·塔洛克:《同意的计算:立宪民主的逻辑基础》,陈光金译,中国社会科学出版社,2000年,第13页。
③ [美]米尔顿·弗里德曼:《资本主义与自由》,张瑞玉译,商务印书馆,1986年,第3页。

方法论个人主义虽然以个人作为分析的唯一基本单元,但个人的偏好、选择和行动的来源问题是不能忽略的。任何一个具体的人都是在特定的制度遗产下成长起来的,他的偏好来自遗传和个人(学习和生活)经历,也来自制度遗产所塑造的外部社会环境的熏陶。于是,虽然个人是本体论的本源和方法论的基本分析单元,但是制度遗产影响着个人,故历史重要,不能把个人过度简化为屏蔽了制度和历史的原子。

方法论个人主义的另一个需要注意之处在于:无须任何高深的哲学推理,仅凭常识可知,群体大于个体成员的简单加总,无论是在关系意义上还是在功能意义上。这可能是为什么,组织、团体、阶级、社会、国家等集体性质的分析单元在经济学乃至整个社会科学(尤其是社会学等学科)研究领域始终不衰——形成了方法论整体主义与方法论个人主义的分庭抗礼。马克思就是以阶级作为基本的分析单元。于是,即使仍然坚持方法论个人主义,也需要去考察从个体到集体的行动层级的跃升中的逻辑问题(Acemoglu, et al., 2005a;奥尔森,1995)。

(二)布坎南的硬核假设之二

布坎南的研究纲领中的第二个硬核假设是"经济人"(BA2)。

"经济人假设"有时候在布坎南的表述中又被称为"理性选择假设"(Buchanan,2003)或"个体主义—经济学假设"(布坎南,塔洛克,2000)。布坎南将这一假设追溯至美国国父之一麦迪逊(James Madison)的观点——人们在私人领域和公共领域都追求效用最大化,故应对国家的权力加以约束(布坎南,2014)。于是,这一假设的实质其实就是认为个人在涉及公共事务的政治活动中也会追求效用最大化,即"个人在参与集体决策时受到最大化其自身效用的渴望的引导,并且不同的个人有不同的效用函数"[①]。对于效用函数的宽泛认可意味着公共选择的分析框架允许不同的个人在参与政治活动时有不同的目标。这种视个人在私人和公共领域的选择具有同质性的思路与社会选择(social choice)的思路有所不同:按照社会选择理论的分类(阿罗,2016),人们在面对公共事务时个人偏好(individual preferences)反映了一般的"价值观"(values),而在面对个人事务时反映的则是"趣味"(taste)。

[①] [美]詹姆斯·M.布坎南、戈登·塔洛克:《同意的计算:立宪民主的逻辑基础》,陈光金译,中国社会科学出版社,2000年,第28页。

对效用的概念和效用函数的类型不做严格的定义,方便了布坎南将伦理因素引入个人的偏好和选择之中,所以布坎南理论中的"经济人"假设并非简单等于个人追求自身经济利益最大化。例如,布坎南意识到了在规则的选择中伦理的重要性:了解宪制并且参与宪制的讨论可能要求存在某种超越个人理性利益的伦理准则。遵循这种伦理准则的人,其对于整体最终选择的重要性考虑要超过对个人利益的考虑。符合这种伦理准则的行为体现了对规则选择的伦理责任。[①]个人超越狭隘私利的伦理考虑所具有的独特的重要性在于防止集体选择时的搭便车行为:享有规则所决定的利益并不等于会有为了利益而采取行动影响规则的足够激励,除非个人认为其自己的行为能够影响集体对备选方案的选择结果[②],只有将伦理元素纳入效用函数才能解释为什么不是所有人都会选择在集体决策时理性弃权。

所以,正如阿玛蒂亚·森指出的,布坎南的理论并没有陷入使用"经济人"假设和关注伦理这二者的冲突之中,布坎南的关于人类行为与社会互动的精致推理表明:基于个人自利动机的模型只能在一定程度上被接受,其只是保证市场运转的人类动机的一部分。布坎南承认人类是亚里士多德的所谓的"社会动物"(social animals),也接受对于同类的同情心(sympathy)在人类行为中所占据的重要角色(Sen, 2011)。

不仅是将伦理元素纳入了效用函数,布坎南还注意到了个人在公共领域的偏好的内生性。布坎南呼吁从古典经济学家小穆勒的视角——通过讨论来治理——来理解民主,而不是如很多社会选择的理论家一样只关注投票民主。对话民主认为个人在公共事务上的偏好是一个动态演化的过程,而投票民主则暗含地假设个人集体选择中的偏好是静态固定不变的(布坎南,2008)。

(三)布坎南的硬核假设之三

布坎南的研究纲领中的第三个硬核假设是作为交易的政治(BA3)。

追随奥地利学派尤其是哈耶克的观点,布坎南多次指出其理解的经济学是一种交易学(catallactics)。或者用哈耶克的形象的隐喻来说,市场经济是一项"交换的游戏"(game of catallaxy),其可以促使陌生人之间彼此提

[①] [美]詹姆斯·M.布坎南:《宪法秩序的经济学与伦理学》,朱泱、毕洪海、李广乾译,商务印书馆,2008年,第202—203页。
[②] [美]詹姆斯·M.布坎南:《宪法秩序的经济学与伦理学》,朱泱、毕洪海、李广乾译,商务印书馆,2008年,第202页。

第二章 如何理解国家:两条进路的方法论比较

供服务。正是由于在对经济和经济学的根本理解方式上的相似性,布坎南自承"不反对被称作奥地利学派,哈耶克和米塞斯或许会视我为同道中人"①。

布坎南与哈耶克一样,都同意市场竞争的"游戏不是零和游戏(zero-sum game),而是这样一种游戏,只要遵守规则参与这一游戏,供人汲取份额的蓄水池就会增大,至于个人从这个水池中得到的份额,在很大程度上则是由运气决定的"②。对于布坎南和哈耶克来说,交易概念的重要性在于,其解释了"独立的个人利益,如何通过交易或交换(trade or exchange)的机制来加以协调"③。

受奥地利学派经济学的交易概念的启发,布坎南把正和博弈的思想运用到政治领域,从而形成了"作为交易的政治"的观念——作为其方法论的基石之一。这样一个独特的方法论假设意味着政治是一种正和博弈而非零和博弈,从而区别于纯粹的权力范式政治学。

如果没有了这块基石,那么布坎南的理论体系的整个大厦就将倾斜。因为,无论是在假想还是现实的背景下选择宪制,布坎南都以满足一致同意原则为宪制的正当性的判据。当一致同意暂时无法达成时,不同利益集团之间必须进行妥协,即通过选票的交易来获取在不同议案上的彼此支持(用福利经济学的语言说,就是要利用利益补偿来实现潜在的帕累托改善)——这就是所谓的"作为交易的政治"。因为,如果没有"作为交易的政治"概念为基石,那么在政治领域中贯彻一致同意原则将只会导致在边际上无限大的决策成本(比如,有些极端的少数人就可能做出"拔一毛以利天下,吾不为也"的投票选择,从而使得对绝大多数人非常有益的议案长期无法通过;甚至说,有可能出现少数人做出策略性投票行为,即通过故意投反对票来要挟绝大多数人)。这将极大地破坏布坎南的观点的理论说服力和现实可行性。

正是"交易"概念这一方法论基石,与新古典经济学中的代表性个体的理性选择模型无法完全融合。"交易"的基础是人与人之间的相互关联,即

---

① Buchanan, James, 1987, "An Interview with Laureate James Buchanan", *Austrian Economics Newsletter*, Vol. 9, No. 1, p. 4.
② [英]弗里德里希·冯·哈耶克:《作为一个发现过程的竞争》,载《哈耶克文选》,冯克利译,江苏人民出版社,2007年,第114页。
③ [美]詹姆斯·M.布坎南、戈登·塔洛克:《同意的计算:立宪民主的逻辑基础》,陈光金译,中国社会科学出版社,2000年,第3页。

主体间性。异质主体间的交往是发生社会交易和分工的前提,继而是人类社会的扩展秩序得以形成的基础,这在经济领域和政治领域是通用的逻辑。相反,新古典经济学的代表性个体的理性选择模型的做法恰恰是反其道而行之,将所有参与经济活动或政治活动的主体同质化,且把主体间的交换关系问题还原为了个体选择的最优化问题。这就犯了布坎南反复批判过的主流新古典经济学的一大弊病——经济活动和政治活动的分析的基本单元被简化和扭曲为"一个像鲁滨孙一样漂流到无人之岛的孤独的人"[①]。于是,正如布坎南和其他公共选择领域的学者所意识到的,"作为交易的政治"是公共选择的弗吉尼亚学派的一块独特的方法论基石,是该学派的研究纲领的三大硬核假设中唯一不同于新古典经济学(包括布坎南出身于其中的芝加哥学派)的一般架构的一项(Buchanan,2003)。

二、诺思的研究纲领的硬核假设及与布坎南的异同

与公共选择的观点相对应,诺思也提出过自己的研究纲领,其同样包括三个基础的硬核假设(诺思,2005):假设1——个人为自己的利益而不是集体的利益行动(North's Assumption No. 1,简称NA1);假设2——契约要靠规则支持,规定和实施这些规则是有成本的(NA2);假设3——意识形态(ideology)限制最大化行为(NA3)。

大体而言,BA1对应NA1,BA2对应NA3,而BA3对应NA2。两两比较可以发现,诺思的新制度经济学国家理论的上述三个硬核假设与以布坎南为代表的公共选择的弗吉尼亚学派的对应假设都称不上完全一致。

(一)诺思与布坎南在第一项硬核假设上的比较

第一,BA1和NA1表明布坎南和诺思都是方法论个人主义者。与布坎南一样,在诺思的模型中,分析的基本单元也是个体。正如诺思所说,"作为一个基本行动单元来说,阶级太大也太多内部分歧。……新古典经济学的个人计算是一个更好的起点"[②]。所以在诺思的《经济史中的结构与变

---

① [美]詹姆斯·M.布坎南、戈登·塔洛克:《同意的计算:立宪民主的逻辑基础》,陈光金译,中国社会科学出版社,2000年,第3页。
② North, Douglass, 1981, *Structure and Change in Economic History*, New York: W. W. Norton & Company, Inc., p. 61.

迁》和《暴力与社会秩序》中,代表或组成国家的是治国者或精英们,这些行动单元都被假设按照个人财富最大化或个人效用最大化做出策略选择,而博弈的另一方——可能是子民、国内外潜在的替代治国者或非精英——也被假设按照相同的个人最大化原则行事。

但是,由于研究的是制度变迁这种必然牵涉集体行动的主题,所以诺思的方法论个人主义实际上有很强的方法论整体主义(methodology holism)的色彩:组织是制度变迁的基本行动单元,而组织何以如同个人一样做出决策?这种将组织个人化的做法是否具有学术合法性?于是,诺思的半推半就的方法论个人主义最容易招致的一个常见的批评在于:如何将个人的意志和选择上升为集体行动。诺思在1981年的《经济史中的结构与变迁》里就已经敏感地意识到并初步回应了这一质疑:"共同利益决定了可达到的聚合(aggregation)程度,这使得模型更为灵活而又不失一致性。当成员们都认为自己享有共同利益时,聚合程度的确可以达到与阶级一样大。强调共同利益也使得人们可以探究阶级内的冲突,这种冲突可以解释大量的长期变迁。"[①]即是说,由于新制度经济学国家理论主要是以国家(与之博弈的对象是社会大众)、治国者(与之博弈的对象是平民)、精英(与之博弈的对象是非精英)等整体性概念——有机体或阶层的概念——作为博弈的基本参与者(player),故新制度经济学国家理论虽然与公共选择理论一样倾向于方法论个人主义,却身披着一件方法论整体主义的外衣。

(二)诺思与布坎南在第二项硬核假设上的比较

第二,BA2和NA3之间的比较说明,在国家组织中的精英或公共部门内的代理人是"经济人"这一问题上,新制度经济学国家理论与公共选择的弗吉尼亚学派的观点是一致的。然而,双方的差别也是颇为明显的。

虽然布坎南承认伦理元素的重要性,也将个人在公共领域的偏好的内生动态变化(对话民主会影响偏好)引入了自己的研究,但是,这些内容在布坎南的研究纲领中都是列于硬核部分之外,即只是处于保护带之中。对于布坎南来说,保护带中的伦理元素可能会成为私人利益最大化追求的一种补充。并且,对话民主固然可以影响偏好,但是理想的对话民主从何而

[①] North, Douglass, 1981, *Structure and Change in Economic History*, New York: W. W. Norton & Company, Inc., pp. 61-62.

来,为什么历史上的很多国家没有培育起对话民主的土壤,这些问题布坎南都没有给出答案。

相反,在诺思的框架中,"意识形态"处于硬核的地位。对于诺思来说,意识形态是"所有人都拥有的用于解释周围世界的主观看法(模型、理论)"[①],其并不是对私利追求的补充,而是前者决定后者。也就是说,政治活动参与者的偏好和理性程度由意识形态或曰信念(belief)——人们"头脑中理解所接收到的信息的方式的函数"[②]——所决定,而信念是内生于社会演化的过程中的。于是,诺思认为仅仅从权力博弈的视角来理解制度变迁是远远不够的,信念的演变使得关键的博弈参与者可以超越单纯的"经济人"追求,从而能够解释西方近代历史上很多有利于社会和谐和经济发展的制度变迁(North,2005)。

(三)诺思与布坎南在第三项硬核假设上的比较

第三,通过对比BA3和NA2,我们会发现,双方在如何认识国家的方法论问题上持有不同的观点。

布坎南曾经指出,关于国家的研究不应该套用任何单一的模型。在布坎南看来,"国家并非一个被授予了实施强制性垄断权且具有自己意志的、铁板一块的实体。它不是维克塞尔主义意义上那种志愿主义性质的,即国家所做出的所有集体决策并不都反映着政治体中所有人的无异议一致同意。它不是多数票决表决过程中可变的中位投票者意志的化身。它不是暂时执政的统治联盟借以损害政治体中他人利益、实现自肥的工具。它不是随波逐流、只受制于其内在组织逻辑的官僚机构。它不是统治阶级或权势集团的纯代理人"[③]。

布坎南认为,上述每个模型都有自身的合理之处,选择如何为国家建模,取决于我们的研究目的是什么。布坎南关注的是如何在国家的笼罩下保护个人的权益,故与其讨论国家是什么这种本体论问题(布坎南否定过有机体国家的概念),不如去分析个人与国家之间的关系。就布坎南的分

---

① North, Douglass, 1990, *Institutions, Institutional Change, and Economic Performance*, New York: Cambridge University Press, p. 23, footnote.
② Knight, Jack, and Douglass North, 1997, "Explaining Economic Change: The Interplay between Cognition and Institutions", *Legal Theory*, Vol. 3, No. 3, p. 216.
③ [美]詹姆斯·M.布坎南:《宪则经济学:人类集体行动机制探索》,韩朝华译,中国社会科学出版社,2017年,第63页。

析目的而言,上述关系可处理为"个人都是国家这样一种组织的成员,且他必须始终保持这一身份"[1]。个人是作为组织的国家的成员,意味着个人必须服从组织的规则,而这些规则在国家的层面上就是宪制。

接下来的问题就是如何以宪制来约束国家及其构成者(按照方法论个人主义,国家是由具体的选民、政客、官僚、议员、法官等公共事务参与者组成)的"看得见的手",一个维度是按照哈耶克的普遍性原则对国家干预的可能范畴进行控制,控制的结果即小穆勒所强调的在个人和国家之间划分好私人领域和公共领域的界限;另一个维度是遵循维克塞尔的"一致同意"来把控国家的公共政策决定的过程,从而保证侵犯个人尤其可能是居于少数的个人之权益的公共政策无法通过集体选择程序达成决议(布坎南,2017)。第二个维度正反映了 BA3(作为交易的政治),因为交易在本质上基于自愿,而自愿来源于所有人都可以通过经济或政治活动中的合作受益,则经济上的全体受益(帕累托改善)可保证政治上的"一致同意"。

从初始的关注和预设的价值判断来说,布坎南所关心的是如何可以让国家不做坏事,故其提倡在宪制选择上的最小最大原则(minimax principle):在所有坏的选择中选择最不坏的,即要使得潜在的损失最小化。按照这一原则"设计出来的制度能做到,如果参与者确实将追求经济利益看得高于一切,使其对社会构造的损害最小化"[2]。显然,如果按照 BA3 所内含的"一致同意"原则来进行决策,则只有符合帕累托改善标准的政策改革和制度变迁才能通过集体选择程序,这当然是最不坏的。

与布坎南不同,虽然诺思也清楚国家具有善恶两面性,并据此提出了著名的"诺思悖论",但是,诺思在让国家做好事上抱有很大的期望。之所以如此,是因为诺思重点关注的是如何解释历史上的国家兴衰和近代以来才出现的现代经济增长(库兹涅茨,1989)。于是沿着 NA2 的思路,诺思发现:普遍面向所有人(而并不只是选择性地面向少数精英甚至治国者自己)的有效的产权和契约的实施是需要付出成本的,根据权力的规模效应,国家在实施产权和契约上具有成本的比较优势。所以在近代史上,只有当国

---

[1] [美]詹姆斯·M.布坎南:《宪则经济学:人类集体行动机制探索》,韩朝华译,中国社会科学出版社,2017年,第63页。
[2] [美]詹姆斯·M.布坎南:《宪则经济学:人类集体行动机制探索》,韩朝华译,中国社会科学出版社,2017年,第40页。

家建立了有效的产权制度时,一个经济体才能实现现代经济增长(North,1981; North and Thomas,1973)。

诺思不仅在关于国家可以做什么的问题上比布坎南等公共选择学派的经济学家更为乐观,他还直接否定了"作为交易的政治"的国家观。在诺思看来,由于存在跨期交易的承诺问题(政治市场交易成本的一种体现),故"政治科斯定理"不成立——精英与平民之间很难达成妥协。同样是由于跨期交易的承诺问题,议会政治中的选票交易存在很大的困难(选票交易各方的收益可能发生于不同的时间)。于是,诺思倾向于把政治决策和政治制度变迁视为博弈各方的相对谈判权力(relative bargaining power)的函数。这种权力最大化的分析方法显然与"作为交易的政治"的方法不一致,后者意味着"集体行动必须对所有各方都是有利的。用更为精确的现代博弈论术语来说,这种效用或经济分析法表示,按抽象的理解,政治过程可以解释为一种正和博弈(a positive-sum game)",而"与此相反,权力最大化分析法必定把集体抉择解释为一种零和博弈(a zero-sum game)"[①]。

第三节 如何理解国家是什么和做什么:代表性国家模型的比较

作为理解国家的两条不同的经济学进路,研究纲领的差异首先会反映在双方的国家理论上,特别是反映在"国家是什么""国家(实际和应该)做什么""个人与国家的关系""国家对经济绩效的影响"等问题上。有趣的是,为了回答上述问题,布坎南和诺思在不同时期都构建过不止一个国家模型。

一、布坎南的个人主义民主模型与利维坦模型

在公共选择的弗吉尼亚学派的另一位代表人物塔洛克看来,经济学家们对政策问题的浓厚兴趣向来是与他们对政策实际运行情况的严重无知相伴随的:"一直以来,经济学家对政治都非常感兴趣,毕竟他们的主要工

[①] [美]詹姆斯·M.布坎南、戈登·塔洛克:《同意的计算——立宪民主的逻辑基础》,陈光金译,中国社会科学出版社,2000年,第26页。

作是给政府的经济政策提供建议。然而,长期以来,政府的实际规划及其运行工作都是由政治学等其他领域的学者来研究的。"[1]

美国咸水学派的新古典经济学(与之对应的是以芝加哥学派为代表的淡水学派)和当今的主流公共部门经济学似乎并不在意国家权力的实际运行问题,它们的处理方式是通过一个简单的假设将这一问题取消了:国家被假设为一个仁慈并且全知全能的开明君主。这一经典假设在经济学界源远流长。随着凯恩斯(John Keynes)的理论在二战前后征服了美国经济学界,这一假设达到了流行的巅峰,从而促使经济学家们把自己的角色定义为策士(布坎南,瓦格纳,1988)[2]。

正如布坎南在评论凯恩斯主义经济学时所说:"凯恩斯不仅设想政府是由他的理想中的一群开明的精英所组成,而且还设想,从根本上说,这个模式描述的政府就象它实际运行的那样。"[3]于是,凯恩斯所设想的经济学家的"任务是向仁慈的专制君主提供一种劝告"[4]。在这种政府类型假设和经济学家的自我定位下,主流公共部门经济学中的"实证财政学就是要推测税收的效应,规范财政学则旨在就应当如何征税提供意见"[5]。

布坎南对于主流财政学的这种研究取向进行了严厉的批评,认为在取消了关于国家实际权力运作和实际政策选择的研究后,公共部门经济学的分析只是求解最优化的数学演算,纯属浪费学者的智力资源。真实的公共财政问题是一种政治选择行为而不是市场选择行为,而任何政治行为又都是在一定的政治制度下发生的。所以,政治制度是理解财政的关键。如果将视角放宽,我们就会发现,"在任何给定的政治制度下,肯定有起作用的统治阶级的因素。但是,几乎在任何政治制度下,也肯定有民主过程和公

---

[1] [美]戈登·图洛克:《贫富与政治》,梁海音、范世涛等译,长春出版社,2006年,"致中国读者"第1页。
[2] 布坎南曾经在一篇自述中说:"我是个强烈的个人主义者,而我对个人自由的强调的确使我不同于我的许多学术界同事,他们的思想倾向是主张温和的精英人物统治,因此,也是集体主义的。"([美]詹姆斯·M.布坎南:《由内观外》,载[美]迈克尔·曾伯格编《经济学大师的人生哲学》,侯玲、欧阳俊、王荣军译,商务印书馆,2001年,第150页)
[3] [美]詹姆斯·M.布坎南、理查德·E.瓦格纳:《赤字中的民主——凯恩斯勋爵的政治遗产》,刘廷安、罗光译,北京经济学院出版社,1988年,第78页。
[4] [美]詹姆斯·M.布坎南、理查德·E.瓦格纳:《赤字中的民主——凯恩斯勋爵的政治遗产》,刘廷安、罗光译,北京经济学院出版社,1988年,第80页。
[5] [美]詹姆斯·M.布坎南:《公共物品的需求与供给》,马珺译,上海人民出版社,2009年,作者序第1页。

民控制的因素。根据这两个相反的模型,可以排列和讨论不同的制度"[1]。于是,布坎南在为国家建模时并没有恪守中庸之道,而是选择执其两端,分别构建了"个人主义民主模型"和"利维坦(Leviathan)模型"。

(一)个人主义民主模型

"个人主义民主模型"在《同意的结算》(英文版1962)中就已经出现了,而正式提出这一概念则是在《民主财政论》(英文版1966)[2]。

个人主义民主模型从民主过程尤其是选择宪制的角度来讨论个人与国家的关系,首先要说明国家是什么的问题。布坎南眼中的国家具有双重的属性:从外部看,"国家展现为一套制度,借由这套制度,我们将自己政治地、集体地组织起来,去实现一些靠其他方法显然绝无可能有效搞定的目的"[3];而从内部看,可以"将国家想成一个组织,它拥有着强制性成员身份这一独有特征,从而使它与成员身份为自愿性的其他组织形成对照"[4]。国家是制度,所以国家应该为人民(由无数的个人集结而成)的利益服务;国家是有强制力的组织,所以要考虑如何约束国家的权力从而防止个人尤其是具有少数地位者被歧视和掠夺。对如何约束国家权力的关注是公共选择与主流公共部门经济学最大的差异,因为这一关注被后者通过对国家行为模式做出的虚假假设而直接取消了。

个人主义民主模型充分地显示了布坎南所坚持的"作为交易的政治"的方法论特征。为了刻画在民主政治过程中的复杂的人际间交易,布坎南

---

[1] [美]詹姆斯·M.布坎南:《民主财政论:财政制度和个人选择》,穆怀朋译,商务印书馆,1993年,第184页。

[2] 这一模型体现了布坎南截至20世纪60年代中期的政治立场。此时,布坎南对美国的民主政治仍然抱有默认的幻想,故布坎南对民主政治的分析基于的是一种相对传统的信念——民主过程在根本意义上仍然是有效果的。"尽管公共选择理论允许我们去确认很多政治失灵,最终来说,政治权威被宪法架构所限制,会实现百姓的价值和偏好"。(Buchanan, James, 1986/1999, "Better than Plowing", in Geoffrey Brennan, Hartmut Kliment and Robert Tollison (eds.), *The Collected Works of James M. Buchanan*, Vol. 1, *The Logical Foundations of Constitutional Liberty*, Indianapolis: Liberty Fund, p.21)这一信念在20世纪60年代末改变了,因为布坎南观察到了美国政治中的大量不顾百姓利益的行为和制度架构的失灵,美国政府看起来像是一个利维坦,同时又出现了与之相反的无政府主义。这在一定程度上可以解释为什么布坎南之后提出了与个人主义民主模型看起来完全不协调的利维坦国家模型。

[3] [美]詹姆斯·M.布坎南:《宪则经济学:人类集体行动机制探索》,韩朝华译,中国社会科学出版社,2017年,第62页。

[4] [美]詹姆斯·M.布坎南:《宪则经济学:人类集体行动机制探索》,韩朝华译,中国社会科学出版社,2017年,第63页。

引入了"补偿原则",其好处在于"补偿检验(compensation tests)具有伦理纯度(ethical purity),而社会福利函数①重新引入了附加的伦理规范(additional ethical norms)"②。补偿原则意味着"卡尔多—希克斯"改善即一种潜在的帕累托改善,而与卡尔多(Nicholas Kaldor)和希克斯(John Hicks)不同,布坎南要求补偿必须真实发生。借此,一项制度或政策的变革是否符合帕累托效率标准可以通过观察是否所有人都支持该政策而获得实证检验。尤其当我们把财政改革的过程视为一个从无知出发的发现过程时,实际的补偿是必需的。因为只有通过补偿检验,符合帕累托改善性质的改革路径才能被发现。政治领域的个人交易与经济领域的个人交易一样,都必须是自愿的。补偿检验这一福利经济学工具保证了政治交易的自愿性,从而"作为交易的政治"方可成立。

个人主义民主模型由于其接近美国式的政治活动的现实,而成为布坎南经常使用的国家模型,其特点是所有的公民既在制定宪制的制度选择阶段有影响力,也在日常政治阶段即进行宪制下的选择时保持着影响力。然而,公民在两个阶段通过投票所表达的影响力并不能完全限制国家权力滥用的可能。按照布坎南的认识:"过去两个世纪中的重大蠢举是曾经推定,只要国家按那些民主程序运行,则除了任何可用的退出选项外,个人就确实事实上享有了免于盘剥的保障。在民主过程的托词下,现代国家已获准侵入了日益增多的'私人空间'领域。"③

具体来说,由于美国式的集体选择一般采取简单多数决的规则,更由于布坎南在方法论上把"经济人"假设引入了对政治活动的分析中,故一个

---

① 与布坎南对社会福利函数的激烈批评相对照,主流财政学的代表人物如马斯格雷夫等始终不肯放弃这一方法。不过,由于也受到了罗尔斯的影响,马斯格雷夫认为:"社会福利函数应该反映关于分配公正问题的罗尔斯前提,即社会分配公正不仅由天赋的市场收益权所决定,而且需要符合社会一致同意的平等原则。"([美]理查德·A.马斯格雷夫:《社会科学、道德和公共部门的作用》,载[美]迈克尔·曾伯格编《经济学大师的人生哲学》,侯玲、欧阳俊、王荣军译,商务印书馆,2001年,第277页)马斯格雷夫、布坎南和罗尔斯都想要在无知之幕背后解决(财政)偏好的真实显示问题,这一点上三者是一致的。但是马斯格雷夫明显没有在理论分析中真的理解和重视布坎南的二分法——制度选择阶段和制度下的选择阶段,马斯格雷夫的观点意味着社会福利函数可以运用于在制度选择阶段的财政规则的选择,而实际上,主流财政学家们运用社会福利函数的场景是后制度下的选择阶段对具体财政政策的选择。
② Buchanan, James, 1959, "Positive Economics, Welfare Economics, and Political Economy", *Journal of Law and Economics*, Vol. 2, No. 1, p. 125.
③ [美]詹姆斯·M.布坎南:《宪则经济学:人类集体行动机制探索》,韩朝华译,中国社会科学出版社,2017年,第67页。

自然的推论是国家的经济政策在无约束的情况下可能会侵犯公民(尤其是少数派)的福利和权利:一如"多数人的暴政"——多数人联盟通过简单多数规则侵占少数人联盟的利益,实施不合理的再分配;再如"财政幻觉"——政府通过操纵具体的财税征收方式令公众所感受到的税收痛苦最小化,公众无法通过选票对此做出有效反应;又如"时间不一致性"——当期具有投票权的人们可以通过增发债券扩大当前财政消费,而让未来的人们负担债券的成本;等等。国家在这些情况下会丧失其本该具有的工具意义:国家"这种政治机制被看做是一种工具,个人可能利用这种工具来相互合作,以确保某些共同渴求的目标"[①]。

正是为了限制国家在经济尤其是财政领域的行动以维护国家之于个人的工具价值,布坎南提出:"给定任何一组政治决策规则,都可能存在着一些对该规则下集体决策结果的范围起到限制作用的财政规则或制度(fiscal rules or institutions)"[②],而为国家的经济活动立宪——财政宪制——在理论上的目标就是要发现和构建这类规则。

(二)利维坦模型

"利维坦模型"是另一个被布坎南详细讨论过的国家模型(布伦南,布坎南,2004a;英文版出版于1980年)。这一模型被视为是"个人主义民主模型"的反面镜像,故又可被称为"'既成权力模型'或强迫模型",其是"一个由两个阶级构成的模型,必须考察两个集团的行为"[③]。"利维坦模型"与"个人主义民主模型"最大区别在于,公众被假定只能在制度选择阶段产生影响,而对后制度选择阶段的政府的财政作为无法产生丝毫影响。

在利维坦模型中,国家被假定是一个单一制的统治单位。布坎南有意回避了在个人主义民主模型中处理过的复杂的人际间互动,而是选择了"在所有场合最好是作为一个集体(collectivity)构建模型"[④],这意味着布坎南在利维坦模型中所做的是方法论上的跨越——将国家转换为类似于个

[①] [美]詹姆斯·M.布坎南、戈登·塔洛克:《同意的计算——立宪民主的逻辑基础》,陈光金译,中国社会科学出版社,2000年,第95页。

[②] [美]詹姆斯·M.布坎南:《公共物品的需求与供给》,马珺译,上海人民出版社,2009年,第145页。

[③] [美]詹姆斯·M.布坎南:《民主财政论:财政制度和个人选择》,穆怀朋译,商务印书馆,1993年,第6页。

[④] [澳]杰弗瑞·布伦南、[美]詹姆斯·M.布坎南:《征税权——财政宪法的分析基础》,载《宪政经济学》,冯克利、秋风、王代、魏志梅等译,中国社会科学出版社,2004年,第33页。

人的单一的效用最大化的追求者。布坎南按照芝加哥学派的传统将其称作一个"似然"(as if)模型(弗里德曼,2014;Alchian,1950)。

利维坦国家所追求的目标是国家机器的收入最大化。布坎南分两种情况来讨论利维坦国家的目标函数:第一种情况是国家的收入全部被用于提供萨缪尔森(Paul Samuelson)意义上的纯公共品(pure public goods),此时国家虽然没有自己的"剩余"(国家收入减去国家支出后的净值),但公共品对国家机器内部的成员来说本身就是有益品,其关于公共品规模的餍足点可能穷尽全部的国民生产总值都还无法达到,故利维坦国家在这种情况下可被视为是在追求收入最大化。第二种情况是国家只是把一部分收入用于提供公共品,而另外一部分收入则发生了向公共部门的转移,此时国家机器的"剩余"为正,且随着国家收入的增加剩余也会提高,故国家当然更有动力追求收入最大化的目标。于是,无论是第一种情况还是第二种情况,将利维坦国家的目标设定为收入最大化在逻辑上都是合理的。

对于这一模型的现实合理性,布坎南认为:首先,在20世纪七八十年代美国财政预算失控的背景下,该国家模型所具有的现实性已经被很多公共选择的文献所证实(尼斯坎南,2004;塔洛克,2010;唐斯,2006)。其次,利维坦因素带来的影响是"从整个政府决策者集合内部的互动中产生的,即使没有人明确地把最大收入设定为他自己行动的目标"[1]。例如,稳定的多数联盟如果对少数联盟采取了歧视性的财政剥削政策,则前者可视为变种的利维坦。再次,即使与现实不完全相符,利维坦模型"所确立的立宪规范,如果把它视为了防止可能出现的最坏结果,从而采取的'在坏结果中选择最不坏的'(minimax)策略的具体化,也有可能证明是可接受的"。[2]利维坦模型是"经济人"假设的在政治领域的进一步的应用,而"从仁慈型政府转向淡漠型甚至可能是恶意型的政府形象,这几乎直接使我们的重点转向了约束政府的问题"[3]。在利维坦模型中,公众对于宪制的选择仍然保有影响力,所以财政宪制的约束力仍然可以发挥作用。

---

[1] [澳]杰弗瑞·布伦南、[美]詹姆斯·M.布坎南:《征税权——财政宪法的分析基础》,载《宪政经济学》,冯克利、秋风、王代、魏志梅等译,中国社会科学出版社,2004年,第34页。
[2] [澳]杰弗瑞·布伦南、[美]詹姆斯·M.布坎南:《征税权——财政宪法的分析基础》,载《宪政经济学》,冯克利、秋风、王代、魏志梅等译,中国社会科学出版社,2004年,前言第3页。
[3] [澳]杰弗瑞·布伦南、[美]詹姆斯·M.布坎南:《征税权——财政宪法的分析基础》,载《宪政经济学》,冯克利、秋风、王代、魏志梅等译,中国社会科学出版社,2004年,第18页。

总而言之,在布坎南看来,无论是西方社会还是东方世界的人们都没有认清国家的利维坦本质及这一性质的内生性:即使在西方的代议民主体制下也不可否认,"利维坦国家的出现是一种自然涌现(natural emergence),是政治领域的利益集团活动和(违背了一致同意原则的)简单多数决策规则的自然的结果,其在经济思想史上可以追溯到亚当·斯密之于'重商主义—保护主义政治'(mercantilist-protectionist politics)的批评"[1]。所以,为了避免利维坦国家对选民或者说百姓伸出掠夺之手,需要引入充分的宪制约束。

二、诺思的单一治国者模型与作为"组织的组织"的国家

诺思的新制度经济学国家理论中前后出现过两个国家模型,分别是在1981年的《经济史中的结构与变迁》中出现的"单一治国者模型"和在2009年的《暴力与社会秩序》中出现的作为"组织的组织"的国家模型。布坎南认为国家模型的不同建构思路没有优劣之分,都各自反映了一种片面的真理,选择哪种模型取决于分析的目的。与这种实用主义的态度不同,诺思在后期的作品中批评了很多经济学家包括之前的自己都在使用的"单一治国者模型",从而显然更倾向于作为"组织的组织"的国家模型。另外,不同于布坎南受麦迪逊的政治学文献和维克塞尔的政治经济学理论的影响而选择从个人与国家的关系层面来构建国家模型,诺思在20世纪80年代思考国家模型时更倾向于韦伯(Max Webber)的传统(这也是多数西方经济学家的选择),虽然他在自己的最后一部重要著作中最终放弃了韦伯所定义的国家概念。

(一)单一治国者模型

在1981年的《经济史中的结构与变迁》中,诺思追随韦伯的传统定义了国家。韦伯关于"国家"的经典定义出自其1919年[2]的慕尼黑演讲:"国家是这样一个人类团体,它在一定疆域之内(成功地)宣布了对正当使用暴

---

[1] Buchanan, James, 1990/1999, "Socialism Is Dead but Leviathan Lives on", in Geoffrey Brennan, Hartmut Kliment and Robert Tollison (eds.), *The Collected Works of James M. Buchanan*, Vol. 1, *The Logical Foundations of Constitutional Liberty*, Indianapolis: Liberty Fund, p. 186.
[2] 此时一战刚刚休战,德国战败。旧秩序的破灭对于当时的德国思想界影响巨大,韦伯故而展开了对国家之性质的重新思考。

力的垄断权。"[1]

按照这一定义,国家首先是一个组织,它以组织的身份参与政治、经济、社会等领域的博弈。其次,国家存在于一定的领土范围之内,能够控制的疆域的面积可能受多种因素的影响(如地理条件、历史上认同的疆域范围、疆域内民族和种族的多样性等),但国家所掌握的暴力能力最为重要——暴力能力越强,扩张领土并保持新领土秩序稳定的成本就越低(North, 1981)。所以,国家的第三个性质是国家可以垄断暴力或至少可让暴力组织之间和平共处,暴力得到控制是维护国内政治秩序稳定和经济繁荣的必要前提之一,反之就可能发生破坏性的内部冲突和经济衰落(North, et al., 2009)。最后,国家的统治权力具有合法性。不同来源的合法性都可以强化臣民的自愿服从,从而降低国家的统治成本。并且,作为兼具合法性和暴力优势的组织,国家不仅对于既有的制度有执行上的成本优势,还可以以更低的成本来修改旧的博弈规则或设立新的博弈规则(North, 2005)。

基于国家的韦伯式定义及其所引申出的国家的性质,诺思在《经济史中的结构与变迁》中给出了一个新古典国家理论的基准模型,为此后该领域的模型构建提供了一个基准参照系(见图2-3)。

图2-3所刻画的逻辑发端自诺思的1981年的《经济史中的结构与变迁》中的模型,在2005年的《理解经济变迁的过程》中诺思对其做了进一步的完善。在图2-3中,诺思所理解的国家实际上很类似于一个企业(黄少安,2017),区别在于前者有暴力上的优势,所以只有国家可以供给一组市场活动的基本游戏规则。诺思假设治国者代表着整个国家政权,其只考虑自身的财富或效用最大化。治国者实现该目标的方式可以被理解为一种交易——"国家通过提供一组可称之为保护和正义的服务来交换岁入"[2]。

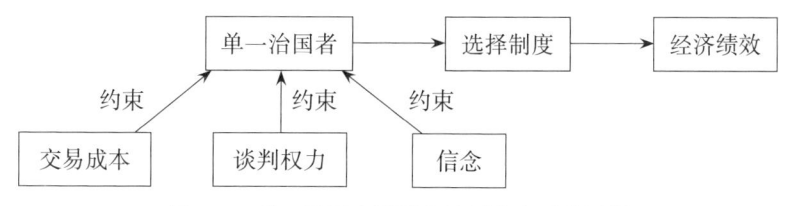

图2-3 单一治国者模型中的制度变迁的逻辑

---

[1] [德]马克斯·韦伯:《学术与政治:韦伯的两篇演说》,冯克利译,生活·读书·新知三联书店,1998年,第55页。

[2] North, Douglass, 1981, *Structure and Change in Economic History*, New York: W. W. Norton & Company, Inc., p.23.

国家用于交易贡赋的物品是保护和正义,而保护和正义以制度(即博弈规则)的形式来供给。诺思认为,"国家所提供的基本服务是基础性的博弈规则"[1],而治国者在提供这些制度性服务时有两个目标:一是通过(可能是歧视性的)产权上的制度安排来确立在要素和产品市场上竞争与合作的基本规则,以最大化治国者可获得的租金。二是在第一个目标的框架内,通过降低生产领域的交易成本(依靠竞争性的和安全的产权)来促进社会产出的最大化,从而可提高治国者获得的税收。遗憾的是,这两个目标经常是相互矛盾的,故治国者需要在无效制度和有效制度——分别会促使租金[2]最大化和税收最大化——之间进行选择。有效制度很可能不会成为符合治国者偏好的选择,因为征税过程中的交易成本[3](检查、测量和收集税收的成本)[4]会降低税收的净值,"所以一名治国者发现维护垄断产权才符合自身的利益,而不是建立更趋向竞争性状态的产权"[5]。同样,"如果更加

---

[1] North, Douglass, 1981, *Structure and Change in Economic History*, New York: W. W. Norton & Company, Inc., p. 24.

[2] 在《暴力与社会秩序》及后续作品中,诺思对"租金"的态度较之其1981年的模型有很大的不同。按照诺思在《暴力与社会秩序》中的看法,有限准入秩序与开放准入秩序下代表性的租金类型是有差异的。有限准入秩序下常见的租金形式是特权租金,其一方面带来了暴力的可控性,另一方面会成为经济持续增长的阻碍;开放准入秩序下常见的租金形式是创新所带来的短期租金,其会随着市场竞争而逐渐消散并且是促进可持续的熊彼特式经济增长的关键动力。诺思进而指出,按照自然国家的逻辑,消灭租金不见得是通向有效市场的繁荣之路,反而可能是通往社会无序和暴力泛滥的毁灭之路,因为社会秩序是通过在暴力组织之间分配特权租金的方式来维护的。各个暴力组织不愿意挑起冲突的原因是冲突会导致特权领域的租耗。

[3] "交易成本"作为一个解释变量在诺思的理论中有两种用法:一是"交易成本"被用于解释制度或合同的选择(见图2-3),典型如诺思在《经济史中的结构与变迁》之中用"交易成本"来解释为什么治国者会选择无效率的制度。二是用"交易成本"来解释经济绩效,其逻辑是有效制度可以降低交易成本,故可促进经济繁荣。也就是说,诺思相当于认为"交易成本"决定了制度选择,而制度又反过来决定了"交易成本"。这里面并没有循环论证之嫌,因为第一种用法所涉及的是政治领域的交易成本,而第二种用法所讨论的则是经济领域的交易成本。这种对两个领域的交易成本的不同影响的隐含区分始终伴随着诺思之后的研究。

[4] 诺思以中世纪后的西班牙为例来说明交易成本对于形成有效的产权制度的负面作用(North, 1981; North and Thomas, 1973)。在西班牙,羊主团拥有在境内自由游牧的权利,因为在15—16世纪,西班牙王室依赖于来自羊主团的贡赋。土地所有者的产权自然就被破坏了,且随着人口的增长导致土地价值提高,这一破坏的负面性越来越明显。但是,西班牙的王室并没有试图改变原有的游牧制度,原因在于按照成本—收益的计算,确立和实施完整的土地产权制度的交易成本太高,且来自私有土地产权的未来税收收入即收益具有不确定性(可视为由于测度困难所导致的交易成本)。两相比较,维持旧的制度倒是符合西班牙王室的经济理性的选择。

[5] North, Douglass, 1981, *Structure and Change in Economic History*, New York: W. W. Norton & Company, Inc., p. 28.

有效的组织形式从内部或外部威胁到了治国者的生存,则相对无效的组织形式将保留下来"[1]。上述原因所造成的无效制度会阻碍经济成长并维持有利于统治集团的收入分配,因为"制度实际上是个人与资本存量[2]之间的过滤器,也是资本存量与商品和服务的产出之间以及资本存量与收入分配之间的过滤器"[3]。

所幸的是,治国者的制度选择并非只受到交易成本的约束,治国者的制度选择还受到另外两个条件的约束:一是相对谈判权力的消长,二是国内民众所共享的关于政治合法性的信念。

我们先来看"谈判权力"[4]的消长。无论是何种类型的国家,它们在维护统治和实施职能时都离不开权力,而"权力"(power)是政治学和新政治经济学中最关键的概念之一(卢克斯,2012;博尔丁,2012)。诺思主要是从博弈参与者之间的讨价还价的视角来看待权力,故有"相对谈判权力"的概念。

---

[1] North, Douglass, 1981, *Structure and Change in Economic History*, New York: W. W. Norton & Company, Inc., p. 43.

[2] 诺思将"资本存量"定义为"物质资本、人力资本、自然资源、技术和知识的函数"。(North, Douglass, 1981, *Structure and Change in Economic History*, New York: W. W. Norton & Company, Inc., p. 4)

[3] North, Douglass, 1981, *Structure and Change in Economic History*, New York: W. W. Norton & Company, Inc., p. 201.

[4] "谈判权力"是《理解经济变迁的过程》一书中的一个核心概念,其是对《西方世界的兴起》和《经济史中的结构与变迁》中就已提出的约束条件的提炼和拓展。例如,"子民可从国家的产权保护获得的收益"反映了有效率的制度变迁可能带来的预期收益,而"替代当前治国者的可能性"反映了制度变迁所需承担的风险和成本,故二者的合集正对应《西方世界的兴起》和《经济史中的结构与变迁》中的竞争约束。又如,"决定各种税收收益的经济结构"实际上决定了(以租金最大化为目标的)治国者在考虑是否推动制度变迁时所要面对的交易成本约束。诺思早在《西方世界的兴起》和《经济史中的结构与变迁》中已经说明了这一约束:荷兰和英格兰的主要财政收入来自国内商品税,这使得有权参与征税决策的议会拥有相对较强的讨价还价能力,从而令制度朝着有利于国内新兴的资本主义工商业者的方向演化。与之相反,由于财政收入主要来自国内的羊主团和本土之外(包括低地地区、意大利北部地区和新大陆),西班牙的治国者完全无须顾忌国内议会的牵制,从而令该国的制度朝着低效管制而非有效市场的方向演化(North, 1994b)。大航海时代开始后,西班牙的主要财政来源很长一段时间都来自海外的掠夺贸易,故国内工商业阶层的谈判权力相当有限。但是,西班牙王室的财政来源是非常不稳定的。从16世纪下半叶开始,尼德兰八十年独立战争使得西班牙丧失了重要的税收来源而军费支出却急剧上升,同时来自新大陆的收入也开始减少。于是,"拼命地搜刮岁入导致出售地方性的垄断权、没收以及国内更高的税率。可预测的结果是贸易和商业的税率以及这个国家的大量银行的破产"。(North, Douglass, 2005, *Understanding the Process of Economic Change*, Princeton: Princeton University Press, p. 142)

在诺思看来,治国者和百姓之间谈判权力的相对变化具有决定性的意义,而谈判权力取决于三个因素:"国家负责产权保护后,百姓可得收益的多寡;替换现有治国者是否可行,即国内外的政治单元向现有治国者发起挑战,继而接管和提供相同甚至更多的服务的可能性;经济结构因素,决定了各种类型的税收能够带给国家的收益和成本。"[1]诺思承认,西方历史上的君主们曾经利用自身的暴力优势在讨价还价时采用过或明或暗的镇压手段,但是在长期,相对谈判权力朝着有利于选民们的方向的演化迫使现有治国者减少了暴力的使用并做出让步。

我们再来看第三个约束条件——合法性信念。虽然谈判权力在制度变迁中至关重要,但其并不能构成完整的对于制度变迁的解释。正如诺思在2005年的《理解经济变迁的过程》中所说:"谈判力量是变迁的直接来源但不能代表全部,如果忽略了信念结构所扮演的补充性的角色,那么将是误导性的。"[2]此处所提到的"信念结构",实际上是对1981年的《经济史中的结构与变迁》中提出的"意识形态"概念的延续和发展。既然保守的意识形态可以影响偏好从而起到维护现有制度的作用(即使这一制度并不合理),那么主张变革的意识形态就会反而加速制度变迁(North, 1981)。

(二)作为"组织的组织"的国家

如果说从20世纪70年代初的初步探索到2005年的《理解经济变迁的过程》,诺思的新制度经济学国家理论都是一个连续的渐进式发展的过程的话,那么2009年的《暴力与社会秩序》(诺思的最后一本专著)更像是诺思晚年的一次变法[3]。在该书中,诺思彻底扬弃了1981年版本的新古典国家模型:不再假设由单一治国者来代表整个国家机器,而是着重挖掘国家这一组织内部的精英们(及他们各自领导的分立的二级组织)的互动关系。诺思在《暴力与社会秩序》中提出的问题是:为了控制暴力,限制准入秩序即自然国家是如何通过精英们的合作而形成的?部分人类社会从限制准

---

[1] North, Douglass, 2005, *Understanding the Process of Economic Change*, Princeton: Princeton University Press, p. 142.

[2] North, Douglass, 2005, *Understanding the Process of Economic Change*, Princeton: Princeton University Press, p. 145.

[3] 这一变法的早期线索已经埋伏在1981年的《经济史中的结构与变迁》之中,诺思在此书中多次表达了对单一治国者模型的不满,尤其是该模型无法处理现代的多元化政治。

入秩序(limited access order)转型进入开放准入秩序(open access order)[①]是如何实现的,这中间要经历什么样的过程,而开放准入秩序又是如何控制暴力的?两种社会秩序会对经济绩效产生什么样的影响?

为了回答上述问题,诺思重新思考了国家的概念。在1981年《经济史中的结构与变迁》中,诺思将国家定义为"国家是在暴力(violence)上有比较优势(comparative advantage)的组织"[②],而在2009年的《暴力与社会秩序》中,国家被定位为"组织的组织"(an organization of organizations)。国家概念的前后变化意味着诺思的模型将发生非常重大的质变——国家在模型中不再被简化为单一的治国者,也不再是暴力的完全垄断者。

诺思在《暴力与社会秩序》中承认,自己之前的模型对国家做了过度的还原处理——将国家简化为一个追求财富最大化的治国者。从方法论上说,这个遵循哲学上的还原主义而假想出来的治国者类似于新古典经济学模型中的代表性个体(representative agent)。布伦南和布坎南(2004a)的公共选择财政学中的利维坦国家,奥尔森(2003a,2005)的所谓的"坐寇"(stationary bandit),甚至Acemoglu and Robinson(2006)中的精英阶层都属于不同版本的代表性个体化的单一治国者。

诺思认为这种简化在方法论上是一个重大的错误,因为其忽略了人类社会的最关键的特征:"所有社会都要面对暴力问题",且"没有哪个社会能通过消除暴力来解决暴力问题,至多能够克制和应付暴力"。[③]所以,之前

[①] 由于两种社会秩序各自有不同的控制暴力的逻辑,故同样的制度和政策在不同类型的秩序下效果完全不同。诺思借这种理想类型的分类法提出了两类不同的发展问题(North et al., 2007; North et al., 2009):第一个发展问题是关于社会如何在有限准入秩序下按照从脆弱(fragile)、初级(basic)、成熟(mature)的顺序向前发展,进而达到转型前的门槛条件(doorstep conditions);第二个发展问题涉及如何实现有限准入秩序向开放准入秩序的实质的转型(transition)。诺思认为当前很多国际组织的政策建议没有区分这两个发展问题,没有先考虑如何解决第一个问题就试图直接解决第二个问题,故实际结果必然会与理想南辕北辙——过早取消自然国家的租金分配的制度安排会导致暴力的失控和秩序的丧失(诺思等,2018a,2018b)。福山持有类似的观点:"政治秩序自身乃是个好东西,但它不能在现代化过程中自然而然地产生。恰恰相反,没有政治秩序,经济和社会发展便不能成功进行。现代化的不同组成部分必须依次进行。过早扩展政治参与——包括先行选举等事——会动摇脆弱的政治体制。"([美]弗朗西斯·福山:《序言》,载[美]塞缪尔·P.亨廷顿《变化社会中的政治秩序》,王冠华、刘为等译,上海人民出版社,2008年,第Ⅷ—Ⅸ页)

[②] North, Douglass, 1981, *Structure and Change in Economic History*, New York: W. W. Norton & Company, Inc., p. 21.

[③] North, Douglass, John Wallis and Barry Weingast, 2009, *Violence and Social Orders: A Conceptual Framework for Interpreting Recorded Human History*, Cambridge: Cambridge University Press, p. 13.

的模型直接假设国家在暴力上有比较优势甚至是暴力垄断者的做法在方法论上是可以存疑的,因为其实际上假设掉了社会如何实现对暴力的有效控制这一重要问题,导致无法解释作为控制暴力的努力的"自然国家"(natural state)为什么是人类历史的正常归宿。于是,诺思曾经惯用的基于治国者和子民之间博弈关系的模型(North,1980,1991,2005)的最大问题可归结为:"单一行动者的进路忽视了国家是一个组织的事实,忽略了在占优联盟(dominant coalition)内部精英们之间的动态关系会影响到国家如何与社会大众互动。在自然国家内通过限制准入而形成的系统化租金创造(rent-creation)并不只是一种满足占优联盟私欲的简单方式,它是一种控制暴力的必不可少的手段。"[①]

基于上述方法论上的思考,诺思在《暴力与社会秩序》中改为强调国家是"与有权力的精英相联系的组织的组织"[②]。之所以可以如此理解国家,离不开控制暴力这一国家起源的最初动因:"暴力的使用离不开组织,暴力专家典型地领导或根植于组织之中。占优联盟这一组织所从事的是将各个组织整合起来的重要工作,故国家是组织的组织。"[③]

第四节 小结:两条进路的方法论异同的来源、内容和表现

本章分三节讨论了布坎南和诺思各自所代表的理解国家的经济学进路在方法论上的差异。其中第一节是预备性质的,主要是对两位学术巨擘的经济思想的主要情况的回顾;第二节是关于方法论问题的正式讨论,主要解析了二者在研究纲领的硬核假设上的差异;第三节讨论了方法论的区隔尤其是硬核的差异是如何表现在二者的具体模型中的,我们通过比较双

[①] North, Douglass, John Wallis and Barry Weingast, 2009, *Violence and Social Orders: A Conceptual Framework for Interpreting Recorded Human History*, Cambridge: Cambridge University Press, p. 17.
[②] North, Douglass, John Wallis and Barry Weingast, 2009, *Violence and Social Orders: A Conceptual Framework for Interpreting Recorded Human History*, Cambridge: Cambridge University Press, p. 73.
[③] North, Douglass, John Wallis and Barry Weingast, 2009, *Violence and Social Orders: A Conceptual Framework for Interpreting Recorded Human History*, Cambridge: Cambridge University Press, pp. 30-31.

方的国家模型来加以分析。接下来,我们就按照上述三个部分,对本章的主要内容和其中所反映的思想实质加以小结。

1. 方法论异同的学脉渊源

(1) 布坎南的学脉渊源与理论贡献

布坎南和诺思在学术生涯的早期受到了芝加哥学派的价格理论的影响,但二者都不同程度地超越了芝加哥学派所遵循的新古典经济学资源配置范式:布坎南强调经济学应该以奥地利学派的"交易"概念为分析对象,且引入了宪制责任伦理等不属于新古典经济学的元素;在诺思对制度变迁的分析中,相对价格变化的重要地位也越来越被谈判权力和信念这两种新古典经济学所不涉及的元素取代。

之所以二者都从芝加哥学派出发,但却不约而同地与芝加哥学派渐行渐远,其中的关键在于两人都有较为复杂的思想来源。

布坎南受导师弗兰克·奈特的影响很深,奠定了其终生对自由和市场竞争的重视。在前辈经济学家中,维克塞尔和哈耶克也对布坎南产生了很深的学术影响。维克塞尔的影响完全是通过作品,向布坎南传输了一致同意原则;哈耶克则是同时通过作品和私人交往施加影响,布坎南接受了哈耶克的古典自由主义和普遍性原则。

在同辈的学者中,政治哲学家罗尔斯、经济学家阿罗和塔洛克都是布坎南学术生涯的关键人物。布坎南与罗尔斯和塔洛克有密切的私人交往,布坎南的宪制责任伦理离不开罗尔斯二战后所引领的契约论政治哲学的复兴,塔洛克则是与罗尔斯一起创立了公共选择的弗吉尼亚学派。布坎南和阿罗之间的思想联系建立在二者关于"阿罗不可能定理"的争论之上,这一争论在一定程度上指明了公共选择与社会选择两个经济学子学科在问题意识上的差异——前者关注的是如何在集体选择中保护少数人的利益,后者关心的则是通过集体选择程序能否得到符合逻辑的集体决策的结果。

从理论贡献上说,布坎南可能最广为人知的贡献是按照个人与国家关系的视角发展了一套集体选择理论,这一理论强调集体选择程序上的一致同意原则或集体选择结果上的普遍性原则,这就将国家歧视性对待少数人的可能性从一开始就从宪制中排除了。随着布坎南所代表的公共选择学派的理论影响力和现实辐射范围不断扩大(已经进入了大多数初级经济学的教科书),公共选择已经在一定程度上改变了人们的思维习惯:当公共选择最初涉及国家的合理活动范围时,"当时的正统思想主张,市场不完善时我们应求助于政府。而公共选择理论的观点认为,只有在有理由相信政府将比市场的失灵程度更低时,我们才应求助于政府"①。

(2)诺思的学脉渊源与理论贡献

诺思的思想来源甚至要比布坎南更为复杂。马克思的作品(尤其是《资本论》)对诺思的影响是贯穿其终生的,正是马克思唤起了诺思对于制度变迁这样的重大问题的关注(这本不是西方的主流经济学所热衷的问题)。此后,库兹涅茨(通过私人交往)将诺思引入了经济史的研究领域,而熊彼特(通过作品)将企业家概念灌入了诺思的思想之中。

在诺思转入关注新制度经济学的研究后,同辈经济学家开始对他产生显著的影响。张五常将科斯的交易成本分析方法传输给诺思,而史密斯和西蒙则带给了诺思有限理性、有限利己等行为经济学概念。同一时期,前辈经济学家哈耶克开始了与诺思的私人交往,诺思对非正式制度、集体学习、信念的研究都有哈耶克的影子。

从理论贡献来说,诺思的主要贡献在于从经济史的视角,研究了西方世界和部分非西方的落后地区的制度变迁和经济绩效问题,致力于回答的是经济绩效差异背后的根本原因——是否存在有效的制度,同时还通过分析国家的性质和行动来解释为什么有的国家会陷入无效制度的路径依赖。实际上,这一贡献在西方经济学界提出并初步回答了一个看似简单却十分重要的问题:现有的政治和经济制度在历史上是如何出现的。这一问题之前几乎无人提出过,因为所有的西方经济学家都隐含地假设成熟的资本主义制度是一种天然的客观存在。于是,诺思提出和回答的问题填补了西方经济学的一项重大的理论空白,几乎可视为马克思之后关注制度变迁这一重大问题的西方经济学第一人。

2.方法论异同的核心内容:研究纲领中的硬核假设

布坎南曾经明确用科学哲学的研究纲领的语言阐明了公共选择的华盛顿学派的三个硬核假设(Buchanan, 2003)——假设1:方法论个人主义;假设2:经济人;假设3:作为交易的政治。诺思虽然没有直接使用科学哲学的语言,但也明确给出了新制度经济学华盛顿学派的三个硬核假设——假设1:个人追求自身而非集体的效用最大化;假设2:促进契约实施的制度重要;假设3:意识形态即信念重要。我们在此不准备重复前面已经说

---

① [美]戈登·图洛克:《贫穷与政治》,梁海音、范世涛等译,长春出版社,2006年,导言第5页。

明过的内容,只是欲对两类硬核假设的方法论含义再加以强调和延伸。

(1)第一组相互对比的硬核假设

显然,布坎南的假设1和诺思的假设1在本质上是类似的,都反映了方法论上的个人主义而非整体主义。这种方法论倾向一方面体现了新古典经济学的芝加哥学派对二者的影响,芝加哥学派的看家本领价格理论以个人的选择为基础;另一方面,这种方法论倾向也显示了奥地利学派(通过哈耶克)对二者施加的影响,奥地利学派不仅分析个人的选择(反对国家对整个经济的计划管理),而且强调真正的选择应该是个人的创造性选择,而不是在给定偏好和约束条件下的反射性选择(新古典经济学中的选择)。

当然,正如我们前面所提到过的,诺思的方法论个人主义实际上披着一件方法论整体主义的外衣。在诺思的模型中,治国者、选民、精英组织都被还原为单一的效用最大化者,而实际上它们显然都是集体性质的概念。

无独有偶,如果说布坎南在个人主义民主模型中的方法论个人主义是比较彻底的,则他在利维坦国家模型中也出现了与诺思同样的情况,即将一个集体性质的整体分析单位强行简化为了个人主义的效用最大化者,"采用了'政府作为一个实体'这一似然模型"[1]。

(2)第二组相互对比的硬核假设

同时我们可以看到,布坎南的假设2与诺思的假设3是近乎相反的设定。"经济人"假设意味着进行选择的个人是完全自利和理性的,宪政责任伦理即使存在也只是对个人理性的自利选择的补充。"意识形态即信念重要"的假设则不同,意识形态的引入就是为了解释为什么会有显著远大于零的个人会在制度变迁面前选择违背自身利益的决策,这说明人并不是完全自利和完全理性的。

当然,按照芝加哥学派的实证经济学方法论传统(弗里德曼,2014;Alchian,1950),布坎南可以为"经济人"假设做出辩护:"作为对个人实际行为方式的心理描述性假说,这种人类建模也许是不可接受的。……不过难以否认,这一简化的纯经济人模型已经显示出强大的解释能力。"[2]然而遗憾的是,如果将布坎南的上述辩护移用到人类历史上的制度变迁的论域的

---

[1] [澳]杰弗瑞·布伦南、[美]詹姆斯·M.布坎南:《征税权——财政宪法的分析基础》,载《宪政经济学》,冯克利、秋风、王代、魏志梅等译,中国社会科学出版社,2004年,第33页。

[2] [澳]杰弗瑞·布伦南、[美]詹姆斯·M.布坎南:《征税权——财政宪法的分析基础》,载《宪政经济学》,冯克利、秋风、王代、魏志梅等译,中国社会科学出版社,2004年,第19页。

话,则恰恰是以子之矛攻子之盾,古今中外历史上的制度变迁有太多例子无法用"经济人"假设来解释(稍微熟悉中国近代以来的革命史就不会对"经济人"假设之于制度变迁的屡弱解释力有所怀疑)。所以,意识形态在制度变迁中重要。

诺思对"经济人"假设的挑战还不止于此,在诺思的思想框架中,意识形态即信念的更深层次的作用是决定了个人的偏好,然后偏好决定了个人的选择(如在制度变迁中是否选择搭便车),而意识形态、信念或者说心智结构(诺思在不同时期和不同文章中交替使用这几个相近的概念)是集体学习的结果。这种对于个人偏好的内生化处理有些类似于布坎南所注意到的对话民主之于偏好的影响(这是布坎南继承自古典经济学家小穆勒和他的导师弗兰克·奈特的学术遗产),但是在内容上更为丰富,显然是受到了哈耶克和西蒙等人的影响。

(3)第三组相互对比的硬核假设

我们还可以看到,布坎南的假设3和诺思的假设2可以构成一组比较观察的对象,从中可以反映出双方在国家的性质和国家的功能的认识上的差异。

除了少数例外(布伦南,布坎南,2004a),布坎南都是从个人与国家的关系来研究国家问题,于是自然地反对有机体国家的概念。在按照个人与国家的关系的思路开展研究时,布坎南将经济学的方法引入了政治分析,不仅借用了奥地利学派的交易范式,且汲取了福利经济学的资源——如"卡尔多—希克斯改善"(Kaldor-Hicks improvement)。只要选票交易(互投赞成票)的结果符合"卡尔多—希克斯改善"准则(政策变化或制度变迁给受益者所带来的收益足以弥补给受损者造成的成本)且补偿实际发生,那么就可以将集体选择活动视为"作为交易的政治"(布坎南,塔洛克,2000)。

在"作为交易的政治"的实际运行中,布坎南认为必须坚持"一致同意原则",因为只有这一原则可以杜绝国家权力对于参与集体选择时的少数人权益的伤害。从保护少数人的目的出发,布坎南对国家的态度是尽量避免国家做坏事,故"一致同意原则"其实是右翼的政治倾向在集体决策规则上的反映——通过这一规则可以杜绝所有可能损害任何一个人的情况的发生,保证只有符合(可能按照卡尔多—希克斯改善的原则进行过调整后才能达到的)帕累托改善的决策能够成为集体选择的输出。

诺思对国家的性质和功能的看法比布坎南更加乐观和积极。诺思认为,国家是有善恶两面性的,而并不是国家必然为恶或者说国家必然会伸出掠夺之手,公共选择学派的看法过于悲观且属于先验的预设。虽然承认路径依赖可能会导致无效制度的长期持续,但诺思也指出了另外一种可能,就是国家伸出扶助之手建立和维护了有效的经济制度,从而可使得一个经济体实现经济起飞和持续发展。所谓的有效的经济制度是指能够保证市场契约得到有效执行的制度,从而可扩大那些不必依赖于人际关系的交易。陌生人交易意味着市场的扩大,从而可以推动更大范围的分工,于是发生斯密式经济增长。国家的扶助之手还可以作用于对技术发明的专利保护制度,从而激励一个经济体内部的企业家创新活动,结果是技术创新和其他类型的创新的不断涌现,于是有熊彼特式的经济增长。无论是从事何种完善市场的活动和促进何种模式的经济增长,国家的关键功能都是可以降低私人进行经济活动时的交易成本,这是由国家掌握了垄断性质的暴力(至少对现代的正常国家来说是如此),从而具有执行契约的成本比较优势所决定的。

3.方法论异同在国家模型上的表现

布坎南的著作中存在两种几乎相反的国家模型——个人主义民主模型和利维坦国家模型。无独有偶,诺思也建构了两个明显不同的国家模型——单一治国者模型和作为"组织的组织"的国家模型。对二人来说,后一个模型都可称得上是对前一个模型的扬弃甚至自我否定。

布坎南之所以要分别构建两种几乎对立的模型,是因为公共选择的经典研究——例如个人主义的民主模型——把约束国家权力的"注意力主要集中在投票规则和投票安排上"[①];而与之相反的利维坦模型有意地回避了在集体选择过程中会发生的复杂的人际间互动,以便于考虑约束国家行为的非投票规则手段。

个人主义民主模型几乎完美展现了布坎南所描述的公共选择学派的研究纲领中全部三个硬核假设(方法论个人主义、经济人和作为交易的政治)。在这一模型中,基本的分析单元是选民、官僚、议员、政客等具体的个人及其选择,故是方法论个人主义的。这些个人都被假设可以理性地追求个人效用最大化,故符合"经济人"假设。同时,这些个人在投票模型中进行互投赞成票的选票交易,故符合作为交易的政治的设定。

---

① [澳]杰弗瑞·布伦南、[美]詹姆斯·M.布坎南:《征税权——财政宪法的分析基础》,载《宪政经济学》,冯克利、秋风、王代、魏志梅等译,中国社会科学出版社,2004年,第20页。

利维坦国家模型则对于研究纲领的三个硬核假设有所让步,或者至少是改变了硬核假设的部分具体含义。完全相符的一个假设是"经济人"假设,国家被设定为只是一味地追求自身的收入最大化而没有其他目标。一个被变更了使用方式的假设是方法论个人主义,布坎南"从个人效用最大化勇敢地跳到了'政府'作为单一目标最大化者"①。另一个假设——交易的政治——的具体含义也发生了显著的变化,布坎南取消了投票模型中复杂的人际间互动,而在实际上构造了一个有机体国家——虽然这是他曾经明确反对过的(布坎南,塔洛克,2000),且他本人也并不承认这一变化(布伦南,布坎南,2004a)。不过,布坎南的利维坦国家模型从根本上来说仍然是契约主义的,只不过交易双方变为了个人与国家。在此意义上,作为交易的政治仍然是成立的。

正如诺思自己所认识到的,他的单一治国者模型与布坎南的利维坦国家模型有很多相似之处(North et al., 2009)。两个模型的主要相似之处是都按照方法论个人主义将国家设定为一个单一的实体,并且该实体追求自身效用、财富或收入最大化。这显然是源于双方在方法论上的共同点:一是二者都坚持方法论个人主义。二是双方都认为政治活动的参与者首要考虑的是自身利益。虽然布坎南补充了宪制责任伦理,诺思甚至将意识形态或信念抬高到研究纲领的硬核假设的地位,但无论是在布坎南还是诺思的两个模型中,政治参与人追求个人效用最大的初始设定从来都没有动摇过。

诺思的单一治国者模型与布坎南的利维坦国家模型的区别在于国家行为的约束条件不同,布坎南的利维坦国家模型在后制度选择阶段的收入最大化行为受到在制度选择阶段所决定的宪制的约束(宪制似乎被隐含地假设为可自我实施的);诺思的单一治国者则受到交易成本、谈判权力和信念的约束(诺思通过这些约束考察了限制国家权力的制度在何种情况下可以自我实施,在另外哪些情况下不能自我实施从而无效)。

诺思的另一个主要的国家模型是作为"组织的组织"的国家模型。国家被创新性地定义为了组织的集合,而构成这一集合的是下一级的在不同程度上具有暴力潜能的各个组织。国家于是可视为那些握有暴力优势者及其所领导的组织之间相互博弈并最终达成妥协的结果——可称为

---

① [澳]杰弗瑞·布伦南、[美]詹姆斯·M.布坎南:《征税权——财政宪法的分析基础》,载《宪政经济学》,冯克利、秋风、王代、魏志梅等译,中国社会科学出版社,2004年,第33页。

暴力精英共治下的"自然国家"。因此,诺思晚期的国家模型仍然是方法论个人主义的,虽然说无论是在前期还是后期的作品中,诺思都从未解释过从个人效用最大化到组织效用最大化的方法论上的勇敢一跃是如何实现的。

在自然国家中,通过垄断租金的分配可以保证国家的和平,这符合短期的静态效率。但是,自然国家是没有动态效率的,因为垄断不欢迎外部非精英的创新,而创新及其所导致的创造性破坏是现代经济持续增长的最可靠的来源。所以,从自然国家向现代国家(诺思称之为开放准入秩序)的转型(transformation)就有着重要的经济意义。布坎南虽然也提出过宪制革命的问题(高小勇,汪丁丁,2004),但是与诺思的转型相比,布坎南所理解的变革就只能被视为在保持现有社会制度的基本架构的前提下进行的边际式变迁,所以就难怪他的思想会被人误认为具有保守主义性质了(布坎南,2014)。

第三章　制度的评价：正义、效率与自由

布坎南和诺思共享的一个基本学术共识是"制度重要"。制度重要之所以重要，是因为制度对人类在政治、经济、文化、社会、生态等各个方面的行为都有重要的激励和约束作用，故制度的好坏决定了在这些层面上的人类福祉。于是我们必须回答的问题是，如何评价一项具体的制度或一套制度矩阵的好或坏。

制度好坏的评价问题之于我们对国家的理解来说有非常重要的意义。在很多情况下，国家都是制度尤其是正式制度变迁（向着好或坏的方向）的主要推手。按照布坎南和诺思共享的理性建构主义的制度观，既然制度是人类的理性建构或者说有意识地设计的结果，则作为分散的个人意志的集中代表和有暴力优势的实施契约的第三方，国家在制度变迁中就一定会在应然和实然的层面扮演重要的角色。所以，必须先解决制度评价的基本准则问题，我们在讨论国家在制度改革的实践中所起的正反作用时才有基本的参照系。

国家与制度评价的基本准则相联系的另一个方面是：在很多经济学、政治学和历史学的文献中，即使没有直接否定国家是一个组织这样的韦伯式定义，国家可兼而视为一种古老而重要的制度[1]（福山，2017；万志英，2018；Schumpeter，1918/2012），即国家从外在形式上看通常展现为一组制度。实际上，韦伯也承认国家是具有制度的属性的。在《以政治为业》一文中，韦伯除了将国家定义为组织外，也提出："国家是一种人支配人的关

---

[1] 福山指出："国家作为一项古老的人类制度……"（[美]弗朗西斯·福山：《国家构建：21世纪的国家治理与世界秩序》，郭华译，学林出版社，2017年，第13页。此句译文根据英文原文略有调整）万志英将国家视为市场之外的另一种制度因素，认为国家也可以起到推动经济发展的作用。（[美]万志英：《剑桥中国经济史：古代到19世纪》，崔传刚译，中国人民大学出版社，2018年，第6页）熊彼特认为国家"作为实体和社会制度而存在"。(Schumpeter, Joseph, 1918/2012, "The Crisis of Tax State", in Jurgen Backhaus (ed.), *Navies and State Formation: The Schumpeter Hypothesis Revisited and Reflected*, Wirtschaft: Forschung und Wissenschaft, p. 35)

系",这与"历史上以往的制度一样"。①作为制度的国家还具有动态变迁的属性,在整个制度矩阵发生转型式的巨变时(如封建制度转型为资本主义制度,资本主义制度转型为社会主义制度),国家自身也将作为一种制度被重塑,即发生福山所说的国家构建(state-building)的过程——"建立新的政府制度以及加强现有政府制度"②。所以,掌握制度评价的基本准则对于我们理解国家本身的性质来说也是至关重要的,即在考察作为政府制度的集合的国家的性质时可以有可靠的理论基点。

在本章中,我们将首先讨论布坎南以正义和效率为取向的制度评价标准;然后再讨论诺思的以效率为主的制度评价标准,以及诺思未详加研究却可按照新制度经济学华盛顿学派的逻辑而自然衍生出的自由标准;最后,我们将总结性地思考两类制度评价标准之间是否具有兼容性。

第一节　布坎南进路下的制度评价：正义与效率并重

在制度(宪制)的评价问题上,布坎南的思想进路主张兼顾"正义"和"效率"两种评价标准。"效率"是在一致同意原则下,按照帕累托改善和/或集体决策规则的总成本最小化来定义;"正义"则既是一致同意的另一种含义,也是布坎南所使用的"不确定性之幕"模型所能推演出的好制度的特征。

一、正义与效率的兼顾和权衡：从一致同意到合格多数

(一)一致同意与集体选择中的成本问题

在某种意义上,经济学可以视为一个工具箱,经济学家从中选择合适或自认为合适的分析工具来研究各类经济或经济以外领域的人类行为,故有经济学帝国主义的兴起。经济学中最常用的工具是新古典的价格理论,

---

① [德]马克斯·韦伯:《学术与政治:韦伯的两篇演说》,冯克利译,生活·读书·新知三联书店,1998年,第56页。
② [美]弗朗西斯·福山:《国家构建:21世纪的国家治理与世界秩序》,郭华译,学林出版社,2017年,第7页。此句译文根据英文原文略有调整。

布坎南和诺思都通过与芝加哥学派的渊源而熟悉这一工具并加以发挥。而在经济学家们都熟悉的价格理论之外,布坎南和诺思的方法论独特性在于,二者都使用了新古典经济学范式之外的分析工具,从而形成了双方的思想进路在分析工具上的特色。

"一致同意原则"就是布坎南从维克塞尔的作品中发掘出来的重要分析工具,该原则在集体决策制度的层面体现为在集体选择中使用一致同意规则(rule of unanimity)。这一规则在布坎南的思想进路中是所谓的元规则(范伯格,2011),采用该"元规则"(meta rule)的原因有二:

一是可以回避人际间效用比较这一福利经济学的理论障碍。主流经济学从罗宾斯推翻了人际间可比的基数效用论之后(Robbins,1932),就倾向于人际间不可比的序数效用论,进而在福利经济学研究中使用无须人际间效用比较的帕累托最优原则。出现阿罗不可能定理的一个理论根源就是只允许序数效用,而一致同意避免了在效用问题上的序数和基数之争,且提供了一种制度和政策是否应该改变的判断依据。对于经济学家来说,仅仅宣布现状并非帕累托最优是无意义的,关键是有没有改善现状的可能,而发现这种可能则要依赖于一致同意检验(test)。通过了检验就意味着有可能通过制度创新改善现状(让所有的情况都变好或至少无人变差),反之则相反。

二是可以避免在选择集体决策制度时的"无穷回归"。如果我们按照其他的原则而接受了某一特定规则作为集体决策制度,那么就必然会引出一个问题——决定了现有的集体决策制度的原则又是由何种集体决策制度决定了,依次可无限上溯。而由于一致同意规则"给我们提供的是关于什么是'更好'的一个极弱的伦理标准"[①],即其可以兼顾正义和效率,故没有人会再去追究这一集体决策规则的合法性。

说一致同意规则体现正义,是因为在集体选择中该规则不会导致对少数人的歧视和剥削;说一致同意规则反映了效率,是因为只有每个人都有净收益时(这同时意味着全体决策者的总收益大于总成本),某一公共项目才能在集体选择中获得政治支持,这说明政治上的一致同意等价于经济上的帕累托改善。相反,多数决定规则(majority rule)既非正义也违背效率,甚至还有损于社会稳定。因为多数规则可能会导致以社会其

---

① [美]詹姆斯·M.布坎南、戈登·塔洛克:《同意的计算:立宪民主的逻辑基础》,陈光金译,中国社会科学出版社,2000年,第14页。

他成员（少数一方）的损失为代价，换取在公共项目上的本方成员（多数一方）的利益。这不仅是非正义的，因为对少数人的歧视性政策；也是无效率的，因为纯粹以满足多数利益集团为目的的再分配会让社会财富的"蛋糕"缩水；同时还是不利于稳定的，少数派的成员面对歧视必然不会支持现有的社会秩序和宪制。

所以，如果只考虑政治宪制即集体决策的投票制度，那么唯有"一致同意原则"是所谓的"好"制度，因为其作为一种集体决策制度能够兼顾正义和效率。不过，布坎南与维克塞尔一样，并不否认以一致同意规则作为集体决策制度可能造成集体选择的僵局，因为按照一致同意规则，只要有一个人表示反对，就可以阻止所有其他人都赞同的决策。对于这种潜在的集体选择僵局，维克塞尔和布坎南都认为可以放松要求，在仍然拒绝简单多数（simple majority）规则的同时，有条件地接受合格或超级多数（qualified or super majority）规则（例如维克塞尔提出的5/6以上的同意）。如果以一致同意规则作为比较评估的标尺，从一致同意向绝对多数的让步意味着在正义和效率之间做出权衡。

布坎南对于正义和效率的权衡的处理是把集体决策制度的变迁所引起的正义问题转换为了"外部性成本"（external costs），该成本导致集体选择结果对帕累托改善的偏离；而与集体决策制度相关的效率问题则用"决策成本"（costs of decision-making）来刻画，故正义和效率的权衡问题被转化为了集体决策制度的总成本（外部性成本+决策成本）最小化问题[1]（布坎南，塔洛克，2000；Buchanan，1962）。

布坎南认为"决策成本"与"外部性成本"共同决定了政治宪制即集体选择规则的最优制度安排。其中，"决策成本"是指在集体选择的背景下由于讨价还价而必须投入的时间和其他资源，所以形成的"达成协议的成本"[2]；"外部性成本"是指某人在集体选择的环境下"由于其他人的行动而要承受的成本"[3]。因为一致同意可以将外部性成本降低到零，所以采用一致同意规则相当于创造了一种外部性收益。

---

[1] 塔洛克在此问题上有非常重要的贡献，具体可见本书"附录一"的第二节。
[2] [美]詹姆斯·M.布坎南、戈登·塔洛克：《同意的计算：立宪民主的逻辑基础》，陈光金译，中国社会科学出版社，2000年，第105页。
[3] [美]詹姆斯·M.布坎南、戈登·塔洛克：《同意的计算：立宪民主的逻辑基础》，陈光金译，中国社会科学出版社，2000年，第67页。

决策成本之于政治宪制即集体决策的最优制度的影响会令该制度偏离一致同意。布坎南在《同意的计算》一书的脚注中引用了科斯的经典论文《企业的性质》和《社会成本问题》,并明显地借用了科斯的理论来讨论这一问题。布坎南指出:如果没有决策成本(这里的决策成本显然被视作是政治领域的交易成本[①]),那么肯定在政治领域也会通过科斯谈判消除外部性,结果将是"所有这种类型的外部性都将被消除,不是通过自愿地组织的行动,就是通过全体一致地支持的集体行动,同时向由于消除外部性所引发的变化而受到损害的各方支付充分的补偿"[②]。布坎南还用一个脚注提及科斯的《社会成本问题》并强调,如果"交易有共同的收益,而且,如果我们不考虑所有的决策成本,交易是会发生的"[③]。

但在现实中,"自愿协议的达成并不是无成本的,且达成协议的成本对于全部可能的安排来说并不一致"[④]。所以,即使一致同意规则可通过消除潜在的对少数派的歧视而产生外部性收益,一旦形成一致同意的协议的决策成本相当高,则从一致同意向合格的或绝对的多数决策规则的让步就是经济上合理的选择。在这里,布坎南对决策成本的定义和使用很类似于科斯创立、诺思发扬的交易成本概念,虽然布坎南曾经对这一概念和诺思的使用方式提出过直言不讳的批评:"诺思的框架主要建立在'交易费用'概念上。他似乎将一切可以解释的东西都放在这个相当空泛的概念下来解释,而不再给出进一步的分析……"[⑤]

[①] 实际上,布坎南的这种关于决策成本即政治领域的交易成本的理解与诺思关于现代西方代议制度的研究(North,1990b)非常类似。

[②] [美]詹姆斯·M.布坎南、戈登·塔洛克:《同意的计算:立宪民主的逻辑基础》,陈光金译,中国社会科学出版社,2000年,第97页。

[③] [美]詹姆斯·M.布坎南、戈登·塔洛克:《同意的计算:立宪民主的逻辑基础》,陈光金译,中国社会科学出版社,2000年,第97页脚注。

[④] Buchanan, James, 1962, "The Relevance of Pareto Optimality", *Journal of Conflict Resolution*, Vol. 6, No. 4, pp. 349–350.

[⑤] 高小勇、汪丁丁:《高小勇、汪丁丁专访诺贝尔经济学奖得主:大师论衡中国经济与经济学》,朝华出版社,2005年,第173—174页。布坎南对交易概念所做的分析基于的是契约理论,与其说是否定的交易成本的存在,不如说是拒绝承认交易成本在(基于主观的一致同意的)效率分析中的意义。(Buchanan, James, 1984/1999, "Rights, Efficiency, and Exchange: The Irrelevance of Transactions Cost", in Geoffrey Brennan, Hartmut Kliment and Robert Tollison (eds.), *The Collected Works of James M. Buchanan*, Vol. 1, *The Logical Foundations of Constitutional Liberty*, Indianapolis: Liberty Fund, pp. 260–277)

就是说，由于受到了科斯的潜移默化的影响[①]，布坎南和塔洛克在《同意的计算中》，在关于日常政治阶段的投票规则的选择上，悄悄地从后门引入了交易成本之一所谓的"十分空泛"的概念。布坎南的目的是能够按照成本的视角对不同的集体选择制度的"效率"做出更为全面的评价，从而解释为什么允许在普通政治即后制度选择阶段的某些公共问题上采用偏离一致同意原则的集体决策制度。

不过在宪制选择阶段，布坎南仍然坚持一致同意原则。该原则实际上有两种易于被混淆的用法：一是作为投票民主的决策规则（多适用于后立宪阶段的日常政治），二是作为制度效率的检验准则（多适用于立宪阶段或者说宪制改革的情况）。当一致同意原则被应用于效率评价时，布坎南的评价标准与科斯、诺思等新制度经济学的差异就变得颇为明显：科斯和诺思对有效率的制度（efficient institution）的定义是该制度可以（通过降低交易成本）促进社会财富最大化或经济发展，布坎南定义的制度效率（institutional efficiency）则是该制度可以通过一致同意检验。因为在布坎南看来，"按照主观主义—契约论的视角，'效率'只存在于生成结果的过程之中，评估结果模式的职责必须仅取决于过程"[②]。所以，新制度经济学家们所持有的观点——交易成本阻碍了效率——被布坎南视为一种误导："交易成本范式除了表明人们在不同的（交易成本）约束下会有不同的交易行为—资源配置结果之外，并没有提供更多知识。交易成本范式因为没有发生的交易而认定无效率，只能称之为'假想的无效率'（presumably inefficient）。"[③]

[①] 布坎南于1957年在弗吉尼亚大学建立了托马斯·杰弗逊中心（1969年该中心转入弗吉尼亚理工大学），而科斯在1958年进入该中心工作（1964年赴芝加哥大学）。科斯有新制度经济学开创之功的名篇《社会成本问题》，此外布坎南和塔洛克的公共选择第一杰作《同意的计算》皆为他们在弗吉尼亚大学共事期间的作品。

[②] Buchanan, James, 1984/1999, "Rights, Efficiency, and Exchange: The Irrelevance of Transactions Cost", in Geoffrey Brennan, Hartmut Kliment and Robert Tollison (eds.), *The Collected Works of James M. Buchanan*, Vol. 1, *The Logical Foundations of Constitutional Liberty*, Indianapolis: Liberty Fund, p. 269.

[③] Buchanan, James, 1984/1999, "Rights, Efficiency, and Exchange: The Irrelevance of Transactions Cost", in Geoffrey Brennan, Hartmut Kliment and Robert Tollison (eds.), *The Collected Works of James M. Buchanan*, Vol. 1, *The Logical Foundations of Constitutional Liberty*, Indianapolis: Liberty Fund, p. 273.

(二)一个基于几何模型的说明

图3-1拓展了《同意的计算》中关于后宪制选择即日常政治阶段的集体决策规则的分析。在图3-1中,纵轴P为预期价值,横轴N为最优决策规则所要求的达成一致的人数。MD表示决策成本D(即集体选择所发生的交易成本)的边际变化,D是做出集体决策所需要的达成一致的最低人数的增函数。ME表示外部性收益E的边际变化,E来自对集体决策时的负外部性的解决。就是说,当集体选择的规则接近于一致同意时,则可在极限上避免对个人福利的可能侵犯,故E倾向于最大化。反之,集体决策的规则越是在边际上倾向简单多数决,E就在边际上越小。

通过从图a到图d的比较我们可以了解正义(外部性成本)和效率(决策成本)的权衡的比较静态情况。

在图a中,ME与MD的交点是均衡点(ME和MD分别表示E和D的边际量),即特定集体选择的规则的净收益NR的最高点(NR=E-D)。该点对应的人数K为最优的集体决策的规则所要求的达成一致意见的最低人数。这一制度安排代表了正义(外部性成本)和效率(决策成本)之间的权衡,故最优政治宪制一般来说不会是一致同意规则。

在图b中,假设集体选择的决策成本D为0。此时,K=N,应该选择一致同意规则作为集体决策的规则。这一结果的公共选择含义是如果不存在决策成本,那么一致同意规则就是可以同时兼顾正义(不歧视少数派)和(帕累托改善意义上的)效率的集体决策的最优规则。

而图c表现的是一种更为常见的比较静态均衡:决策成本不为0,但边际外部收益的提高将要求集体决策达成接近合格多数或曰超级同意(均衡点从K移动到K′)。

最后在图d中,即使决策成本不为0,但只要边际外部收益在任何非全体一致同意的规则下都高于边际决策成本,则决策成本的存在仍然不会影响一致同意成为最优集体决策规则。除了在立宪阶段的选择结果(何种宪制)因其对每个人的生活都会产生长期的普遍影响而具有高外部收益之外(所以适用于一致同意的规则);在普通政治阶段,有很多个人的基本权利——洛克(John Locke)所概括的生命、自由和财产——因属于前一阶段选择的宪制所规定的保护范畴而不能交由简单多数规则来左右。除非按照一致同意规则下的集体决策,这些个人权利不可以集体的名义被转移。

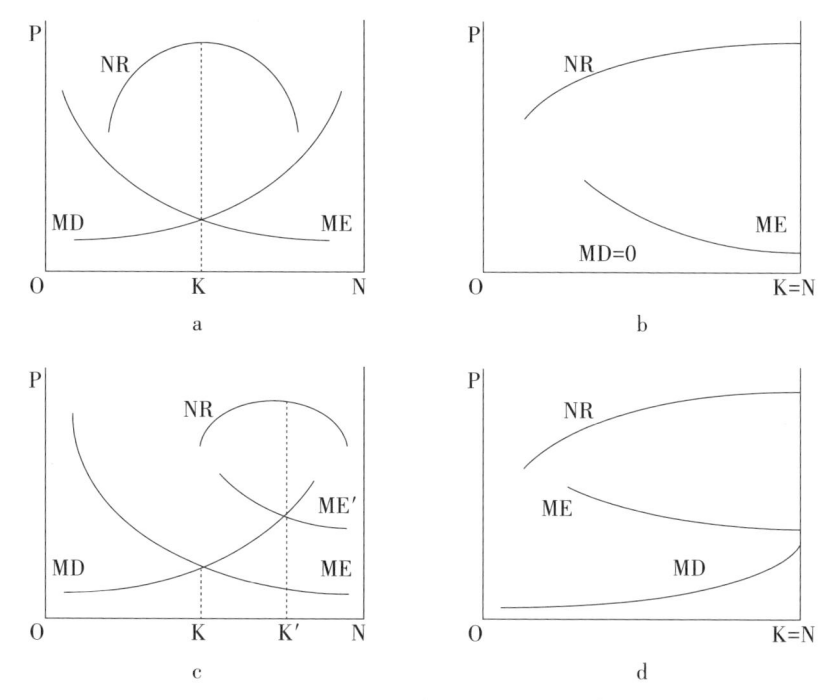

图 3-1 交易成本(决策成本)与最优决策规则

总之,"评价任何关于政治选择的规则,都必须将该规则的优点与其他可选规则的优点相比较。……只有这样,才能建立作为政治规则的制度选择理论"[1]。在进行制度的比较时,越是重要的(如个人基本权利)和涉及容易辨识的非正义(如对少数人的剥削)的事项,就越是应该诉诸一致同意规则。

虽然一致同意保证了对个人来说最小(即等于零)的外部成本,但却可能有极高的决策成本;相反的极端是独裁制,其决策成本为零,但其给个人带来极高外部成本的概率骤然上升。所以,没有在全部情境下通用的最优决策规则。这是为什么,一致同意是且仅是在宪制选择阶段或(在普通政治阶段)在既有宪制所明确保护的范围内是必须的,因为它给规则提供了合法性。于是,可以先使用一致同意规则做关于宪制的决策,再使用简单多数规则做关于日常政治的决策,前者中发生的选择为后者之下发生的选择提供了一个规则化的背景[2]。

---

[1] [美]詹姆斯·M.布坎南:《公共物品的需求与供给》,马珺译,上海人民出版社,2009年,第144—145页。
[2] Hersch, Gil and Daniel Houser, 2018, "From Models to Experiments: James Buchanan and Charles Plott", in Richard Wagner (ed.), *James M. Buchanan: A Theorist of Political Economy and Social Philosophy*, London: Palgrave Macmillan, p. 923.

二、什么是符合正义的制度：不确定性之幕下的选择

(一)不确定性之幕与宪制选择阶段的一致同意

布坎南借用维克塞尔的一致同意原则确立了兼顾正义和效率的制度评价标准。但仅仅这样还不能解决一个重要的问题，就是在宪制选择这一关键阶段，一致同意或至少接近一致同意规则如何能够被接受为政治宪制即集体决策规则。其中的两难在于：一方面在制度选择阶段，一致同意规则（作为逻辑上最"好"的集体决策制度）必须在选择其他制度（如财政宪制、货币宪制、反垄断规则等）时被使用，因为只有这一规则可以同时兼顾正义和效率；另一方面，讨价还价所导致的决策成本会不会再次使得一致同意的规则无法使用呢？

布坎南借助"不确定性之幕"作为分析工具，对上述问题给出了乐观的答案。在布坎南看来，由于对于宪制的选择会在实证意义上内生出"不确定性"[①]，为个人利益而讨价还价所产生的决策成本被不确定性消化掉了，故在宪制选择阶段对于规则的选择要比在后宪制选择阶段对于具体政策的选择更容易达成一致同意。

布坎南不仅是"不确定性之幕"这一分析工具的使用者，他也对这一分析工具的发明和完善有原创性贡献。布坎南的"不确定性之幕"与罗尔斯著名的"无知之幕"有非常强的相似性。正是因为使用了同类的分析构架，布坎南的工作具有和罗尔斯一样的家族特征：都强调事前机会（ex ante opportunity），反对传统功利主义哲学和福利经济学对于事后结果（ex post outcomes）的单维度强调。就是说，现代契约论中的正义是通过在幕布背后的选择过程所显示的，是一种程序正义或者由程序所决定的正义。因此从本质上说，契约的正义理论代表了哲学中的义务论（deontology），替代了功利主义所代表的目的论（teleology）的正义理论。

"不确定性之幕"或"无知之幕"不是经济学传统中的标准分析工具，而

[①] 布坎南关于"不确定性"的认识无疑是受到了其导师弗兰克·奈特的著名的博士论文影响（奈特，2006）。有趣的是，诺思的理论中的制度的适应性效率所要克服的对象之一正是不确定性。诺思在自己的著作中多次强调他的理论中的"不确定性"是奈特式的，即无法了解各类结果发生的概率的分布。不过在一次接受采访时，诺思也谈过可以借用凯恩斯在《通论》中提出的"不确定性"概念。(Snowdon, Brian, 2016, "Institutions, Economic Growth and Development: A Conversation with Nobel Laureate Douglass North", *World Economics*, Vol. 17, No. 4, p. 132)

是经济学分析方法与政治哲学的契约主义传统相结合的产物。由于布坎南不仅从效率并且还从正义的维度来理解制度评价,故其认为"分析的框架必然是契约论的。在这个框架内我们已经尝试过解释既存诸制度的源起,以及通过在概念上置人于可能产生相互同意的理想境地,为变动既存规则提供规范"[1]。布坎南和罗尔斯使用这一模型的目的都在于提供一种理想化的背景设置。在此设置下,订立社会契约(制定宪制)的参与者被屏蔽了关于既得利益的全局或局部信息,虽然每个人还是大体上按照"经济人"的行为方式在追求个人效用最大化,但有限信息使得他们无法在关于制度的集体决策时进行歧视性选择。

布坎南的幕布的厚度(信息屏蔽程度)比罗尔斯要更薄一些,只要求现实中的制度选择谈判参与者受背景条件的约束而采取一种类似于在局部(partial)的"不确定性之幕"下的立场。不确定性将引导人们在选择宪制时基于普遍性准则而非特殊利益。由于有"不确定性之幕"的设置,个人在做出宪制选择时被假设"无法确定其在共同体中属于哪种人,具有哪种角色,拥有什么财富,或具有什么偏好"[2]。所以当人们在做出宪制选择时,"效用最大化就要求人们考虑一些抽象的准则如公平、平等、正义等,而不是考虑较为具体的东西如净收入或财富"[3]。具体说来,由于布坎南设定的幕布屏蔽的是"局部"的信息,"局部"意味着幕布一方面屏蔽了任何既得利益信息,另一方面又允许制度选择的参与者完全掌握可选规则的运行性能的知识,故幕布后的个人会倾向选择兼具"公平"(fairness)和"质量"的规则[4],并预期其他人也会如此——从而人们的选择在宪制选择阶段趋向于一致同意。

---

[1] [美]詹姆斯·M.布坎南:《自由的界限》,董子云译,浙江大学出版社,2012年,第8—9页。
[2] [美]詹姆斯·M.布坎南:《宪法秩序的经济学与伦理学》,朱泱等译,商务印书馆,2008年,第175页。
[3] [美]詹姆斯·M.布坎南:《宪法秩序的经济学与伦理学》,朱泱、毕红海、李广乾译,商务印书馆,2008年,第70页。
[4] "公平"与"质量"都是规则的属性。规则可能是公平而低质量的,只可以生产低水平的福利。于是,对规则的选择来说,不仅要关注规则的公平,也要重视规则的质量。"公平"关乎的是立宪利益问题,解决的是个体间利益的协调;"质量"涉及立宪理论问题,解决的是对"真理"的追求。"公平"和"质量"共同构成了个人的"立宪偏好"(对可供选择的各项规则或各种规则集合的偏爱)。布坎南的以上看法实际上是罗尔斯代表的契约理论和哈贝马斯(Jürgen Habermas)所代表的对话理论的结合,契约理论把宪制的选择视为利益妥协,对话理论则把宪制的选择视为真理判断(truth-judgement)。([美]詹姆斯·M.布坎南:《宪法秩序的经济学与伦理学》,朱泱、毕红海、李广乾译,商务印书馆,2008年,第75—86页)

(二)不确定性的内生性与经验含义

关于宪制选择,布坎南的"不确定性"是实证性的或者是说有经验上的含义的[①],而并非与罗尔斯的"无知之幕"一样完全是一个假想性的设置。这是因为,不确定性来自在宪制谈判中每个人对自己的未来前景极端无知,而这种无知内生于宪制的两个特征——普遍性和持续性。

宪制一旦颁布就无法轻易调整,其修订需要复杂的政治程序和一致同意(至少是超级多数的同意),故宪制在影响范围的普遍性和影响时间的持续性上都是显著的,进而"规则的普遍性愈大,有效期愈长,人们愈无法确定可选规则将以何种方式影响他们。所以他们会采取较为公正的立场,从而也就比较有可能达成一致意见"[②]。就是说,在删除了最坏和较坏的可选规则后,人们会在全部可选规则的一个较小的子集内达成一致同意。

于是,宪制越是体现出普遍性和持续性,宪制的选择在时间视野的广度上就越是不同于在既定宪制下的选择。"这种时间视野的广度确保了在几乎对所有真实世界的仿真情形中,单个选择者更无从确定自己的前景和位置。效用最大化的计算,变得相当不同于在某组事先规定的规则下对一项战略的更为简单的选择所要求的计算"[③]。时间视野变化的结果是参与者们的意见有可能"一致同意"地收敛于体现了公平程序的宪制。由于实现了一致同意,在有实证含义的不确定性背后的宪制选择,其所能带来的不仅是符合"作为公平的正义"(justice as fairness)的制度,甚至还能实现正义和效率的统一。

布坎南曾以财政宪制为例指出,当财政宪制本身具有普遍和持续的性质从而内生出不确定性时,"有效率的财政制度也是公平的,或公平的财政制度也是有效率的,因为个人在选择财政制度时不能把这些词语区别开来。选择财政制度的个人,根据自己的效用最大化进行选择。这保证了他将总是挑选他认为从他私人考虑是最为有效率的制度或原则。但是这一制度也将被认为是公平的,原因很简单,个人不能够准确预测他自己在这

---

① 这保证了布坎南的工作是(实证)经济学的,而不是纯哲学的。
② [美]詹姆斯·M.布坎南:《宪法秩序的经济学与伦理学》,朱泱、毕红海、李广乾译,商务印书馆,2008年,第79—80页。
③ [澳]杰弗瑞·布伦南、[美]詹姆斯·M.布坎南:《征税权——财政宪法的分析基础》,载《宪政经济学》,冯克利、秋风、王代、魏志梅等译,中国社会科学出版社,2004年,第3—4页。

一制度以后的运行中的状况。他将总是被引导挑选将'公平地'对待他的制度,而不论他可能处于什么境况"[1]。

第二节 诺思进路下的制度评价及其超越:
从效率唯一到并重自由

诺思在制度评价上专注于单一的效率标准。虽然都是要考察效率,但是诺思所理解的效率却有着与布坎南不同的含义。布坎南所理解的效率是静态的,包括帕累托最优和成本最小化,诺思则认为在交易成本为正的世界中帕累托最优的概念是无意义的(因为定义帕累托最优的前提是交易成本为零)。所以,诺思所定义的效率都是动态属性的,主要包括制度体系能否通过降低交易成本从而促进国民财富的增长(回到亚当·斯密的传统),以及制度体系是否具有"适应性效率"(抗击冲击和进行自我调整的制度能力)。

诺思曾经提到过效率以外的制度评价标准。例如,在20世纪80年代末和90年代的研究中(North,1995a;North and Weingast,1989),诺思曾经以西方世界尤其是近代的英国和荷兰为例讨论了政治自由与经济自由[2]之间的关系,将自由在欧洲的出现归结为信念结构的长期演化与外部环境的突发冲击之间的交互作用。但是,诺思此后并没有持续研究自由这一主题,而是继续以国家类型与经济效率的关系为研究的中心。虽然诺思没有继续挖掘"自由"作为一种制度评价标准的理论潜力,但这一标准却可以沿

---

[1] [美]詹姆斯·M.布坎南:《民主财政论:财政制度和个人选择》,穆怀朋译,商务印书馆,1993年,第308页。
[2] North(1995a)中的"自由"的英文表述是"freedom",Acemoglu and Robinson(2019)中"自由"的英文表述则是"liberty"和"freedom"的混用。Hayek(1960)在《自由的宪章》(The Constitution of Liberty)中认为这两个英文单词的政治哲学含义是一致的,且其本人就交替使用两个单词。(Hayek, F. A., 1960, *The Constitution of Liberty*, Chicago: University of Chicago Press, p. 11, 421) Barzel (2000)也讨论了"自由"(freedom)在光荣革命前后的英国的出现,其将自由定位为"对一个人的约束更少和更加缓和,则这个人更自由"。(Barzel, Yoram, 2000, "Property Rights and the Evolution of the State", *Economics of Governance*, Vol. 1, No. 1, p. 32) Barzel(2000)中的自由主要指的是经济自由,如减少特许经营、保护产权等经济内容,而政治自由——如投票权和议会——则被视为使得关于经济自由的承诺可信的政治保障机制。

着诺思自身的思想进路而自然衍生出来。因为按照诺思的思路,政治制度(国家的类型)决定了经济制度,然后经济制度决定了经济绩效。一旦经济制度用经济发展的效率标准来评价,则政治制度就不能再使用这一标准。

即是说,引入"自由"作为制度评价的标准,这可以算作是对诺思的思想进路的扩展。同为新制度经济学华盛顿学派的代表人物的巴泽尔曾经在这一问题上做过有限的尝试(Barzel, 2000),而更具突破性的贡献来自深受诺思影响的晚辈经济学家阿西莫格鲁(Acemoglu and Robinson, 2019)。我们在本节将先讨论诺思的效率标准,然后再来分析新制度经济学视野下的自由标准。

一、效率作为经济制度的评价标准:从降低交易成本到适应性效率

(一)制度、交易成本与国民财富的增长

如果说布坎南所使用的特色分析工具借用了经济学以外——政治哲学的契约论——的资源,则诺思所使用的"交易成本"(transaction cost)这一特色分析工具则是经济学内部涌现的理论成果。只有引入交易成本,企业内部的微观治理结构和经济体的宏观制度结构才可以在经济理论上,通过衡量交易成本的高低而与企业的经营和国民财富的增长紧密联系在一起。所以,在诺思的思想进路中,交易成本和制度两个概念之间是同根连枝的。因此,在讨论诺思是以何种标准来评价制度的好坏之前,我们先来总览一下交易成本和制度这两个概念在诺思的主要作品中的含义演变史(见表3-1)。

表3-1 诺思主要著作中部分重要概念的内涵的变化

作品名称	"交易成本"的内涵	"制度"的内涵
制度变迁与美国经济增长(1971)	获取信息的成本(Davis and North, 1971, p. 14)	一种安排(arrangement),用于治理经济单位之间可能发生的合作和/或竞争(Davis and North, 1971, p. 7)

续表

作品名称	"交易成本"的内涵	"制度"的内涵
西方世界的兴起(1973)	利用市场来组织经济活动时的成本[①]——使经济系统运转的成本，包括外部性、信息和风险的成本（North and Thomas, 1970, p. 79）	一种在经济单位之间进行的安排，用于界定和规范这些单位之间合作或竞争的方式（North and Thomas, 1970, p. 5）
经济史中的结构与变迁（1981）	测量成本（测度正在交易的商品和服务的属性以及代理人的绩效）和实施成本（North, 1981, pp. 18-19）	制度是规则、循规程序和行为的伦理道德规范的集合，其被设计用于约束追求自身财富或效用时的个体行为（North, 1981, pp. 201-202）
制度、制度变迁与经济绩效（1990）	测量正在交易之物的价值属性的成本；保护权利以及监管和实施契约的成本（North, Douglass, 1990a, p. 27）	制度是一个社会中的博弈规则，是人为设计的约束，用以规范人际间的关系（North, Douglass, 1990a, p. 3）。制度包括正式规则、非正式规则和实施特征
理解经济变迁的过程（2005）	测量和实施协议时所发生的成本（North, 2005, p. 53）[②]	一个框架，用于界定一个社会中的精心设计的激励结构（North, 2005, p. 1）
暴力与社会秩序（2009）	投入在测量、监督和谈判中的资源（North et al., 2006, p. 46）2009年的《暴力与社会秩序》一书中完全没有出现过"交易成本"一词。但是，在作为前导性研究的NBER工作论文中（North et al., 2006），交易成本概念出现了三次，并给出了一个粗略的定义	制度是博弈规则，是一种用于治理和约束人际间关系的互动模式。制度包括正式规则、成文法律、正式的社会惯例、非正式的行为规范、关于世界的共享信念以及实施手段（North et al., 2009, p. 15）

资料来源：作者自己整理。

[①] North, Douglass, and Robert Thomas, 1973, *The Rise of The Western World: A New Economic History*, Cambridge: Cambridge University Press, p. 79.

[②] North(2005)中给出了交易成本的四种来源：(1)测量商品和服务的多重价值维度；(2)保护个人产权；(3)整合社会中分散的知识；(4)实施协议。(North, Douglass, 2005, *Understanding the Process of Economic Change*, Princeton: Princeton University Press, p. 158)诺思在2004年8月的北京大学的演讲中有与之一致的论述。（[美]道格拉斯·C.诺思：《资本主义与经济增长》，载北京大学中国经济研究中心编《站在巨人的肩上——诺贝尔经济学奖获得者北大讲演集》，北京大学出版社，2004年，第75页）

从表3-1中可知：诺思的"交易成本"概念始终没有发生大的变化，一直都主要围绕着测量（measuring）成本和实施（enforcing）成本来加以定义。

诺思所使用的"交易成本"概念主要借鉴自科斯和张五常。Coase（1937，1960）最早将交易成本（当时这一概念还没有在文章中正式提出）定义为利用市场的价格机制的成本，Coase（1992）则将交易成本列举为"展开谈判的成本、拟定合同的成本、监督合同执行情况的成本、安排纠纷解决机制的成本"[1]。善于阐释科斯的理论的张五常（2015）的交易成本定义最具涵盖性，他将交易成本称为制度成本（institution cost）——"凡是在一人世界不存在的费用，都是交易费用"[2]，如此广泛的定义便于讨论改革开放前的中国和解体前的苏联等很少利用市场价格机制的经济体。威廉姆森的定义受其在斯坦福大学攻读硕士学位时的授业者，1972年诺贝尔经济学奖得主阿罗的影响较大，倾向于将交易成本视为经济体系的运行成本（Williamson，1985），或是从合同的角度将交易成本定义为订立合同的成本（威廉姆森，2016），或者还可以将交易成本更为具体地定义为"在不同的治理结构下计划、调适、监督任务达成的成本"[3]。在威廉姆森看来，交易成本的高低在原则上取决于"（1）交易发生的频率；（2）交易时出现的不确定性的程度和类型；（3）资产专用性（asset specificity）的情况"[4]。

在交易成本问题上，诺思的主要的原创性贡献是从宏观经济史的视角实证测度了交易成本，并阐释了单笔交易的成本和社会总体交易成本的关系，以及交易成本上涨和生产成本下降的关系。关于前者，诺思认为，"发展中国家之所以穷，是因为其交易成本高"[5]，美国在历史上的变化趋势则是"每项交易的交易成本比例应有所下降，但由于交易规模的扩大，所以总

---

[1] Coase, Ronald, 1992, "The Institutional Structure of Production", *American Economic Review*, Vol. 82, No. 4, p. 715.
[2] 张五常：《经济解释（2014增订版）》，中信出版社，2015年，第413页。
[3] Williamson, Oliver, 1989, "Transaction Cost Economics", in Richard Schmalensee and Robert Wiliig (ed.), *Handbook of Industrial Organization*, Vol. 1, p. 142.
[4] Williamson, Oliver, 1989, "Transaction Cost Economics", in Richard Schmalensee and Robert Wiliig (ed.), *Handbook of Industrial Organization*, Vol. 1, p. 142.
[5] [美]道格拉斯·C.诺思：《改变中的经济和经济学》，载北京大学中国经济研究中心编《站在巨人的肩上——诺贝尔经济学奖获得者北大讲演集》，北京大学出版社，2004年，第86页。

的社会交易成本增加"[①]。关于后者,诺思认为,"改善经济绩效意味着降低生产和交易成本,达到这个目的的主要方法就是修改制度。这包括建立统一的度量系统(研究新技术以做更精确的度量),创建有效的司法体系和执行机制,并发展制度和组织以整合分散的知识、监督衡量合约的执行并裁定纠纷。这些活动直接的后果就是交易成本整体的急剧上涨,但上升的量总会被生产成本的大量下降所抵消"[②]。

诺思引入交易成本是为了说明国富国穷的深层原因,他关于制度变迁的前两部著作——《制度变迁与美国经济增长》和《西方世界的兴起》——的标题都紧扣这一主题。所以,能够促进经济持续发展的制度就是好制度——诺思称之为有效率的(efficient)制度。显然,诺思在评价制度好坏时采用的是效率标准,而有效率的制度实质上就是可以降低单次交易时的交易成本的制度。在诺思看来,最能有效降低交易成本的制度是产权制度,包括对私有财产的保护和专利保护制度等(North and Thomas, 1973; North, 1981)。用诺思的话来说,产权和其他制度安排的有效性"决定了经济的增长、停滞和衰退"[③]。

(二)制度与激励

在诺思看来,制度尤其是产权制度可通过降低交易成本从而促进国民财富的增长,这是评价一项制度是否是有效率的制度(诺思所理解的"好"制度)的最直观的标准。但是,仅考虑交易成本问题显然不是有效率的制度的全部。即使仅仅从成本的角度看,生产过程中的全部成本也是"交易成本"与"转形成本"[④](transformation cost)之和,后者是新古典生产函数所涵盖的成本,主要取决于技术进步率。如果再结合收益的视角,则一项制度或一个制度矩阵必须给个人创造足够的生产性激励,即令个人从事生产性活动的期望收益远大于预期的全部成本(交易成本+转型成本),一个经济体才有可能实现持续的经济增长,从而按照经济效率的评价标准才可称

---

① [美]道格拉斯·C.诺思:《改变中的经济和经济学》,载北京大学中国经济研究中心编《站在巨人的肩上——诺贝尔经济学奖获得者北大讲演集》,北京大学出版社,2004年,第90页。
② [美]道格拉斯·C.诺思:《资本主义与经济增长》,载北京大学中国经济研究中心编《站在巨人的肩上——诺贝尔经济学奖获得者北大讲演集》,北京大学出版社,2004年,第75页。
③ North, Douglass, 1981, *Structure and Change in Economic History*, New York: W. W. Norton & Company, Inc., p.17.
④ North, Douglass, 1990, *Institutions, Institutional Change, and Economic Performance*, New York: Cambridge University Press, p.61.

该制度为"好"制度。

那么,如果沿着诺思所开拓的进路前进,我们又该如何理解制度与激励的关系呢?这还是要从诺思对制度的定义说起。从表3-1可知,诺思关于制度的定义的最为显著且坚持到底的特征是强调制度是博弈规则[①](在其他方面则有较多变化[②]),而规则的作用是约束。诺思是从《经济史中的结构与变迁》和《制度、制度变迁与经济绩效》开始明确地将制度即博弈规则视为约束条件(constraints)[③],这或许是受到了新古典经济学在约束条件下的求最优解的建模方式的影响(North,1976,1984)。但是,从约束视角看制度并不意味着诺思只关注规则对人的行为的限制,而忽视了规则对人的行为的激励。实际上,在某些情况下,制度的约束功能与激励功能是同一枚硬币的两面[④]。以足球比赛为例,运动员在球场上的行为是受到限制的,包括受正式规则(如不能犯规尤其是恶意伤人的犯规)和非正式规则(如不能戏耍对手)的约束。正是有了这些在规则上的限制性约束,运动员才有激励运用球技而不是暴力或其他不符合体育精神的手段来赢得比赛。

一般而论,由于资源稀缺,人与人之间必然有竞争的动机。为了规范竞争,必须在制度上对人的行为做出限制,即需要有约束。无约束或在不合理的约束下的竞争——最极端情况是霍布斯所描述的原始丛林中的战争状态——反而会造成对社会生产力的破坏。动态来看,这些约束在长期非但没有缩小反而是扩大了人们的选择集,因为对人的行为有所限制才会

---

① 借助博弈论的语言,将制度定义为博弈规则的做法最早出自诺思1988年的论文。(North, Douglass, 1988, "Ideology and Political/Economic Institutions", *Cato Journal*, Vol. 8, No. 1, p. 15)
② "制度"所涵盖的内容在不断丰富——诺思在《理解经济变迁的过程》和《暴力与社会秩序》中已经将关于世界的共享信念包含在制度的概念之中。
③ 诺思的"制度作为约束"的表述在20世纪70年代,其刚刚转入新制度经济学研究领域时就存在,表现为"现有习俗和制度安排的约束"。(North, Douglass, and Robert Thomas, 1971, "The Rise and Fall of Manorial System: A Theoretical Model", *Journal of Economic History*, Vol. 31, No. 4, p. 797)和"制度性约束"(institutional constraints)的提法(North, Douglass, 1976, "The Place of Economic History in the Discipline of Economics", *Economic Inquiry*, Vol. 14, No. 4, p. 465)
④ 虽然旧制度学派的当代传人霍奇逊(Geoffrey Hodgson)反对诺思将制度定义为约束性的规则,认为这相当于把制度类比于监狱,只强调了制度的限制行动的维度而未能强调制度的催生新的行动的维度。但是,霍奇逊却同时不自觉地为诺思的制度定义做了辩护:"一般而言,规则的存在暗含着约束。然而,这样的约束可以开启某些可能性;它可能使选择和行动成为可能,如果没有这些规则,它们可能就不存在。例如,语言规则允许我们相互交流;交通规则使得交通更便利、更安全。"([英]杰弗里·M.霍奇逊:《经济学是如何忘记历史的:社会科学中的历史特性问题》,高伟、马霄鹏、于宛艳译,中国人民大学出版社,2008年,第335页)

激励人们通过生产性活动(而非寻租行为)来获得竞争中的优势,从而使得合作在良性的竞争过程中成为可能,社会生产力也因而向前发展。于是,"制度约束与经济理论的传统约束共同定义了(政治和经济的)企业家的潜在财富最大化机会"[1]。

在一定意义上,有效制度的出现可视为是制度性约束条件的改变和增减的结果。为了实现经济发展,有效制度意味着要巩固和强化好的约束(如反腐败),削弱和减少坏的约束(如城市工厂的大锅饭和农村的不允许分田单干)。增加好的约束或去掉坏的约束就相当于发挥了制度的激励作用:扩大了个人的机会即可选方案的集合。所以说,诺思将制度定义为规则性约束并不意味着诺思只看到了制度的约束层面而忽略了激励层面(姚洋,2002;霍奇逊,2008)。

实际上,诺思经常从激励的角度来理解作为规则性约束的制度,只不过制度的激励可以是生产性的也可以是反生产即鼓励寻租的(Baumol,1990;Krueger,1974;North,1989b),后者构成了"负激励"[2](disincentives)。在2005年的《理解经济变迁的过程》中,诺思明确地将"制度框架提供了激励"[3]确立为关于制度变迁的五个命题之一。进而言之,诺思在《理解经济变迁的过程》等多部作品中已然明显倾向于从激励的视角来定义"制度",认为制度是"用于界定一个社会中的精心设计的激励结构"[4]的框架,或者说"制度是人类强加在他们相互关系上的一种结构,它决定了构成人类经济活动基础……的激励机制"[5]。

(三)适应性效率

除了以能否降低交易成本来衡量制度是否有效率外,诺思还有一项特别的效率标准——取经自哈耶克的"适应性效率"。适应性效率考察的是国

---

[1] North, Douglass, 1989, "A Transaction Cost Approach to Historical Development of Polities and Economies", *Journal of Institutional and Theoretical Economics*, Vol. 145, No. 4, p. 666.

[2] North, Douglass, 2005, *Understanding the Process of Economic Change*, Princeton: Princeton University Press, p. 52.

[3] North, Douglass, 2005, *Understanding the Process of Economic Change*, Princeton: Princeton University Press, p. 59.

[4] North, Douglass, 2005, *Understanding the Process of Economic Change*, Princeton: Princeton University Press, p. 1.

[5] [美]道格拉斯·C.诺思:《经济学的一场革命》,载[法]克劳德·梅纳尔编《制度、契约与组织:从新制度经济学角度的透视》,刘刚等译,经济科学出版社,2003年,第48页。

家制度在长期回应各种新的危机和挑战的能力,这一效率决定了各类制度"在面对奈特式不确定性时,可成功适应的保存下来,失败的则消失了"[①]。

诺思于20世纪80年代末的论文中第一次使用了"适应性效率"的概念(North,1988)——用于说明"制度有利于经济增长"[②]。之后,适应性效率又在诺思和继承了其思想的经济学家的著作中被反复强调,并被认为取决于整个社会是否鼓励竞争和试错(Acemoglu and Robinson,2019,North et al.,2009)。

适应性效率是诺思特别看重的效率概念,因为其可以使得自己的理论在效率问题上区别于新古典经济学,后者的效率概念是帕累托效率(Pareto efficiency)或曰配置效率(allocation efficiency)。在1990年的《制度、制度变迁与经济绩效》中,诺思第一次明确给出了对适应性效率的解释:适应性效率"关注在时间历程中塑造经济演化方式的规则的类型。它也关注社会是否有意愿去求知和学习、去引入创新、去承担风险和从事各类创造性活动以及去解决社会在历史进程中遇到的问题和瓶颈"[③]。诺思在该书中还明确表示,适应性效率的概念借鉴自哈耶克的先见(Hayek,1960)——如"尝试"(trial)和"适应性演化"(adaptive evolution)[④]等观点。

评价制度的交易成本标准(能够降低交易成本的制度是有效率的制度)与适应性效率的标准并不矛盾,如果在不确定环境下通过创新来应对新情况、新问题、新挑战的交易成本降低,则意味着创新受到激励,从而可形成制度的适应性效率。

与有适应性效率的制度相对立的是僵化保守的制度,前者鼓励创新,后者则会阻碍创新。所以按照熊彼特经济增长模式和近代以来各国经济增长的特征事实,适应性效率与经济持续增长之间有显著的因果关系,经济制度是否有适应性效率决定了一个经济体的发展上限。诺思和阿西莫格鲁都喜欢讨论苏联的兴衰,以其作为失败的典型。诺思在《理解经济变迁的过程》中分析了制度缺乏适应性效率而导致苏联的衰亡;阿西莫格鲁和罗宾逊则干脆在《国家为什么会失败》和《狭窄的通道》中以苏联的经济

[①] North, Douglass, John Wallis and Barry Weingast, 2009, *Violence and Social Orders: A Conceptual Framework for Interpreting Recorded Human History*, Cambridge: Cambridge University Press, p. 252.

[②] North, Douglass, 1989, "Final Remarks-Institutional Change and Economic History", *Journal of Institutional and Theoretical Economics*, Vol. 145, No. 1, p. 243.

[③] North, Douglass, 1990, *Institutions, Institutional Change, and Economic Performance*, New York: Cambridge University Press, p. 80.

[④] Hayek, F. A., 1960, *The Constitution of Liberty*, Chicago: University of Chicago Press, p. 115.

失败来推断中国的经济必然走向停滞。在2013年底访问中国时,阿西莫格鲁甚至提出,"中国经济当前面临的问题,就是不要重蹈苏联的覆辙"[①]。阿西莫格鲁等人的逻辑是:中国与苏联的经济增长都是缺乏适应性效率(创新不足是其主要特征)的赶超式增长,于是既然苏联所发生的经济停滞符合他们的理论解释,那么苏联的昨天就一定预示了中国的明天。

应该承认,适应性效率本身是一个重要的理论概念,但某些西方学者认为中国必然缺乏适应性效率的判断却失之偏颇。我们将在第六章从理论和经验的双重视角,对上述观点的局限性加以反思和批判。

二、自由作为政治制度的评价标准:对诺思的拓展和对哈耶克的批评

(一)以自由作为评价标准:对诺思的思想进路的一个自然拓展

按照诺思等新制度经济学家的逻辑,经济制度(关键是产权)决定了经济绩效,而经济制度又是由国家或者说政治制度所决定的(虽然新制度经济学家们都承认经济制度也会反过来影响政治制度)。这里就出现了一个问题,效率只是经济制度的评价标准,那么应该用什么标准来评价政治制度呢?效率标准这时候不再有用武之地,因为政治制度是通过经济制度来间接影响经济发展的速率和模式的,而并非对经济发展直接施加影响。于是,政治制度该用何种标准来评价呢?诺思并没有直接回答这一问题,但在继承和发展了诺思的思想进路的阿西莫格鲁那里,这一问题得到了初步的解答,评价政治制度的价值标准是"自由"(Acemoglu and Robinson, 2019)。

在阿西莫格鲁看来,国家作为利维坦的首要职能是提供秩序,否则就会陷入霍布斯所描述的悲惨的原始丛林状态。这种从控制暴力以维护秩序出发的思考方式与诺思的思路是一致的。在秩序稳定的前提下,则国家的进一步职能是提供好的经济制度以促进经济增长,阿西莫格鲁将好(good)经济制度定义为"向一个社会的所有人提供产权保护和相对平等的

[①] [美]达龙·阿西莫格鲁:《制度视角下的中国未来经济增长》,《比较》2014年第5期,中信出版社,第64页。

经济资源准入(access)"①，这一强调"产权"和"准入"的定义显然再次体现了诺思的影响。

阿西莫格鲁对于政治制度与经济制度的关系的理解也同诺思基本一致；一是认同政治制度与经济制度之间的相互作用，阿西莫格鲁和罗宾逊(James Robinson)在《国家为什么会失败》中称之为"反馈回路"(feedback loop)。二是更着重强调政治制度对经济制度的决定，因为政治制度是"支配政治活动中的激励的规则。它们决定了如何选出政府以及政府的哪个部门有权利(rights)去做什么。政治制度决定了在一个社会中谁掌握权力和出于什么目的可以使用权力"②，所以"制度的选择即制度的政治学(politics of institutions)是解读我们所探寻的国运兴衰之谜的关键"③。

在2019年与老搭档罗宾逊合著的《狭窄的通道》中，阿西莫格鲁开始探讨何种类型的国家有利于"自由"(liberty)这一核心政治价值的实现，而经济繁荣被视为是政治自由的结果之一。这就使得阿西莫格鲁在制度评价的范围（引入对政治制度的评价）和标准（引入自由标准）上都超越了诺思。

阿西莫格鲁和罗宾逊遵循洛克的传统来定义自由，即"自由必须基于人民可免于暴力、恐吓和其他损害尊严的行为。人民必须能够自由选择自己的生活，也有实现的手段，且可免除不合理的惩罚和严酷的社会制裁的威胁"④。然后，阿西莫格鲁和罗宾逊综合了霍布斯强调国家能力的传统和洛克强调国家责任的传统，提出只有"受限的利维坦"(shackled Leviathan)可以实现人民的自由——因为受限的利维坦"强有力，却可以与社会共存且听从于那个警惕的、愿意参与政治和对抗权力的社会"⑤。这样就形成了一种良性的循环：受限的利维坦"能够公平地解决冲突、提供公共服务和经

---

① Acemoglu, Daron, Simon Johnson, and James Robinson, 2005, "Institutions as the Fundamental Causes of Long-Run Growth", in Philippe Aghion and Steve Durlauf (eds.), *Handbook of Economic Growth*, Vol. 2B, Amsterdam: North Holland, p. 395.
② Acemoglu, Daron, and James Robinson, 2012, *Why Nations Fail: The Origins of Power, Prosperity, and Poverty*, New York: Crown Business, p. 79-80.
③ Acemoglu, Daron, and James Robinson, 2012, *Why Nations Fail: The Origins of Power, Prosperity, and Poverty*, New York: Crown Business, p. 83.
④ Acemoglu, Daron, and James Robinson, 2019, *The Narrow Corridor: States, Societies and the Fate of Liberty*, New York: Penguin Press, p. XII.
⑤ Acemoglu, Daron, and James Robinson, 2019, *The Narrow Corridor: States, Societies and the Fate of Liberty*, New York: Penguin Press, p. 27.

济机会、阻止支配,从而奠定了自由的重要基础。人民相信他们可以控制这种利维坦,信任它并与之合作,进而允许其能力的扩张。这种利维坦还可以通过打破在社会中紧紧束缚着行为的各种传统规范的牢笼来促进自由"[1]。

(二)自由概念的复杂性及对哈耶克的批评

"自由"这一概念最广为人知的分类方式是"消极(negative)自由"和"积极(positive)自由"(柏林,2003;Hayek,1960)。前者指免于什么的自由,后者指能够做到什么的自由。经济学视角下的更具涵盖性的自由概念来自阿马蒂亚·森,其提出了"以自由作为发展"的框架,这一框架显然受到了马克思的人的自由全面发展观(Sen,1999)和积极自由概念的影响(森,2008;Sen,1999),强调自由既是目的也是手段。

阿西莫格鲁和罗宾逊在《狭窄的通道》中所理解的"自由"很接近森的"以自由作为发展"的理念,即是说,阿西莫格鲁不仅在意消极自由即作为目的本身的自由,也强调积极自由即作为工具的自由。这是因为阿西莫格鲁是以霍布斯和洛克的社会契约理论作为研究的规范起点,故他们所定义的"受限的利维坦"有明显的西方启蒙思想的价值属性。霍布斯和洛克的社会契约论在侧重点上并不相同——前者强调国家要有充分的权威和能力,否则就无法维护秩序;洛克所强调的则是国家的权力需要受到限制,且权责要对等,国家不仅要提供秩序还必须广泛回应臣民们对公共服务的需要。所以,受限的利维坦其实就是有充足权威并能充分提供公共服务的国家,唯有这类国家才能做到对社会上最广大人民群众的长远而普遍的利益的有效回应[2],从而实现积极的"自由"。

基于对自由概念的上述认知,阿西莫格鲁和罗宾逊在《狭窄的通道》中批评了哈耶克的消极自由观。对哈耶克的批评主要是两个方面:一是哈耶克在现代西方社会能否束缚住国家的掠夺之手的问题上看法过于悲观,以至于过分强调通过限制国家的总体规模和活动范围以维护消极自由,而刻意贬低了国家通过提供公共服务促进积极自由的潜能。显然,这一批评的

---

[1] Acemoglu, Daron, and James Robinson, 2019, *The Narrow Corridor: States, Societies and the Fate of Liberty*, New York: Penguin Press, p. 64.
[2] 阿西莫格鲁和罗宾逊认为历史上美国的国家治理的进步就体现为"对于公民的愿望和需要更具回应性"。(Acemoglu, Daron, and James Robinson, 2019, *The Narrow Corridor: States, Societies and the Fate of Liberty*, New York: Penguin Press, p. 52)

对象如果是布坎南的话,那么几乎不需要进行任何语言上的调整。二是哈耶克的想法脱离了大危机和二战后西方世界的客观实际,过度否定国家在治理外部性、改善收入分配和调控宏观经济等领域作用日益重要的合理性,仍然遵循消极自由的标准,主张国家只需为未能从市场经济的竞赛中获益的人们"提供一种体面的最低程度的救济"[①]。同样,这一批评也完全适用于布坎南。

第三节 小结:两条进路的制度评价标准的反思与互补

布坎南的制度评价标准主要是"正义"和"效率";诺思在评价制度时几乎单维度地遵从"效率"标准,但从其思想进路中可以引申出"自由"标准。实际上,两条进路各自所秉持的制度评价标准都并不完美,各有需要反思之处。而在对两条进路的制度评价标准的各自适用边界加以理性反思的基础上,二者在制度评价问题上也存在巨大的潜在互补性。

1. 对布坎南的制度评价标准的反思

基于一致同意原则和不确定性之幕模型,布坎南得出了评价什么是好制度的基准参照系:只有按照一致同意的集体选择规则(这是所谓的"元规则")所形成的制度才称得上"好"制度,因为其可以同时满足正义标准和效率标准。布坎南认为,宪制本身的稳定性和持久性能够内生出宪制选择时的不确定性,形成类似于在"不确定性之幕"背后进行选择的场景。此时由于每个人的个人情况和未来前景的信息都已经被屏蔽,故达成一致同意的协议的决策成本降低,可保证宪制选择阶段所形成的制度兼具正义和效率。

然而,布坎南的制度评价标准仍然在两个方面需要加以反思。

一是布坎南在制度的评价上仅关注程序而忽视了结果。

布坎南从20世纪50年代开始,一直坚持以一致同意作为评价制度好坏的唯一程序性标准。于是正如阿马蒂亚·森在1995年美国经济学会的

[①] [英]哈耶克:《社会正义的返祖性质》,载邓正来编《哈耶克读本》,北京大学出版社,2010年,第410页。

主席就职演讲中所说:"布坎南对社会偏好概念的质疑(以及当成排序来作出——或解释——社会选择)在社会决策机制问题上极其恰切,但在社会福利判断上相对不那么确当。"[①]所谓恰切者是指布坎南对阿罗不可能定理的质疑,即从方法论个人主义出发反对有机体国家及其背后的集体理性概念;而所谓不那么确当者,则是指布坎南的视角过于专注程序的福利意义,而忽视了结果的福利意义,从而无法对制度的好坏做出全面的评价。直到20世纪90年代末,布坎南才引入哈耶克的普遍性原则来对简单多数决的结果加以直接约束。

二是布坎南的评价标准存在所有先验方法的通病——缺乏与现实的沟通。

在哲学观上,布坎南自认为是一个否弃真值判断的个人主义者和非理想主义者,他反对那些坚信"真理"的存在性的观点(布坎南,1988,2003),认为我们不应该追求一种一元化的正义原则。当罗尔斯把"差别原则"作为解决收入分配问题时的唯一真理和排他性原则时,恰恰与布坎南所坚持的正义原则的多元性和开放性在哲学观上针锋相对。

但同时,布坎南的不确定性之幕与罗尔斯的无知之幕都是一种契约主义的分析结构,故都具有先验方法的通病——缺乏与现实的沟通。对森来说,考虑正义问题要参照具体的情境,而不是一个假想的真空的状态(Sen,2009)。即使通过不确定性之幕或无知之幕之类的分析架构在客观层面将个人的既得利益过滤掉,但是在主观层面仍然可能有价值观的冲突。布坎南就曾经在"9·11"事件的背景下不得不放弃非歧视这一最重要的古典自由主义基本原则,而提出了"建设性歧视"[②]的概念,以便为清除反对美国文明的宗教极端主义分子在理论上铺路。

于是,布坎南基于一致同意原则和不确定性之幕模型所进行的研究只能为制度评价提供一个理论上的基准参照系,而任何有实际操作意义的研究则必须首先承认合理的价值多元性的存在,然后去挖掘在具体的历史和现实情境下的本土价值原则(罗必良,2020),再以该原则来评价制度的好坏。

---

① [印]阿马蒂亚·森:《理性与自由》,李风华译,中国人民大学出版社,2006年,第263页。
② [美]詹姆斯·M.布坎南:《为什么我也不是保守派:古典自由主义的典型看法》,麻勇爱译,机械工业出版社,2015年,第23页。

2.对诺思的制度评价标准的反思

诺思对制度的评价完全以效率作为标准,以国民财富的持续增长作为最终诉求,中介机制是降低交易成本或提高适应性效率——能够实现这两个目标的制度就是所谓的"好"制度。诺思回顾和总结近代西方世界的历史,认为受到完善保护的私有产权制度有利于交易成本的降低和适应性效率的改善,从而可以激励生产性活动和提高技术发明速率,使得西方世界率先进入了库兹涅茨所说的现代经济增长模式。于是,产权制度自然可称为"好"制度,这是诺思、巴泽尔、阿西莫格鲁等人的共识。

但是,这一共识也存在可商榷之处:

一是产权与经济增长之间的因果陈述是否符合真实的历史(莫克尔,2020)。产权制度的建立和完善在西方是一个漫长的历史过程,而经济增长在这一过程中是一种始终存在的现象。以光荣革命为例,制度巨变的结果并不是普遍的产权,而是仍然只有少数精英的特权得到了保护,只不过精英的范围有限扩大了(涵盖了新兴资产阶级)。

于是,西方式的所谓宪政民主制度的创立、产权的确立和保护、经济可持续增长,这三者之间可能存在的因果关系到底是一种对经济史的真实描述还是后人的虚幻想象,从而沦为在国家制度研究中的西方中心主义的当代投射,这实在是需要深思乃至批判的主题——我们在第五章和第六章关于中国问题的讨论时将回到这一论域。

二是对于产权的意义的理解过于狭隘。同样是关注产权,布坎南对产权的辩护明显不同于包括诺思在内的主流的经济学家,后者主要是强调产权对于经济效率的积极影响,而布坎南所强调的则是产权是自由的保障(布坎南,2002,2007)。

按照古典自由主义者的价值观,"自由而不是效率,具有关键性的重要意义,尽管这两个目标在大多数运用过程中是互补的"[1]。在维护自由的过程中,私人产权可以帮助个人抵抗盲目的市场竞争中的垄断力量的冲击,但前提是产权是受到保护的,即"个人在如下这样一种社会制度——即允许为了他自己的利益而获得财产,并一直保持和增加它的价值——之下受到保护"[2]。这涉及宪制能否成功束缚住国家的掠夺之手,并激励其伸出扶助之手——我们将在下一章着重讨论这一问题。

---

[1] [美]詹姆斯·M.布坎南:《财产与自由》,韩旭译,中国社会科学出版社,2002年,第1页。
[2] [美]詹姆斯·M.布坎南:《财产与自由》,韩旭译,中国社会科学出版社,2002年,第55页。

3.评价标准的互补性:什么是好制度与为什么好制度不可得

通过上述的反思可知,布坎南和诺思关于制度的评价标准的研究并不完美,而是各有所憾。但是,留有遗憾并不等同二者的思想进路对于后发经济体的国家构建和经济赶超来说没有启迪。相反,布坎南的工作的独特意义是为我们理解"什么是好制度"提供一个理论上的规范性质的基准参照系,而诺思的工作则在很大程度上有助于我们理解"为什么好制度不可得"。

布坎南的思想进路具有特殊的美国化的经验背景预设(自由开放的市场机制和投票民主的集体决策制度),随之而来的方法论特征(个人主义、经济人、作为交易的政治)也符合美国的政治运行的特征事实。于是在反映了美国的历史和现实情境的意义上,布坎南的工作不仅具有规范意义也包含实证内容。但是,当研究对象是历史上东西方世界或当代不发达经济体的制度变迁时,这些近现代或当代经济体的历史或现实情境与布坎南暗设的经验背景显然相差极远。所以对各个脱离了美国式经验背景的经济体来说,布坎南的思想进路缺乏经验含义,剩下可资借鉴的是布坎南关于什么是"好"制度的规范研究,即关于理论上的基准参照系的工作:一致同意检验和不确定性之幕模型。

诺思的思想进路的视角则是历史性的,他在研究中所关注的对象不仅是历史上的英美等先发经济体,也涉及当今的广大后发经济体。通过对历史和当代很多落后经济体的考察,诺思认识到,制度变迁是但远非仅仅是治国者与臣民之间的自愿交易,强制权力和意识形态在制度变迁中也起着重要的作用。所以,虽然诺思所定义的"好"制度可以降低经济活动的交易费用或者说租金损失,并且提高一个经济体的适应性效率,但是诺思对于好制度的出现并不乐观。诺思更为强调的是,由于认知的局限和既得利益的阻扰,低效率的经济制度反而会被路径锁定,理论上的好制度在现实中往往是可欲却不可得。

在建设中国特色社会主义现代化强国的过程中,我们当然无须对布坎南和诺思的上述观点亦步亦趋,因为其中都难免含有西方中心论的因素,从而脱离了中国的国情。实际上,布坎南和诺思也怀疑自身的理论是否会在中国水土不服。布坎南在中国问题上始终保持着理性的沉默,因为正如他和诺思、弗里德曼等诺贝尔经济学奖得主所认为的,"中国确实是一个谜"。[1]诺思认为,由于信念结构的差异,西方世界的制度不能被直接移植。诺思对于中国转型的核心看法是:中国不存在与西方世界一样的发展的制度根基,转型中的很多制度都有混合和过渡的色彩。于是,中国的成功说明,"关键在于创造激励结构,而不是对西方制度的盲目模仿"[2]。诺思甚至愿意接受中国的经验实践证伪自己的理论预测,因为中国的转型道路与西方世界大为不同。中国式现代化建设的成就正向世人宣告:通往现代化的道路并不唯一,国家的类型和作用也不是仅有唯一的最优模式。这将是我们在第五章和第六章重点关注的主题。

---

[1] 高小勇、汪丁丁:《高小勇、汪丁丁专访诺贝尔经济学奖得主:大师论衡中国经济与经济学》,朝华出版社,2005年,第172页。

[2] North, Douglass, 2005, *Understanding the Process of Economic Change*, Princeton: Princeton University Press, p.159.

第四章 把权力关进制度的笼子里：以财政问题为例

"把权力关进制度的笼子里"[①]是一项管党治国的重要原则,也是新时代中国特色社会主义政治文明建设的必然要求。在这一问题上,布坎南所代表的公共选择的弗吉尼亚学派和诺思所代表的新制度经济学的华盛顿学派都积累了较为丰富的研究成果。这些成果虽因其西方背景而有天然的局限性,但仍然可以为中国的国家治理现代化提供一些间接启示。

布坎南和诺思所代表的两条思想进路都承认,国家既可以为善,也可以为恶。于是,布坎南和其他公共选择学派的经济学家们认为,不能只要一出现市场失灵,就让国家出面来解决,因为后者也可能失灵,故实际要做的理论分析和政策研究工作是如何在现实的国家行为效果和市场运行效果之间进行综合权衡。诺思在这方面的观点更是凝练为了著名的"诺思悖论":国家既可以是经济增长的原因,也可能成为经济增长的阻碍(North,1981)。于是,无论是从公共选择还是从新制度经济学的进路出发,一个自然而发的问题是限制国家权力是否是一个现实可能的目标,因为历史上有大量国家权力滥用而导致严重后果的案例。进一步的问题是应该如何限制国家权力,为何有些约束措施没有取得预期效果甚至干脆没有任何效果,而相同或类似的措施却可以在不同的时空情境下取得了成功。

为了回答上述问题,我们将主要以布坎南和诺思关于财政问题的研究为例。之所以如此处理,是因为财政问题(尤其是如何防止国家滥用征税权力)本就是布坎南和诺思重点研究的领域。甚至用布坎南的话来说,可以认为"公共选择理论起源于财政理论"[②];故二者在讨论如何以制

[①]《中共中央关于党的百年奋斗重大成就和历史经验的决议》,人民出版社,2021年,第33页。
[②][美]詹姆斯·M.布坎南:《经济学家应该做什么》,罗根基、雷家骕译,西南财经大学出版社,1988年,第159页。

度尤其是宪制来约束国家权力时,经常以财政问题为例。更重要的是,从实现国家治理体系和治理能力现代化的视角来审视,则正如党的十八届三中全会所提出的:"财政是国家治理的基础和重要支柱,科学的财税体制是优化资源配置、维护市场统一、促进社会公平、实现国家长治久安的制度保障。"[1]

相对于在英美财政学传统下单纯从经济活动和经济学的角度对"财政"概念加以理解,从国家治理的视角来看待财政(高培勇,2014;吕炜,勒继东,2019,2021;吕炜,王伟同,2021)意味着更加强调财政学的欧陆传统[2],从而在一定程度上恢复了"财政"概念的本意——包括"财"(经济)与"政"(政治和制度)两部分[3]。从欧陆的财政学传统来看,主流的新古典范式下的公共部门经济学的研究存在明显的内容短板——在谈到财政制度"改什么"时更为关注经济问题而不是政治问题,从而缺乏对于作为财政制度改革的必要条件的"政"的维度的配套改革的深度讨论。这一"缺环"的影响在于,财政领域涉及的问题都发生在经济和政治的双重约束之下,从而完全不同于市场上的私人选择问题(在纯粹的市场环境中消费者效用最大化只受私人预算的单一约束)。于是,要把握财政中的"经济"问题和建立现代财政制度,首先就要理解财政中的"政治"问题并进而推动经济领域和政治领域的配套改革。而所谓的"政治"问题,正是布坎南和诺思所代表的理解国家的两条思想进路所共同关注的焦点。

本章接下来的内容安排如下:在第一节,我们将先沿着公共选择学派(准确来说是公共选择的弗吉尼亚学派的代表布坎南)的批判视角,来分析当今西方世界(主要的经验参照对象是美国)的财政宪制的弊病和二战后西方主流财政理论的缺陷;然后,我们要讨论的是布坎南所强调的两项宪制原则,以及这两项原则对于约束国家的财政权力来说可能起到

---

[1] 《中共中央关于全面深化改革若干重大问题的决定(2013年11月12日中国共产党第十八届中央委员会第三次全体会议通过)》,《求是》2013年第22期,第8页。
[2] 根据马珺(2015)的观点,中国在传统上有丰富的财政思想,但是缺乏系统的财政学体系,故而财政学在中国大体上要算作舶来品。新中国成立后,中国的财政学框架主要受苏联模式的影响。但是改革开放以来,苏联模式的影响日渐式微,英美传统的财政学体系(盎格鲁-撒克逊模式)渐成主流。十八届三中全会对于"财政"的概念和功能的重新定义则为坚持欧陆传统财政学体系的国内学者提供了发声的契机。
[3] 布坎南对于财政概念有类似的界定,"财政处于狭义经济学和政治科学之间的分界线上,可称为政治的经济学(economics of politics)",故"财政制度是经济制度,也是政治制度"。([美]詹姆斯·M.布坎南:《民主财政论:财政制度和个人选择》,穆怀朋译,商务印书馆,1993年,第181页)

的作用。在第二节,我们将从新制度经济学(准确来说主要是从新制度经济学华盛顿学派的代表人物诺思的视角)的历史视角,探讨西方世界(主要是英国)的财政宪制何以出现,为什么可以有约束国家权力的显著效果并明显提高了国家能力,以及在国家财政的收入总量和支出结构上产生的影响;接着,我们将讨论一个诺思反复强调而布坎南并未意识到的问题——财政宪制的"自我实施"。我们将以此为切入点,来讨论在将国家(财政)权力关进笼子里的过程中的历史实践与政策困境。第三节是小结,我们将结合中国的历史和现实情境简要分析两种看待财政问题的西方视角的不足。

第一节 布坎南看待国家的财政活动的批判视角

布坎南所代表的公共选择的弗吉尼亚学派和诺思所代表的新制度经济学的华盛顿学派都强调宪制约束对于建立现代财政制度的重要性。这是因为,任何财政活动(无论是取决于中央决策者、专家委员会还是选民的偏好)都是在既定的财政宪制约束下的选择。为此,布坎南建立了财政宪制(fiscal constitution)理论或曰财政的制度选择方法(institutional-choice approach)。

从定义上说,在布坎南看来,宪制就是"博弈规则",更具体说是"一套规则,或一套社会制度,个人在其中从事活动和相互交往"[1]。这一定义显然与诺思关于制度的定义几乎完全一致,因为诺思也是将制度定义为博弈规则,人们的行动受其约束。所以,所谓的"财政宪制"就是对财政活动的可行范围的制度性约束,以便让财政这只"看得见的手"更多体现为"扶助之手"而非"掠夺之手",两个人在这一层面上显然达成了基本的共识(布坎南,2002;North and Weingast,1989)。

---

[1] [澳]杰弗瑞·布伦南、[美]詹姆斯·M.布坎南:《征税权——财政宪法的分析基础》,载《宪政经济学》,冯克利、秋风、王代、魏志梅等译,中国社会科学出版社,2004年,第3页。

从宪制的类型上说,与"财政宪制"类似的宪制类型是"货币宪制"[①]——主要约束国家的货币政策,以防止自由裁量的货币政策会被滥用,从而侵犯人民的财产权利。而不同于"财政宪制"的另一种宪制类型是"政治宪制"(political constitution)——"规定了以何种方式达成集体决策结果的制度或规则集"[②]。这种关于宪制特征和类型的细分,是布坎南优于诺思的研究的一个方面。

从财政宪制的特征来说,财政宪制在应然层面应该具有普遍性和持久性这两种宪制的一般特征,而这两种特征可以内生出所谓的"不确定性"。在逻辑上,不确定性可以保证在制度选择阶段诞生的各种制度(包括财政宪制)能兼顾正义和效率。因为不确定性意味着人们进行的是一种不明身份的长期重复博弈,而非短期一次性博弈,即使财政改革让(未知具体身份的)某些人在短期或一期蒙受损失,这些人在长期和多期也会因改革红利而受益,且具体哪个人在哪一期会受损或受益也是不确定的。于是,人们在财政宪制的选择阶段会倾向于一致同意,而一致同意保证了正义和效率只不过是同一硬币的两面。为了让上述应然的判断和逻辑能落实到实然的层面,财政制度改革需要两个必要条件:其一是制度变化必须是永久或半永久的长期变化,其二是制度最好在订立和执行之间有很长的时滞。

布坎南的财政宪制理论几乎构成了公共选择学派关于财政问题的全部核心内容,且代表了对财政学的英美传统和欧陆传统的某种整合,其中的欧陆色彩尤其明显且带有自己的理论创新。实际上,布坎南采用了一种建设性批判的视角:先建立起公共选择视角下的财政宪制的基本原理,再利用这一原理并结合两类国家模型来反思美国的财政制度和财政活动的实际状况并提出改善方案。

---

① 在布坎南看来,货币当局(monetary authority)的近乎唯一的中心目标是维护货币价值。货币的价值应该是游戏规则的一部分,故需要在立宪阶段即哈耶克所说的"法律"(law)阶段加以确定。货币的宪法化可以让公众普遍认识到,货币的价值是稳定的,从而作为一种经济交易的参数是可预测的(predictable)。(Buchanan, James, 1962/1999, "Predictability: The Criterion of Monetary Constitutions", in Geoffrey Brennan, Hartmut Kliment and Robert Tollison (eds.), *The Collected Works of James M. Buchanan, Vol. 1, The Logical Foundations of Constitutional Liberty*, Indianapolis: Liberty Fund, pp. 396-418. Buchanan, James, 2010, "The Constitutionalization of Money", *Cato Journal*, Vol. 30, No. 2, pp. 251-258)

② [美]詹姆斯·M.布坎南:《公共物品的需求与供给》,马珺译,上海人民出版社,2009年,第142页。

一、布坎南的财政宪制的基本原理

(一)维克塞尔传统与交易范式的财政理论

财政宪制理论与主流的财政学理论的外显性不同在于研究视角的差异。在布坎南看来,个人的财政选择可以分为三个层次:

第一是在既定财政制度①下,个人的市场选择。这是主流财政理论的研究重点之一,其关注在税基和税率既定情况下,个人如何做出关于工作和闲暇的选择。

第二是在既定财政制度下,个人的集体选择。这一层次的典型问题是:既定"财政制度将怎样影响个人在公共商品和私人商品之间分配资金的选择"。②

第三是个人对财政制度的选择。在财政制度的选择阶段,人们"必须为选择本身挑选或选定结构框架;他们必须选定赖以进行日常市场选择以及普通的政治选择的制度"③。

按照布坎南在"宪制经济学"中确立的"制度选择阶段的选择"和"后(post)制度选择阶段的选择"的二分法,第一和第二个层级的财政选择显然属于"后制度选择阶段",而第三个层次的财政选择则发生在"制度选择阶段"。在制度选择阶段产生的财政宪制在原则上可以在政治宪制之外独立地约束国家的财政行为:虽然按照维克塞尔式的观点,有效率的或者说能够完全抵偿成本的税收负担配置(allocation of tax shares)必须基于一致同意,但是实际上,财政宪制(主要是对税率和税基的立法规定)可以对多数裁决的结果施加限制,从而就不是必须在后制度选择阶段的任何具体决策中都采用一致同意规则——意味着可以在不增加外部性成本的同时降低决策成本。换句话说,财政宪制可以与政治宪制(对投票规则的规定)发生互补。布坎南引用了维克塞尔的说法,认为互补性体现为"税收分担规

---

① 在中国的官方文件和财政理论的语境下,习惯于将"财政制度"称为"财税体制"。高培勇(2014)认为,"财税体制"的说法与中国在行政设置上将财政部门(负责财政支出)和税收部门(负责财政收入)分立有关。而实际上,两个词语的含义在通常情况下并没有明显的差异。
② [美]詹姆斯·M.布坎南:《民主财政论:财政制度和个人选择》,穆怀朋译,商务印书馆,1993年,第227页。
③ [美]詹姆斯·M.布坎南:《民主财政论:财政制度和个人选择》,穆怀朋译,商务印书馆,1993年,第227页。

则和预算支出标准方面约束松动的后果,大体上可以通过达成政治—集体决策规则的约束强化而得到弥补。现实中,人们有可能在上述三种规则或制度上折衷取舍"[1]。

布坎南在财政理论上的创新就在于其强调制度选择阶段对于财政宪制的选择,以及分析这些财政宪制会对后制度选择阶段的规则下的选择产生何种影响(约束日常的普通政治)。布坎南之所以会有此种独特的学术取向,源于他在20世纪四五十年代先受到弗兰克·奈特对于社会制度的关注的熏陶,而后又接受了欧陆学派的维克塞尔和意大利学者[2]的财政思想的影响(布坎南,2001;马珺2015)。

在财政宪制理论的研究中,布坎南始终把维克塞尔的"一致同意原则"[3]作为核心概念,而对该原则的理解体现于布坎南早年关于维克塞尔财政理论的讨论之中(Buchanan, 1949, 1952)。布坎南所理解的维克塞尔式的税收基本原则是:个人对于政府的贡献应该与其从政府获得的收益相平衡——这属于受益原则(benefit principle),区别于支付能力原则(ability-to-pay principle)。而为了保证这一基本原则的实现,就必须引入一致同意的决策规则。在一致同意规则的保证下,税收和开支可以被理解为自愿交易的过程,政治上可以通过的财税方案必定等价于经济上的帕累托最优(在任何自愿的交易中,交易达成的条件都是每个参与人皆能获益)。故而,这种征税符合"维克塞尔—林达尔(Erik Lindahl)"传统的受益原则。在维克塞尔的体系中,财政活动实际上是人际间的一种交易,只不过此时交易的对象不再是私人商品而是公共物品和服务,故而维克塞尔的财政学实际上是一种交易范式的理论。

与之相反的是征税牺牲理论(sacrific theory of taxation),即"埃奇沃思(Francis Edgeworth)—庇古"传统的支付能力理论(Hansjürgens, 2000)。该

---

[1] [美]詹姆斯·M.布坎南:《公共物品的需求与供给》,马珺译,上海人民出版社,2009年,第151。
[2] 1955—1956学年,布坎南赴意大利的佩鲁贾和罗马访学。意大利的财政经济学家早已摆脱了国家全能全善的错觉,而这一迷雾此时仍然笼罩着英语和德语传统下的哲学家和科学家。(Buchanan, James, 1986/1999, "Better than Plowing", in Geoffrey Brennan, Hartmut Kliment and Robert Tollison (eds.), *The Collected Works of James M. Buchanan*, Vol. 1, *The Logical Foundations of Constitutional Liberty*, Indianapolis: Liberty Fund, p. 17)
[3] 在布坎南的理论中,"一致同意"具有双重身份:一是作为一种帕累托改善的检验标准,从属于福利理论;另一种是作为一种投票规则,从属于政治领域。双重身份的结合使得布坎南专注于研究在福利上符合帕累托标准的政治改革问题。

理论按照功利主义的标准要求以等边际牺牲(equimarginal sacrifice)原则来规定税收分配,这是一种在效益上能产生最小总量牺牲(least aggregate sacrifice)的原则。作为现代主流财政理论的重要组成部分之一,支付能力原则通过运用社会福利函数求最大值甚至更为复杂的方法来证明差异化税率的合理性——这一处理只不过用一个外设的总体伦理判断将人际间效用比较问题遮掩了起来。然而,由于莱昂内尔·罗宾斯的工作使得基数效用论在20世纪30年代后已经被经济学界所否定,基于人际效用比较的支付能力原则并不符合科学的标准(即违背了实证原则)[①],且"最小总量牺牲"隐含着国家有机体的概念(与方法论个人主义相冲突),这是布坎南在方法论上无法接受的。

于是,布坎南将自己从维克塞尔那里继承的财政学视为基于交易(catallactical)范式的财政学,而将主流的财政理论视为基于配置(allocative)范式的财政学。交易范式也称为协调(coordination)范式(布坎南,1999)[②],关注的是经济活动的参与者的"相关行动之间的契合性"[③];配置范式则集中于求解最大化(maximizing)问题。

[①] 布坎南虽然从事过许多规范性质的研究,但实际上他非常重视经济学理论的可实证性。布坎南认为,"'规范'理论与'实证'理论的差异,不是明确的价值主张与客观分析或中立分析之间的区分,而是两种客观分析之间的区分。前者是在假定效率可接受的前提下,主要将目标定位于准确详细地说明'应当'作为政府行动目标的那些结果的特征,而后者主要致力于解释和推测多人参与的集体决策过程的结果"。([美]詹姆斯·M.布坎南:《公共物品的需求与供给》,马珺译,上海人民出版社,2009年,第181页)布坎南还表示,"许多经济学家,也许大多数经济学家,认为理论福利经济学作为一个子学科,必然涉及规范性因素。然而,正如我已试图指出过的,理论福利经济学的基本内容可以被纳入不带有任何规范色彩的实证理论之中","通常的帕累托最优条件不一定包含这种规范含义。就其本质而言,它们只是由构成经济理论的一系列假说导出的推论。这些推论描述了自愿交易过程中众多分立的个人间的交往互动可能产生的结果,其中也包括约束个人选择的制度变量本身。这些推论本身乃是种种推测,其推导属于实证经济理论的范围,因此也在经济学家的专业能力之内"。([美]詹姆斯·M.布坎南:《公共物品的需求与供给》,马珺译,上海人民出版社,2009年,第6页)布坎南的这种学术观点体现了其导师奈特的方法论立场,这对师徒对于"推测"(preditition)的理解非常类似于哈耶克(F. A. Hayek)的"模式(pattern)推测"。

[②] 布坎南认为其导师奈特从未完全摆脱"配置—最大化"范式的影响。([美]詹姆斯·M.布坎南:《我成为经济学家的演化之路》,载[美]伯烈特·史宾斯编:《诺贝尔之路:十三位经济学奖得主的故事》,黄进发译,西南财经大学出版社,1999年,第203页)布坎南甚至承认,"自己很容易受制于正统的方法论,以至于不知不觉地不那么关注自己的著作中明显的逻辑不一致"。([美]詹姆斯·M.布坎南:《宪法秩序的经济学与伦理学》,朱泱、毕红海、李广乾译,商务印书馆,2008年,第281页)

[③] [美]伊斯雷尔·柯兹纳:《市场过程的含义:论现代奥地利学派经济学的发展》,冯兴元、景朝亮、檀学文、朱海就译,中国社会科学出版社,2012年,第205页。

不过,受"维克塞尔—林达尔"传统影响的经济学家们并不都是交易范式的支持者,如现代主流财政理论的创立者马斯格雷夫和萨缪尔森就仍然支持配置范式。萨缪尔森的贡献在于将马斯格雷夫从维克塞尔和林达尔处继承来的财政理论[①]进一步正规模型化(Musgrave,1939;Samuelson, 1954,1955),他试图从资源最优配置的角度直接回答"相对于私人产品的支出,公共部门的预算的有效规模应该多大""在预算总额既定的前提下,该预算如何在不同种类的公共品之间进行支出配置(expenditure allocation)""给定预算总规模,应该如何在所有的纳税者之间决定税收分担的相对分配(relative distribution of tax shares)"等问题萨缪尔森的模型的结论是:"只有当扩大公众集资的物品和服务所需的边际费用与置于这些物品和服务上的边际价值(税额分担群体内的所有人的总和)相等时,才能满足必要条件,使包括一个公共或集体化部门在内的经济结构产生效率。"[②]马斯格雷夫和萨缪尔森的处理方式实际上是用模型化方法重申了在维克塞尔框架下作为最优化均衡的经济结果的必要条件,而完全忽略了维克塞尔所强调的达成这一条件所需要的一致同意的政治自愿交易过程。

所以,布坎南的交易范式财政学的一个明显特征就是将真实的政治过程引入到了对财政活动的分析之内(从而真正继承了欧陆财政学传统),并且把对政治因素的分析提升到了宪制选择的高度。

(二)财政宪制理论朝着哈耶克传统的转型:普遍性原则

在20世纪90年代末期,布坎南的财政理论乃至整个宪制经济学理论发生了一个很明显的转型,即不再执着于维克塞尔的一致同意原则,而是从现实中流行的简单多数决策规则出发,把哈耶克在《自由秩序原理》(The Constitution of Liberty)中强调的"普遍性原则"摆在了宪制约束的中心位置。普遍性原则意味着"只有当政治行为适用于所有人,而不受某种具

[①] 马斯格雷夫说他和布坎南"都认为社会的运转必须有规则,必须有法律秩序,必须有与可容许的行为相关的限制措施"。([美]詹姆斯·M.布坎南、理查德·A.马斯格雷夫:《公共财政与公共选择:两种截然不同的国家观》,类承曜译,中国财政经济出版社,2000年,第40页)从这个角度来说,由于维克塞尔的影响,马斯格雷夫和布坎南都是宪制主义者,但在进行理论分析时,马斯格雷夫实际上是通过仁慈政府的假设把宪制问题抽离掉了。

[②] [美]詹姆斯·M.布坎南、罗杰·D.康格尔顿:《原则政治,而非利益政治——通向非歧视性民主》,张定淮、何志平译,社会科学文献出版社,2004年,第126页。

有支配地位的联盟或某个有效的利益群体成员资格的限制之时,这个标准才得以实现。当政治行为从效果的(不论具有积极性或消极性)角度观察完全从属于个人认同时,它就违背了普遍性原则"[1]。这代表了布坎南财政宪制思想的一种转变,布坎南不再只强调(财政)宪制在程序层面的约束作用,而开始同时重视程序层面和结果层面对财政行为的约束——后者是通过引入普遍性原则实现的。

在主流财政学中,公共品是否具有可排他性完全是一个技术问题;而在布坎南看来,公共品是否排他主要是一个政治问题,即是否在财政宪制中规定了普遍性原则,从而对政府提供歧视性的公共物品和服务的潜在动机施以明确的约束。在公共品的简单多数决策机制下,之所以必须贯彻普遍性原则,是因为"任何背离公共服务的普遍性原则的做法势必会激发出形成一些多数联盟的动机,他们将要求对公共资助服务进行各种有差别的优惠分配"[2]。此时,原本处于少数联盟的个人会尽力争取更多人的支持以构建新的多数联盟,而原本处于多数联盟的个人会竭力维持住自己的既得利益,故双方都有充分的动机在政治寻租上进行投资。这无异于社会资源的极大浪费,在逻辑上可以掏空公共品的全部社会净收益。从后面我们基于表4-1的分析可知,在财政宪制中贯彻普遍性原则,可以在后制度选择阶段即普通政治阶段从根本上消灭发生歧视的可能和寻租的动机。

在某种意义上,布坎南是把一致同意和普遍性视为两种可以相互替代的原则。当建立了"全体一致同意的基准规则"(the benchmark rule of unanimity)[3],或者在实践中退而求其次,按照维克塞尔的建议"建立立法机构成员中的5/6作为法定多数原则"[4],那么"税额的分配和项目利益的分配就都无须普遍性和一致性了。在维克塞尔模式下,在待遇上实行普遍性原则

---

[1] [美]詹姆斯·M.布坎南、罗杰·D.康格尔顿:《原则政治,而非利益政治——通向非歧视性民主》,张定淮、何志平译,社会科学文献出版社,2004年,前言第1页。
[2] [美]詹姆斯·M.布坎南、罗杰·D.康格尔顿:《原则政治,而非利益政治——通向非歧视性民主》,张定淮、何志平译,社会科学文献出版社,2004年,第134页。
[3] [美]詹姆斯·M.布坎南、罗杰·D.康格尔顿:《原则政治,而非利益政治——通向非歧视性民主》,张定淮、何志平译,社会科学文献出版社,2004年,第127页。
[4] [美]詹姆斯·M.布坎南、罗杰·D.康格尔顿:《原则政治,而非利益政治——通向非歧视性民主》,张定淮、何志平译,社会科学文献出版社,2004年,第127页。

的直接观点是不存在的"[1]。相反,一旦在政治宪制(投票规则)上过度偏离了一致同意原则,即"把多数决定原则的决策制度作为宪法因素"[2],那么在财政宪制中强调普遍性[3]原则的重要性就凸显出来了。因为多数决定意味着多数联盟的偏好会压倒少数联盟的偏好而成为集体决策的代表,即形成"多数联盟的统治"。这个事实的背后隐含着"多数人的暴政"的危险,从而"决定了在多数联盟成员和非成员之间会出现歧视性待遇,除非存在着宪法性制约来禁止或限制这种财政偏好的实施"[4]。

我们不妨以公共品供给的囚徒困境模型为例(希尔曼,2006),来说明为什么"一致同意原则"和"普遍性原则"可以相互替代(见表4-1)。

表4-1 集体选择与公共品的囚徒困境

	乙团体支付	乙团体不支付
甲团体支付	3, 3	1, 4
甲团体不支付	4, 1	2, 2

表4-1本质上是一个简单的公共品囚徒困境的情境,变化在于我们将引入两种不同的对于集体选择的宪制约束。现在有两个团体——甲和乙,由于存在搭便车的机会,甲和乙各自的占优策略是"不支付"。于是,公共品自愿支出(contribution)的博弈均衡为"甲不支付,乙不支付"的(2, 2)。

现在我们引入投票机制,并假设集体选择的规则是简单多数决定。当甲团体是多数联盟时,则投票决策的结果将是"甲不支付,乙支付"的(4, 1);反之则相反。从社会整体的角度看,(4, 1)或(1, 4)肯定是无效率的情况,因为此时的社会收益总和为5,小于"甲支付,乙支付"时的6。

---

[1] [美]詹姆斯·M.布坎南、罗杰·D.康格尔顿:《原则政治,而非利益政治——通向非歧视性民主》,张定淮、何志平译,社会科学文献出版社,2004年,第128页。
[2] [美]詹姆斯·M.布坎南、罗杰·D.康格尔顿:《原则政治,而非利益政治——通向非歧视性民主》,张定淮、何志平译,社会科学文献出版社,2004年,第128页。
[3] 需要注意的是,在较早的文献中,当布坎南以"一致同意"作为立宪阶段的原则时,也使用过"普遍性"这一概念。但是,当时这一概念的含义不同于后来以"简单多数"作为投票规则时所强调的"普遍性"原则。早期的立宪阶段的"普遍性"指规则在宪制选择层面(立法阶段)被广泛甚至一致接受;而后期的后立宪阶段的"普遍性"指的是规则在实施层面(执法阶段)应该对所有人一视同仁。
[4] [美]詹姆斯·M.布坎南、罗杰·D.康格尔顿:《原则政治,而非利益政治——通向非歧视性民主》,张定淮、何志平译,社会科学文献出版社,2004年,第129页。

我们改变一下投票规则,将集体决策方式从简单多数变为"一致同意"。此时,无论甲和乙谁是多数联盟,(4,1)或(1,4)的结果肯定不会发生,因为存在利益受损方(1<2),其会投出反对票。于是,现在可能通过的实际上只剩下了两个方案,结果各自是(3,3)和(2,2)。当在这两个方案之间投票时,无论甲还是乙都会支持前者,因为前者符合所谓的帕累托改善。

除了调整投票规则,另一种宪制约束方式是引入"普遍性原则"。即是说,我们可以在宪制中引入规则来禁止歧视性(非对称)结果。这种规则将保证(4,1)或(1,4)不会发生,因为一方支付公共品成本而另一方不支付的情况显然是歧视性的。此时,只有在(3,3)和(2,2)之间投票(基于简单多数决定)才是合宪的。简单多数表决的结果一定也会是(3,3),因为其可以使任何一个多数联盟的收益提高(3>2)。

互替性并不意味着两种原则是冲突的,相反,二者分别从程序和结果层面给出的约束共同构成了一个完整的宪制约束体系。

二、两种国家模型的财政含义及对现实财政弊病的救治

一致同意和普遍性都只是宏观的财政宪制的基本原则,布坎南强调这两个原则,是为了以它们为参照系来审视美国在二战后现实存在的财政弊病,并提出救治方案。布坎南对美国现实的财政制度和财政运行的批判性分析是透过两个国家模型——个人主义民主模型和利维坦国家模型——完成的(两种国家模型的详细设定见第二章第三节的第一部分)。

(一)个人主义民主模型的财政含义

提供公共品、改善收入分配和调控宏观经济是马斯格雷夫提出的财政的三大职能(Musgrave,1959)。在《民主财政论》和《赤字中的民主》等著作中,布坎南基于"个人主义民主模型"反思了财政的上述主流经济学标准职能,解析了美国现实财政运行中所存在的赤字和公债问题。

布坎南在现实的财政问题上的主要论辩对手是凯恩斯主义者。实际上,布坎南并不是一个市场完美论者,他与凯恩斯一样认识到了市场是有缺陷的。但是,在对于国家性质的认知上,二者截然相反。作为一个美国南方人(内战的战败方),布坎南对于政府天然地抱有强烈的怀疑态度;而

作为一个广泛参与英国核心政治活动的精英(基德尔斯基,2006),凯恩斯自认为可以用自己的智慧左右政治,国家只是一个由兼具完备知识和完美情操的精英们所操控的政策执行机构[①]。

在凯恩斯主义流行之前,财政的基本运行原则是"平衡预算"(balanced-budget)——这源于亚当·斯密的国家财政的收支类同于家庭收支的隐喻。而"凯恩斯主义的宗旨也许可作这样的概括:私人家庭的愚蠢行为,也许正是处理国家大事的精明行为"[②]。从此,"赤字预算"开始逐渐说服了政客和选民们。

然而在现实中,财政上的赤字预算换来的却是非常令人失望的结果。二战后,福利国家在世界范围内兴起,美国的财政支出政策也受到了这一思潮的影响,具有间接再分配性质的公共服务[③]和各种直接调节收入分配的财政政策不断涌现,约翰逊(Lyndon Johnson)总统的"伟大社会"(Great Society)计划更是起到了推波助澜的作用。然而,"普遍的选举权与所有人实际上有能力参与政治过程的规范假定是不一致的。而且与此同时,特别是近一个世纪以来,越来越多的平民百姓为了获得经济资助,变得完全或部分地依赖集体、国家。并且,那些安于依附状态的人没有感到什么不妥,并尽量避免改变现状"[④]。

国家财政不仅背上了沉重的社会福利负担,其在宏观调控领域的表现

[①] 所以凯恩斯在《通论》的结尾处才会放出豪言:"经济学家和政治哲学家的思想,不论它们在对的时候还是在错的时候,都比一般所设想的要有力量。的确,世界就是由它们统治着。讲求实际的人自认为他们不受任何学理的影响,可是他们经常是某个已故经济学家的俘虏。在空中听取灵感的当权的狂人,他们的狂乱想法不过是从若干年前学术界拙劣作家的作品中提炼出来的。"([英]约翰·梅纳德·凯恩斯:《就业、利息和货币通论(重译本)》,高鸿业译,商务印书馆,1999年,第396—397页)

[②] [美]詹姆斯·M.布坎南、理查德·E.瓦格纳:《赤字中的民主——凯恩斯勋爵的政治遗产》,刘廷安、罗光译,北京经济学院出版社,1988年,第3页。

[③] 布坎南(2002)始终认为公共服务的范围不是一个由"非排他性"和"非竞争性"所左右的经济问题,而是一个显示了治国者或选民的偏好的政治问题。

[④] [美]詹姆斯·M.布坎南:《为什么我也不是保守派:古典自由主义的典型看法》,麻勇爱译,机械工业出版社,2015年,第30页。

也不尽如人意。20世纪70年代美国宏观经济的运行状况[①]证明,失业和通货膨胀之间的关系根本就不是在一条位置固定不变的菲利普斯曲线上加以权衡那么简单,扩张性的财政和货币政策只会引发"痛苦指数"(失业率+通货膨胀率)的螺旋式上升。就是说,"功能财政"(functional finance)并未实现就业和价格稳定的目标,反而由于破坏了"平衡预算"原则而引发了一系列的经济弊病。其中,公债所引发的赤字问题是布坎南的财政宪制理论的主要批判对象[②]。

民主制度是否存在及其运转的好坏在凯恩斯看来无关经济政策的宏旨,但是,正如布坎南所指出的,预算赤字及其负面影响的恶化恰恰与民主政治制度的实际运行情况相关,"一个极权主义政权的理想的、规范的经济管理理论可能完全不适用于另一个所有被管理者都积极参与的政权。经济学家们从来都没有正确地认识到在社会的基本政治结构和政治决策的经济理论之间存在的必要的联系或相互依赖性"[③]。因此,为了加深对"赤字预算"问题的理解,必须引入"民主"这一政治维度,即把经济问题与政治问题结合起来加以思考。

布坎南以"个人主义民主模型"作为赤字—公债问题的分析基础,"选民们对于接受来自公开支出的利益是持欣赏的态度的,但对于税收的支付

[①] 财政政策的宏观调控效果在美国从20世纪70年代滞胀危机后就一直不尽如人意。就连马斯格雷夫也承认,"对于宏观政策能稳定经济的信心在一系列事件中遭受重创"。([美]理查德·A.马斯格雷夫:《社会科学、道德和公共部门的作用》,载[美]迈克尔·曾伯格编《经济学大师的人生哲学》,侯玲、欧阳俊、王荣军译,商务印书馆,2001年,第280页)但是马斯格雷夫仍然对宏观财政政策抱有不可理解的信仰,其认为"尽管政策常被误导,但这并不意味着基于前面的财政—货币分析框架的稳定政策不能很好地运作,经济运行无需宏观手段来稳定。我们要做的是学会如何做得更好"。([美]理查德·A.马斯格雷夫:《社会科学、道德和公共部门的作用》,载[美]迈克尔·曾伯格编《经济学大师的人生哲学》,侯玲、欧阳俊、王荣军译,商务印书馆,2001年,第280页)与之相反,布坎南从财政宪制理论出发的讨论证明,宏观财政政策失效并不是由于对于政策细节上的操作或理解的偏差,即根本就不是如何沿着既有的方向走得更好的问题,而是完全走错了方向。

[②] 凯恩斯主义者认定,"经济效率和对社会福利的考虑要求不出现长时间、大范围的失业与资源利用不足,亦不出现持续的通货膨胀"。([美]理查德·A.马斯格雷夫:《社会科学、道德和公共部门的作用》,载[美]迈克尔·曾伯格编《经济学大师的人生哲学》,侯玲、欧阳俊、王荣军译,商务印书馆,2001年,第279页)对于这一目标,各个宏观经济学派没有特别大的争议。凯恩斯主义者的特征在于,他们认为通过财政—货币政策的干预可以实现上述的宏观经济目标,而自由主义者(布坎南、货币学派和奥地利学派)认为过度的无规则约束的宏观干预只会适得其反。

[③] [美]詹姆斯·M.布坎南、理查德·E.瓦格纳:《赤字中的民主——凯恩斯勋爵的政治遗产》,刘廷安、罗光译,北京经济学院出版社,1988年,第4—5页。

则是持痛惜的态度。而那些被选出来的政治家们又企图满足选民们的要求"①。即是说,在西方式的选举制度下,选民们都期望天上掉馅饼——既享受公共服务又毋须为此付费(纳税);而政客们为了当选自然会投其所好。但是政客的钱从哪里来呢,"通常认为国家有三种渠道可以为政府服务提供财源:税收、货币创造与公债"②。其中,税收是选民们所厌恶的,而货币创造实际上(假设不存在货币幻觉)等价于征收通货膨胀税,肯定也不受选民们欢迎。于是,政客们为了讨好选民,自然会选择靠发行公债来扩大公共消费支出。

在个人主义民主模型下,无论是自利的选民还是政客,他们通过公债获益时都利用了"时间"的不一致——公债消费与公债偿还之间的时间差。由于存在时间间隔,公债消费的享受者和公债的偿还者并不一致,当期的选民至少可将偿债责任一部分转移给还没有选举资格的后代。

作为公债所提供的公共服务的需求方,选民们之所以有进行责任转移的可能,首先在于公债产权的模糊性,这是公共债务和私人债务的一个显著差别。私人债务有明确到人的一一对应,公共债务则被看作整个政治团体的义务,而非某个具体成员的义务。尤其是当存在借还款的时间差时,公债的产权责任就更无法具体落实到人了。由于责任归属的模糊,"人们在公债发行上就比私债的发行更不慎重"③。这实际上是一种"理性的短视",因为未来的还款充斥着变数。

作为公债所提供的公共服务的供给方,政客们的执政是有任期限制的,理性的政客们追求的是当期的选票最大化,哪怕选举结束后洪水滔天。在不加税的前提下,利用公债增加公共服务是一种隐性的"贿选"方式。所以,标准的政客们在公债问题上也只能采取"理性的短视"的态度,把国家的长期利益抛在一边,否则就肯定会在竞选中落败。

虽然公债给选民和政客都带来了短期的好处,但这种债务财政相比之赋税财政来说是不可持续的。赤字财政的长期危害一方面是效率上的,公

---

① [美]詹姆斯·M.布坎南:《自由、市场与国家——80年代的政治经济学》,平新乔、莫扶民译,三联书店上海分店,1989年,第274页。
② [美]詹姆斯·M.布坎南:《自由、市场与国家——80年代的政治经济学》,平新乔、莫扶民译,三联书店上海分店,1989年,第306页。
③ [美]詹姆斯·M.布坎南、理查德·E.瓦格纳:《赤字中的民主——凯恩斯勋爵的政治遗产》,刘廷安、罗光译,北京经济学院出版社,1988年,第18页。

债消费会降低未来的资本形成;另一方面是对公平正义的危害,公债消费的特定性和公债偿还的普遍性是不对等的。

从效率方面看,政客们为了讨好选民,公债借款基本上都被用于增加公共服务消费。"发行7美元债券用于当前的消费开支,将会永久性地摧毁潜在的可支配的收入流量"[1]。因为拿来进行公共消费的当期收入,本来其中的一部分会被私人企业用于进行资本品投资;而当未来偿还公债时,又会有一部分(流量甚至存量的)投资性资本会被抽取。"实际上,以债务财政方式来支撑消费等于摧毁或'耗尽'资本。由于运用公债手段来为政府经常性的服务筹措资金,真正的'国民财富'必将被削减"[2]。

从正义维度考虑,公债在消费上很多时候都具有特定性,即公债所提供的服务的受益者属于一个特定的群体。例如在一个老龄化社会,当选民们按照自己的生命周期进行规划时,他会发现利用公债增加公共消费是有利的,并且自己的年龄越大,公债的成本就越低。于是,老龄化群体可能会更关心现期的公共服务增加而不是在长期将会给子孙带来的偿债成本,但未来的所有纳税人都要为现期老年人的短视行为承担后果。所以,由于存在当期消费特定性和未来还款普遍性的不对称,公债扩大很难说是公平的,还款负担对于尚无投票权的还款人来说无异于"天降横祸"。当存在稳定的多数联盟对选举结果的操纵时,这一问题会更加严重——与布坎南和哈耶克所提倡的"普遍性原则"完全背离。

布坎南对于如何扭转赤字财政的思考基于的是财政宪制的维度,并且再次引入了"时间"作为关键的分析要素。"无论对选民,还是对当选的政治家来说,有效的时间似乎是短暂的,这正是整个古典理论构架的一个隐含的假设"[3],可以解释为什么凯恩斯之前的古典财政理论坚持"预算平衡"原则。于是,问题就成了如何让短视者的选择更加符合长期利益,答案是引入对于宏观财政行为——尤其是公债——的宪制约束。就是说,在财政宪制上必须对政治家们施加约束,限制他们通过公债消费来讨好选民。布坎

---

[1] [美]詹姆斯·M.布坎南:《自由、市场与国家——80年代的政治经济学》,平新乔、莫扶民译,三联书店上海分店,1989年,第312页。

[2] [美]詹姆斯·M.布坎南:《自由、市场与国家——80年代的政治经济学》,平新乔、莫扶民译,三联书店上海分店,1989年,第312页。

[3] [美]詹姆斯·M.布坎南、理查德·E.瓦格纳:《赤字中的民主——凯恩斯勋爵的政治遗产》,刘廷安、罗光译,北京经济学院出版社,1988年,第19页。

南认为,最关键的步骤是恢复"预算平衡"原则,正如20世纪30年代之前的实际政治运作中所坚持的。"一个平衡的预算几乎应该是任何可接受的宪法框架的必要组成部分"①。将"平衡预算"原则写入财政宪制不仅可以消灭政客们的机会主义动机,而且会让选民们所抱有的公共服务免费的幻觉消失,即让所有人都从短视转为目光长远。

(二)利维坦模型的财政含义

在"个人主义民主模型"中,布坎南只是提出了要对财税问题进行财政宪制层面的约束,并大体上描绘出了政治宪制与财政宪制所构成的互补性机制,而并未详细阐述在约束国家的财政权力时应该具体采取哪些财税手段。在"利维坦国家模型"中,布坎南对于后一问题加以了展开——主要关注的是税率制度和税基制度两个方面,从而补充了"个人主义民主模型"关于财政弊病的救治方案。

在利维坦国家模型中,虽然在把国家视为单一体(monolithic)的意义上该模型更近似于经典的公共部门经济学的建模方式,但该模型在关于国家的性质的假设上却完全与后者分道扬镳:国家不再是善意的而更接近于恶意,于是要从税率制度和税基制度上约束国家的财税收入最大化②行为。

在税率制度方面,布坎南主张贯彻"横向平等(horizontal equity)的原则,即同等人同等待遇的原则"③。横向平等意味着国家在向纳税人征税时,需要依据宪制"遵守普遍性准则,即可预先排除通过对不同的人和纳税群体巧妙地加以歧视而产生的税源"④。横向公平和普遍性原则往往在实践中体现为比例税(proportional taxation)。

---

① [美]詹姆斯·M.布坎南:《民主财政论:财政制度和个人选择》,穆怀朋译,商务印书馆,1993年,第187页。
② 布坎南在方法论上的辩护是:"我们没有声明每一位政治家—官僚甚至任何政治家—官僚都接受收入最大化作为一个明确目标。恰恰相反,任何政府决策者似乎都不太可能把这种明确的收入目标纳入他的效用函数,至少不会直接这样做。……我们的政府运行模型基于这样一种认识:某种近似于'利维坦利益'即收入最大化的因素,是从整个政府决策者集合内部的互动中产生的,即使没有人明确地把最大化收入设定为他自己行动的目标。"([澳]杰弗瑞·布伦南、[美]詹姆斯·M.布坎南:《征税权——财政宪法的分析基础》,载《宪政经济学》,冯克利、秋风、王代、魏志梅等译,中国社会科学出版社,2004年,第34页)
③ [澳]杰弗瑞·M.布伦南、[美]詹姆斯·M.布坎南:《征税权——财政宪法的分析基础》,载《宪政经济学》,冯克利、秋风、王代、魏志梅等译,中国社会科学出版社,2004年,第45页。
④ [澳]杰弗瑞·布伦南、[美]詹姆斯·M.布坎南:《征税权——财政宪法的分析基础》,载《宪政经济学》,冯克利、秋风、王代、魏志梅等译,中国社会科学出版社,2004年,第45页。

布坎南明确承认,他的比例税制的观点受惠于哈耶克。哈耶克认为,"比例税制的主要优点在于,它提供了一项可能会得到那些将缴纳绝对意义上较多税款的人士以及那些将缴纳绝对意义上较少税款的人士一致赞同(agree)的规则,而且此项规则一旦被接受,就不会再产生只适用于少数的特殊规则的问题。即使累进税制并未明确指定谁应当成为较高税率的承担者,但是它通过采用一种旨在将税负从决定累进税率的那些人身上转嫁至他人肩上的差别待遇的方法,却导致了歧视。不论从何种意义上讲,累进税级都不能被视为一项可以平等地适用于所有人的一般性规则"[1]。

布坎南认为不可能只靠比例税制而一劳永逸地限制住国家的财政权力。比例税是必要的,但仅有"对税率的比例制要求也许无法严格限制利维坦,让它屈从于最小化的剩余,这要么是因为决策者实际上脱离纳税公民,要么是因为能够为了可取的后果而在公共支出结构上做手脚"[2]。因此,除了税率的比例制外,还需要对税基加以制度约束。

在税基制度方面,布坎南区分了两种范围的税基——广括(comprehensiveness)税基和非广括税基。前者除了包括货币所得外,也包括公众在市场或非市场活动中获得的非货币收益;后者则只包括货币化收益。广括税基是主流的财政理论所主张的,因为其可以提高国家的财政汲取能力和减少征税对个人行为的扭曲。但是,在财政宪制的视角下,布坎南认为有充分的理由主张非广括税基:"如果能够给纳税人带来价值的行为处在政府当局征税的范围之外,利维坦的嗜好就受到了限制。人们可以转向无法征税的选择,政府在认识到他们会这样做时,只好抑制自己抽取税收的行为。"[3]

可见,无论是对于税率制度还是税基制度的规定,都是为了限制"利维坦"的掠夺之手。基于"利维坦国家模型"的相关研究主要发生在20世纪80年代,布坎南当时仍然坚持把"不确定性之幕"作为分析财政宪制选择

---

[1] [英]弗里德里希·哈耶克:《自由秩序原理(下)》,邓正来译,生活·读书·新知三联书店,1997年,第82页。
[2] [澳]杰弗瑞·布伦南、[美]詹姆斯·M.布坎南:《征税权——财政宪法的分析基础》,载《宪政经济学》,冯克利、秋风、王代、魏志梅等译,中国社会科学出版社,2004年,第225页。
[3] [澳]杰弗瑞·布伦南、[美]詹姆斯·M.布坎南:《征税权——财政宪法的分析基础》,载《宪政经济学》,冯克利、秋风、王代、魏志梅等译,中国社会科学出版社,2004年,第58页。

的基本架构;同时,对于普遍性原则的讨论有了明显的增长。并且,布坎南此时就已经认为不确定性设置与普遍性原则是统一的,因为普遍性原则"与传统的税收文献中披着不同的伪装出现的横向公平规范是一样的,并且也符合法理学讨论中常见的'法律平等'这一更具涵盖性的规范。无知之幕/宪制主义分析的方法论优点是,它允许我们从个人选择而不是从假设的外部伦理标准中,为这种规范找到一个逻辑基础"①。但是在这一时期,布坎南尚未如20世纪90年代末那样把"普遍原则"视为一项财政宪制分析的核心概念。

总体上看,无论是"个人主义民主模型"还是"利维坦模型",二者都强调要对国家的财政行为施以宪制约束,从而使国家只享有受约束的有限财政权力。虽然科学分析应该是价值中立的,但学者在选择构建何种类别的模型时不可能不受自身价值观的左右。布坎南的两种财政宪制的国家模型就是其强烈的对国家的怀疑主义态度的结晶。布坎南认为,社会科学家们最紧迫的任务是塑造新的公民信仰,"这种新的公民信仰将部分地回到18世纪对政治和政府的怀疑主义,使我们的注意力自然而然地集中在约束政府行为的规则上"②。这种怀疑主义态度与主流的公共部门经济学格格不入,后者在价值判断上的出发点是"市场失灵",故国家是以仁慈而智慧的纠偏者的面貌出现的。虽然主流的公共部门经济学家们也承认存在政府失灵,但是,他们更愿意相信这一问题可以通过对集体选择的政治程序的设计而得以克服。正如马斯格雷夫的批评:许多对于公共部门的关注并未遵循维克塞尔的传统去努力寻找更有效的程序,而屈从于意识形态的偏见,企图表明公共部门早已被证明无效率且天生具有缺陷③。所以,在价值判断上,布坎南和主流的公共部门经济学的代表马斯格雷夫几乎站在看待国家的态度的两极:前者在思考如何拔掉老虎的牙齿,后者则希望驯化老虎吃素。

---

① [澳]杰弗瑞·布伦南、[美]詹姆斯·M.布坎南:《征税权——财政宪法的分析基础》,载《宪政经济学》,冯克利、秋风、王代、魏志梅等译,中国社会科学出版社,2004年,第228页。
② [澳]杰弗瑞·布伦南、[美]詹姆斯·M.布坎南:《规则的理由——宪政的政治经济学》,载《宪政经济学》,冯克利、秋风、王代、魏志梅等译,中国社会科学出版社,2004年,第169页。
③ [美]理查德·A.马斯格雷夫:《社会科学、道德和公共部门的作用》,载[美]迈克尔·曾伯格编《经济学大师的人生哲学》,侯玲、欧阳俊、王荣军译,商务印书馆,2001年,第274页。

第二节 诺思看待国家的财政活动的历史视角

诺思同样关注通过财政宪制来约束国家的"看得见的手"。但是,诺思问了一个更进一步的问题,就是财政宪制何以能够得到有效执行,这涉及制度的自我实施问题。诺思是借助于历史的视角,通过对英国光荣革命前后财政宪制变化的案例分析来解析了财政宪制的"自我实施"的条件(North and Weingast,1989)。诺思在财政宪制领域提出问题和分析问题的方式(历史的视角)显然不同于布坎南(批判的视角),从而与后者构成了一对互补的进路。

一、历史的视角:诺思关于英国财政宪制的研究及对布坎南的超越

(一)英国财政宪制的诞生及其影响

1.英国财政宪制诞生的历史背景:军事冲突与财政压力

主流的新古典范式在分析多数经济现象时都存在一个隐含的假设——经济现象发生于一个与世隔绝的独立经济体中,即假设世界上只有一国。即使在国际贸易这种不得不关注国际关系的领域,主流经济学也假设各国之间只存在基于自由贸易原则的和平竞争(盛洪,2010)。新古典经济学忽视国与国之间的非和平竞争不足为奇,因为在交易成本为零的幻想世界中,国际竞争在逻辑上可以按照自愿原则谈判解决。

由于致力于解释历史上的国家兴衰,新制度经济国家理论的部分文献在一定程度上超越了一国模型或各国间和平竞争模型,引入了关于国际竞争尤其是国家间军事竞争如何影响制度变迁的历史比较分析(North and Thomas,1973;North,1981,2005)。国际竞争尤其是来自外部的军事威胁是人类历史发展的重要推动因素的观点并非新制度经济学的原创,历史学家汤因比(Arnold Toynbee)解释人类历史发展的"挑战—回应"(challenge and response)理论(汤因比,1959),汉学家费正清(John King Fairbank)解释中国近代的奋斗的"冲击—回应"(impact-response)[①]模型(费正清,1999,2000),以及政治学家蒂利(Charles Tilly)从军事竞争出发解释欧洲范围内民族国家的兴盛的"资本化强制"[②](capitalized coercion)模式(蒂利,2007)都反映了类似的观点。新制度经济学的特点是将主要呈现为军事竞争的国家间竞争与制度变迁联系起来,进而将西方世界的兴起这一结果用经济学模型加以事后合理化。

从新制度经济学视角开展的有关国际竞争及其影响的系统研究,最初见于诺思和托马斯于1973年发表的《西方世界的兴起》。在此书中,中世纪以来欧洲国家之间的激烈冲突被视为一项促成历史上的制度变迁的重要解释变量,其中的基本观点在诺思之后的著作中被不断重复:军事技术的进步提高了国家在地理上的有效控制范围,这就挑动了欧洲各国君主们开疆拓土的欲望,从而也导致欧洲国家间不断的军事竞争。除了军事技术革命的影响外,欧洲的地缘政治条件也是导致国家间的暴力冲突连绵不绝的主要原因之一。在欧洲,由于政治版图的碎片化即缺乏统一的权威,各国相对经济实力的变化和以此为基础的相对军事力量的增减导致了激烈的国际竞争,欧洲从16世纪开始的频繁的战争见表4-2。

表4-2 欧洲在历史上的频繁的战争

时间	战争次数	战争平均持续时间(年)	有战争发生的年数(年)
16世纪	34	1.6	95
17世纪	29	1.7	94
18世纪	17	1	78
19世纪	20	0.4	40
20世纪	15	0.4	53

资料来源:转引自 Gennaioli, Nicola, and Hans-Joachim Voth, 2015, "State Capacity and Military Conflict", *Review of Economic Study*, Vol. 82, No. 4, p. 1411.

[①] [美]费正清:《美国与中国》,张理京译,世界知识出版社,1999年,第303页。
[②] [美]查尔斯·蒂利:《强制、资本和欧洲国家(公元990—1992年)》,魏洪钟译,上海人民出版社,2007年,第34页。

从表4-2可知,欧洲国家间的高频率的军事冲突从十五世纪的文艺复兴和十六世纪的宗教改革后一直延续到二战爆发(文一,2016;肯尼迪,1989),且很多国家的军队规模也因此而不断扩大[①]。先进军事技术的高单位成本和大规模应用引发了高额的军费支出,故由军事支出所导致的巨大财政压力在这段漫长的历史时期内始终是飘荡在欧洲各国执政者头上的幽灵[②]。

王室传统的筹资方式是出卖属于国王的土地,但持续的土地出售也无法弥补财政的亏空。且王室的土地毕竟有限,出售越多,未来可预期的卖地收入就越少。另一个增加岁入的方式是借款,但违约率极高,以至于不再有人愿意借钱给国王,借款变得越来越像是强制的税收。其他的办法还包括出售特许经营权(允许在某些领域的私人垄断)、出售爵位甚至干脆赤裸裸地没收私人财产,但都不可持续。由于以上方法都无法彻底消除财政压力,英国君主经常要求议会批准增加额外的财政收入

---

① 1550年到1780年间,英国的军队人数扩大了近3倍,法国扩大了近5倍,奥地利甚至扩大了28倍。从1700—1780年,俄国的军队人数扩大了8倍多。(Gennaioli, Nicola, and Hans-Joachim Voth, 2015, "State Capacity and Military Conflict", *Review of Economic Study*, Vol. 82, No. 4, p. 1413)

② 值得注意的是,诺思在《暴力与社会秩序》中否定了自己曾经隐含地支持的"军事革命推动转型"的命题或者简称"军事革命命题"(military revolution thesis)。该命题认为,"当某些国家采用了新的更为昂贵的军事技术时,它们迫使其他国家也采用或屈服于自己。不断提高的战争花费意味着所有国家都必须有所成长;这意味着必须设计掌管和资助战争的新的制度"。新的制度的一种可能发展路线可描述为:"在军事竞争中对更多军事资源的需求引导国家去保护资本和商业,以及普遍地去强化国家做出可信承诺的能力。"(North, Douglass, John Wallis and Barry Weingast, 2009, *Violence and Social Orders: A Conceptual Framework for Interpreting Recorded Human History*, Cambridge: Cambridge University Press, p. 241)诺思反对"军事革命命题"的最重要的原因是认为该模型过度强调外部因素,却忽略了制度变迁的内部原因,而后者对于制度变迁来说更为重要。"虽然战争在西欧转型中扮演了重要的角色,但它在西欧转型过程中不是迈向门阶条件的唯一力量,甚至不是最重要的力量。达成这些条件的大量步骤完全是由于内部原因而被采用"。(North, Douglass, John Wallis and Barry Weingast, 2009, *Violence and Social Orders: A Conceptual Framework for Interpreting Recorded Human History*, Cambridge: Cambridge University Press, p. 243)于是按照诺思关于国际军事竞争的最终观点,对英国的国家制度建设的推动因素的正确解读是:"虽然光荣革命允许大不列颠有资金来支持对法国的更大战争,但这些变迁并非源于战争,而是来自英国在上个世纪解决国内政治和宪制问题的尝试。"(North, Douglass, John Wallis and Barry Weingast, 2009, *Violence and Social Orders: A Conceptual Framework for Interpreting Recorded Human History*, Cambridge: Cambridge University Press, p. 243)这些在国内政治领域的尝试创造了大量的制度和组织方面的变迁。实事求是地说,国际军事竞争在制度变迁中起到多大作用,应该具体问题具体分析,或者说依赖于不同国家各自的历史情境。

（议会的税收审批权的最早法律依据来自1215年的"大宪章"）。议会则趁此机会，要求君主尊重私人产权和传统规则，以作为提供岁入的交换。这是为什么从1642年的英国内战到1688年的光荣革命，财政问题一直是政治矛盾的中心，而光荣革命后的很多制度改革都直接或间接地与解决财政问题有关。

按照诺思和其他很多著名学者的看法（蒂利，2007；弗里斯，2018；肯尼迪，1989），国际竞争（主要表现为军事冲突）是一切制度变迁的根源或曰初始动因，其所导致的财政压力成为制度变迁（可能朝着促进经济发展的方向也可能相反）的推动力量（希克斯，1987；Schumpeter，1918/2012）。为了应对国际竞争尤其是军事竞争所导致的财政危机，欧洲的各个君主国可以采取三种筹资方式：没收、借款和用公共服务来交换税赋（North，2015）。从短期看，国家的财政困难可以通过没收[1]财产（例如亨利八世在英国宗教改革时期没收教会财产）或欠债不还（欧洲王室的反复违约导致14—17世纪意大利金融业巨头的大量破产）来暂时缓解。但这只是饮鸩止渴，既削弱了本国的税基也会损毁国家的"声誉"[2]，从而提高了未来借款的成本甚至导致借贷来源的消失。从长期看，更具可持续性的财政解困办法是运用国家力量建立起有效的产权制度（即提供保护产权的公共服务），并通过这一服务来交换更多的税收（这对子民来说是产权服务的价格）。

为了实现从财政短期化机会主义行为向可持续的财政解决方案的转型，在当时的欧洲背景下就必须有财政宪制的硬约束，重新进行财政制度设计的目的就是要约束君主国家在财政上的专制权力，从而防止其可能实施没收财产和贷款违约等事后机会主义行为。与大多数关于英国近代制度变迁的经济史研究一样（Pincus and Robinson，2014；温格斯特，2003），诺

---

[1] Barzel（1992）讨论了中世纪的英国国王为什么在很长一段时间内容忍了犹太人的信贷商业的存在，而没有出于反高利贷的宗教理由和财政目的将这些资本没收。原因在于，没收的机会成本是未来连续的税收收入流的损失。只要后者大于前者，统治者不没收资本的承诺就可自我实施，因而承诺可信。政治均衡是犹太信贷商人被施加很高的税率，但这一均衡并不稳定：当替代性的且不易征税的信贷资金来源出现时，犹太人资产被没收的可能性将暴增。

[2] 作为一种非正式的约束机制，"声誉"在理论上可以在借贷双方的重复博弈中起作用。但是，由于当时欧洲的军事竞争普遍特别激烈，君主的统治地位随时处于风险之中。在这种情况下，君主将会轻视未来收益，而更在乎当前的收益，即有强烈的重视现期收益的时间偏好。此时，声誉机制失效，君主为了在危机状态下保住自己的统治地位，可能会不顾声誉损失而实施没收或拖欠的短期化策略。

思将"光荣革命"(Glorious Revolution)视为是历史转折的一个关键节点(North and Weingast, 1989),财政宪制乃至整个宪制体系的建构也以光荣革命为分水岭。

确立财政宪制(包括正式的关于财政的法律内容如"预算法"等,也包括一般宪制条款中与财政相关的内容)的目的是对国家的财政行为进行约束,光荣革命后确立的财政宪制的直接目的在于约束君主的财政自由裁量权。约束的效果不仅会对经济绩效产生影响,也会影响到国家的财政汲取能力。

财政宪制的约束力越弱,君主就越可能为了自己的短期利益而侵犯私人产权。这会导致投资的预期回报率大大下降,使得私人的长期投资激励严重不足,从而阻碍经济增长。相反,财政宪制的约束力越强,私人产权的安全就越有保障,投资的预期回报率的提高会激励投资和促进经济增长。英国光荣革命后的持续的国民财富的增长符合这一逻辑,亚当·斯密就持有这样的观点,他以印度和中国为例,认为当地的经济退步和静止是因为国民财富已经"达到了该国法律制度所允许的发展程度"[①];而英国的经济增长则反映了较为完善的制度安排和统治方式。

财政宪制的约束力越弱,君主的违约风险就越高。这可能会导致君主在借钱时(可能向私人银行借款或发行公债)必须支付更多的利息,因为其中包括了欠款不还的风险贴水;甚至可能会导致君主发现自己已经无处可以借款——风险太高让面向君主的借贷市场消失了。反之,随着财政宪制的约束力的增强,君主的违约可能会变得越来越低,从而使得更多的银行和个人愿意将资金出借给国家,并且收取更少的利息,从而内生地强化了国家的财政汲取能力。英国在光荣革命后公债利率的下降以及借款的增加,在经验上证实了上述逻辑。

2.财政宪制的主要内容及其影响

由于相信"发展自由市场必须伴随着对国家操纵经济规则(使之偏向于国家自身及其支持者)的力量的可靠的约束"[②],诺思的问题意识聚焦

---

① [英]亚当·斯密:《国民财富的性质和原因的研究》(上卷),郭大力、王亚南译,商务印书馆,1972年,第65页。
② North, Douglass, and Barry Weingast, 1989, "Constitutions and Commitment: The Evolution of Institutional Governing Public Choice in Seventeenth-Century England", *Journal of Economic History*, Vol. 49, No. 4, p. 808.

于"政权或治国者承诺遵守规则或被规则所制约"[①]。为了保证承诺可信,仅靠君主对(重复博弈下的)声誉机制的重视是不够的(因为可能出现突发的紧急状况和君主的短视),故需要外在的制度性约束。于是,光荣革命后[②]宪制改革的关键目标是对国王的专制权力加以限制,同时在议会与国王之间形成一种权力的平衡,避免议会成为新的专制权力的来源。为了达到这一政治目标,光荣革命后建构的财政宪制体系主要包含如下几项内容:

第一,开启了议会至高无上的时代。议会成为宪制规定的永久性国家机构,君主则变成了"议会中的国王",君主无法再按照自己的意愿解散议会,君权神授的信念被彻底放弃。个人的信仰、自由和权利受到了法律和制度的保护,军队则受议会控制。

第二,议会在财政领域开始扮演核心的角色。君主对任何增开新税种和增加借款的要求只有提议权,而议会拥有知情权(新税和新的举债的用途要为议会所知)、审议权和否决权。实际上确立了以支定收的财政收入原则,也令举债变成议会的行为(由君主私人债务变为了国家债务)。借贷契约由议会管理和监督,改动契约和拖欠借款都需要议会的批准。由于出

[①] North, Douglass, and Barry Weingast, 1989, "Constitutions and Commitment: The Evolution of Institutional Governing Public Choice in Seventeenth-Century England", *Journal of Economic History*, Vol. 49, No. 4, p. 803.

[②] 在2009年的《暴力与社会秩序》中,诺思提供了一个关于"光荣革命"的新的解读:英国十七世纪的政治斗争(光荣革命是其高潮)"可以从宪制的视角来解读,也可以从自然国家的占优联盟的内部斗争来解读。自然国家面对着有权势的群体的兴起,后者由于是相对的新来者,发现自己的利益尚未被制度化"。(North, Douglass, John Wallis and Barry Weingast, 2009, *Violence and Social Orders: A Conceptual Framework for Interpreting Recorded Human History*, Cambridge: Cambridge University Press, p. 106)而在2008年接受采访时,诺思也坦言自己对这篇论文的重要性变得有所保留,原因在于:该文阐述的是1688年的光荣革命在导致英格兰的整个制度框架的变迁上的深刻影响,但是,"现在我认为我们需要去观察导致光荣革命这一事件爆发的完整序列,而不是只盯住这一单独事件本身"。(Snowdon, Brain, 2016, "Institutions, Economic Growth and Development: A Conversation with Nobel Laureate Douglass North", *World Economics*, Vol. 17, No. 4, p. 131) Wallis (2014)对于专注于片段性的制度变迁的做法有更具学术性的批评:"任何对制度变迁的解释不应该仅仅将1688年这唯一样本纳入考虑,……类似的,任何关于制度变迁是否重要的检验应该将制度变迁的完整样本都纳入考虑。……没有坚持下来的失败的制度变迁是十七世纪晚期整个制度变迁路径的一部分,其影响着1688年后长期生存下来的制度变迁。"(Wallis, John, 2014, "Persistence and Change in Institutions: The Evolution of Douglass C. North", in Sebastian Galiani and Itai Sened (eds.), *Institutions, Property Rights, and Economic Growth: The Legacy of Douglass North*, Cambridge: Cambridge University Press, p. 40)

借人在议会也有自己的代表,故议会很多时候是作为出借方的代理人来应对君主。

第三,君主的特权被从制度上取消了。最主要的是君主不再有对司法的控制权,司法独立初具雏形。于是,君主无法再迫使法官在包括财政问题在内的各类案件的审判中,给出对自己有利的判决,君主也无法继续依靠权力来取消普通法庭做出的不利于自身利益的判决。

第四,改革了金融制度,议会创立了世界上第一个中央银行——英格兰银行。"通过把所有债权人决策集中于单一中介机构,而不是分散于一个庞大散漫的代理人团体当中,银行章程允许它实施一个共同的信贷抵制"[1]。

光荣革命后确立的上述财政宪制体系约束了英国国王滥用权力的潜在可能,专断权力被弱化不仅直接带来了更多的政治自由,也因政治自由而形成了经济上的自由和更加稳定的产权(North and Weingast, 1989),甚至还创造了国家能力持续强化的制度基础。结果是,由于税赋的合法性的提高和公债的违约风险大幅降低,英国的国家能力尤其是财政汲取能力得到了显著的增强(见表4-3)。

表4-3 英国从光荣革命到十九世纪初的战时收支

年份(年)	支出 总额(英镑)	支出 增幅(%)	常规收入 总额(英镑)	常规收入 增幅(%)	公债弥补的差额 总额(英镑)	公债弥补的差额 增幅(%)
1688—1697	49320145	—	32766754	—	16553391	—
1702—1713	93644560	89.9	64239477	96.1	29405083	77.6
1739—1748	95628159	2.1	65903964	2.6	29724195	1.1
1756—1763	160573366	67.9	100555123	52.6	60018243	101.9

---

[1] [美]巴里·R.温格斯特:《有限政府的政治基础:17—18世纪英格兰的议会和君主债务》,载[美]约翰·N.德勒巴克、约翰·V.C.奈编《新制度经济学前沿》,张宇燕等译,经济科学出版社,2003年,第274页。

续表

年份(年)	支出 总额(英镑)	支出 增幅(%)	常规收入 总额(英镑)	常规收入 增幅(%)	公债弥补的差额 总额(英镑)	公债弥补的差额 增幅(%)
1776—1783	236462689	47.3	141902620	41.1	94560069	57.6
1793—1815	1657854518	601.1	1217556439	758.0	440298079	365.6
合计值	2293483437	3261.4	1622924377	3615.8	670559060	2559.9

资料来源：[美]保罗·肯尼迪：《大国的兴衰：1500年到2000年的经济变化和军事冲突》，蒋葆英等译，中国经济出版社，1989年，第100页。数据经过重新整理计算。

注："总额"项目的合计值是历次战争中支出或收入的加总。"增幅"项目计算的该时段的战时支出或收入总额相对于上一时段的对应额度的增长率；"增幅"项目的合计值是末次战争（1793—1815年）时的支出或收入额度相对于初次战争（1688—1697年）时的对应额度的增长率。

从表4-3可见，英国的光荣革命后的财政宪制改革的结果是更多的岁入（无论是常规税收和临时借款都是如此）。强财政汲取能力保证了军事能力，并共同构成了英国的国家能力的基础，使得英国成为当时世界范围内实力首屈一指的"财政—军事"国家（温格斯特，2003）。

之所以称其为"财政—军事"国家，是因为从18世纪初到19世纪中叶，在英国的中央政府的财政支出中，军事支出占中央政府全部财政支出的比重从未低于25%（2018年世界范围内军费支出最高的美国的该比重是9%[1]）。并且，这一比例每当战时就会大幅度地提高，如18世纪初的西班牙王位继承战争、18世纪末对美国的战争、19世纪初对拿破仑的战争等。如果算上政府偿还因战争所欠下的债务的支出，则军事支出占中央政府财政支出的比重会高达70%—85%。

---

[1] 资料来源：世界银行数据库。

从图4-1可以很容易地看出,每当出现狭义军事支出(军事支出1)的高峰后,都会伴随着偿还债务的支出和广义军事支出(军事支出2)的高涨。

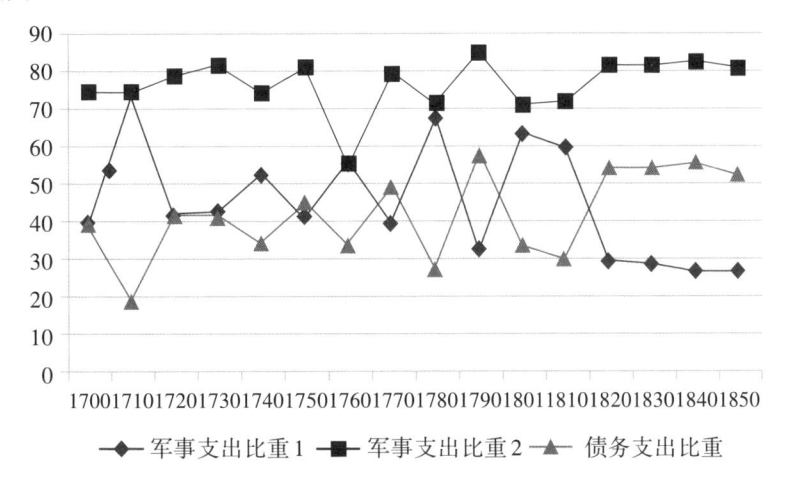

图4-1　1700—1850年军事支出占英国中央政府全部支出的比重(%)

资料来源:[荷]皮尔·弗里斯:《国家、经济与大分流:17世纪80年代到19世纪50年代的英国和中国》,郭金兴译,中信出版社,2018年,第173—174页。

注:"军事支出比重1"只包含陆军和海军的当期支出,"军事支出比重2"还包括偿还前期的军事借款的当期债务支出。

强大的财政汲取能力显然是宪制领域的财政制度改革的结果,因为本有着更大领土面积和人口规模的法国,却没有办法获得如此多的岁入,导致其在与英国的争霸中逐渐落入下风。相反,财政宪制的确立使得光荣革命后英国可以获得更多的岁入(包括税收和低息借款)来满足战时支出的需要,从而为英国赢得与欧洲诸强的争霸战争,继而最大限度地为拓展海外殖民地市场打下了财政基础。

(二)超越布坎南:财政宪制的自我实施之谜

虽然诺思将自己关于英国光荣革命后的财政宪制改革史的研究称为一个关于公共选择的案例研究(North and Weingast, 1989),但他却提出了一个布坎南较欠考虑或至少在模型处理上仍有缺陷的问题——财政宪制的"自我实施"(self-enforcing)①。

财政宪制的建构是一种谈判的过程。为了使得财政宪制有效(避免事后的机会主义),一个必要条件是遵守谈判达成的协议对参与谈判的主要当事人来说激励相容(incentive compatibility)。在此意义上,只有当财政宪制的约束有可自我实施的性质时,国家将按照谈判所达成的协议来行动才是一种可信承诺(credible commitment)。

非常奇怪的是,虽然布坎南开创了"宪制经济学"(constitutional economics)且在多部著作中专门研究财政宪制问题,但是他很少关注(财政)宪制的自我实施。布坎南将焦点置于宪制谈判阶段即财政制度的制度选择阶段,认为在宪制本身性质(普遍性和持续性)所内生出的"不确定性之幕"的背后,谈判者们会一致同意地达成关于财政宪制的制度安排的协议,而一致同意保证了这些财政制度安排兼具正义和效率。显然,布坎南把几乎所有的注意力都放在了(财政)宪制实际运行尚未开始的事前阶段。在他看来,在普通政治阶段即后制度选择阶段的政治活动无外乎就是在事前形成的宪制的约束下进行选择。布坎南没有给予适度关注的是,如果(财

---

① 诺思和温格斯特所定义的宪制的"自我实施"指的是:"参与讨价还价的主要派别必须有激励去遵守讨价还价的结果。"(North, Douglass, and Barry Weingast, "Constitutions and Commitment: The Evolution of Institutional Governing Public Choice in Seventeenth-Century England", *Journal of Economic History*, Vol. 49, No. 4, p. 806)不过,一旦将可自我实施的制度/宪制定义为讨价还价即博弈的结果,那么制度在直观上就不仅是博弈的规则,而是博弈的均衡,从而更接近格雷夫等对制度的定义。格雷夫将制度的"自我实施"(在动力内生产生的意义上)等同于制度的内生性,并给出了更有理论色彩的定义:"在回应隐含在他人行为或他人的预期行为的制度要素时,每个人的行为方式有助于激励、引导和保障他人的行为方式能导致制度要素的产生。"(Greif, Avner, 2006, *Institutions and the Path to the Modern Economy: Lessons from Medieval Trade*, Cambridge: Cambridge University Press, p. 53)格雷夫还指出,制度的"自我实施"必须同时具备两个条件——"自我确证"(self-confirming)和(弱)"自我强化"(self-reinforcing)。"自我确证"指的是"制度所生成的可观察的结果没有违背信念和预期,从而令这些信念和预期巩固着遵循制度化行为的动力"。(Greif, Avner, 2014, "Do Institutions Evolve?", *Journal of Bioeconomics*, Vol. 16, No. 1, p. 58)"自我强化"指的是制度对潜在变量(准参数)的影响强化了制度的自我实施,即"一个制度将在更大的参数范围内可自我实施"。(Greif, Avner, 2006, *Institutions and the Path to the Modern Economy: Lessons from Medieval Trade*, Cambridge: Cambridge University Press, p. 160)在格雷夫的框架中,参数(parameters)对于需要考虑的博弈来说是外生的,参数的改变将导致博弈均衡的变化。变量(variables)在博弈中是内生决定的结果。准参数(quasi-parameters)在不同的博弈情境下表现出参数(研究短期的制度自我实施)或变量(研究长期的制度的动态化)的性质:"在研究短期的自我实施时视为参数,而在长期视为如同变量一样内生决定。按照这种方式内生变化和发生影响的参数在这里被定义为准参数。"(Greif, Avner, 2006, *Institutions and the Path to the Modern Economy: Lessons from Medieval Trade*, Cambridge: Cambridge University Press, p. 160)

政)宪制不是可自我实施的,那么事前制定的宪制可能在事后被政治活动中的机会主义行为所破坏,从而无法构成对普通政治阶段的政治行为的有效约束。

布坎南唯一一部较为关注宪制的"实施"问题的著作是1975年出版的《自由的界限》(The Limits of Liberty: Between Anarchy and Leviathan)[①]。布坎南遵循霍布斯的思路[②]——"用个人主义式的计算解释政府的起源"[③]：由于无政府状态即丛林状态下人际间时刻充斥着冲突,人们会同意建立一种制度化的解决方式。以某个"立宪前"阶段的"自然均衡"[④]为基点,人们在"立宪"阶段达成某种用于在"后立宪"阶段起约束作用的宪制。为了使得宪制能得到事后实施,必须设立一个作为实施代理(enforcing agent)的保护型国家(protective state)。这样一个保护型国家是制度化的裁判员即国家"成了这种裁判的体制化表现,它的唯一职能是保证契约条款得到兑现"入证[⑤]。这一定位非常类似于诺思将国家视为私人契约的最有效率的第三方

[①] 更早的关于这一问题的论文参见 Buchanan, James, 1972/1999, "Before Public Choice", in Geoffrey Brennan, Hartmut Kliment and Robert Tollison (eds.), *The Collected Works of James M. Buchanan, Vol. 1, The Logical Foundations of Constitutional Liberty*, Indianapolis: Liberty Fund, pp. 429-441. 一般认为,1975年的《自由的界限》是对1962年的《同意的计算》中的立场和观点的扬弃(虽然仍然坚持契约论的方法),布坎南放弃了《同意的计算》中的乐观主义。一是因为该书的框架更像是对现有政治制度的事后合理化而非反思性批判,其"几乎可以用于合理化任何我们可以设想的决断规则和任何预定规则下的特殊结果",却"没有为国家或集体行动提供任何议程"。二是观察到的美国现实政治情况也让既往的乐观主义无法成立。"20世纪70年代所需解释的许多事,似乎无一能体现体制带来了正和(positive-sum)的结果。零和和负和的模型可以为现代政治的很多领域提供更好的解释"。如果说《同意的计算》是对公共善(public goods)理论的延伸,那么《自由的界限》就是对公共恶(public bads)理论的拓展——"政治—法律秩序是一种公共善;政治—法律失序是一种公共恶。它们是一个硬币的两个面"。两本书都是契约主义的,前者"在概念上解释了既存的和潜在的制度,它们是由参与的理性个人达成契约上的协定而产生的",后者则相反,"既存的和潜在的制度,同样还有某些受体制所限制的行为,解释它们的依据皆是人们无法达成潜在可行的契约性协定(或如果能够达成,却无法得到尊重并/或实现)"。([美]詹姆斯·M.布坎南:《自由的界限》,董子云译,浙江大学出版社,2012年,第9—10页)

[②] 这一思路可称之为"独木桥模型"。在这一模型中,"冲突,而非普遍合作,才是它的核心特征"。([美]詹姆斯·M.布坎南:《自由的界限》,董子云译,浙江大学出版社,2012年,第11页)

[③] [美]詹姆斯·M.布坎南:《自由的界限》,董子云译,浙江大学出版社,2012年,第8页。

[④] 这一"均衡位置本身不能通过契约手段实现。在这个自然均衡自我实现之前,人与人之间协商契约是没有任何基础的"。([美]詹姆斯·M.布坎南:《自由的界限》,董子云译,浙江大学出版社,2012年,第77页)

[⑤] [美]詹姆斯·M.布坎南:《自由的界限》,董子云译,浙江大学出版社,2012年,第88页。

实施者(North and Thomas，1973；North，1990)①。

然而，布坎南的关于宪制"实施"问题的讨论更接近于一种契约主义的形而上学而非实践中的可操作方案。与诺思相比，布坎南关注的是个人之间(为脱离霍布斯的丛林状态而约定的)契约—宪制的实施，而诺思关注的是选民和君主(及后者背后的国家机器)之间的契约实施。之于个人互动交易中的契约实施，国家是独立的外在的第三方；而之于个人与国家之间的契约关系，国家是亲身参与交易的一方，故有可能出现国家一身同时扮演裁判员(布坎南称之为"保护型国家")和运动员(布坎南称之为"生产型国家")的角色错位。就是说，起码在宪制的初次立约问题上，布坎南的关注明显不同于诺思，国家是立约的结果而不是立约的参与者，其在原则上只应该为宪制的实施服务——这就直接规避了宪制的自我实施问题的最困难的部分。

在实践可操作性上的另一个难题也源于契约主义的方法，布坎南虽然承认"民主制度也许会成为自己的利维坦"②，并希望通过宪制改革来解决，但是布坎南并没有提出具体的改革方案③，只是指出了获得潜在改革方案的程序要件——"或是通过对内部伦理规范的普遍遵守，或是通过引入立宪后处境的不确定性"④。所以，在研究宪制尤其是宪制的自我实施问题时，布坎南的契约主义方法的作用是颇为有限的，正如布坎南所承认的："我们无法观察到达成宪法规则的协议的过程，任何特定时间和特定政体的现存规则的起源也不可能符合契约论模型的解释。契约论研究的目的并不是在上述层面给出解释，而是相反，它提出了正当性辩护的规范评价的基础"⑤。

---

① 不过与诺思不同，布坎南认为：初始权利由国家维护，而非由国家来界定(这属于前宪制选择阶段的自然均衡解决的问题，而"国家"是宪制选择的产物——为提供一种保护服务而由人们自愿设立的外在工具)。这一观点不同于霍布斯、斯密、马克思和诺思的观点，他们都认为国家既是权利的界定者，也是随后的维护者。布坎南的观点则更接近于洛克。
② [美]詹姆斯·M.布坎南：《自由的界限》，董子云译，浙江大学出版社，2012年，第201页。
③ 这体现了布坎南与罗尔斯在契约理论上的一个重要差异，"我的努力的雄心比罗尔斯的小很多。从那些他预测到的理想化契约产生的背景，他辨识出了那些正义原则。尽管也许这并非罗尔斯的具体意向，这些原则却也许会成为具体体制变迁的意见基础"。布坎南并不试图定义具体的原则，"这就好像是一位雄心略小的罗尔斯把自己的关注限制在人们考虑正义的方法上"。([美]詹姆斯·M.布坎南：《自由的界限》，董子云译，浙江大学出版社，2012年，第219页)
④ [美]詹姆斯·M.布坎南：《自由的界限》，董子云译，浙江大学出版社，2012年，第218页。
⑤ Buchanan, James, 1987, "The Constitution of Economic Policy", *American Economic Review*, Vol. 77, No. 3, p. 249.

诺思的研究在一定程度上弥补了布坎南在(财政)宪制的自我实施问题上的理论缺环,以英国光荣革命后的财政宪制改革为例初步解释了财政宪制的自我实施。

在光荣革命后的英国的历史情境下,财政宪制的自我实施就是要让君主意识到,忍受财政宪制的约束而不是破坏财政制度的限制对其自身更为有益。前面提到的光荣革命后财政宪制体系的四点变革的指向都是明确的,通过制度变迁改变对君主的激励,从而让君主在财政问题上束缚住自己的"掠夺之手"的承诺变得可信。这就大大提高了国家的正面行为的可预测性——国家不会再没收财产和拒绝偿还债务。

那么君主为什么从自身利益出发愿意遵守新的财政宪制呢?答案是"胡萝卜+大棒"。一方面,光荣革命后新上任的国王威廉需要发动同法国的战争,这一战的胜负关系到他的王位的安全。新的大规模战争必然意味着财政支出的飞涨,而议会愿意在这一问题上支持国王的财政要求,因为战败毫无疑问意味着斯图亚特王朝的复辟(这显然不是议会愿意看到的结果)。另一方面,国王面临着被议会废黜的"可信威胁"(credible threat)。英国议会被证明有足够的力量在需要的时候威胁国王的地位,这在十七世纪已经成功发生了两次。光荣革命后"权利法案"等法律文本也明确规定了"触发点"——国王的权力在何种情况下被认为已经打破了(财政)宪制的约束。这种明确的规定有利于统一不同党派在限制王权上的意见,从而进一步增强了"大棒"威胁的可信度。

同时,另外一些制度上的安排和实力上的分布保证了议会不会成为新的独裁者。按照公共选择的立场,议员们的动机并不比君主高尚。然而,王室、上议院和下议院是当时的三个权力中心,起到了相互制衡的作用。逐渐独立的司法在当时也正在成为一个新的权力中心。军队虽然在法律层面名义上归议会掌管,但新国王威廉有从荷兰带来的效忠于自己的军队。并且在抗衡国王权力的议会一方,辉格党和托利党的观点和利益通常并不完全一致。

从诺思对后光荣革命时代英国的财政宪制的自我实施的解读可知,制度在由谈判达成后,其自我实施要求谈妥的协议能在事后阶段符合各主要谈判方的激励。这种激励可能是遵守财政宪制的收益(胡萝卜),也可能是违背协议的损失(大棒)。收益和损失的内容会反映在(财政)宪制的文本中,但宪制从谈判到实施都反映了主要的立约各方的实力——

诺思称之为"谈判权力"(North,2005)。至少在英国光荣革命的案例所反映的情境中,立约谈判时的"幕布"基本上是透明的(至少不确定性要比布坎南设想的还要少得多),各方都知道彼此在利益和观念上的差异,没有平衡的谈判权力就不可能达成各方都基本满意的宪制协议(更遑论布坎南所谓的兼顾正义和效率);财政宪制谈判完成后,制度的实施也并不是如布坎南所设想的那样自动完成,因为实施宪制约定不仅需要付出交易成本,且要建立在对违约的惩罚威胁可信的基础上,从而仍然需要依靠谈判权力的平衡。

在随后的研究中,诺思进一步完善了谈判权力[①]和其他因素影响制度的自我实施的分析框架,沿着诺思的思想进路继续前进的后辈经济学家如阿西莫格鲁也对制度的自我实施问题有重要的思考。这是我们接下来将要讨论的内容。

二、理解历史上的制度自我实施问题:从诺思到阿西莫格鲁

(一)诺思的两个国家模型中的制度自我实施问题

关于制度的自我实施问题,在诺思的单一治国者模型和"作为组织的组织"国家模型中都有体现,虽然强调的机制完全不同。

1.单一治国者模型中的制度的自我实施

在从1973年的《西方世界的兴起》到2005年的《理解经济变迁的过程》,诺思在讨论国家的性质和行为时一直在使用单一治国者模型(虽然这一模型正式提出于1981年的《经济史中的结构与变迁》,但其雏形在20世纪70年代末就已经出现了)。在该模型中,制度(当然包括财政宪制)的自我实施被认为取决于两个条件:一是制度谈判的主要参与方和制度事后实施时的相关利益方在相对力量的对比上有利于有效率的制度的产生,即支

[①] 布坎南在《自由的界限》之前的理论实际包含着一个隐含假设——谈判权力(其既可以支撑也可以阻止政府的强制)在西方民主社会中已经被有效控制,剩下的只有基于各方自愿的政治交易问题。布坎南在《同意的计算》中提出"作为交易的政治"以区别于权力范式(强调强制和零和博弈)。但是,只有当双方的相对权力大体平衡即谈判权力可以相互制约时,彰显互惠和正和博弈的政治交易才是可能的,否则将始终无法杜绝潜在的事后机会主义。

持制度向有利于经济发展的方向变迁的一方要有足够的谈判权力;二是作为谈判权力的补充,一个社会内部的共享信念发生倾向于有效制度的变化也很重要。

为了解释"谈判权力"(此概念的详述见第二章第三节的第二部分)在博弈参与者之间的此消彼长所导致的制度变迁,诺思在《经济史中的结构与变迁》《理解经济变迁的过程》和《暴力与社会秩序》中都特别提到了军事技术革命的影响。这与政治学研究中战争推动了欧洲近代国家的兴起的观点有相似之处(蒂利,2007)。

军事技术革命和欧洲频繁的战争导致各国军费支出的剧增,部分欧洲国家如英国的治国者就不得不与子民进行一场交易,通过让渡部分政治权力(如赋予议会关于增加临时税收和开辟新税种的审批权)来交换议会对临时财政需要的支持,故军事技术革命所激化的欧洲国家间竞争的结果是强化了英国的代议机构的谈判权力。

不仅是通过战争所导致的财政压力的间接作用,国内外的政治竞争(很多时候体现为对外战争或内战)本身也可以直接增强议会的谈判权力。英国中世纪以后代议机构权力的扩张说明,在与子民交易的过程中,君主的相对谈判权力不是绝对的,因为会受到竞争者的制约,竞争者包括外部的其他国家的君主和国内的潜在替代者。如果国家因外部入侵的压力或国内的腐败而过度地汲取财富,那么"结果是或者子民们会转向效忠提供了更好条件的竞争者——包括有些情况下的潜在入侵者,或者商品和资源部分发生产出的停滞甚至绝对下降,最终,税收收入减少(且败于入侵者之手)"[1]。正是由于来自国家内部和外部的政治竞争,与君主专制权力相对立的一方的相对谈判权力明显增强,而正是"治国者(ruler)与选民(constituents)之间的紧张关系导致了治国者控制的弱化和政治多元主义的涌现"[2]。

在单一治国者模型中,被认为能够促进有效率的制度的自我实施的另

---

[1] North, Douglass, 1981, *Structure and Change in Economic History*, New York: W. W. Norton & Company, Inc., p. 115.

[2] North, Douglass, 1981, *Structure and Change in Economic History*, New York: W. W. Norton & Company, Inc., p. 23.

一个因素是信念。"信念"或者说心智结构(mental construct)[①]是诺思对意识形态概念的扩展。信念的功能在于"帮助人们处理信息和达成结论以便形成选择"[②],而整个社会的共享信念(shared beliefs)的获得和调整来自集体学习的过程。合法性信念——社会中流行的共享信念的一个特殊类别——的差异有助于回答为什么西班牙走上了与英国相反的威权政治的道路(直到20世纪70年代才结束)。于是信念也是一种重要的约束条件,其取决于一国的历史和文化。英国从1215年《大宪章》(Magna Carta)以来一直持续着限制君主权力的传统,而1469年通过联姻而统一后的西班牙由于依循了卡斯蒂利亚(Castilla)而不是阿拉贡(Aragon)的政治传统(前者的商人团体和议会都更为弱小),从而在观念上阻碍了限制君主权力和建立有效制度的努力。

2."作为组织的组织"的国家模型中的制度的自我实施

诺思在其最后一部重要著作《暴力与社会秩序》中提出了"作为组织的组织"的国家模型。在这一模型中,制度的自我实施仍然是一个关乎制度本身可行性的重要问题,但促使制度可自我实施的机制与单一治国者模型中完全不同,且有些可自我实施的制度(自然国家)可能不利于持续的现代经济增长。

"作为组织的组织"的国家模型的思考起点是暴力的控制问题。关于"暴力"与(作为暴力受控的结果的)"秩序"的关系的研究工作开端于2005年的《理解经济变迁的过程》。诺思此时已经表达了应该把秩序(order)和失序(disorder)作为新制度经济学的研究中心的想法,因为"秩序是长期经济增长的必要(但非充分)条件,也是建立和维持各种状况下的个人自由和产权的必要(但非充分)条件"[③],而暴力是秩序的破坏者。

[①] 在《理解经济变迁的过程》中,诺思似乎是将"信念"和"心智结构"当作同一概念的可替换的表述。因为诺思既认为"感知(perceptions)来自参与者的信念",也说过"感知源自参与者的心智结构"。(North, Douglass, 2005, *Understanding the Process of Economic Change*, Princeton: Princeton University Press, p. 59)另外,诺思认为"心智结构(mental constructs)来自当代和历史的经验"。(North, Douglass, 2005, *Understanding the Process of Economic Change*, Princeton: Princeton University Press, p. viii)除了心智结构外,诺思在《理解经济变迁的过程》等文献中也使用过心智模型(mental model)的说法。

[②] North, Douglass, 1990, *Institutions, Institutional Change, and Economic Performance*, New York: Cambridge University Press, p. 111.

[③] North, Douglass, 2005, *Understanding the Process of Economic Change*, Princeton: Princeton University Press, p. 104.

那么,人类在有记载的历史长河中实际上是如何控制暴力的呢?传统的政治学理论和经济学理论都认为秩序的建立是依靠国家将暴力集中统一起来,故国家是暴力的合法垄断者(韦伯,1998;North,1981)。但是,这一认识显然与真实的历史不符,国家垄断暴力在现代民族国家出现后又经历了很长一段时间才完成,英国光荣革命前后这段时期甚至都没有实现这一目标,否则就不会有国王和议会之间的军事对抗和武力威胁。于是,诺思实际上要讨论的问题是,在有可解读的记载的历史中[①],既然更长的时间里暴力是分散的,那么是何种制度性因素限制了分散的暴力的滥用,从而维持了社会秩序呢。诺思按照国家是调节精英阶层间利益的"组织的组织"这一建模思路,提出了两种以"约束暴力—实现秩序"为目标的关于国家的理想类型[②]——限制准入秩序[③]和开放准入秩序[④],前者也被称为自然国家。

[①] 在这之前的历史上的状态是原始社会秩序(primitive social order),North et al.(2009)称之为觅食秩序(foraging order)。

[②] 基于单一治国者模型,诺思在《理解经济变迁的历程》中也提出过两种"秩序"的理想类型——基于权威的政治秩序(authoritarian political order)和基于同意的政治秩序(consensual political order)。"给定对他人行动的预期,当参与者发现遵守治国者制定的成文或非成文法律最为符合自身利益时,基于威权的统治秩序最为理想。……给定对他人行动的预期,当参与者发现遵守要求彼此尊重的成文或非成文法律最为符合自身利益时,基于同意的统治秩序最为理想"。(North, Douglass, 2005, *Understanding the Process of Economic Change*, Princeton: Princeton University Press, p. 104)诺思认为,理想的政治模型——无论是基于威权还是同意——有共享的成分,主要包括四个方面:(1)一个制度矩阵,其产生一批组织并建立其一系列的权利和特权;(2)在政治和经济市场中都存在交易关系的稳定结构;(3)一个可信承诺的支撑结构,国家承诺遵守一组政治规则且实施对组织和交易关系的保护;(4)顺从,来自规范内化和强制服从的混合作用。(North, Douglass, 2005, *Understanding the Process of Economic Change*, Princeton: Princeton University Press, p. 158)

[③] 限制准入秩序被认为有下述特征:(1)易受冲击影响的缓慢的经济增长;(2)政体未获得被治国者的普遍同意;(3)相对少量的组织;(4)小的和更集权的政府;(5)社会关系的主流是按照人际关系组织起来的,包括特权、社会层级、法律被不平等的实施、不安全的产权以及流行着人并非生而平等的观念。(North, Douglass, John Wallis and Barry Weingast, 2009, *Violence and Social Orders: A Conceptual Framework for Interpreting Recorded Human History*, Cambridge: Cambridge University Press, p. 12)

[④] 开放准入秩序被认为有下述特征:(1)政治和经济的发展;(2)经济很少经历负增长;(3)富裕和诱惑力的市民社会,存在多的组织;(4)更大、更为分权化的政府;(5)广泛的并非建立在人际关系上的社会联系,包括法治、安全的产权、公平和平等——在所有方面对所有人一视同仁。(North, Douglass, John Wallis and Barry Weingast, 2009, *Violence and Social Orders: A Conceptual Framework for Interpreting Recorded Human History*, Cambridge: Cambridge University Press, pp. 11–12)

限制准入秩序(自然国家)和开放准入秩序在暴力的控制方式上完全不同,这同时也意味着两者实现制度的可自我实施的机制有所不同(见图4-2)。

从图4-2可知,自然国家是一种默认的人类社会结局(所以前者才会被认为是自然的),精英之间特权租金的分配是这一国家类型的自我实施机制。一旦使用暴力破坏了自然国家的现有制度框架,精英所享受的租金就会发生耗散,"在自然国家中,庞大而又有潜在暴力能力的群体和个人形成一个政治组织,来提高权力群体和个人使用暴力的成本。自然国家主要通过设立精英特权来达成此目的,这些精英特权的价值在暴力冲突爆发时会减少"[1]。

自然国家的一个关键特征是所有重要的社会活动都建立在精英间的人际关系之上,这种关系对于精英们来说意味着特权和系统化的租金。就是说,自然国家尝试控制暴力的方法并不是垄断暴力,而是自然地"利用了暴力在人群中的分散,它们创造了一种互相锁定的经济、宗教、政治和社会利益,从而为握有权力的个体提供了不使用暴力的激励"[2]。于是,自然国家在制度上是可自我实施的,它的租金分配方式符合国家内部的精英们的各自利益。

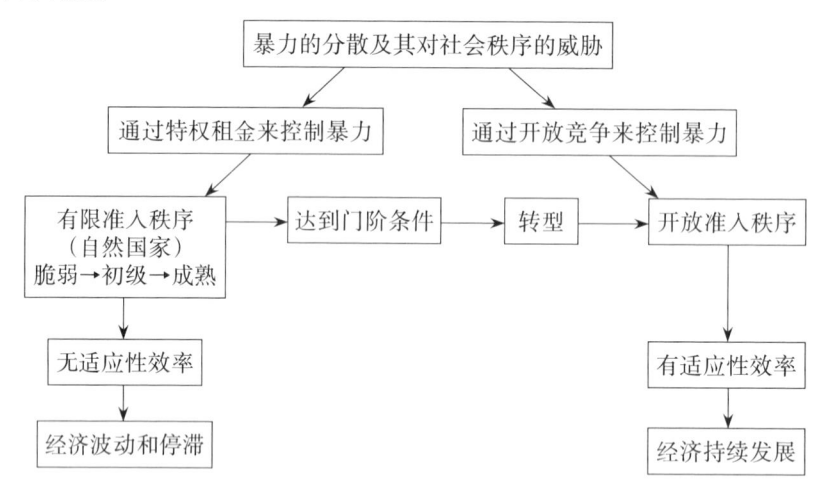

图4-2 诺思关于暴力、国家与转型的概念框架

---

[1] [美]道格拉斯·C.诺思、约翰·约瑟夫·瓦利斯、巴里·R.温格斯特:《平装版后记》,载[美]道格拉斯·C.诺思、约翰·约瑟夫·瓦利斯、巴里·R.温格斯特《暴力与社会秩序:诠释有文字记载的人类历史的一个概念性框架》,杭行、王亮译,上海人民出版社,2013年,第381页。

[2] North, Douglass, John Wallis and Barry Weingast, 2009, *Violence and Social Orders: A Conceptual Framework for Interpreting Recorded Human History*, Cambridge: Cambridge University Press, p. 258.

从图4-2还可知,与建立在身份歧视性上的自然国家不同,开放准入秩序的运转"建立在非人际关系化的身份及与之关联的平等和公平的信念之上"[1]。于是,开放准入秩序控制暴力的方式是允许在政治和经济领域的充分竞争和开放准入,而面向所有组织的竞争和开放促成了"对暴力的政治控制以及规则对使用暴力的制约,降低和控制了暴力的可得性"[2],国家对暴力的垄断因而是晚近的(在西欧和美国出现于19世纪中叶)开放准入秩序下才发生的情况。

更快的经济增长所创造的高额红利是开放准入秩序可自我实施的经济条件。由于开放准入秩序是通过允许各类组织的壮大和参与政治、经济的广泛竞争来控制暴力,所以这种社会环境鼓励企业家及其所属的组织通过创新来竞争。实际上,在开放准入秩序下,没有创新就意味着无法获得短期租金(这一租金在长期会因竞争而消散,故只会在短期存在),从而会导致(无论是政治领域还是经济领域的)落后组织被竞争所淘汰。开放准入秩序下的创新租金在经济效果上完全不同于限制准入秩序下的特权租金,前者会鼓励生产力发展,而后者则是生产力发展的阻力。由于创新不断涌现,开放准入秩序下的社会具备"适应性效率",可始终保持经济的持续发展。所以诺思认为,虽然限制准入秩序下的社会不是完全没有经济成长的机会,但从长期看,开放准入秩序下的社会普遍会有更好的经济绩效。

除了上述经济条件,开放准入秩序的自我实施还需要满足政治条件——旧的国家组织内部的精英们认为维持这一新的秩序对自己有利。如果自然国家内部有足够多的精英们(从而可以形成新的占优政治联盟)预期,自己在开放准入秩序下所分得的红利以较大的概率会大于限制准入秩序下的租金,他们就不会反对转型并会乐于维持新秩序。国家组织内部的精英的构成和影响力分布并非一成不变,这也为转型创造了条件。以光荣革命前的英国为例,大西洋贸易促进了英国商人阶层的经济实力的增长(Acemoglu, et al., 2005b),使得部分商人通过财富与政治权力之间的交易(如购买特许经营权和爵位等方式)也进入了精英集团。所以在组织和参与光荣革命的代表性集团中,辉格党本身就是代表城市工商业精英的政

---

[1] North, Douglass, John Wallis and Barry Weingast, 2009, *Violence and Social Orders: A Conceptual Framework for Interpreting Recorded Human History*, Cambridge: Cambridge University Press, p. 258.
[2] North, Douglass, John Wallis and Barry Weingast, 2009, *Violence and Social Orders: A Conceptual Framework for Interpreting Recorded Human History*, Cambridge: Cambridge University Press, p. 115.

党,而光荣革命的成功又使得辉格党和它所代表的利益集团的发言权大为增强。这为英国在十九世纪的转型培育了条件。

在诺思看来,虽然一旦转型完成,开放准入社会的秩序在原则上可以自我实施,但是困难在于转型的发生难度:由于自然国家才是国家制度形式的常态,上述的经济条件和政治条件也只是转型的必要条件而非充分条件,故历史上只有少数经济体实现了从有限准入秩序向开放准入秩序的成功转型。更多的经济体陷入了所谓的"路径依赖"——被不利于经济发展的制度锁定——而无法自拔。

自然国家作为一种常态性质的国家制度模式,其稳定性源于转型过程的复杂性和艰巨性。从复杂性上说,按照诺思的划分,在限制准入秩序内部,可以细分为脆弱的自然国家、初级的自然国家和成熟的自然国家三个发展阶段。只有当自然国家的发展达到成熟阶段时,才可能会出现限制准入秩序向开放准入秩序转型的门阶条件,包括"对精英的法治;在公共和私人领域永续生存(perpetually lived)的组织;对军队的统一控制"[1]。但是,达到门阶条件并不意味着转型就一定会发生(故前者是后者的必要非充分条件),且成熟的自然国家也有倒退的可能。

从艰巨性上说,转型的发生是大量的经济企业家、政治企业家、文化企业家及他们所带领的组织不断发展壮大并试图打破原有的制度结构的结果,且这种努力只有在适当的国内外环境下或者说特定的历史机遇下才有可能成功。用诺思的话来说,转型的成功需要在特定的历史阶段上,发生"制度、组织和个体行为的一系列的不断强化的变迁,以至于通向开放准入的每一步的增量变化能够得到现有的政治和经济体系的支撑"[2]。遗憾的是,由于迈向门阶条件和转型都有可能触犯精英的既得利益,且得不到组织、制度和信念支撑的转型反而可能导致社会失序,故内部推动的转型的成功离不开(无法完全精确预测爆发的时间和强度的)"危机"所创造的激励和机会窗口(第五章第二节的第二部分将对此进行讨论);而外部推动的转型(如"华盛顿共识"影响下的国际援助政策)则往往导致与改革设计者的预想相反的后果。

---

[1] North, Douglass, John Wallis and Barry Weingast, 2009, *Violence and Social Orders: A Conceptual Framework for Interpreting Recorded Human History*, Cambridge: Cambridge University Press, p. 151.

[2] North, Douglass, John Wallis and Barry Weingast, 2009, *Violence and Social Orders: A Conceptual Framework for Interpreting Recorded Human History*, Cambridge: Cambridge University Press, p. 205.

(二)阿西莫格鲁对制度自我实施的解释:国家与社会的平衡

阿西莫格鲁的"包容性政治制度"和"受限的利维坦"在概念上与诺思的"开放准入秩序"颇为类似,这显然与前者受后者的学术影响颇深有关(见本书"附录二"第三节),同时也与二者类似的问题意识有关——何以约束国家的权力以至于有效的经济制度能够自我实施。按照阿西莫格鲁的观点,能够促进经济持续增长的制度是好制度,而好制度可自我实施[①]关键在于国家与社会之间的力量的平衡。这种平衡可使国家做出的政治承诺可信,而承诺不可信则是制度转型过程中的交易成本的源泉(Acemoglu, et al., 2005a)。

在2012年出版的《国家为什么会失败》中,阿西莫格鲁已经开始深入讨论好制度的自我实施问题。阿西莫格鲁所定义的"包容性政治制度"要求同时满足"充分集权和多元主义"[②](sufficiently centralized and pluralistic),前者要求国家掌握充分的权力和能力,后者却又要求权力被广泛分配且接受制约[③]。可以认为,阿西莫格鲁和罗宾逊所设想的好的政治制度——包容性政治制度——不仅是如布坎南和诺思一样要把老虎关进笼子里,而且笼子里的必须是只强壮的老虎(而不能是布坎南所暗示的拔掉了牙齿的病虎)。

在2019年出版的《狭窄的通道》,阿西莫格鲁又提出了被称为"受限的利维坦"的国家类型。"受限的利维坦"相当于"包容性政治制度"的一个升级版本。"升级"的内容主要包括两个方面:

[①] 阿西莫格鲁对制度存在自我实施难题的解释是:"政治科斯定理假设政治和经济交易可以在各种个体和组织中达成。然而,这些交易是跨时期的,并依赖于契约和承诺。一般而言,契约和明确的承诺由国家来执行。因此,国家或控制国家的社会组织希望与社会其他人签订的契约是不可实施的。这意味着政治权力分配创造了一个固有的承诺难题,破坏了达成有效结果的可能。"([美]达龙·阿西莫格鲁:《为什么政治科斯定理不成立:社会冲突、承诺以及政治学》,《比较》2016年第3期,中信出版社,第111页)

[②] Acemoglu, Daron, and James Robinson, 2012, *Why Nations Fail: The Origins of Power, Prosperity, and Poverty*, New York: Crown Business, p. 81.

[③] 按阿西莫格鲁的定义,"如果权力只在少数人之间分配且不受限制,则政治制度是绝对主义的(absolutist)";"相反,在社会中广泛分配权力且要接受制约的政治制度是多元主义的(pluralistic)"。(Acemoglu, Daron, and James Robinson, 2012, *Why Nations Fail: The Origins of Power, Prosperity, and Poverty*, New York: Crown Business, p. 80)

一是将"国家与社会关系的跨时演化"[①]作为受限的利维坦的自我实施机制。这一理论设定的含义是利维坦国家必须受到约束,而约束来自社会力量的壮大,需要"社会能够对抗、约束和审查国家政权和政治竞争"[②]。换句话说,国家与社会之间的力量的成长需要相互协调甚至妥协[③],受限的利维坦的出现离不开所谓的"红皇后效应"(Red Queen effect)[④]——"国家与社会皆向前发展以保持彼此之间的平衡"[⑤],不能出现一方过度强大而压制另一方的情况。

　　二是在保持红皇后效应的前提下,强调国家能力的重要性,即国家与社会的平衡需要是在双方都有较强能力下的高水平平衡。好的国家制度除了意味着约束利维坦外,"利维坦要有能力去实施法律、解决冲突、提供公共服务和支持那些创造出经济机会和激励的经济制度"[⑥]。强化国家能力的一个重要目的是打破"规范的牢笼"(cage of norms)。这些规范、传统和习俗原本是人们在无国家状态下自发演化(哈耶克,2000a)出的一种控制暴力的方式(如宗族制),但是由于其封闭性(Sen,2009)和依赖于人际尤其是血缘关系,故在人类社会发展到更高阶段后会成为自由和经济繁荣的障碍。

　　从以上两个方面的理论升级可知,阿西莫格鲁将"红皇后效应"视为"强大而有限"的政治制度的自我实施机制。只有在红皇后效应的辐射

[①] Acemoglu, Daron, and James Robinson, 2019, *The Narrow Corridor: States, Societies and the Fate of Liberty*, New York: Penguin Press, p. 28.

[②] Acemoglu, Daron, and James Robinson, 2019, *The Narrow Corridor: States, Societies and the Fate of Liberty*, New York: Penguin Press, pp. 145-146.

[③] 阿西莫格鲁和罗宾逊指出:"转型依赖于妥协,从而使权力对抗不会变得完全极端化和零和。转型取决于通道的形状,尤其是通道的宽窄。"(Acemoglu, Daron, and James Robinson, 2019, *The Narrow Corridor: States, Societies and the Fate of Liberty*, New York: Penguin Press, p. 450)

[④] "红皇后效应"这一术语来源于十九世纪英国科学家刘易斯·卡罗尔(Lewis Carroll)的小说《爱丽丝梦游仙境》中的一个桥段。主人公爱丽丝在仙境中遇到了红皇后并与其赛跑,结果发现自己和红皇后不管怎样跑,周围的景物都没有变化,故看起来二人好像是原地不动。

[⑤] Acemoglu, Daron, and James Robinson, 2019, *The Narrow Corridor: States, Societies and the Fate of Liberty*, New York: Penguin Press, p. 41.

[⑥] Acemoglu, Daron, and James Robinson, 2019, *The Narrow Corridor: States, Societies and the Fate of Liberty*, New York: Penguin Press, pp. 145-146.

下[①]，一个国家才能走向受限的利维坦或者说建成包容性的政治制度,治国者和精英阶层在这一政治制度下只享有有限权力却要承担较重的公共服务责任(福山,2012,2015)[②]。这一制度转型被认为在最早发生于19世纪中叶的英国和美国。

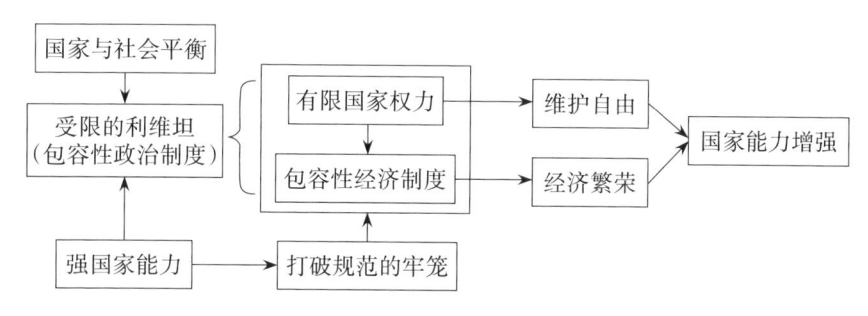

图 4-3　达成自由和经济繁荣的制度逻辑

图 4-3 所表达的逻辑是：当存在国家与社会在权力上的平衡这一前提条件时,"受限的利维坦"(包容性政治制度)就有了自我实施的可能。受限的利维坦"出现于国家的权力和社会控制国家的力量达到平衡之时。……在本质的意义上它不是霍布斯式的利维坦,它的典型特征在于它是受限的:它不具有霍布斯式的海洋巨兽般的对社会的支配性,当人民试图去影响政治决策时,它没有办法去忽视人民或令其沉默"[③]。

国家与社会的力量平衡使得受限的利维坦具有政治和经济两个方面的显著特征:在政治上,受限的利维坦意味着国家的权力受到审查和对抗,故国家只拥有有限权力。在经济上,包容性的经济制度在且只在受限的利维坦下才能以完整的形式长期存在。政治和经济的这两个方面的特征并

---

① 当讨论的仅是经济制度的变化和经济绩效的成长时,阿西莫格鲁和诺思都认为明显的变化开始于十七、十八世纪。而当讨论政治上的自由问题时,阿西莫格鲁的视角放到了十九世纪中叶之后,这再次与诺思在《暴力与社会秩序》中讨论自然国家向开放准入秩序转型时的时间线设定一致。

② "红皇后效应"作为一种关于政治发展的观点并不新鲜。福山在 2012 年(中英文版本同年出版)的《政治秩序的起源》中就已经提出了这一论断,且在 2015 年(中英文版本同年出版)的《政治秩序与政治衰败》中巩固了这一观点。福山指出,成功的自由民主要求一个足够强大、统一、可以在自己的疆域内实施法律的国家,还需要一个强大、有凝聚力和能够促使国家负责任(accountability)的社会。强国家和强社会之间的平衡令民主运转起来。这是责任政府(accountable government)出现的物质和社会条件。([美]弗朗西斯·福山:《政治秩序的起源:从前人类时代到法国大革命》,毛俊杰译,广西师范大学出版社,2012 年,第 470 页)

③ Acemoglu, Daron, and James Robinson, 2019, *The Narrow Corridor: States, Societies and the Fate of Liberty*, New York: Penguin Press, p. 64.

非互不相干。按照新制度经济学家们一贯的政治制度决定经济制度的思路，国家与社会的平衡限制了国家权力，结果是推动了市场的开放准入或者说有效经济制度的自我实施（从这个意义上可以说是自由促进了繁荣）。

不过，"红皇后效应"即国家与社会的平衡不是受限的利维坦出现的唯一前提，因为受限的利维坦应该是一只老虎而非病猫，故强国家能力是另一个前提条件。强国家能力使得国家可以完成诺思所说的最基本的公共服务职能——提供经济活动的游戏规则，即令国家有足够的权威和财力来确立和维护市场制度，扮演好实施契约的第三方的角色。国家还可凭借强国家能力在国际竞争中为本国经济的发展争取外部资源和海外市场。因此，只有在强国家能力的前提下才可能出现有效的经济制度。强国家能力的另一个作用是打破"规范的牢笼"。牢笼被打开在政治上的好处是既为自由创造了条件，也移去了社会政治参与的障碍[①]，在经济上的意义是规范的牢笼钝化经济激励和机会，故为了促进经济繁荣而需要被解开[②]。所以，打破规范的牢笼对于限制国家权力和建立包容性经济制度来说都是必要的辅助条件。最终结果是，政治上有限的国家权力和对精英特权的约束使得一个社会拥有广泛的自由，而包容性经济制度促进了经济的繁荣，自由和经济繁荣的合力又促使国家能力得到进一步的提升。

图4-4与图4-3互为反向映射，描述的是在受限的利维坦的反面——专制的利维坦下自由消失和经济停滞的逻辑。专制的利维坦是最符合霍布斯的利维坦原意的国家类型："这种利维坦虽然能够阻止战争，但是并不必然会让臣服者生活更加富裕，即人们在消失的乌托邦下所勉力维持着'肮脏、残忍和短缺'的生存状态。臣服者们也不是真的心甘情愿地服从利维坦。"[③]在阿西莫格鲁看来，"专制的利维坦"（汲取性政治制度）的诞生源自国家与社会之间没有能够实现权力的平衡，国家压倒了社会。这就意味着专制的利维坦在政治上拥有无限的权力且精英掌握特权，故在经济领域不可能产生出完整形态且长期可持续的包容性经济制度。此时，较强的国家能力虽然仍可以打破规范的牢笼，却同样可以强化经济制度的汲取性。

[①] Acemoglu, Daron, and James Robinson, 2019, *The Narrow Corridor: States, Societies and the Fate of Liberty*, New York: Penguin Press, p.146.

[②] Acemoglu, Daron, and James Robinson, 2019, The Narrow Corridor: States, Societies and the Fate of Liberty, New York: Penguin Press, p.146.

[③] Acemoglu, Daron, and James Robinson, 2019, *The Narrow Corridor*: States, Societies and the Fate of Liberty, New York: Penguin Press, p.64.

专制的利维坦的结果是自由消失和经济从长期看将陷入停滞,进而导致国家能力也被削弱,因为与自由一样,"终极的国家能力依赖于权力在国家和社会之间的平衡"①,故专制的利维坦的国家能力从根本上说要弱于受限的利维坦。在转型问题上,如果希望从专制的利维坦转入受限的利维坦,第一要务是社会力量的强化。

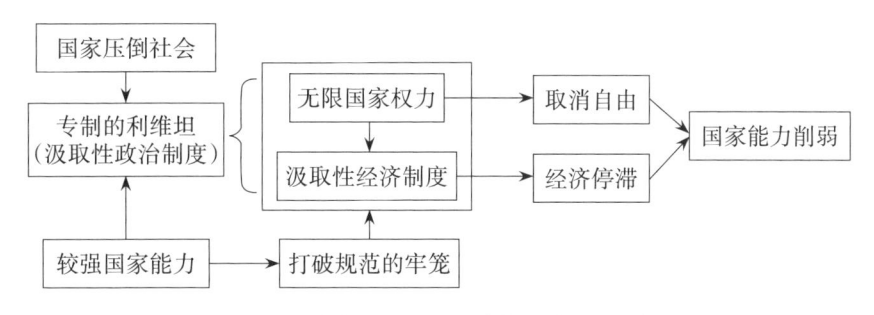

图4-4 导致自由消失和经济停滞的制度逻辑

资料来源:作者自己整理。

第三节 小结:看待财政问题的布坎南和诺思的视角的不足

无论在任何时代和任何体制下,对于国家的财政汲取能力的看法都面临着两难格局:如果国家的汲取能力过小会导致财力吃紧,使得国家提供公共服务、正义和安全的能力不足;而如果国家的汲取能力过大,又可能导致权力被滥用,从而有过量汲取或结构性支出偏向。为了解决这一难题,哈耶克②、布坎南、诺思等经济学先贤们给出的办法是在制度层面加以约束,即构建财政宪制。

---

① Acemoglu, Daron, and James Robinson, 2019, *The Narrow Corridor: States, Societies and the Fate of Liberty*, New York: Penguin Press, p. 40.
② 哈耶克可能会认为把他所意图施加于政府的财政约束称为"宪制"是不合适的,因为"宪制"在哈耶克看来属于"公法","公法"具有建构色彩,不符合哈耶克的自生自发规则的标准。但是布坎南认为,"哈耶克的'普遍性法律'似乎与我们的'宪制原则'相同","都是为了保证从限制而不是非限制角度看待征税规则"。([澳]杰弗瑞·布伦南、[美]詹姆斯·M.布坎南:《征税权——财政宪法的分析基础》,载《宪政经济学》,冯克利、秋风、王代、魏志梅等译,中国社会科学出版社,2004年,第225、226页)

布坎南在讨论财政宪制问题时使用的是契约论的框架,而契约论的价值"不在于它对政府起源的解释,而在于它在完善现有政府制度时的潜在辅助作用"[①],即"契约理论提供了一个这样的准则……在定义政治秩序的现有规则集中,所有公民都能够一致承认的变化是什么"[②]。所以,布坎南的财政宪制理论的特点是他给出了一个关于财政宪制的基准规范判断,只有在制度选择阶段按照一致同意规则产生的财政宪制才是所谓的"好"财政制度——可同时兼顾正义和效率。

诺思在讨论财政宪制时也把财政宪制的确立视为一个契约谈判的过程(阿西莫格鲁的《狭窄的通道》因为包含了霍布斯和洛克的思想而契约论色彩更浓)。不过,诺思的财政宪制理论的特点是其关注了布坎南所遗漏的制度的自我实施问题。自我实施对于解释财政宪制对国家权力的约束的有效性具有显著的实证意义。如果财政宪制不符合主要的立约参与方的利益,那么财政宪制的有效性就极有可能被相对或绝对受损方的事后机会主义行为所摧毁。

契约论框架的问题在于,其完全缺乏历史感,只是设定了一个典型的"模型柏拉图主义"(Model-Platonism)的纯理论参照系。这样一种基准化的参照系对于用经济学方法研究制度来说当然是有意义的,尤其是在规范的价值判断的层面。然而,这样一种纯粹理想化的设置可能会令模型得出的结论几乎没有经验内容,故更接近于政治哲学而不是强调必须有经验含义的经济学(强调经验含义或许是社会科学与哲学的最大区别)。诺思和阿西莫格鲁是用契约论的语言来描述自己的国家模型中的财政宪制,而布坎南的财政宪制则是彻底从契约论的框架中推导出来的,故后者的经验含义就更加有限。

从中国经验的视角看,中国与西方世界之间的历史和现实的情境差异不可以道里计。甚至在规范层面,中国人追求的制度层面的价值目标也不见得一定应该以作为公平的正义和帕累托最优为优先,因为价值诉求是"情境依赖"的,需要回到具体的历史场景和文化场域进行分析,而不能只是从纯粹契约论(一种标准的西方的近代政治哲学)的先验设置

[①] [美]詹姆斯·M.布坎南、戈登·塔洛克:《同意的计算:立宪民主的逻辑基础》,陈光金译,中国社会科学出版社,2000年,第350页。
[②] [美]詹姆斯·M.布坎南、戈登·塔洛克:《同意的计算:立宪民主的逻辑基础》,陈光金译,中国社会科学出版社,2000年,第351页。

中推导出来。

诺思聚焦于财政宪制的自我实施。他的工作本就是一个案例研究,故其经验意义至少之于西北欧的近代史是毋庸置疑的。但是,如果我们直接把他的研究结论移用到历史和现实情境都与光荣革命前后的英国完全不同的中国,则水土不服也是无须怀疑的。因为中英之间存在各种明显的差异:例如在国家建构的目标上,英国要解决的是限制国家权力的问题;而中国在近代史上所要解决的却是如何化解一盘散沙的状态,故需要中央集权。又如在以军事为基础的国际竞争方面,英国的情况只是君主的统治地位可能因战争失败而被其他竞争者取代,且英国面临的国际竞争环境与当时欧洲的其他国家相比是相对宽松的(Barzel,2000);中国人近代所感受到的却是整个民族的亡国灭种的危机,国际竞争的环境远比英国更为疾风暴雨。再如从国家的财政能力上说,中国在1949年之前的财政汲取能力不仅比不上光荣革命之后的英国,就是与光荣革命之前英国和近邻及主要竞争对手日本相比也相差甚远。

立足当下,布坎南和诺思的财政宪制理论也无法用于直接回答中国的财政制度建设中的很多完全不同于西方情境的深层问题。与当代的西方政党相比,中国共产党的执政地位是宪制结构的基础的不可动摇的部分,中国共产党宪制地位的稳定性有利于执政党对未来形成稳定的乐观预期,从而不是基于短期而是基于长期的视角来看待财政制度的改革。同时,百姓对财政问题的不满仍然会增加执政的交易成本,故积极回应百姓对财政问题的呼吁对执政党来说是可欲的。

于是,中国共产党有内生的激励去通过立法手段进行财政改革,包括建立现代财政制度。这样做符合其自身的长远利益,故激励相容从而可自我实施。只是这种财政制度的变迁事实上是且在逻辑上也只能是渐进的,因为改革是在既有的宪制框架稳定的前提下进行的,并且党中央作为最高仲裁者必须协调平衡各方面的利益,从而凝聚和维护关于改革的最大共识。在当前这样一种特殊的中国特色的情境下,渐进式的财政制度改革乃至整个国家治理的现代化建设应该如何推进,这既是一个规范问题也是一个实证问题。说其是一个规范问题,是因为我们需要回溯中国近代以来的历史和现实的情境,以明确什么是符合中国人民的共享信念和能够体现中国人民的真实利益的"好"制度,并以此作为向前推进改革的指南;说它是一个实证问题,是因为我们的任何财政制度改革当然更不用说国家治理的现代化建设，都需要从历史和现实的经济、政治、社会的情境出发，否则只能是一种乌托邦式的臆想。

所以，与布坎南的财政宪制理论只能提供给我们在研究中国问题时的规范判断标准类似，诺思的同类研究之于对中国问题的思考也仅仅是提供了一个经验的侧切面，只可批判性借鉴而不能毫无保留地照搬，否则就会犯盲从那些"据说是万古不变的教条"[①]的本本主义错误。

在后面的两章中，我们将进入建设性批判的部分，从布坎南和诺思的国家理论未解决的问题或存在的理论缺环出发，立足中国的视角来分析什么是符合中国的历史和现实情境的"好"制度，什么是中国的国家制度建设的合理道路，以及如何超越西方话语体系来正确理解中国的国家制度建设、国家能力和经济发展之间的关系。

---

① 毛泽东：《改造我们的学习》，载《毛泽东选集》（第三卷），人民出版社，1991年，第799页。

第五章　好制度的情境依赖性与路径创造：中国视角

虽然在理论和实证上各有其意义,但布坎南和诺思的思想进路无法直接挪用于回答广大后发经济体尤其是中国的改革和发展问题。二者的思想进路背后所隐含的价值判断都不符合韦伯意义上的价值中立,故他们所采用的西方视角在看待中国问题时难免会产生扭曲。于是,如果从中国自身的历史和现实的真实情境出发,我们就必然要提出两个问题:布坎南说明了"什么是好制度",但"好"是否具有"情境依赖"(context-dependence)的属性,从而在现实中好制度本身就是多元合理而非先验唯一的?诺思解释了"为什么好制度不可得",进而引申出唯有沿着类似于近代史上西方世界的道路才能抵达好制度的彼岸。然而,在制度变迁过程中实现"路径突破"的方式是唯一的吗?对非西方世界的追赶者特别是中国来说,实现路径突破的经验又是什么?上述两个问题关乎国家制度建设的正确方向和路径。如果不厘清上述两个问题,那么对于中国情境下的"国家"的理解便很难摆脱西方范式的窠臼。

第一节　制度评价的情境依赖性与好制度的探索学习过程

一、制度评价的情境依赖性:文化传统和实践需要的影响

在布坎南和诺思的思想进路中,无论是以兼顾正义和效率,还是以国民财富的增长和适应性效率作为"好"制度的评价标准,二者的思路都有一个隐含的假设——制度的评价标准具有一般性,即上述标准不仅适用于西方世界,也适用于非西方的社会。

然而实际情况是,制度评价是一个涉及"情境依赖"的问题。"情境依

赖"承认在价值准则方面的有限的一般性,但反对完全的一般性。于是,正义、财富增长、适应性效率确实都是值得珍视的人类共同价值[①],但是这些价值的表现形式在各个不同国家具体的历史和现实情境下很可能会有所不同。并且,上述价值也不见得就一定是国家制度建设的最终目标,而可能只是骨皮之相。如果没有回到历史和现实的具体情境之中找到价值诉求背后的更高层次的目标,就会扭曲对于什么是"好"制度的理解。

那么,按照情境依赖的视角,决定不同历史和现实情境下的好制度的评价标准时,最重要的因素包括哪些呢?在新古典经济学的奠基人马歇尔看来,"宗教和经济是世界历史的两大构成要素"[②]。前者涉及文化层面,属于精神动力,指涉的是信念或意识形态;后者涉及解决实践中遇到的经济问题,属于物质动力,关乎制度变迁背后每个人的切身利益。

布坎南和诺思等晚近的经济学家也有同马歇尔类似的观点。如布坎南认为有两类因素会影响人们对于制度的选择和评价,一是"理论成分",即"有关这个世界的理论"[③];二是"利益成分",即"一个人对可能的选择结果的评价"[④]。又如在诺思看来,人类经济史中的错误和失败都可归咎为两方面的原因:一是可能理论不对或者说犯了认识上的错误,"习惯于已有的信仰体系,我们的思维模式、范畴和分类已经形成,当新现象渗透进来时,却没有既存的模式可以进行正确的评价"[⑤]。二是关键位置上的既得利益的阻碍,"主流组织的领导者又会认为变革会危及到他们的地位。他们控制着决策权,也就可以阻碍变革的发生"[⑥]。无独有偶,新制度经济学的开拓者科斯也通过区分制度的两种功能而展现了类似的观点:制度的第一种功能是"为我们的利益服务的一种工具",而在"第二种功能中,制度更多的

[①] 与"情境依赖"不同,"情境特定"(context-specific)概念不承认共同价值,而认为在每个不同的文化场域内都有专属的特定价值标准。
[②] Marshall, Alfred, 1920, *Principles of Economics* (8th Edition), London: Palgrave Macmillan, p. 1.
[③] [美]詹姆斯·M.布坎南:《宪法秩序的经济学与伦理学》,朱泱、毕红海、李广乾译,商务印书馆,2008年,第74页。
[④] [美]詹姆斯·M.布坎南:《宪法秩序的经济学与伦理学》,朱泱、毕红海、李广乾译,商务印书馆,2008年,第74页。
[⑤] [美]道格拉斯·C.诺思:《资本主义与经济增长》,载北京大学中国经济研究中心编《站在巨人的肩上——诺贝尔经济学奖获得者北大讲演集》,北京大学出版社,2004年,第74页。
[⑥] [美]道格拉斯·C.诺思:《资本主义与经济增长》,载北京大学中国经济研究中心编《站在巨人的肩上——诺贝尔经济学奖获得者北大讲演集》,北京大学出版社,2004年,第74页。

是我们向他人传递的一种信号,告诉他人我们是谁,我们的价值观如何"①。

综合上述经济学先贤的观点,我们认为,所谓的制度的评价的"情境依赖",一是取决于一国的文化传统,包括习俗、信念、意识形态等具体的表现;二是取决于在特定情境下解决实践中出现的问题的需要,经济问题是其中的重要一环但并不是唯一的内容,很多利益之争不光是经济原因造成的,故政治问题和制度层面的原因在很多时候可能是更重要的环节。

(一)文化传统对制度评价的影响

按照"情境依赖"的观点,制度是没有唯一的最优标准的,在不同的文化传统下什么是好制度各有自身的标准,其逻辑在于:在不同的文化背景下生活的人们有各异的价值观—>价值观决定利益评价—>利益评价决定行为选择—>行为选择决定了制度的实施效果。

在关于制度的经济学研究中,"文化"可定义为"一组能够影响行为的信念、价值和偏好,通过社会化(而非基因)途径传递且被各个社会组成部分所共享"②。就是说,文化虽然也有器物和成文规则等有形载体,但其主要表现为信念,故甚至可以干脆将文化和信念视为一体,称之为"文化信念"(cultural beliefs)③。

从继承自历史传统的文化信念的视角来说,中国有两点显著不同于以英美为代表的西方世界。第一,文化的遗产不同。中国五千年历史文化的独特性决定了中国人的共享信念不同于西方人的体系。例如,中国人更乐于接受一个大一统的中央权威和国家统一,故更容易发挥制度的顶层设计的功能。在同样广阔的地域内,美国实行的是联邦制(在内战前实际上更接近于邦联制),欧洲则从未统一过。第二,文化演化的速率不同。中国人从1840年以来开始进入政治、经济、文化的三重剧烈转型期,故中国人在

---

① [英]罗纳德·哈里·科斯、王宁:《变革中国:市场经济的中国之路》,徐尧、李哲民译,中信出版社,2013年,第134页。
② Mokyr, Joel, 2014, "Culture, Institutions, and Modern Growth", in Sebastian Galiani and Itai Sened(eds.), *Institutions, Property Rights, and Economic Growth: The Legacy of Douglass North*, Cambridge: Cambridge University Press, p. 153.
③ "文化信念"(cultural beliefs)的定义是:"文化信念是共享的观念和想法,它统摄人际间关系以及人神之间和人与其他组织之间的关系。文化信念不同于知识之处是其不是从经验上被发现或在分析上被证明的。文化信念通过社会化过程而成为同一和共知的,文化通过此过程而得以统一、维持和传播。"(Greif, Avner, 2006, *Institutions and the Path to the Modern Economy: Lessons from Medieval Trade*, Cambridge: Cambridge University Press, pp. 269-270)

文化信念上至今仍然有着高频的"学习—演化"的速率;而欧美发达国家则已经处于稳定期,核心价值体系相当牢固。于是,改革在当今的中国只有进行时没有完成时,制度变迁重点不在于按照布坎南的思想进路去识别什么是先验的"好"制度,而是在实践中通过学习和试错来发现适合自身国情的"满意"的制度,并设法以较低的转型成本从旧的制度均衡转型进入较好(不一定在理论上最优但必须在实践中可行)的新的制度均衡,从而依靠国家治理现代化来推进经济高质量发展。

实际上,布坎南和诺思也都意识到了文化在决定制度的评价和选择时的重要性。布坎南并没有迷信不确定性之幕下作为"经济人"的立约参与者的选择一定会一致同意地趋向于正义和效率,而是以文化规范——从历史上的文化传统所传承而来的共享的价值观和伦理约束——来补充不确定性的作用(高小勇,汪丁丁,2005;Horn,2009,2011)。这种文化规范也属于"相对绝对的绝对之物"。说其绝对,是因为在面对一组集体行动的选项时,个体意识到,体现在历史记忆中的政治偏好和伦理约束是既定和稳固的。说其相对,是因为这些文化规范也会发生变化,但只能随时间的推移而逐渐改变——唯有现在做出的选择才可能使之受影响而发生边际性变化。布坎南认为,如果在宪制的选择过程中不存在超越狭隘私利的伦理责任,那么一旦人们普遍认为个人意见无法对集体决策起到决定性的作用,则人们参与集体决策的激励不足,从而可能发生宪制选择阶段的搭便车,即出现理性弃权(放弃投票)和理性无知(不愿去搜集相关信息)的情况。

布坎南还强调需要重视"跨时空的文化多样性"(temporal-cultural diversity),因为来自文化传统的"规范扮演着内在约束的角色"[1]。当我们试图预测不同文化场域下个人具体的制度评价和选择时,"历史和文化的影响变得极为重要"[2]。这一观点已经很接近我们所说的"情境依赖"的制度评价标准。

诺思对文化的重视程度较之布坎南有过之而无不及。新制度经济学和新经济史学近年来越来越认识到文化的重要性(Greif and Tabellini,

---

[1] Buchanan, James, 1995, "Economic Science and Cultural Diversity", *KYKLOS*, Vol. 48, No. 2, p. 194.

[2] Buchanan, James, 1995, "Economic Science and Cultural Diversity", *KYKLOS*, Vol. 48, No. 2, p. 196.

2010；Greif and Iyigun，2013；McCloskey，2010；Mokyr，2014，2016；Tabellini，2008），诺思显然是这一研究方向的先驱者和深耕者。诺思主要是从集体学习的视角来看待文化的影响和变迁。在诺思看来，决定信念或者说人类看待周围世界的方式的因素有三：一是遗传，决定了先天的认知能力；二是个体的特殊学习经验即"个人在其一生中的经验产品"；三是集体学习即"沉淀于文化中的经验积累"[1]。

诺思最关注的是集体学习，因为一个社会的整体文化的继承和发展对于制度变迁至为重要甚至是决定性的。诺思强调，由于"特定社会所积累起来的经验则不一定自然适合于解决新问题。这样一来，学习过程似乎就成为下述因素的函数：（1）给定信仰体系过滤源自经验之信息的方式；（2）处于不同时期的个人和社会所面对的不同经验"[2]。

诺思关于集体学习的观点直接继承自哈耶克："按照哈耶克所说，集体学习由那些经过长时间考验的、同时体现在语言、制度、技术以及做事方式之中的经验构成。积累起来的经验知识存量又被置入我们的学习，并成为路径依赖、即过去对现在和未来的巨大影响的渊薮。因此学习变成了一种经过特定社会之文化过滤的累加过程，而文化则决定着人们对损益的判断。"[3]

不过，诺思并没有对哈耶克的集体学习理论亦步亦趋。哈耶克的文化变迁（以及文化所决定的内生制度变迁）观点中的一个较为明显的不足是过度的进化论乐观主义和自然选择观，即所谓在文化领域也存在适者生存。但是，"适者"的概念是动态的且可能会掺杂价值判断因素。东方价值观在19世纪曾经被认为是导致这片土地陷入落后的原因，而在20世纪后半叶又被说成是促成东亚崛起的因素（如儒家文化熏染下的节俭、勤劳、服从）。另外，一定历史阶段中的"不适者"可能会通过改造而转变为"适者"。例如，一种传统文化在面对突发的巨大外部冲击时可能短暂受挫，但却并非一定会被达尔文竞争所淘汰，反而可能会通过自身的调整而做出更积极的回应（正如中国文化并没有被西方文化所淘汰，虽然后者在19世纪和20

---

[1] [美]道格拉斯·C.诺思：《绪论》，载[美]约翰·N.德勒巴克、约翰·V.C.奈编《新制度经济学前沿》，张宇燕等译，经济科学出版社，2003年，第19页。
[2] [美]道格拉斯·C.诺思：《绪论》，载[美]约翰·N.德勒巴克、约翰·V.C.奈编《新制度经济学前沿》，张宇燕等译，经济科学出版社，2003年，第20页。
[3] [美]道格拉斯·C.诺思：《绪论》，载[美]约翰·N.德勒巴克、约翰·V.C.奈编《新制度经济学前沿》，张宇燕等译，经济科学出版社，2003年，第19—20页。

世纪的多数时间里似乎看来更像是文明竞争中的"适者")。

既然文化传统对于"好"制度的评价重要,而文化遗产在每个民族国家又是异质的,则制度评价的标准必然会具有"情境依赖"的性质——在有限的一般性的同时又呈现出在各个文化场域下的特殊性。布坎南和诺思的思考已经非常接近于这一认识,但距离最终提出这一观点始终仍有一步之遥。相对而言,诺思更接近于对文化多样性和相应的制度评价标准情景化的认识;而布坎南所谈及的基本属于盎格鲁-撒克逊传统中的文化,故在制度评价标准上更接近于完全的一般性,这倒是与他的契约主义的先验推理方式相契合。

(二)解决现实危机的需要对制度评价的影响

从历史传统中继承的文化基因是每个人评价制度的基础,但文化信念不是僵化不变的存在,而是在学习中不断演变的。从一个社会中所有人的共享信念来说,学习内容的来源无外乎是既往他人所积累的经验和当下自己所遭遇的经验,前者一般只会有稳定的边际增长,后者则可能发生急骤的显著质变。一旦一个社会处于类似于中国在1840年后所遭遇的剧变,则自己当下所获得的经验有爆炸性的增长,导致集体学习的欲望和速率都会显著增强。

立足于近代以来中国的视角,则在中国人的文化信念体系的众多变化之中,一个较为显著并与我们的研究主题密切相关的变化是中国人对于什么是好的国家治理的认识。

近代中国在政治上处于弱国家能力的状态,表现为军事抗争、资源汲取、推动工业发展等方面的国家能力的严重不足,从而无法应对1840年后被卷入的激烈的国际竞争。造成国家能力孱弱的因素是多方面的,或者与人口压力而导致的生态危机有关(万志英,2018),或者是受困于白银外流所导致的19世纪初的经济萧条(史称"道光萧条"),可能还涉及在王朝周期律下不断累积的满汉民族矛盾和官僚集团腐败(孔飞力,1999),但更根本的原因是中国传统国家政治制度中关于什么是好的国家治理(西方语言中的"善治"即中国传统语言中"仁政")的信念特征(Wong,2012)——以稳定而不是发展作为最高的国家治理目标,这再次体现了文化传统对制度评价标准的影响。

中国"长久的政治特征之一,是拥有较其社会与经济规模来得小的正式国家机器"①。明清以来中国在基层治理上逐渐形成了"皇权不下县"的传统,国家对基层的渗入和动员能力有限,同时公共服务的供给责任也相对集中于治理水患、防御边患、赈济灾民等少数事项上。"无论是从理论上还是从实际上讲,政府主要是个发挥'道德力量的政府',它的力量取决于各级官员道德上的权威以及对于礼的普遍接受。"②在治国理念上遵循儒家规范而皇权受这一理念所约束(吴晗,2016),故中国更接近于亚当·斯密所描述的"守夜人",而不是与大规模的公共水利灌溉工程相联系的东方专制主义国家(魏特夫,1989)。以此观之,那种认为西方世界的英国代表了政治上的自由放任,中国则代表了东方专制主义的传统认知就有待商榷了(弗里斯,2018)。

从作为儒家文化遗产的一部分的信念结构上说,小规模化国家的"低税收+低公共服务供给"的治理模式符合中国传统文化中对于"仁政"的认知。只要外部冲击可控或者说国际竞争强度相对较低,则虽然可能在经济上日益内卷(involution)③,中国传统的以"仁慈的农耕父爱主义"④(benevolent agrarian paternalism)为特征的国家治理模式却是可持续的——形成了低正式税收(主要是农业税)和低公共品供给(地方性公共品主要由乡绅来组织当地力量自发提供)之间的均衡。但是,中国"在19世纪中叶变得仅是国际间全面性掠夺战争的抵抗者之一,为了在这种竞争的环境之下借政治以求生存,一个更大、更强、介入更深的国家机器似乎就成为必要"⑤。也就是说,在国际竞争的丛林状态下,基于儒家"仁政"观念的传统国家治理模式"同确保中国在近代世界中生存的需要"⑥存在冲突。

---

① [美]罗威廉:《最后的中华帝国:大清》,李仁渊、张远译,中信出版社,2016年,第258页。
② [美]芮玛丽:《同治中兴:中国保守主义的最后抵抗(1862—1874)》,房德邻等译,中国社会科学出版社,2002年,第79页。
③ "内卷化"这一概念被用于描述清代中国北方的农业生产时,指的是由于缺乏技术进步和劳动力要素在劳动密集型农业生产方式下边际收益递减,导致清朝经济只有总量的增长而没有人均产值提高意义上的经济发展(黄宗智,1986)。加州学派则认为,"内卷化"或许在清代的华北地区是存在的,但是却与江南地区的情况不符。在清代的江南地区,虽然人均的田地拥有量在下降,但是每亩田地的产量的上升抵消了这一影响,再加上家庭纺织业的发展,当地的人均收入呈现出的是上升而非停滞的趋势(万志英,2018)。
④ [荷]皮尔·弗里斯:《国家、经济与大分流:17世纪80年代到19世纪50年代的英国和中国》,郭金兴译,中信出版社,2018年,第17页。
⑤ [美]罗威廉:《最后的中华帝国:大清》,李仁渊、张远译,中信出版社,2016年,第258页。
⑥ [美]芮玛丽:《同治中兴:中国保守主义的最后抵抗(1862—1874)》,房德邻等译,中国社会科学出版社,2002年,第378页。

于是，对于中国这样一个在近代史上饱受列强压迫的国家来说，其近代以来的奋斗有自身特定的目标（中华民族伟大复兴）和手段（通过国家制度建设来提升国家能力）。在1949年之前，中国的国家制度建设和国家能力的强化是为革命的胜利服务的；在1949年新中国成立后，中国的国家制度建设和国家能力的强化转而为生产力发展和社会主义现代化建设服务。而无论是在1949年之前还是之后，中国的国家制度建设和国家能力强化的根本目的都是要服务于在国际竞争的丛林状态下实现中华民族的伟大复兴。

所以，中国的国家制度建设的参与者在近代历史上所面临的初始情境极不同于布坎南所描述的美国式的宪制改革的背景。布坎南所观察的是二战后已经处于发达资本主义制度稳定期的美国社会，其享有世界第一的国际竞争力和充分的国家能力，故政治经济学研究的焦点自然会汇聚于如何评价现有的政治宪制和财政宪制。于是，按照维克塞尔的分析政治问题的经济学方法，布坎南以"兼顾正义和效率"作为对下述问题的合理回答："在现有的政治制度范围内，怎样修正财政制度，使之产生更易接受的结果呢？"[①]

同样，中国的国家制度建设的参与者在近代历史上所面临的初始情境也完全不同于诺思所描述的光荣革命前后的英国。在被迫卷入资本主义全球化大潮后，包括中国在内的东方诸国都曾被迫签订不平等条约，进而多数在炮舰外交的威胁下沦为殖民地半殖民地国家。而对于在军事冲突和海外扩张中始终充盈着经济利益计算的17世纪的英国人来说，这种高压式的国际竞争是他们从未体验过的。作为孤悬于欧洲大陆之外的岛国，英国所面临的是相对安全的国际军事竞争环境（Barzel，2000；North，2005），率先完成资本主义革命和第一次工业化更使得英国成为18、19世纪世界头号经济体——从而符合诺思给出的评价制度的效率标准。

以上的历史叙事所力图说明的是实践层面解决现实的迫切问题的需要何以能影响制度评价。如果考虑到中国上述的近代历史进程中的最终目标（中华民族伟大复兴）和初始制度背景（"仁政"治理体系下的国家能力不足），那么布坎南和诺思所提出的制度评价标准（正义、效率、自由）顶多只是一些二阶目标，都要服从于更具根柢属性的目标——实现中华民族的伟大复兴。

---

① [美]詹姆斯·M.布坎南：《经济学家应该做什么》，罗根基、雷家骕译，西南财经大学出版社，1988年，第168页。

二、什么是"好"制度：探索学习的过程和文化企业家

(一)在探索学习的过程中发现什么是"好"制度

哈耶克在自己的诺贝尔经济学奖获得者演讲中讽刺了"假装有知识"的理性自负狂(Hayek，1974)。如果任何人在讨论中国问题时照搬布坎南和诺思关于如何评价制度的思想进路，那么确实有"假装有知识"之嫌。因为关于什么是符合中国的历史和现实情境的"好"制度，确实没有任何可套用的唯一正确答案，其只能在反复试错以求"满意解"的过程中逐渐涌现出来(Simon，1955；西蒙，2016)。

中国的中原王朝在历史上多次被外来势力征服，但是最终的结果从来都是以汉化胡，中国人对自身的文化道统的自信以及由此支撑的制度自信从未丧失过。然而，近代西方世界带给中国的冲击不只是军事上的，西方在物质文明乃至精神文明上所展示的成就也与当时落后的中国形成了鲜明的对比，故中国人罕见地对自身的文化及其所蕴含的制度知识产生了怀疑(新文化运动是这一怀疑的总爆发)。由于可解决旧式治理问题的制度知识的失效和可回应新型治理挑战的制度知识的短缺，而传统文化和既有的共享信念又被反复证明无法提供新的制度知识，中国人不得不跳出原本的文化信念框架去探索救亡的方案。于是，为了化解关于国家制度建设的满意方案是什么的认知困难[①]，制度变迁的基本行动者们(primary actors)前赴后继地以试错的方式来进行学习。

制度变迁的"基本行动者"的概念来自诺思(Davis and North，1971)，诺思所定义的政治企业家(political entrepreneur)和经济企业家(economic entrepreneur)都属于制度变迁的基本行动者(North et al.，2009)。这些基

[①] 虽然有认知上的苦恼，但一位杰出的政治企业家在行为动机上可能不会受困于私人利益与国家整体利益的不一致。因为按照熊彼特的描述，企业家在从事创新活动时具有三种超越了"经济人"狭隘私利追求的独特动机："存在有一种梦想和意志，要去找到一个私人王国，常常也是一个王朝"；"存在有征服的意志：……，求得成功不是为了成功的果实，而是为了成功本身"；"存在有创造的欢乐，把事情办成的欢乐，或者只是施展个人的能力和智谋的欢乐"。([美]约瑟夫·熊彼特：《经济发展理论——对于利润、资本、信贷、利息和经济周期的考察》，何畏、易家详等译，商务印书馆，1990年，第103—104页)这三类动机在政治领域较之在经济领域更容易被满足，从而可借用于刻画中国近代的政治制度企业家们的偏好——抛开个人在物质和情感层面的私利，即使面对制度创新过程中的困难和结果的不确定性，也坚持要在实现中华民族伟大复兴的事业中实现自身的人生价值。

本行动者在探索近代中国的国家制度建设的目标和路径中所起到的作用。正如习近平总书记所说:"中国人民和无数仁人志士孜孜不倦寻找着适合国情的政治制度模式。辛亥革命之前,太平天国运动、洋务运动、戊戌变法、义和团运动、清末新政等都未能取得成功。辛亥革命之后,中国尝试过君主立宪制、帝制复辟、议会制、多党制、总统制等各种形式,各种政治势力及其代表人物纷纷登场,都没能找到正确答案。"[①]在不断试错—反馈的学习过程中,中国的基本行动者们逐渐建立起对各种国家制度建设方案的后果的信念。于是在经历了多次的失败和付出了沉重的学习成本后,关于国家制度建设方案的共享信念逐渐形成,随着"君主立宪制、复辟帝制、议会制、多党制、总统制都想过了、试过了,结果都行不通。最后,中国选择了社会主义道路"[②]。

强国际竞争压力下的亡国灭种危机激励了基本行动者们的冒险精神,在约束条件(包括保守意识形态的约束和国内外既得利益集团势力的约束)的限制下,他们的每一次探索都是一次制度变迁的尝试,以试验何种国家制度建设方案可以最终实现中华民族伟大复兴的目标。这种制度变迁的尝试中的一部分在一开始就被扼杀(如戊戌变法)或丧失时间窗口(如清末预备立宪),而另一些尝试则成功转化为实际发生的制度变迁。但是这些成功发生的制度变迁及其背后的国家制度建设方案是否有助于建成现代化强国仍然未知,需要通过一个时间或长或短的反馈过程来认识(如我们对完全的计划经济的效率的认识用了接近三十年)。即是说,制度变迁的绩效会通过一些显性指标(如不平等条约的废除、财政收入的增加、GDP的增长等)或二阶目标(如正义、效率、自由等)而反馈给现有的或未来的基本行动者并影响他们下一步的行动,从而使得"探索—影响—反馈"的循环构成了关于制度变迁的动态学习过程(见图5-1)。

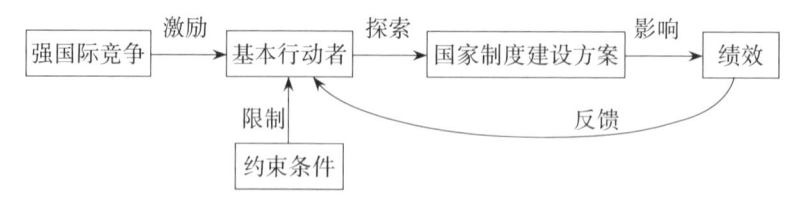

图5-1 后发国家现代化道路上的制度变迁过程

[①] 习近平:《在庆祝全国人民代表大会成立六十周年大会上的讲话》,《求是》2019年第18期,第4页。

[②] 习近平:《论坚持推动构建人类命运共同体》,中央文献出版社,2018年,第99页。

对于任何一个谋求走独立自主的现代化道路的发展中国家来说,中国近代史所描绘的由杰出的制度变迁的基本行动者所引领的学习和建设过程都是具有启发意义的。这种启发意义源于后发国家所面临的基本问题具有同质性:在没有可舶来的现成答案以及从历史上继承下来的文化信念无法提供有效支持的情况下,如何探索出一条适合本国国情的现代化道路?在人类近现代的历史上,试图完全照搬外国模式的做法几乎没有过成功的先例。拉美诸国在立国时几乎照搬了英国的有限政府原则和美国的成文宪法,但无法复制英国和美国在高速增长阶段的经济成就;中国、印度、朝鲜、越南等国在二战后借鉴苏联的计划经济体制,结果均未取得经济上的成功;东欧剧变和苏联解体后,东欧各国在转轨过程中按照西方经济学家和国际组织推荐的"华盛顿共识"制定政策,结果是国民经济普遍走出了一条U形甚至L形的轨迹,有些国家还深陷内战泥潭。

所以对于任何标榜具有普遍意义的关于制度变迁和经济发展的经验,在理论和实践上都有必要保持适当的警惕。正确的态度是不要将任何现代化的经验教条化,而是要鼓励发展中国家勇于探索符合本国国情的道路,以免遭近似"华盛顿共识"之讥。在西方经验的普适性问题上,如果说布坎南和诺思的观点构成了制度变迁的西方中心论的正论的话,则中国的崛起恰恰构成了关于西方中心论的反论。国家制度建设的中国经验中至为重要的一条是:对于任何一个发展中国家来说,都需要坚持独立自主地探索适合自身的发展道路。这一探索过程既受到各国不同的初始条件的客观约束,也取决于各国的制度变迁的基本行动者们的创造性选择。

(二)文化企业家在制度的探索学习过程中的核心角色

诺思在自己的理论中定义了政治企业家和经济企业家,并强调二者作为制度变迁的基本行动者的角色。之前较少引起注意的是,布坎南在他与塔洛克合著的《同意的计算》中也提出了政治企业家的概念,虽然他们对政治企业家的功能定位与诺思有所不同[①]。

诺思的制度变迁的基本行动者理论的一个缺失之处在于,关于国家制度建设的满意方案的共享信念的形成不仅需要政治企业家和经济企业家

[①] 布坎南认为政治企业家的工作是"提供候选人或选举纲领""编织了一个复杂的政治混合体,以吸引支持"。([美]詹姆斯·M.布坎南、戈登·塔洛克:《同意的计算:立宪民主的逻辑基础》,陈光金译,中国社会科学出版社,2000年,第147页)就是说,布坎南的理论中的政治企业家实际上扮演的是"投票掮客"(vote broker)的角色而不一定是制度变迁的基本行动者。

在试错中学习,而且离不开将信念体系化并加以传播的一类特殊的关键行动者。"文化企业家"(cultural entrepreneur)承担了整理和传播信念的功能,而诺思的基本行动者的概念中恰恰缺少了重要的"文化企业家"[①](Mokyr, 2014, 2016; North, 1981)。

从在制度变迁过程中所扮演的角色来说,文化企业家是"说服大量的人们去采纳他所提出的文化信念的人。如果(在他们的影响下)改变了文化上的选择的人足够多,就可以显著地影响制度和行为"[②]。从这一意义上说,文化企业家是"演化式变迁的源泉:他们没有把文化上的选择视为给定,而是有意识地尝试改造文化"[③]。

不同于诺思忽视了制度变迁中的文化企业家,布坎南的"宪制专家"的概念反倒较为接近于所谓的文化企业家。布坎南区分了制度评价和选择时的"利益—评价成分"和"理论—认知成分"。当存在理论分歧时,布坎南求助于"宪制专家"的作用(布坎南,2008)。

关于宪制的知识属于公共品。于是,宪制知识的供给会面临公共品的共同困境——搭便车问题。当集体选择的参与人数特别多,故每个人单独来看对于集体选择结果的边际影响几乎为零时,按照"经济人"假设的标准逻辑就特别容易出现宪制知识投资不足的情况。然而,在现实的集体选择中,选民们在多数情况下不会去直接选择对自己最适合的宪制理论,而是先选择宪制专家并从他们那里获得宪制知识。就是说,"宪制知识盲"在宪制专家之间选择文化企业家,从而"理性无知"(rational ignorance)的选民们会"理性顺从"(rational deference)其认同的宪制专家—文化企业家的意见,这就在很大程度上解决了宪制知识上的搭便车问题。

宪制专家—文化企业家的行为也是理性的,他们之所以会愿意进行宪制知识的专业化投资,是因为一旦其掌握和散布的宪制知识得到了广泛认同,他们就可以从别人对自己的顺从中获取利益。无论是对制度变迁的基本行动者还是普通政治阶段的从政者来说,他人的顺从都尤为重要,以至

[①] 在《经济史中的结构与变迁》中,在诺思讨论意识形态问题时曾经提出了非常类似的"知识企业家"(intellectual entrepreneur)和"意识形态企业家"(ideological entrepreneur)概念(North, 1981)。但是,这类概念在诺思后来的著作中再未出现过。

[②] Mokyr, Joel, 2016, *A Culture of Growth: The Origins of the Modern Economy*, Princeton: Princeton University Press, p. 62.

[③] Mokyr, Joel, 2016, *A Culture of Growth: The Origins of the Modern Economy*, Princeton: Princeton University Press, p. 60.

于可将宪制知识的学习和传播视为制度变迁的基本行动者或普通政治阶段的从政者为提升自身竞争力而必须进行的人力资本投资。于是,宪制知识会催生一个专业化的生产部门,集体选择中的分散的且(由于知识投资不足所造成的)低质量的理论分歧被聚集为选民们关于宪制专家及其专业意见的分歧,从而使得关于制度选择的理论分歧程度大大降低,并且理论的总体质量可以有所保证。

通过强调宪制专家—文化企业家在促进选民获得宪制知识时的重要性,布坎南不仅将关于制度的评价和文化信念的演变过程内生化,且明确了宪制专家是这一过程中的基本行动者。相反,由于强调文化只能发生渐进的改变(North,2005)[①],诺思的制度变迁理论将文化视为一种外生的约束条件——政治企业家和经济企业家在制度变迁过程中受到自身知识和信念的限制。诺思的这种理解有三个问题:一是将制度变迁的基本行动者与文化之间的关系视为纯粹被动的,而没有考虑前者主动去协调和创造文化[②],进而扮演文化企业家角色的可能性。二是认为文化的变迁只有渐变一种可能。这可能符合历史上的多数情况,但是没有考虑在少数情况下文化可在较短时间内发生实质的和明显的变化,这与古今中外的历史真相不符(如文艺复兴和新文化运动)。三是只考虑了文化约束之于制度变迁的作用,而没有反向思考制度的变化对于文化的影响。

对于任何一个国家来说,确立政治领导人、选择政治制度和获得政治合法性的"标准都是其文化中的核心资产"[③]。于是,关于国家制度建设方案的探索必然要受当地文化的约束,表现为一个社会中受文化影响的共享信念规定了在制度问题上应该追求什么和怎样去做。但是,文化约束并不是制度变迁过程中始终稳定不变的外生变量,当特定文化所提供的治国理念无法再有效回应感受到的现实的变化——如无法回应西方世界的军事、经济和文化的全面冲击——的时候,传统文化及其所代表的旧的共享信念就极为可能发生改变。即是说,如果制度失效的病灶恰恰是非正式制度及其背后的文化信念(例如强调服从权威和注重人际关系的"中国的政治文

[①] 这是诺思解释正式制度的渐进式变迁的合理性的一个重要理由。
[②] 莫克尔(Joel Mokyr)认为:"文化企业家至少兼具协调者和创新者的功能。他们协调分散的信念,创造出一个关于文化特征的更有条理的集合。"(Mokyr, Joel, 2016, *A Culture of Growth*: *The Origins of the Modern Economy*, Princeton: Princeton University Press, p. 60)
[③] [美]罗杰·迈尔森:《对国家制度建设进行干预的准则》,《比较》2012年第6期,第49页。

化很适合相对变化缓慢的农业社会,但却不能很好地适应现代化的需要"①),那么诺思的担心——快速变化的正式制度与缓慢变化的非正式制度之间不匹配(North,1990a,1994a,2005)——就是找错了病因,因为非正式制度此时反倒成了需要被革命的对象。这时候,或许唯有通过激进式的正式制度的变迁才能带动非正式制度及其背后的文化信念的加速演变,正如1949年开始新中国的正式制度在清除封建和资本主义思想、确立社会主义信念方面的影响。

所以说,文化对于制度变迁的约束并不是永恒不变的,文化领域的制度企业家即文化企业家可以推动信念的调整和革新,从而改变制度变迁过程中的主观约束条件,故文化企业家也可以成为制度变迁的关键行动者。"文化企业家重要"的观点符合马克思主义的立场。按照马克思主义的观点,"如果我知道社会关系由于社会经济的生产过程中的这些变化而朝哪个方面改变,那么我也就知道社会心理在朝哪个方向改变;所以我就有可能影响这一心理。影响社会心理,就是影响历史事变。因此,在一定意义上我毕竟能够创造历史"②。

在很多情况下,政治企业家和文化企业家是二位一体的,这在中国近现代的历史上体现得尤为明显。新文化运动在一个较短的时间内激进地改造了中国的文化,而新文化的传播在中国共产党建党初期的革命工作中占有非常大的比重。正所谓"十月革命一声炮响,给我们送来了马克思列宁主义"③,李大钊、陈独秀就是在中国最早宣传马克思主义的革命者。而毛泽东也不光强调枪杆子的重要性,他还说过:"笔杆子跟枪杆子结合起来,那末,事情就好办了。"④笔杆子的力量就在于改造旧文化和传播新文化。作为政治和文化两个领域的制度企业家,毛泽东在文化上最主要的贡献是摆脱了本本主义即教条主义,将马克思主义的普遍真理同中国革命的具体实际相结合,实现了马克思主义的中国化。中国化了的马克思主义作为主流意识形态先是通过党的制度建设(整风运动)成为党内的共享信念,然后又随着新中国的建立和社会主义建设的展开而逐渐成为被全体中国

---

① [美]易劳逸:《1927—1937年国民党统治下的中国流产的革命》,陈谦平、陈红民等译,中国青年出版社,1992年,第380页。
② [俄]普列汉诺夫:《论个人在历史上的作用问题》,王荫庭译,商务印书馆,2010年,第56页。
③ 毛泽东:《论人民民主专政》,载《毛泽东选集》(第四卷),人民出版社,1991年,第1471页。
④ 毛泽东:《一二九运动的伟大意义》,载《毛泽东文集》(第二卷),人民出版社,1993年,第257页。

人民普遍接受的信念[①]。这些信念极大地影响了中国革命和新中国前三十年建设的历史,也决定了党领导下的中国的国家制度建设的道路,甚至在一定程度上限定了中国当前的国家制度的特征。

在改革开放的过程中,邓小平同样扮演了制度变迁的双重基本行动者的角色,即不仅是政治企业家,也是文化企业家。在这一历史阶段,制度企业家所面对的初始条件已经有了变化,国际竞争的压力下降(以70年代末和80年代末分别与美国和苏联建立和恢复了正常的邦交关系为标志)且判断至少会有一段比较长的和平时期,国家能力也有了明显的增强(例如初步建成了比较完整的工业体系),而"人民日益增长的物质文化需要同落后的社会生产之间的矛盾"[②]是当时中国社会的主要矛盾。由于感受到的现实发生了改变,领导中国人民"富起来"成为治国者的主要施政目标,而文化信念上的约束(主要是关于市场经济姓资姓社的争论)是必须克服的障碍。

在党的历史上,通常来说,"工作重心的转换首先是通过意识形态的再阐释来开道的"[③]。邓小平的改革开放的信念来源于自身对新中国成立后经济发展滞后的反思,也来源于二战后外国经济发展成就所带来的思想冲击甚至是早年留学苏联期间"新经济政策"带给他的启发(林重庚,2008;Pantsov and Levine,2015;Vogl,2011)。基于这些思想资源,邓小平在70年代末支持和领导了对"两个凡是"的批判,打破了在思想领域的禁锢,提出实践标准,号召解放思想,从而表明了自身赞同文化信念转型的基本态度。在80年代,邓小平除了主张经济改革外,还明确反对政治上的封建主义的思想残余,采用比较平滑的方式(如建立"顾问委员会")降低了改革开放的政治交易成本。在90年代初,邓小平又彻底解决了市场经济"姓资姓社"的思想问题。邓小平用"三个有利于"的判断标准和"猫论"的务实哲学取代了保守的意识形态,从而为建立中国特色的社会主义市场经济体制做好了思想准备。同时,邓小平始终不渝地坚持四项基本原则和反对资产阶级自由化思潮,保证了党在思想领域的领导地位和文化信念的社会主义性

---

① 因此可以认为,正式制度的确立和实施不仅是文化(非正式规则)的函数,文化的革新也会受到正式制度变迁的影响。在中国的正式制度影响文化信念的过程中,党和国家的宣传和教育部门起到了巩固和强化意识形态阵地的重要作用。
②《中国共产党中央委员会关于建国以来党的若干历史问题的决议》,人民出版社,1981年,第54页。
③ 景跃进、陈明明、肖滨:《当代中国政府与政治》,中国人民大学出版社,2016年,第24页。

质。某些不符合社会主义方向的改革选项,从一开始就按照主流信念的标准排除了。凭借作为政治企业家的影响力,邓小平可以将自己在文化信念上的创新转化为国家制度的变迁和政策的转变,结果不仅激发了中国的经济奇迹,也为当前中国的国家治理体系和治理能力的现代化创造了经济基础。

第二节　好制度的实现:路径创造与制度企业家

一、路径创造:打破发展的制度陷阱

布坎南的主要理论兴趣不在经济发展领域,而诺思则始终致力于回答一个问题:为什么历史上和现实中的多数落后国家会被困于阻碍经济发展的"制度陷阱"(institutional trap)之中呢?诺思给出的答案是"路径依赖",其意味着"起源于过去的制度和信念会影响当下的选择"[1]。于是,"由于路径依赖的性质,一个经济体一旦陷入了导致经济发展停滞的无效路径,就将可能无法自拔,正如历史上发生过的那样"[2]。

路径创造和路径依赖是制度变迁的正反两面。"路径依赖"(path dependence)是一个起源于技术经济学的概念,诺思将其移用于制度领域(North, 1990),用于解释为什么无效率的制度会如何顽固。"路径创造"(path creation)则是"路径依赖"的反面,其意味着人类有可能通过积极的努力而摆脱无效制度。虽然"路径依赖"概念在当前关于国家理论和制度变迁的研究中仍占有突出的地位,如阿西莫格鲁将从坏制度向好制度的转型之路比喻为"狭窄的通道"(Acemoglu and Robinson, 2019);但是对于以中国为代表的广大发展中国家来说,在国家制度建设和现代化强国建设过程中更值得关注的是有效制度的"路径创造"。因为对于这些现代化道路的探索者说,"路径依赖"的成因和后果是间接的病理学研究,而如何实现"路径创造"的研究则具有更为直接的政策价值。

---

[1] North, Douglass, *Understanding the Process of Economic Change*. Princeton: Princeton University Press, 2005, p. 21.
[2] North, Douglass, "The New Institutional Economics and Third World Development", in John Harriss, Janet Hunter, and Colin Lewis (eds.), *The New Institutional Economics and Third World Development*, New York: Routledge, 1995, p. 20.

(一)路径创造与路径依赖的关系及路径创造的制度含义

相反于路径依赖,路径创造的本质在于打破制度变迁的惯性,通过对制度环境——"构成生产、交换和分配的基础的重要政治、社会和法律基本规则的集合"[①]——的显著创新来实现从无效制度向有效制度的转型。由于"路径创造"概念衍生于"路径依赖"概念,所以可将二者放在一个制度创新程度的连续谱系中来理解(见图5-1)。

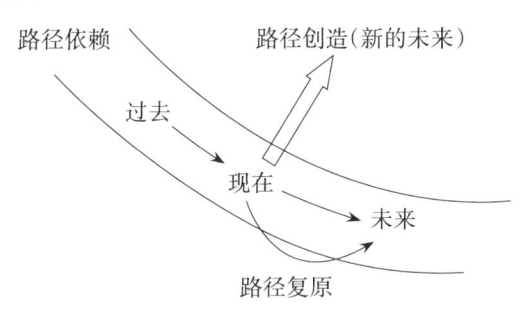

图5-1 路径创造与路径依赖的关系

由图5-1可知,在制度变迁的时间历程中,"路径依赖"意味着制度沿着传统路径从"过去"到"现在"再到"未来"自我复制甚至自我强化。"路径依赖"除了直线形式外还有一种未被现有经济学文献注意的波浪形式——"路径复原",即由于传统路径的超稳定性,"现在"所发生的对传统路径的冲击并没有引向真正的制度创新,反而在周期性冲击减退后,制度在"未来"复原为传统路径。制度变迁中的"路径复原"的一个典型代表是中国封建社会的超稳定结构(金观涛,刘青峰,1984),社会内在矛盾所导致的周期性冲击只是引发了王朝的更迭,而并未引致制度结构的本质改变,故有两千年不衰之秦制。

真正的"路径创造"意味着在"现在"的阶段对制度进行重新构建,而制度变迁的方向是"新的未来",即出现了新的路径而不会发生路径复原。并且严格来说,只有发生了制度环境(institutional environment)而不是制度安排(institutional arrangement)的显著创新时(Williamson,2000),我们才可以称之为"路径创造"。因为制度安排只是在组织内部"处理治理机制",对它的创新仍然只是在规则下的选择;而制度环境"处理背景条件"[②],是在制

[①] Davis, Lance and Douglass North, *Institutional Change and American Economic Growth*, Cambridge: Cambridge University Press, 1971, p.6.
[②] [美]奥利弗·威廉姆森:《治理机制》,石烁译,机械工业出版社,2016年,第329页。

度安排之上并约束着制度安排的环境变量,只有与此相关的创新才是对规则的选择。

不过,即使真的产生了制度变迁的新的路径,新路径在"现在"的出发点仍然是继承自"过去"的经济、政治和文化传统。就是说,即使发生了路径创造,"制度禀赋"的影响照样会存在,因为"随着制度的产生、成熟和消亡,每一代人所获得的禀赋中都包含了从过去历史继承下来的制度。在这种意义上,制度成为更广泛定义的资源禀赋集合的一部分,并且随着时间的流逝,越来越重要"[①]。于是,除非一个文明被完全摧毁,任何"路径创造"都会继承有传统路径的DNA,对于中国这样一个有着几千年悠久历史和独立文化传统的大国来说尤为如此(金观涛,刘青峰,2011)。

(二)路径创造为什么会发生

制度的路径依赖的直接起因是历史偶然性,如君主的健康和有无子嗣、流行病的爆发、关键战役的胜负,等等。这些历史关键节点上的偶然事件会导致制度演化路径的分岔和长期锁定。于是,路径依赖等价于存在"非遍历性"(non-ergodic),即历史偶然事件的发生与否甚至是发生的次序会导致制度变迁的多重均衡的完全不同的概率分布——在此意义上"历史重要"(history matter)。由于偶然事件本身不可预测,所以由偶然事件所直接诱发的路径依赖不具备事前可预测性。

路径创造的直接起因则更为复杂。有观点认为关键节点的偶然事件是把双刃剑(Acemoglu and Robinson,2012a),一方面可能把一个社会拉入制度陷阱,形成无效制度的长期锁定;另一方面则可能为好制度的转型提供机会窗口。然而,既然路径依赖是人类历史的常态,那么偶然事件所提供的机会窗口顶多是路径创造的必要条件之一,否则很难解释为什么前者发生的概率要远大于后者。

在现有的新制度经济学文献中,关于路径创造的一个更有说服力的解释是:重大的且有时是激进的制度变迁源于整个社会的全面"危机"(crisis)。这类严重危机的策源地无外乎两种:一是来自外部的外生冲击,而旧的制度无法应对新的情况。如对外战争引发的财政危机以及战败所可能导致的政治和经济上的不完全独立状态。二是来自内部的内生压力,从而

[①] [美]哈罗德·德姆塞茨:《经济发展中的主次因素》,载[法]克劳德·梅纳尔编《制度、契约与组织:从新制度经济学角度的透视》,刘刚等译,经济科学出版社,2003年,第98页。

在社会内部产生制度变迁的诉求。如不同阶级之间的矛盾或既有制度本身的运行成本过高,由此会引发社会的失序甚至内战。现有文献已经开发了许多外生危机导致路径创造的实例,如支持抗日战争的需要促成了中国近代的强化国营企业的经济制度的出现(卞历南,2011),又如英国近代的政治制度的形成受国家间军事竞争及其所导致的财政危机的影响(Barzel,2000;North,1981)。过往研究也有关于内生压力导致政治或经济制度变迁的文献,如精英与平民间的博弈引发政治制度变迁的研究(Acemoglu and Robinson,2006),或计划经济向市场经济转型的研究(周其仁,2010)。

那么为什么"危机"会导致制度的路径创造呢,原因在于危机的出现通常会触发和放大旧制度的失灵,从而在一个社会内部内生出制度创新的需求。当"危机"出现时,一个社会中的基本行动者所感受到的现实会随之发生改变。危机所引起的现实的改变会产生两种效果:一是制度变迁的基本行动者在反复出现的新的现实面前认识到原有制度的失灵,故有信念的变化;二是基本行动者所面对的拒绝改革的约束条件也会随着制度失灵的放大而逐渐软化。于是,基本行动者有激励和机会窗口来通过试错搜寻制度性解决方案,故可能发生路径创造。然后,新的制度决定了政策的类型和效果,而政策效果(或无效果)可以作为被改变了的现实而被基本行动者所感知。例如,日本的威胁是20世纪上半叶全体中国人所感受到的最大危机,发展工业以抵御外侮因而被嵌入基本行动者的信念之中。由于民营企业生产力较弱且力量分散,抗战前中国的国民经济体系无法应对日本的军事威胁,故有在政治和经济领域的企业家领导下的以军事工业和制造业为主的国有企业的兴起。

按照上述逻辑,一旦我们确认了危机的出现(制度创新的需求侧),并能清楚地掌握一个社会的基本行动者的行为模式(制度创新的供给侧),那么制度的路径创造在原则上可以事前做出模式预测(pattern prediction),即关于趋势和范围的预测以及某些情况不会发生或至少不会同时发生的预测(Hayek,1955;Sen,1986)。

(三)路径创造需要克服的阻碍因素

制度变迁的路径依赖的维持机制大致可归因于经济、政治和信念三个方面。由于路径依赖与路径创造之间互为相反的镜像,这三者也对应地构成了路径创造的阻碍。

从经济方面来看,制度也同技术一样具有收益递增性质。所以就经济因素本身来说,制度变迁的"路径依赖源于可反复强化给定路径的收益递增机制"[1],其意味着个人和组织如果要摆脱无效制度就必须付出较高的机会成本。反过来说,除非路径创造后的新制度能够面向整个社会发出明晰的信号,证明自身能够增进社会财富且不会导致分配恶化,否则旧制度的收益递增就必然会成为路径创造的经济阻碍。

此外与技术变迁不同,制度变迁的路径创造还要考虑另外两种阻碍因素——政治因素和信念(文化)因素的影响,二者构成了限制路径创造的交易成本的来源。除非在制度变迁的过程中有关键行动者能够有效化解政治和文化领域的交易成本,否则路径创造就不可能成功。

综上所述,以"路径依赖"为对照组,制度的"路径创造"与之在多个维度上的比较可以概括如下(见表5-1)。

表5-1 "路径依赖"与"路径创造"的对比

	路径依赖	路径创造
制度结果	无效制度被路径锁定,形成制度陷阱	实现无效制度向有效制度的转型
经济影响	穷国和富国之间的发展水平的差距不会收敛而是会扩大	只有通过制度创新才能释放改革红利,进而促进经济持续发展
直接起因	历史关键节点上的偶然事件	外生或内生的危机
可预测性	由于是由偶然事件所引发,所以不具有事前可预测性	在确定了危机的出现和基本行动者的行为规律后,原则上可以有事前的模式预测
维持机制/阻碍因素	制度矩阵的收益递增,以及源于政治和信念原因的交易成本	来自经济(收益递增)、政治(既得利益)和文化(落后信念)领域的阻碍
行动主体	保守的经济、政治和文化组织	制度企业家及其所领导的经济、政治和文化组织

由上述讨论及表5-1可知,"路径依赖"和"路径创造"具有全方位的

---

[1] North, Douglass, *Institutions, Institutional Change, and Economic Performance*, New York: Cambridge University Press, 1990, p. 112.

不同含义。此外,我们在本节基本没有涉及的一个问题是"路径依赖"和"路径创造"的行动主体。对应三个方面的维持机制,路径依赖所涉及的行动主体分别是保守的经济、政治和文化组织及其领导者,而路径创造的行动主体则是这三类组织中的制度企业家。作为制度创新的供给者,制度企业家在路径创造中具有无可替代的重要性,其将是我们接下来要讨论的主题。

二、中国的好制度的实现路径:制度企业家的视角

(一)制度企业家的特征、相互关系与行动激励

"制度企业家"(institutional entrepreneur)是制度创新的基本行动者,是理解路径创造的微观基础的关键。从类型学上说,制度企业家实际上是我们前面已经提到过的制度变迁的三类基本行动者——经济企业家、政治企业家和文化企业家——的集合。布坎南和诺思虽然都已经近乎在各自的思想进路中反映了类似于制度企业家的想法,但都未明确提出这一概念,且都未涵盖全部三种类型的制度企业家[①]。

1.制度企业家的特征

如果说各类经济、政治、文化组织是显著的制度环境创新即路径创造的参与者,那么,这类组织中必然有至少一个人扮演着类似于熊彼特意义上的企业家的角色。于是仿照熊彼特的方式,我们可以将制度企业家定义为制度创新机会的发现者和制度创新实践的领导者,他们偏好于特定的制度目标,并将资源投向创造新制度或转变现有制度(Garud et al., 2013)。

制度企业家所从事的是对制度性规则的选择而不是在规则下的选择,因而,制度企业家与熊彼特式企业家至少有三点不同:一是外部性。传统企业家提供的是可资模仿的成功商业模式,制度企业家则提供了具有开放性的有效制度。二是风险。制度企业家要承担的主要是与制度创新失败相关的制度风险,不仅包括经济风险,还有政治和意识形态的风险。所以与传统企业家所面临的市场竞争风险相比,制度企业家所面临的风险在程

[①] 布坎南只有政治企业家的概念(布坎南,塔洛克,2000),诺思只有政治企业家和经济企业家的概念(North et al., 2009)。

度上更高且构成也更复杂。三是个人能力。传统企业家需要具有创新能力和对机会的警觉,制度企业家不仅要具备这些才能,更需要具有领导集体行动(政治企业家)和改变主流共享信念(文化企业家)的能力。

上述制度企业家的三点特征对于路径创造来说都很重要。其中,制度创新的外部性利于克服路径创造的经济阻碍。制度矩阵的收益递增是造成路径依赖的重要原因,也自然构成了路径创造的重要阻碍。有效制度的外部性意味着制度创新所创造的不只是制度企业家的私人收益,而是整个社会的改革红利,于是新旧制度之间的相对收益会发生变化,越来越多的人会意识到基于经济理由应该赞同新制度,从而可化解路径创造的经济阻碍。此外,敢于承担风险和具备合格能力是所有领域的制度企业家都需具备的个体特征,否则不仅无法实现经济制度的创新,更无法发动政治和文化领域的制度创新,进而依凭三个领域的联动来推动路径创造。

2. 三种类型的制度企业家及他们之间的相互关系

经济企业家与熊彼特式的企业家一样,都是经济组织的领导者。只不过在特定的激励下,经济企业家所从事的不是传统企业家所专注的生产领域的创新,而是自觉(理性构建)或不经意地(自生自发)参与了制度环境层面的经济制度创新,从而推动了路径创造。

虽然基层的制度创新很多时候都有自下而上的自发性质,但是中国的改革开放的经验表明,经济制度创新如果在政治和信念上得不到最终的合法性认同,终将会因无法自我实施而失败。于是,对于由计划经济转型为市场经济这种重大的路径创造来说,另一种类型的制度企业家——政治企业家——可能是更为关键的行动者。这些"政治企业家不断地改造和提出新的观点并结成新的联盟。……领导政党的政治企业家试图通过提出新的观点和方案来提高压倒竞争者的可能"[1]。

中国改革开放的经验也说明,政治与经济之间的影响是双向的。在改革开放的过程中,成功的路径创造之所以能从"违纪""违法"的状态(如家庭联产承包责任制)或试验状态(如经济特区)起步,最终获得了事后合法性的认同和大力推广,重要的原因就是制度创新不仅在经济上取得了令国家满意的成功(解决了农业增产和扩大开放等问题),且国家认识到它们只会促进而非破坏社会稳定(解决了粮食安全和"逃港"等问题),于是国家作

---

[1] North, Douglass, John Wallis and Barry Weingast, *Violence and Social Orders: A Conceptual Framework for Interpreting Recorded Human History*, Cambridge: Cambridge University Press, 2009, p. 118.

为唯一有能力将经济制度创新合法化的机构,也因为激励相容而有意愿赋予它们合法性。

如果说政治企业家与经济企业家之间会发生双向的影响,那么,是否存在会同时左右政治企业家和经济企业家的制度选择的因素呢?在中国近代史上,从魏源开始,到新文化运动的先驱,再到实现了马克思主义中国化的政治领袖,都可以视为文化企业家。一种因果上的可能是政治企业家和经济企业家的制度选择背后所体现的是他们所持有的"信念"——个人在认识世界和改造世界时所拥有的内在的实证模型(世界实际是怎样)和规范模型(世界应该是怎样)。

从信念的来源上说,个人的信念更多取决于集体学习即漫长的历史进程中所累积的文化。在文化及其所主导的共享信念面前,每个时代的人们并非只能扮演被动接受的角色,"文化企业家"可以主动创新一个社会的文化。文化企业家从事文化创新有两层含义:一是扮演创造者的角色,文化企业家去旧存新、去腐存真,创造出一个更有条理的理论体系;二是扮演推广者的角色,文化企业家以个人的方式或更重要的是借助组织的力量将创造的新文化加以广泛传播,以便更新整个社会的共享信念。

3. 制度企业家从事路径创造的外在激励:危机及其解决

既然文化企业家所从事的创新活动对于制度的路径创造如此重要,那么文化企业家的信念又是如何产生和发展的呢?无论是按照历史唯物主义的观点还是新制度经济学的理论,个人信念的变迁都追随着其所感受到的现实。也就是说,先有现实的巨变然后才会有信念上的显著变化。追溯历史经验和理论文献,能够引起信念变迁继而促使制度变迁的重大现实变化首推社会的全面"危机"。典型如很多经济学家都讨论过黑死病给中世纪欧洲带来的危机,以及这场危机所引发的制度变迁(North and Thomas,1973;爱泼斯坦,2011)。危机不仅会改变要素的相对价格,也会导致信念的变化,从而给予企业家投资于制度创新的激励和机会。

危机从来源上说可以分为两种类型:一是外生的危机。现有文献所提及的外生冲击型危机(除自然灾变外)基本聚焦于军事技术进步和国家间军事竞争所造成的财政危机。另一种是旧制度所内生出的危机,如果旧制度的维持成本极高,那么在长期就一定会引发危机,前计划经济国家在转轨前出现的经济衰退和社会动荡就是典型的制度内生型危机。随着危机触发和放大了旧制度的失灵,其在一个社会中催生出了制度企业家从事显著的制度环境创新的激励(周其仁,2005)。于是,路径创造得以启动,文化、政治和经济企业家会在这一制度创新过程中相互作用。

危机不仅为制度企业家的路径创造提供了激励,还放松了他们所需面对的约束条件,即危机可能会软化前面所提到过的阻碍通向好制度的路径创造的因素——放松了制度企业家进行路径创造的约束条件(相当于降低了路径创造的风险)。路径创造的阻碍因素从根本上说无外乎是旧制度的收益递增、既得利益的阻挠和认知上的局限(见表5-1)。危机可以为克服三种阻碍因素提供一种机会窗口:危机所导致的制度失灵在中短期就可打破旧制度的收益递增和既得利益的僵化格局。一方面,危机改变了情境,而新情境下的制度失灵本身即意味着旧制度无法再提供给人们经济、政治和文化上的收益,此时更谈不上制度矩阵的规模经济。于是,随着危机深化及其导致了情境的继续改变,制度的路径创造在经济上的机会成本会持续下降甚至在逻辑上可能降低为零。另一方面,危机往往伴随着相对价格的变化和经济结构的调整,使得既得利益者必须改变自己获得租金的方式。两次鸦片战争后帝国主义资本进入中国冲击了传统的自给自足的经济模式,中国上层部分精英所发起的洋务运动随之兴起,提出了"自强"和"求富"的口号,实质上是对租金获取方式的自我调整。再一方面,危机所导致的制度失灵的放大在长期更会挑战人们对传统制度的习惯认知,从而放松对传统的文化信念和意识形态的坚持。如两次鸦片战争后中国人就不仅认识到了自身在器物上的落后,也开始怀疑自己在文化和制度上的先进性,故启动了全面向西方学习的缓慢而曲折的进程。

综上,一个关于制度企业家如何从事制度的路径创造的简明分析框架见图5-2。危机所催生的制度创新的激励会把一个社会的企业家才能吸引到实现制度的路径创造的领域。具体来说,危机所导致的"感受到的现实"的巨变催生了一个社会的主流共享信念的变迁。由于制度是信念的函数,故主流共享信念的变化令一个社会可以容纳甚至鼓励制度的创新,从而发生路径创造。随着三个领域的制度企业家共同参与制度创新行动,"危机—>现实的巨变—>文化企业家从事信念(非正式制度)的变迁—>政治和经济企业家从事正式制度的路径创造"之间的逻辑链条得以贯通。

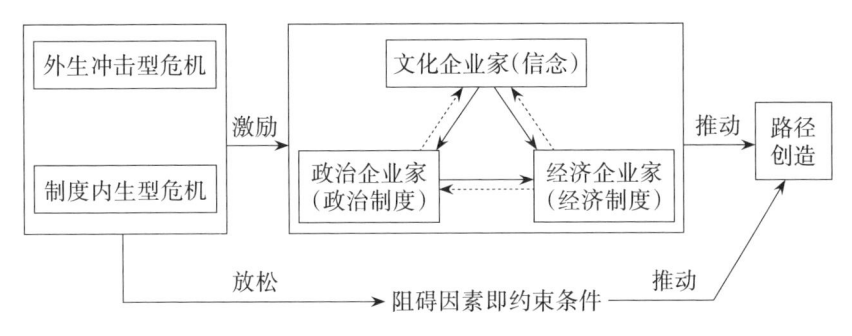

图 5-2　制度企业家从事路径创造的简明分析框架

图 5-2 还表现了信念(文化企业家)、政治制度(政治企业家)和经济制度(经济企业家)之间的相互作用(实线表示主要影响,虚线表示次要影响)。文化企业家、政治企业家和经济企业家分别在信念、政治制度和经济制度的路径创造中扮演关键角色:前者化解保守信念所导致的交易成本阻碍、中者化解政治摩擦所导致的交易成本阻碍,后者化解制度矩阵的收益递增所造成的阻碍。主流共享信念同时对政治制度和经济制度产生主要影响,而政治制度和经济制度所产生的社会改造和经济发展的效果也会对主流共享信念产生反向影响。在政治制度和经济制度之间,政治制度对后者有主要影响,而经济制度也反过来影响前者。

(二)改革开放时期制度变迁的启动:中国的制度企业家的故事

20 世纪末发生的人类历史上最重大的制度转型是从计划经济转向市场经济。中国在农村、城市和对外开放领域的制度创新显然都突破了计划经济的旧的信念和与之匹配的制度的边界,具有典型的路径创造性质,且中国以远低于其他前计划经济国家的成本完成了这一转型。经典文献中认为中国的转型或至少是早期的改革开放的成功可归功于"边缘革命"(科斯,王宁,2013)。

对照关于边缘革命的经典讨论,我们在两个方面持有不同的看法:一是经典讨论认为边缘革命体现了哈耶克式的源于草根的自发秩序,反映了建构理性的有所不及;而我们认为,虽然中央政府确实没有一个长期的完整改革蓝图,但是边缘革命的案例中并不缺乏制度企业家的顶层设计(最典型的是经济特区),且顶层设计产生了重要的影响。二是经典讨论更注重草根的自发创新的发生问题,而我们更关注这些基层创新如何和为什么能够获得合法性,这涉及三类制度企业家之间的合作。基于上述视角上的差异,我们希望通过基于制度企业家的分析框架(见图5-2),来解释制度的路径创造在中国何以成功。

农村的农业生产方式的改革即家庭联产承包责任制的兴起是典型的草根自发的制度创新。正如邓小平所说:"农村搞家庭联产承包,这个发明权是农民的。农村改革中的好多东西,都是基层创造出来。"[1]草根创新所意欲克服的危机是农业生产力的徘徊不前和农民生活水平的低下。《关于一九七八年国民经济计划执行结果的公报》中承认,"按人口平均的粮食产量水平还是不高的。棉花、花生、甜菜等产量还没有达到历史最好水平。畜牧业发展比较缓慢"。

经济特区则从一开始就有明显的顶层设计的色彩。特区的设计发端于1979年初广东省、交通部联合向国务院报送《关于我驻香港招商局在广东宝安建立工业区的报告》,从而有深圳蛇口工业区的立即动工;然后是1979年4月,广东省委向中央请示建立经济特区,并于1980年8月正式成立。作为顶层设计之产物而设立的"经济特区"是源于"逃港"危机,而化危机为转机,为国家经济建设吸引外资和引进技术是建立特区的重要初衷。

危机及其所引发的制度失灵激励了三类制度企业家进行制度的路径创造。合法性是制度的路径创造的关键环节,是阻碍因素软化的一种综合体现。如果没有政治上对合法性的确认,那么即使是有效的经济制度创新,最终也会夭折。在中国的改革开放过程中,经济企业家的制度创新以不同的途径获得了政治合法性,而政治层面对制度创新的支持则离不开文化层面的治国理念的变迁。

回顾中国改革开放的起源的案例。制度的路径创造的合法性初始条件可以分为三类:一是事前完全无合法性,甚至与当时的政策和法律相违背,如"家庭联产承包责任制"的改革;二是事前的半合法性,即政府长期保持既不支持也不鼓励的态度,代表如"城市的民营经济"和"乡镇企业";三是事前已经具备有争议的合法性,即事前就获得了中央和省级政府的支持和批准,但是在党内和社会上仍然存在争议,如"经济特区"。事前合法性程度与政府参与顶层设计的程度是成正比的,如有较高事前合法性的经济特区的设立就是从广东省领导层到中央领导层一系列顶

---

[1] 邓小平:《在武昌、深圳、珠海、上海等地的谈话要点》,载《邓小平文选》(第三卷),人民出版社,1993年,第382页。

层设计的产物。事前合法性程度还与该部门在社会主义经济中的重要程度成反比,如作为仅次于国营工业的核心部门,农业生产制度的改革完全不具备任何事前合法性。

虽然事前合法性的水平有很大不同,但在事后,作为成功的路径创造的制度创新获取或补强合法性的方式有共同的特征——三类制度企业家相互配合:经济企业家领导改革取得实际的经济绩效,政治企业家为改革的合法性在政治上保驾护航,文化企业家通过打破信念(意识形态)上的障碍而从根本上构建了制度创新的合法性(合法性的本质是一种信念上的认同),同时,制度创新所取得的经济绩效为文化企业家的信念调整和政治企业家的政治赞同提供了实践结果上的支持。三类制度企业家发挥作用不存在固定的时间先后顺序,有时候也很难判断哪类制度企业家发挥了更重要的作用。

在农村的改革中,关于家庭联产承包责任制的叙事需要先从基层的经济企业家开始。最广为人知的故事发生在安徽省凤阳县的小岗村,当时的村委会主任严宏昌带领十八户村民立下了分田单干的契约。这在当时是非常重要的制度创新,完全打破了在意识形态和正式制度上对于农业集体化的规定。小岗村的实践虽然在当时属于"违纪""违法",却受到了省级和中央层面的政治企业家的共同维护。当时的安徽省委书记万里的保护和鼓励对于草根创新能够初步在该省形成规模至关重要。地方上的政治企业家们的支持最后仍然需要中央层面的认可,万里于1979年6月18日就包产到户向邓小平和陈云请示。前者指示,"不要争论,你就这么干下去就完了,你就这么干下去,就实事求是干下去";后者则表示,"我双手赞成"[1]。最终,1982年到1986年的连续5个中央1号文件标志着家庭联产承包责任制取得了政治合法性。

按照图5-2的模型,在社会主义经济的核心部门发生的生产制度的重大变革如果要在事后获得政治上的合法性追认,那么中央领导层的信念的变化是必然的前提(信念对政治的影响是主导性的)。在某种程度上,以邓小平为核心的党的第二代领导集体更重要的角色可能不是政治企业家而是文化企业家,即更多是通过治国理念的创新和推广来把控改革开放的进程。正如邓小平在赞同推广包产到户时所强调的,"现在农村工作中的

---

[1] 中共中央文献研究室:《陈云年谱》(下卷),中央文献出版社,2000年,第248—249页。

主要问题还是思想不够解放"[1]。

由于新中国成立后经济建设经验和教训的积累,以及70年代末大范围出国考察的所见所感的刺激,中央领导层普遍意识到:对于什么是社会主义,怎样建设社会主义,这种根本性的理论问题仍未搞清楚,需要有新的思考。于是,打破"两个凡是",解放思想、实事求是成为根本的思想原则,而"摸着石头过河""猫论""不争论"等组成了具体的改革方法论。这一思想解放运动的突出成果就是十一届三中全会作出把党和国家的工作重心转移到经济建设上来,实行改革开放的决策,从而为之后的经济制度创新奠定了上层建筑的前提。也正是由于信念等领域的上层建筑的变迁,改革开放后的农村生产制度的创新才能取得合法性上的事后追认,而不是像之前几次包产到户回潮那样,因意识形态阻碍而最终路径复原。反过来,农业等领域的经济制度创新的绩效也会影响作为文化企业家的治国者的信念,使得原先持保留意见者也愿意承认自己是"老观念"[2]。于是,坚持实事求是的治国者多数时候会或快或慢地做出调整,以适应不断变化的经济环境,然后信念的变迁、政治的支持与经济的改革之间构成了正反馈良性循环,路径创造得以实现。

虽然在起步时并不算是"违纪""违法",且诞生本身就有强烈的顶层设计色彩,但是经济特区获取完整合法性的过程与家庭联产承包责任制的经历颇有类似之处。回顾深圳经济特区的发展历程即可发现,袁庚在深圳的蛇口工业区的筹划和建设过程中起到了不可替代的经济企业家的作用,且利用特区的优惠条件在工资奖金待遇、人事制度、就业制度等方面进行了大量的制度创新。这些制度创新并非没有引起过反对。因此,与家庭联产承包责任制一样,作为顶层设计的产物的经济特区在成长过程中也离不开政治企业家的支持。广东的省级领导顶住压力支持经济特区的建设,更重要的是1984年和1992年,邓小平两次参观特区,在目睹发展成就后肯定了特区建设,彻底补全了经济特区的合法性:"对办特区,从一开始就有不同意见,担心是不是搞资本主义。深圳的建设成就,明确回答了那些有这样那样担心的人。特区姓'社'不姓'资'。"[3]

---

[1] 邓小平:《关于农村政策问题》,载《邓小平文选》(第二卷),人民出版社,1994年,第316页。
[2] 杜润生:《杜润生自述:中国农村体制变革重大决策纪实》,人民出版社,2005年,第111页。
[3] 邓小平:《在武昌、深圳、珠海、上海等地的谈话要点》,载《邓小平文选》(第三卷),人民出版社,1993年,第372页。

类似于草根自发的制度创新,经济特区的政治合法性的更深层的来源是作为文化企业家的治国者的信念变迁。信念变迁中与经济特区最直接相关的是认识到了开放的重要性,"我们最大的经验就是不要脱离世界,否则就会信息不灵"[①]。同时,肯定了经济特区搞市场经济符合社会主义性质,"计划多一点还是市场多一点,不是社会主义与资本主义的本质区别"[②]。并且,提出了"三个有利于"的标准作为经济特区和其他制度创新的合法性的判断依据。经济特区的经验再次说明,信念的变迁和经济制度创新的绩效之间存在相互作用。因为只要坚持实事求是的根本思想原则,那么对经济特区持谨慎态度者最终也会同意:"深圳特区经济……发展确实很快。现在我们国家的经济建设规模比过去要大得多、复杂得多,过去行之有效的一些做法,在当前改革开放的新形势下很多已经不再适用。"[③]

对比家庭联产承包责任制和经济特区的案例可知,中国的路径创造既有起于基层草根的自下而上的模式(以摸着石头过河为主要改革方法),也有体现顶层的理性建构的自上而下的模式(以顶层设计为主要改革方法),两种成功模式的比较见表5-2。

由表5-2可知,路径创造是一个复杂而艰难的过程。一般来说,只有"危机"才能为制度企业家的路径创造提供充分的激励和机会。无论是事前完全没有合法性的草根自发制度创新,还是事前已经有了一定合法性的顶层设计下的制度创新,若要最终被追认或补全合法性,都不仅需要自身体现出经济效率,且需要经济、政治和文化领域的制度企业家们有一致的偏好,且他们所处的情境都恰好处于有利于路径创造的历史机遇期。表5-2中的两个案例说明,三类制度企业家之间的界限不是泾渭分明的,而是经常存在交叉,例如中央高层的治国者同时扮演文化企业家和政治企业家的角色,或者基层的制度创新行动者可能同时是政治企业家和经济企业家。

[①] 邓小平:《保持艰苦奋斗的传统》,载《邓小平文选》(第三卷),人民出版社,1993年,第290页。
[②] 邓小平:《在武昌、深圳、珠海、上海等地的谈话要点》,载《邓小平文选》(第三卷),人民出版社,1993年,第373页。
[③] 陈云:《悼念李先念同志》,《人民日报》1992年7月23日,第1版。

表5-2 中国的路径创造的两种模式的比较

经济制度创新领域	危机的表现	顶层设计色彩	合法性的获得方式	经济企业家经济创新的典型事例	政治企业家政治支持的典型事例	文化企业家信念支持的典型事例
农业：家庭联产承包责任制	农业生产长期停滞，农民生活在饥饿的边缘	事前没有任何的顶层设计。出自草根，属于"违纪""违法"	在事前完全无合法性的情况下，用农业增产的事实说话，在事后得到了官方的合法性追认	1978年11月底，小岗村村长严宏昌在村中推行包产到户，取得大丰收，起到了带头示范作用	安徽省级领导鼓励。邓小平、陈云表态支持。1982—1986年连续五个中央1号文件	打破"两个凡是"，支持"实践是检验真理的唯一标准"；提倡解放思想和实事求是。把党的工作中心转移到经济建设上来
对外开放：经济特区	"逃港"危害社会稳定；引进外资和国外技术的需要	事前有比较强的顶层设计。高层事前有保留地支持，而党内和社会上多有批评	取得的发展成就为自身最终赢得了完整的合法性，消除了怀疑的意见	蛇口工业区的提议者和建设总指挥袁庚，在工资奖金、人事就业、工程招标等方面做了全国最早的创新	香港招商局和广东省级领导先后提出了建设蛇口工业区和经济特区，在发展过程中顶住压力。邓小平两次到访深圳并表示赞许	提出计划和市场都只是经济手段。提出必须要对外开放。提出三个有利于的标准

第三节　小结：好制度的评价和实现的中国视角

之所以按照布坎南和诺思所开拓的思想进路无法回答中国问题，原因并非许多西方学者素来所认为的那样——"中国为一切规则的例外"[1]。因为这种例外论原本就是西方中心主义的一种体现，凡是不符合想象中的西方经验的一切模式和道路都被视为异类。

实际上，所谓的西方经验只是一种（诺思的）英国经验或（布坎南的）美国经验。即使是在西方世界内部，各个经济体实现现代化的路径也并不相同（格申克龙，2009）。不同的路径源于各国在经济发展的初始起点上，各自所面临的情境——主要包括文化传统和必须解决的现实危机——大异其趣。西方世界内部的差异尚如此明显，更遑论中国与西方之间在初始情境上的分歧了。情境的差异会引出关于如何评价"好"制度的不同标准，进而会延伸出"好"制度的实现路径的多样化。

在此意义上，好制度如何评价和如何实现的问题本身就是一个情境理性问题而非绝对理性问题。于是，该问题原本就没有可能获得完全一般化的答案。所以，并非只有中国是一个特殊化的例外，而是所有为实现现代化而奋斗的民族国家的制度变迁道路都是情境依赖的。与其说中国模式是一切规则的例外，不如说布坎南所专注的美国模式和诺思所推崇的英国模式——二者是所谓西方式现代化道路的典型代表——也统统都是所谓的例外。

英美所代表的例外在当今的西方经济学界已经被编织为"一个巨大的神话——即民主、私人产权和法律规则是16—19世纪西方列强经济崛起的根本原因，特别是英国产生工业革命的前提"[2]。但是，即使这一神话恰巧与真实的历史情况相符（当然如果真的相符就称不上是"神话"了[3]），按

---

[1] Russel, Bertrand, 1934/2004, Power: A New Social Analysis, London: Routledge, p. 14.
[2] 文一：《伟大的中国工业革命："发展政治经济学"一般原理批判纲要》，清华大学出版社，2016年，第199页。
[3] 诺思和阿西莫格鲁都把西方各国开始形成有效的经济制度和自由的政治制度的时间从光荣革命后推到十九世纪中叶之后（North, et al., 2009; Acemoglu and Robinson, 2019）。此时，西方世界的工业革命已经开始甚至在英国等先发经济体已经完成了，故制度的转型与工业革命之间不可能存在因果关系。然而直到现在，多数研究制度变迁的西方经济学家们仍然与诺思在20世纪八九十年代的观点一样（North and Weingast, 1989），习惯于将十七世纪末的英国的光荣革命设定为制度变迁的节点，然后用光荣革命后确立的宪制和产权制度来解释英美等国的近代经济增长（Pincus and Robinson, 2014）。

照情境依赖的逻辑,其所代表的制度变迁—经济发展之间的路径也只是一种特例而已,而不存在西方经济学家们所吹嘘的一般意义。

然而,神话毕竟是虚构的,西方经济学家们所编织的故事完全背离了真实的历史,而仅仅是一种理论上的幻象。以英国光荣革命为代表的国家政治制度变迁的实质是国家权力结构的再调整——资产阶级的发言权有所上升,而工人阶级和农民仍被排除在外。国家仍然试图通过区分不同的社会阶层而在公共服务领域实施价格歧视,只不过资产阶级在光荣革命后跃升为与旧精英阶层一样的垄断价格制定者和租金分享者,而工人和农民仍旧是被歧视者。

从产权保护上看,英国一直持续到19世纪中叶的圈地运动侵犯了农民们原本拥有的公共产权,但通过建基其上的毛纺织业的发展完成了英国工业化的原始积累。美国的情况也同英国类似。在延续到十九世纪末的西进运动中,美国政府对西进者的土地先占权的认定明显损害了早已居住其上的印第安人的天然产权。可是从经济意义上说,如果没有西进运动所开拓的发展空间,美国的工业化在起步阶段将无法超越生态条件的限制,也就难以跳出马尔萨斯陷阱。所以,虽然英国的光荣革命和美国的制宪会议建立了名义上的民主和产权保护,但这些权利并未从一开始就具有面向全民的普遍性,而是(布坎南所深为厌恶的)歧视性的。显然,英国和美国的国家制度建设和经济发展的道路不仅只是历史上众多的特例之一,且这一特例本身并没有后人所渲染的那种玫瑰色的炫彩,对于中国来说即不可行亦不可欲。

不过,路径创造的共性规律仍然存在。对于任何一个国家尤其是中国这样的后发经济体来说,当其开始尝试跃出"制度陷阱",实现朝着"好"制度的转型之际,必然要受到初始情境的限制,而初始情境的一个重要部分是该国在当时的历史情境下所要面对的危机的强度和类型。危机为制度企业家提供了一种行动的激励,让其打破制度上的路径依赖,实现对于"好"制度的路径创造。

在英国的历史上,辉格党人和托利党人面对复辟的斯图亚特王朝的詹姆斯二世反攻倒算的危机,双方党内的政治企业家选择了团结起来,共同完成了光荣革命。而光荣革命胜利的背后也有经济企业家和文化企业家的功劳,前者改变了英国的经济基础从而提升了新兴资产阶级在政治中的谈判权力(Acemoglu, et al., 2005b),后者则通过整合和传播启蒙思想为宪制的改革做好了普遍民意即共享信念上的准备（莫克尔，2020；Mokyr，2014，2016），故制度企业家不仅是政治企业家，也包括经济企业家和文化企业家。

近代以来，中国所面临的深重危机也激发了大量制度企业家的出现，他们从政治、经济、文化等领域影响着制度变迁的路径。经过反复的试错和学习，中国共产党领导下的社会主义制度终于被识别为最适合中国情境的"好"制度。中国的国家制度建设的道路选择天然地具有"根本解决"（李大钊语）、"急进革命"（陈独秀语）、"刻不容缓"（毛泽东语）的性质[1]。所以，中国近代的制度变迁通常表现为激进的形式，即诺思所说的"路径的反转"（reversal of path）[2]或者我们所使用的"路径创造"的概念，而这种路径的巨变"典型地通过政权的更迭来实现"[3]。由于从事的是激进的政治制度的变迁，革命时代的政治企业家的主要任务是缔造和指挥"枪杆子"，这在多数的历史叙事中都被描述为武装斗争最终取得胜利的过程。正如毛泽东所说，"须知政权是由枪杆子中取得的"[4]。

改革开放后，中国的制度企业家们开始在坚持和完善现有的社会主义基本政治制度的前提下，设法在经济制度领域实现路径突破，以便可以提高经济绩效。在这一过程中，政治、经济、文化领域的制度企业家相互补充，草根的制度企业家和顶层的制度企业家紧密配合，有时甚至最为关键的基本行动者同时扮演着多重角色。

经济的改革和开放本就不单是甚至说主要不是一个经济问题，而是一个政治问题。正如邓小平所说，"四人帮"在"文化大革命"时期"疯狂进行破坏，使我国国民经济一度濒于崩溃的边缘"。不过，"四人帮"的破坏"从反面使我们更加深刻地认识到，在无产阶级专政的条件下，不搞现代化，科学技术水平不提高，社会生产力不发达，国家的实力得不到加强，人民的物质文化生活得不到改善，那末，我们的社会主义政治制度和经济制度就不

---

[1] 转引自景跃进、陈明明、肖滨：《当代中国政府与政治》，中国人民大学出版社，2016年，第17页。

[2] North, Douglass, 1990a, *Institutions, Institutional Change, and Economic Performance*, New York: Cambridge University Press, p. 112.

[3] North, Douglass, 1990a, *Institutions, Institutional Change, and Economic Performance*, New York: Cambridge University Press, p. 112.

[4] 毛泽东：《在中央紧急会议上的发言》，载《毛泽东文集》（第一卷），人民出版社，1993年，第47页。也见中共中央文献研究室：《毛泽东年谱（1893—1949）（修订本）（上册）》，中央文献出版社，2013年，第206页。

能充分巩固,我们国家的安全就没有可靠的保障"[①]。

  同时,经济的改革和开放也是一个文化问题。斯大林将计划经济与社会主义基本制度画了等号,故市场经济被视为是资本主义的典型经济模式。由于新中国在成立初期经济建设经验和外援非常有限的情况下,几乎全盘接受了苏联的斯大林模式,且直到改革开放前也没有完全摆脱苏联的斯大林模式,故改革开放后的文化企业家的一项艰巨而重要的任务就是在文化信念上重塑市场经济只是一种中性的资源配置方式,完全可以为社会主义所用的观念。邓小平再次发挥了重要作用,早在20世纪70年代末就率先提出了"社会主义为什么不可以搞市场经济"[②]之问,为后来的经济体制改革做了文化信念上的准备。

  中国的制度企业家在未来仍然将是没有完成时的改革的基本行动者,但在新时代的背景下,中国的深化改革和扩大开放不仅要继续坚持摸着石头过河和加强顶层设计相结合,更要以注重改革的系统性、整体性、协同性和提高改革综合效能为旨归,从而意味着上层制度企业家所主导的顶层制度设计将在路径创造中扮演更为重要的角色。

[①] 邓小平:《在全国科学大会开幕式上的讲话》,载《邓小平文选》(第二卷),人民出版社,1994年,第86页。

[②] 邓小平:《社会主义也可以搞市场经济》,载《邓小平文选》(第二卷),人民出版社,1994年,第236页。

第六章 两条进路对中国的误读：表现和原因

由于无法摆脱在方法论上的"西方中心主义"倾向，无论是布坎南还是诺思的国家理论，直接套用它们来解释中国的国家制度建设的实践都是不适用的，强为之则必然会导致"误读"。基于在第五章已经初步建立起来的关于中国式国家制度建设的本土化分析框架，本章的研究一是要回顾依循布坎南和诺思的思想进路所开展的关于中国问题的批判，二是有对所谓"批判"的批判。

第一节 两条思想进路误读中国经济的表现

布坎南对于中国的态度是把中国当作一个无力解决的谜题（高小勇，汪丁丁，2005），故存而不论。诺思也自认为没有资格妄做评论[1]，因为"并不存在一种关于发展的一般理论"[2]，如果"不了解当地的文化背景和历史遗产，就无法告诉当地人如何进行关键的转型"[3]。不过，通过采用经济思想史的方法进行爬梳和推理后可知，沉默本身也表明了一种态度——中国与西方在经验和理论上相距甚远，故按照布坎南和诺思的思想进路无法合理地解释和预测中国问题。

---

[1] 2008年7月，诺思曾经接受中国人民银行的邀请，赴中国参加关于经济政策和改革的圆桌咨询会议，并提出了广泛的建议。(Snowdon, Brian, 2016, "Institutions, Economic Growth and Development: A Conversation with Nobel Laureate Douglass North", *World Economics*, Vol. 17, No. 4, p. 138)

[2] Snowdon, Brian, 2016, "Institutions, Economic Growth and Development: A Conversation with Nobel Laureate Douglass North", *World Economics*, Vol. 17, No. 4, p. 139.

[3] Snowdon, Brian, 2016, "Institutions, Economic Growth and Development: A Conversation with Nobel Laureate Douglass North", *World Economics*, Vol. 17, No. 4, p. 138.

布坎南和诺思的经济思想的比较与反思——理解国家的两条经济学进路

表6-1列出的是以布坎南为代表的公共选择弗吉尼亚学派和以诺思为代表的新制度经济学华盛顿学派关于中国的(显性直接的或隐性间接的)主要观点。

表6-1 两条思想进路关于中国的主要观点

	布坎南所代表的进路	诺思所代表的进路	
	布坎南	诺思	阿西莫格鲁
对中国经济奇迹的解释	中国是一个谜。布坎南的硬核假设已经被应用在很多关于中国经济的各类研究中	改革开放以来,中国发展出了一套激励结构,从而无须遵循任何西方的处方就可以实现快速经济发展	赶超(catch-up)式增长。中国经验属于汲取性经济制度下的增长,其可行的部分原因是存在很大的赶超空间,故无须自主创新①。即是说,中国的增长基于现成的技术和高投资,而不是创造性破坏②
对中国经济前景的预测	未给出具体讨论。但运用"创造的诠释学"可知,布坎南的观点与诺思所代表的新制度经济学的观点有内在的一致性	相对中性。认为中国要保持高速增长,可能会要求制度朝着更趋近西方的方向变迁①。但是抱有开放的态度,承认中国可能证明自己判断错误②	特别消极。认为即使汲取性经济制度能够产生一定的经济增长,其通常也不会带来持续的经济增长,因为制度无法给创造性破坏式的变革以足够的激励③

资料来源:作者自己整理。

---

① Acemoglu, Daron, and James Robinson, 2012, *Why Nations Fail: The Origins of Power, Prosperity, and Poverty*, New York: Crown Business, p. 439.

② Acemoglu, Daron, and James Robinson, 2012, *Why Nations Fail: The Origins of Power, Prosperity, and Poverty*, New York: Crown Business, p. 441.

③ North, Douglass, 2005, *Understanding the Process of Economic Change*, Princeton: Princeton University Press, p. 159.

④ [美]道格拉斯·C.诺思、约翰·约瑟夫·瓦利斯、巴里·R.温格斯特:《暴力与社会秩序:诠释有文字记载的人类历史的一个概念性框架》,杭行、王亮译,上海人民出版社,2013年,中文版前言第3页。

⑤ Acemoglu, Daron, and James Robinson, 2012, *Why Nations Fail: The Origins of Power, Prosperity, and Poverty*, New York: Crown Business, p. 94.

在表6-1中,除了布坎南和诺思外,还列出了深受诺思影响且目前正处于学术活跃期的著名经济学家阿西莫格鲁的观点。之所以如此,是因为阿西莫格鲁的工作是对诺思的进路的延续和发展,可作为对诺思关于中国的理论分析的补充;也是因为他的工作有大量与中国的历史和现实相关的内容,可作为对诺思关于中国的经验研究的补充。从表6-1中可知,由于三位学者的研究都存在过于强烈的西方中心论的色彩即过度强调所谓的国家制度建设的"欧洲经验"(Acemoglu and Robinson,2019),从而导致他们在解释中国经济奇迹和预测中国经济前景时的某些扭曲观点。

由于诺思关于中国经济的解释和预测的研究更为丰富和直接,且阿西莫格鲁沿着他的思想进路而围绕中国问题所进行的大量拓展研究,故我们将先讨论诺思视野下的中国经济。然而以此为参照系,与布坎南在此问题上的观点加以比较。由于缺乏直接的相关研究,布坎南的观点将通过运用经济思想史研究的"创造的诠释学"方法来间接获得。

一、对中国经济的解释和预测:诺思的进路及其拓展

诺思关于中国的研究要比布坎南更为丰富(诺思,2004a,2004b,2004c;North,2005),但即使如此,诺思在中国问题上也仅是提出过制度改革方面的较为笼统且模棱两可的建议。一方面,诺思在2007年7月访问中国时曾经指出,"中国的法治和产权保护还是很不一样的。我不认为中国在经济上是开放通路的。当然中国朝向市场开放迈出了很大的步伐,但仍有很长的路要走"[1]。所以诺思提醒中国,"接下来中国如果打算继续其快速增长的话,中国必须将激励系统嵌入到政治/经济的结构中去,而这可能会要求制度更趋接近西方社会的具有适应性效率的特征"[2]。然而另一方面,诺思关于中国的评论通常都保持着相当大的弹性,承认中国可能是一个特例(诺思等,2013a)。不过,深受诺思影响的后辈经济学家的阿西莫格鲁则远没有那么谨慎。在相当大的程度上,阿西莫格鲁对中国问题的分析

---

[1] 刘波:《诺斯:从"有限通路社会"到"开放通路社会"》,《经济观察报》2007年7月30日,第52版。

[2] North, Douglass, 2005, *Understanding the Process of Economic Change*, Princeton: Princeton University Press, p. 159.

(阿西莫格鲁,2014;Acemoglu and Robinson,2012a,2019)是诺思的思想进路的一个自然推进和应用。

(一)对中国经济奇迹的解释

诺思直接讨论中国问题的情况不多,但其核心观点仍然是比较清晰的(见表5-1)。在生前的最后一部专著《暴力与社会秩序》中,诺思完全没有直接涉及中国:"China"一词在该书的正文中只出现了三次,脚注中出现两次,且都是在讨论其他问题时简略地间接提及;"Chinese"一词在正文中没有出现,只在注释中出现了一次(涉及古代中国的国家特征)。唯一直接关于改革开放后的中国的内容是在一个脚注里,谈到了20世纪80年代中国乡镇企业的崛起[①](诺思在前一部专著《理解经济变迁的过程》中也使用了这个例子)。不过在《暴力与社会秩序》的中文版前言、《理解经济变迁的过程》和几次在中国的演讲中,诺思都探讨了中国经济的成就和前景,借由这些材料即可对诺思的观点有一个较为明晰的认识。

阿西莫格鲁对于中国问题做过详尽的讨论(虽然不准确)。在2012年的《国家为什么会失败》中,阿西莫格鲁和罗宾逊就认为,建立在完全的汲取性政治制度和有限的包容性经济制度下的中国经济增长模式,未来将由于缺乏实质性的自主创新而不可持续,故中国的现代化道路不是发展中国家应该模仿的对象[②]。阿西莫格鲁和罗宾逊关于中国经济增长的未来前景的观点甚至引起了一番学术争论(Fukuyama,2012;Acemoglu and Robinson,2012b,2012c)。而在2019年的《狭窄的通道》中,阿西莫格鲁和罗宾

---

① 诺思在脚注中谈道:"20世纪社会主义和共产主义国家的趋势是将所有的组织嵌入到执政党中。例如,在二十世纪末的中国,对国家制度模式的严格的中央控制在1980年代随着乡镇企业的成长而被放松。地方党组织被赋予更多的自由裁量权去探索不同的经济体制。结果就是带来了令人瞠目的经济增长。"(North, Douglass, John Wallis and Barry Weingast, 2009, *Violence and Social Orders: A Conceptual Framework for Interpreting Recorded Human History*, Cambridge: Cambridge University Press, pp. 45-46, footnote)

② 阿西莫格鲁和罗宾逊并不看好所谓的"中国经验",在他们看来,"中国经验(Chinese experience)引发了一场关于中国经济增长前景以及威权式增长(authoritarian growth)的可欲性和可行性的有趣问题。这种增长已经成为华盛顿共识(Washington consensus)的吸引人的替代方案。……威权式增长的部分吸引力可能来自对华盛顿共识的抗拒,但它的(准确地讲是对掌控着汲取性制度的治国者来说的)更大魅力可能来自它给予了治国者们保留甚至强化手中权力以及将汲取正当化的便宜工具"。(Acemoglu, Daron, and James Robinson, 2012, *Why Nations Fail: The Origins of Power, Prosperity, and Poverty*, New York: Crown Business, p. 441)

逊进而专门辟出一章来讨论中国的历史和现实,从春秋战国时期一直说到党的十八大以来的新变化,对中国经济前景的预测仍然是负面的。

但是,中国改革开放以来的经济增长奇迹毕竟是明摆着的事实,不可能视而不见。那么,诺思和阿西莫格鲁是如何在基本否定或至少是存疑中国转型道路的前提下解读"中国奇迹"的呢?

诺思的答案是经济发展的关键在于当地的制度是否能够提供有效的生产性激励,这套激励性制度安排应该是符合当地的实际情况和文化信念的,从而不一定是西方化的模式。即是说,诺思认为中国的经济奇迹源于"中国发展出了一套可催生高速经济发展的制度结构,而没有照搬任何标准的西方式方案"[1]。诺思关于中国经济增长原因的客观看法与他一向强调特定社会的文化传承和共享信念有关,由于信念在长期会从根本上决定非正式制度、正式制度以及制度的可实施性,故"西方制度不能被简单地移植到发展中国家"[2]。

而在阿西莫格鲁看来,虽然中国的增长依赖于一些重要而却有限的向包容性经济制度的转型或者更常见的说法叫作市场经济的改革,但是从本质上说,中国的经济增长模式仍然与苏联的计划经济模式一样,是所谓的"赶超"[3]式增长[4]。"与苏联一样,因为存在很大赶超空间,在汲取性政治制度下的中国式增长有很强的可行性。中国的人均收入仍远不及美国和西欧。当然,中国的增长比苏联的增长更加多样化:不仅依赖军事工业和重

---

[1] North, Douglass, 2005, *Understanding the Process of Economic Change*, Princeton: Princeton University Press, p. 159.

[2] North, Douglass, John Wallis and Barry Weingast, 2009, *Violence and Social Orders: A Conceptual Framework for Interpreting Recorded Human History*, Cambridge: Cambridge University Press, p. 271.

[3] Acemoglu, Daron, and James Robinson, 2012, *Why Nations Fail: The Origins of Power, Prosperity, and Poverty*, New York: Crown Business, p. 442.

[4] 阿西莫格鲁和罗宾逊指出,"许多人包括很多西方人在内,认为中国开发了一条通向可持续增长的崭新路径,可以在威权主义而不是包容性的经济和政治制度下实现持续增长。但是他们错了。我们已经发现了中国取得成功的最为主要的根源:经济制度的彻底变迁,远离刻板的共产主义而转向可以为增产和贸易提供激励的制度。从这个视角看,中国经验较之其他国家从汲取性走向包容性经济制度的路线没有什么本质的不同,即使在中国的案例中转型是发生在汲取性的政治制度之下"。(Acemoglu, Daron, and James Robinson, 2012, *Why Nations Fail: The Origins of Power, Prosperity, and Poverty*, New York: Crown Business, p. 442)

工业，中国的企业家正在展示才智。"①之所以中国的经济增长有更多的市场因素或企业家才能的发挥空间，是因为中国在改革开放后出现了一定的包容性经济制度的成分。而中国可以在政治制度不变的情况下启动经济制度的有限转型的原因在于，在改革开放初期朝着包容性经济制度的有限转型不会威胁既有政治势力——中国人极度渴望改善生活水平，且国内不存在值得关注的反对势力，故治国者及其支持者相信"显著的经济增长可以在不危及他们的政治控制的情况下实现"②。

按照阿西莫格鲁在《国家为什么会失败》和《狭窄的通道》中的看法，居于中国改革开放以来所建立的经济制度之上的，是汲取性的政治制度或者说专制的利维坦，政治制度决定了经济制度的包容性只能是不完全的。所以阿西莫格鲁认为，中国和苏联之间的"共同之处在于，经济增长都会停滞下来，除非汲取性的政治制度可以转向包容性的政治制度"③。

(二)对中国经济前景的预测

关于中国经济的未来前景，诺思在晚年最后一本著作的中文版前言中有专门讨论，其观点较为温和与开放。诺思认为中国仍然属于自然国家因而必然会面对转型问题，并且，"尽管中国的发展十分迅速，但似乎离完全地满足门阶条件尚有距离，故而还没有到达向权利开放秩序转型的临界点"④，所以转型的困难将使中国未来的经济发展面临非常严峻的挑战。而在21世纪初，诺思在北京大学的演讲中曾提醒中国："一个国家的政体起着根本性的、至关重要的作用，它仍然决定着我们的经济结构和经济发展。从短期看，集权政府可以取得高的经济增长率。从长期看，法制、保证合同执行的制度规则才是真正保证长期经济发展的至关重要的因素。"⑤

---

① Acemoglu, Daron, and James Robinson, 2012, *Why Nations Fail: The Origins of Power, Prosperity, and Poverty*, New York: Crown Business, p. 441.
② Acemoglu, Daron, and James Robinson, 2012, *Why Nations Fail: The Origins of Power, Prosperity, and Poverty*, New York: Crown Business, p. 423.
③ Acemoglu, Daron, and James Robinson, 2012, *Why Nations Fail: The Origins of Power, Prosperity, and Poverty*, New York: Crown Business, p. 441.
④ [美]道格拉斯·C.诺思、约翰·约瑟夫·瓦利斯、巴里·R.温格斯特：《暴力与社会秩序：诠释有文字记载的人类历史的一个概念性框架》，杭行、王亮译，上海人民出版社，2013年，中文版前言第2—3页。
⑤ [美]道格拉斯·C.诺思：《制度变迁理论纲要》，载北京大学中国经济研究中心编《站在巨人的肩上——诺贝尔经济学奖获得者北大讲演集》，北京大学出版社，第85页。

不过与上述提醒所表达的观点不同,诺思承认也存在另外一种逻辑上的可能:"中国证明我们的理论是错的。或许中国模式较之过往的——主要是西方的——经验,是如此不同,以至于我们所提到的问题将不再成其为问题。"[①]这一表态与诺思长期以来强调文化多样性和共享信念的差异性的观点是一致的:"那些在西方世界出现的制度如产权和司法体系并不需要在发展中国家被忠实地复制。关键是创建激励结构,而不是盲目地模仿西方制度。"[②]

阿西莫格鲁对于中国经济前景的预测则要比诺思悲观和笃定得多:"历史和我们的理论认为,依赖于创造性破坏和真正创新的经济增长不会出现,中国令人瞩目的经济高速增长将很快消失"[③]。为了说服这一预测的反对者(Fukuyama,2012),阿西莫格鲁和罗宾逊订立了判断中国现代化成败的两个未来绩效标准:低标是中国的人均收入最终达到中等发达国家如西班牙和葡萄牙的水平(Acemoglu and Robinson,2012b);高标则是人均收入达到最发达国家如美国和德国的水平(Acemoglu and Robinson,2012c)。阿西莫格鲁和罗宾逊承认,如果中国实现了转型,那么上述两个标准是有可能实现的[④]。但是,"没有理由认为中国朝向更加包容的政治制度的转型会自动以无痛的方式发生"[⑤],中国朝向彻底的包容性经济制度的转型将"更加困难而不是更加容易,因为存在高度威权化的汲取性政治制度"[⑥]。

无论是留有余地还是毫不掩饰地低估中国经济的长期前景,诺思和阿西莫格鲁给出中国经济前景的保守预测的根本原因是一致的:他们都认为

---

① [美]道格拉斯·C.诺思、约翰·约瑟夫·瓦利斯、巴里·R.温格斯特:《暴力与社会秩序:诠释有文字记载的人类历史的一个概念性框架》,杭行、王亮译,上海人民出版社,2013年,中文版前言第3页。

② North, Douglass, 2005, *Understanding the Process of Economic Change*, Princeton: Princeton University Press, p. 159.

③ Acemoglu, Daron, and James Robinson, 2012, *Why Nations Fail: The Origins of Power, Prosperity, and Poverty*, New York: Crown Business, p. 442.

④ 根据世界银行的数据,截至2020年,中国的人均GDP为10434.8美元,葡萄牙为22176.3美元,西班牙为27063.2美元,德国为46208.4美元,美国为63413.5美元。

⑤ Acemoglu, Daron, and James Robinson, 2012, *Why Nations Fail: The Origins of Power, Prosperity, and Poverty*, New York: Crown Business, p. 442.

⑥ Acemoglu, Daron, and James Robinson, 2012, *Why Nations Fail: The Origins of Power, Prosperity, and Poverty*, New York: Crown Business, p. 443.

中国当前的国家制度体系与大范围的深度创新之间存在内在冲突,因为创新会伴随着熊彼特式的"创造性破坏",从而冲击现有的租金分配结构,其后果是体制内的精英不仅有可能在经济上成为输家,甚至可能失去政治上的权力。从制度变迁的博弈参与者及其谈判权力的角度来说,"创造性破坏"会催生出有可能推动制度变迁的新的经济组织,但"自然国家不会支持创造性破坏,因为新出现的经济组织将直接威胁现有的经济组织及它们的租金模式"[1]。新组织的威胁不光是经济利益上的,也体现在政治制度上——随着"创造性破坏在社会中持续产生出新的利益模式,将出现把这些利益导入到政治活动中去的政治组织"[2]。所以,代表旧制度下的既得利益的传统精英[3]阶层可能会反对伴随着创造性破坏的创新,从而令整个社会在有限准入秩序下逐渐僵化。结果是在缺乏适应性效率,尤其是通过创新来解决新情况、新问题、新挑战得不到鼓励的环境下,自然国家普遍存在更频繁的经济波动和更长期的经济停滞。

在2019年的《狭窄的通道》中,阿西莫格鲁和罗宾逊对中国可能出现的创新不足做了类似的解释。他们认为只有自由才能保护和激励创新,其论述所反映出的诉求非常接近于诺思的适应性效率的标准,即在广泛领域支持未来经济增长的多样化和不间断的创新并不依赖于解决现有问题,而是有赖于想象出新的问题和答案。这需要自主和试验。你可以提供大量资源(包括人工智能应用的数据),你可以命令人们努力工作,但是不能命令他们有创造力。创造力是持续创新的基本要素,其关键需要个人的试验、按照自己的不同方式思考、打破规则、容许失败和包容不知何时成功[4]。

阿西莫格鲁认为,由于未按照所谓的西方经验进行国家制度建设,所以中国的现有制度结构无法为创新提供建立在自由之上的足够激励,创新

---

[1] North, Douglass, John Wallis and Barry Weingast, 2009, *Violence and Social Orders: A Conceptual Framework for Interpreting Recorded Human History*, Cambridge: Cambridge University Press, p. 116.

[2] North, Douglass, John Wallis and Barry Weingast, 2009, *Violence and Social Orders: A Conceptual Framework for Interpreting Recorded Human History*, Cambridge: Cambridge University Press, p. 116.

[3] 精英阶层本身是具有社会流动性的,且非精英可以通过精英的庇护——North et al.(2009)称之为"恩荫网络"(patron-client networks)——而得利,但只要不发生转型,则特权体系本身就不会被打破。

[4] Acemoglu, Daron, and James Robinson, 2019, *The Narrow Corridor: States, Societies and the Fate of Liberty*, New York: Penguin Press, p. 234.

尤其是重要的技术进步只能"发生在狭窄的领域和在政府需要的方向上解决明确规定好了的问题"[①]。而现有制度的变迁存在路径依赖,因为"近乎两千五百年的专制之旅意味着任何方向上的改变都不会无缝衔接,快速'历史终结'的希望在中国仍然像是一个幻想"[②]。对于经济的长期持续发展不利的是,没有伴随着创造性破坏的大规模自主创新意味着一个社会将失去"适应性效率"(Hayek, 1960; North, 1988, 1990, 1994, 2005; North et al., 2009),因为"创造性破坏……是适应性效率的必然要求"[③]。结果就是,中国在接近世界的科技创新前沿之后即赶超式经济增长的潜力基本耗尽以后,经济增速会逐渐放缓乃至陷于停滞。

那么,中国经济长期增长困局的破解之道何在呢?在2013年底在中国所举办的一场演讲中,阿西莫格鲁不出意料地建议中国模仿西方世界的政治制度和经济制度,即"要求中国的制度升级到包容性经济制度和包容性政治制度,只有这种组合才能支撑创新和'创造性破坏'"[④]。

总而言之,诺思和阿西莫格鲁的看法代表了西方经济学家目前的一种较有普遍性的观点:制度的障碍将会令中国的经济增速放缓,而模仿西方制度的改革则是中国经济持续发展的出路。虽然诺思对于中国的经济前景更趋中性立场,而阿西莫格鲁的态度则悲观得多,但二者的观点实质上都构成了对于现代化的中国经验的批评。于是,或者是真的如诺思和阿西莫格鲁对中国经验所批判的,中国奇迹背后确实隐含着无法克服的制度瓶颈,其必将危及中国经济持续发展的前景;或者是诺思和阿西莫格鲁的推理中存在严重的"缺环"——经验事实和逻辑推理上的错误——导致他们看漏了中国经济起飞和可持续发展的更深层次的原因。

[①] Acemoglu, Daron, and James Robinson, 2019, *The Narrow Corridor: States, Societies and the Fate of Liberty*, New York: Penguin Press, p. 234.

[②] Acemoglu, Daron, and James Robinson, 2019, *The Narrow Corridor: States, Societies and the Fate of Liberty*, New York: Penguin Press, p. 233.

[③] North, Douglass, John Wallis and Barry Weingast, 2009, *Violence and Social Orders: A Conceptual Framework for Interpreting Recorded Human History*, Cambridge: Cambridge University Press, p. 253.

[④] [美]达龙·阿西莫格鲁:《制度视角下的中国未来经济增长》,《比较》2014年第5期,中信出版社,中信出版社,第64页。

二、对中国经济的解释和预测:布坎南的进路的创造性诠释

布坎南从未讳言自己的思想进路是以美国背景作为经验上的参照系,故中国之谜超出了他的研究范畴,可以暂时存而不论。这意味着以布坎南所代表的公共选择学派关于中国的看法需要我们通过推理而间接获得。而这一努力在理论上是逻辑可能的,因为布坎南认为:公共选择理论"在发展中国家与在全世界其他地方一样有效"[1]。

为此,我们将采用经济思想史研究中的"创造的诠释学"的方法。经典的"创造的诠释学"的原初版本(Fu, 1976)包括五个步骤或者说五个层次:实谓、意谓、蕴谓、当谓、必谓。其中,"实谓"指思想家实际说了什么;"意谓"指思想家借助实际所说的文本内容而打算表达的真正含义是什么;"蕴谓"指思想家除了打算表达的真正含义,还可能会说什么;"当谓"指社会争论的背景或思想争论的焦点发生转换后,思想家是会坚持已说,还是会以新的理论来代替和超越先前的理论;"必谓"指的是假设思想家活在当下,他按照自己一贯的逻辑必然会生发出何种新的立场和观点——这实际上已经升华为思想史的当代研究者在自问:"做为创造的解释家,我应该说什么?"[2]对于思想史研究来说,"创造的诠释学"属于一种一般方法论,而在关于某个特定经济学巨匠的思想史研究中则可衍生出一种特殊方法论。

"创造的诠释学"在经济思想史研究中之所以可视为一种衍生的特殊方法,重要的原因是经济学讲究经世济用,与公共政策有紧密的关联。为了展现思想家文本的公共政策理论含义、对公共政策的实践影响和创造性的政策诠释,我们使用的是一个经过"语境"方法洗磨的"创造的诠释学"版本,这一版本包括三个层次:

层次一,学术史上的思想家实际说了什么,所说内容的真正含义是什么,还可能说什么?这相对于传统的创造的诠释学的"实谓""意谓""蕴谓"部分。

层次二,思想家的文本所表达的观点反映了当时社会的何种公共政策辩论焦点,又在辩论中借用了何人的何种理论资源?而思想家的观点又对

---

[1] Farrant, Andrew, 2019, "What Should (Knightian) Economists Do? James M. Buchanan's 1980 Visit to Chile", *Southern Economic Journal*, Vol. 85, No. 3, p. 700.

[2] 傅伟勋:《哲学探求的荆棘之路》,载《从西方哲学到禅佛教》,生活·读书·新知三联书店,1989年,第52页。

此后的公共政策和理论发展产生了哪些影响？只有回答了上述两个问题，才能真正理解经济学界思想家的"实谓""意谓""蕴谓"(故反映的仍然是"创造的诠释学"的方法的一般性)，而思想对公共政策的反作用体现了经济学入世的学科特点(这体现了"创造的诠释学"在应用于经济、政治、社会等思想史领域时的方法的特殊性)。

上述两个步骤等价于思想史研究中的"历史重建"，需要按照思想史的剑桥学派的"语境"方法(结合历史背景中的社会焦点争论和思想家所能利用的思想资源两种语境成分)来展开分析。这一方法明显遵循了马克思的社会存在决定社会意识，但社会意识会反作用于社会存在(思想家会在自己所处的时代以文本为武器介入社会焦点辩论和公共政策)的辩证思想。

层次三，新思想和新政策的创造。在当今的现实背景尤其是新的社会焦点问题论域下，既往思想家是否会对自身的经典观点有所修正和完善。如果有，那么按照思想家一贯的理论逻辑，发生的变化应该是什么(需要当代的诠释继承者代为回答)？进而这些变化又将必然构成何种解决当代经济、政治、社会等领域的重大制度问题的新视角新理论新途径(此时诠释继承者升华为创造发展者)？这一层次大体上是传统的"创造的诠释学"的"当谓"和"必谓"步骤，但又有所侧重：一是对理论加以中国化的改造以实现本土化时代化；二是强调思想变化所涵盖的政策含义尤其是关于制度变迁的观点。

具体到布坎南在中国问题上的经济思想的研究，本书之于层次一和层次二在前面诸章已有详述，本章自然不便赘言。我们的考察将聚焦于层次三，并细分为两个问题：一是考察布坎南在美国情境下提出的理论(主要是其硬核假设)在面对中国经济奇迹时的"当谓"，即反思如何评价布坎南的思想进路在中国问题中的应用效果，应当在哪些方面对当前的应用加以修正和补充，又应当进行何种理论重构；二是在理论的硬核假设的特定应用之外，思考一个更具整合性的"必谓"问题——假设布坎南如果真的投入到对中国经济问题尤其是中国经济未来前景的研究，按照其一贯的思想进路，他在逻辑上必然会坚持何种旧的观点又会生出有何种新的观点。

(一)布坎南对中国经济奇迹的"当谓"

虽然布坎南的思想进路的经验参照对象明显是美国,但布坎南的研究纲领中的硬核假设[1]已经透过不同研究路径纷纷进入了关于中国问题的学术话语体系,尤其体现于财政联邦制和地方政府竞争的文献(张军,周黎安,2008)。

按照"方法论个人主义",国家不再被视为一个统一的分析单元(将国家视为一个独立的有机体是方法论整体主义的思维方式),各级和各地政府的官员都有各自不同的效用函数和行动方式,中国之所以可以在地方政府和各级各部门官员分散竞争的情况下,能够做到既维护稳定也提高效率,关键在于党中央的权威,故顶层的国家权威不仅具有政治意义也具有经济意义(Blanchard and Shleifer,2001;Xu,2011)。

基于"经济人"假设,地方官员被假设是以自己的政治晋升为主要目标的"经济人",于是有所谓的"晋升锦标赛"(周黎安,2017),且通过地方政府竞争而产生了良好的经济激励效果(张五常,2009)。甚至说,一些官员以风险/付出最小化、预算最大化、租金最大化、晋升机会最大化或其他反映个人利益的追求作为自己的目标函数(陈刚,李树,2012),以多层次的行政性垄断和"逐底竞争"为追逐上述目标的手段(陶然,苏福兵,2021),也同样体现了政治人也是"经济人"的自利假设(张永璟,2017)。

"作为交易的政治"在中国问题上的方法论指导意义则主要体现为现有文献关于中央政府和地方政府之间以及地方政府和企业之间的关系的研究。在第一个层次,中央政府与地方政府之间当前仍然存在晋升机会与经济绩效之间的交易,虽然这种激励随着中央政府的工作重心的转换而有所减弱(姚洋等,2020)。除政治晋升之外,另一种央地交易出现在包容性的财政体制上,中央政府在上收财权下放事权的情况下允许地方政府探索和试验如何扩大非正式财政收入来源,但会在地方政府触及合理规则的底线时加以监管和约束(吕炜,王伟同,2021)。在第二个层次,传统的软预算约束的文献研究的是中国的国有企业承担政策性负担,而地方乃至中央政府以宽松的预算作为交换(林毅夫,李志赟,2004;

---

[1] 布坎南的研究纲领的三个硬核假设分别是方法论个人主义、经济人、作为交易的政治(布坎南,塔洛克,2000;Buchanan,2003)。我们在第二章的第二节对此已经有过详尽的分析,此处不赘述。

林毅夫,刘明兴,章奇,2004)。晚近的文献则更关注地方政府与当地民营企业的关系。二者交易是地方政府提供特惠服务(如"红帽子"之类的政策保护、信贷和土地的支持、专用的公共服务如专用交通,等等),而民营企业提供税收、就业等方面的政绩贡献。这种政企合作型交易当下有扩大的趋势(聂辉华,2020)。

上述应用公共选择的硬核假设来研究中国问题的研究确实强化了我们对中国的政治和经济互动关系的理解。但是,布坎南的研究纲领的硬核假设毕竟基于的是美国的经验,在理论上也完全源于有明显自由主义倾向的芝加哥学派和奥地利学派,故建基于公共选择方法论之上的模型无法完全涵盖中国特色的经济发展模式的"特征事实"(Kaldor, 1961)。所以,在应用公共选择学派的硬核假设时稍有不慎,就会陷入方法论的陷阱,造成对中国的国家制度的性质和作用的扭曲理解。

例如,目前基于中国情境的研究所采用的是非常不彻底的半方法论个人主义。按照彻底的方法论个人主义,主要的研究对象——各级地方政府的行为——也应该按国家各级政权组织与个人之间的关系开展研究,但几乎所有的研究都将其处理为一个有独立利益的有机体(或以地方政府主官的关联网络和效用函数来代表整个地方政府,实际上与新古典经济学中的代表性个体模型在方法论上如出一辙)。这种模型设定的缺点在于仅能解释普通政治阶段地方政府在既有制度下的选择(如GDP目标至上或稳定至上),而无法用于解释改革开放以来大量的地方创新和试验——属于对制度的选择。所以,在已有的地方政府行为和央地关系研究的基础上,需要补充关于(政治、经济和文化三类)制度企业家的内容,以构筑真正基于中国情境的国家模型的微观基础。

次如,"经济人"假设或许可以作为一个"似然"假设,在经过某些效用函数上的处理后应用于分析中国的地方政府的行为。但是,这一假设绝对无法应用于对中央政府的行为的描述。党中央是国家中枢的实际领导核心,而中国共产党是从一个革命党起家的,其初始的目标函数就不是党员个人或党组织的利益最大化,而是整个中华民族的伟大复兴(民族长远利益最大化)。这在革命时期体现为推翻"三座大山"实现民族解放;在新中国成立后转换为实现民族富强,即最终建成社会主义的现代化强国。从学理的严谨性上考虑,我们可以不采用将仁慈政府假设直接套用在中国的中央政府身上这样一种传统建模方式,但我们需要去构建一个自恰的逻辑框架,以解释为什么党中央的目标在任何时候都与最广大人民群众的根本利益相一致,为什么党中央的政策在绝大多数情况下都能维护好最广大人民群众的根本利益。

又如,作为交易的政治是布坎南及其所代表的公共选择的华盛顿学派最具特点的方法论假设,而恰恰是这一假设在应用于中国的情境时或许需要特别小心。因为公平的交易必须基于一个隐含的前提——交易双方有基本平衡的谈判权力,没有哪一方可以单独改变交易时的游戏规则,而这一隐含假设恰恰在当前关于中国的研究中是不成立的。从中央政府和地方政府之间的关系来看,由于党领导下的中央政府有绝对的权威(可以决定地方官员的任免、监控地方政府的政策执行、改变双方的财政资源分配格局),央地之间的谈判权力显然是不平衡的。另外从地方政府与民营企业之间的关系看,前者对后者是有(通过在税收、贷款、土地等方面的手段)施加惩罚的潜能的,即前者相对于后者掌握着明显的权力优势。在谈判权力不平衡的情况下,当然不是说在方法论上不能从交易的视角来理解在制度约束下各方的行为,且实际上这种视角仍然大有可为(布坎南,塔洛克,2000),但问题在于不能仅仅采用交易视角而排斥权力视角(North,2005)。

除了上述批评的关于三个硬核假设的应用的问题外,正如我们之前谈到过的,由于提出硬核假设时的现实经验背景与中国的实际情境相差太远,布坎南的思想进路对中国问题的意义可能更多体现于规范层面,尤其是对"一致同意原则"或"准一致同意原则"的应用。布坎南所想象的宪制谈判中的"一致同意"相当于建立了关于制度变迁的方向、速率和程度的共同信念,即所谓的关于宪制改革的社会共识。形成新的社会共识可以被视为寻求改革意见的"最大公约数"。最大公约数并不等同于全体一致同意,实际上,人们对于改革的不同意见和看法,是追求自我利益实现和认知差异的必然结果。进而,从积极的方面看,允许人们形成、拥有和无保留地表达不同意见正是一个开放社会的本质和人的自由全面发展的体现。因此,广泛的争论和意见表达又何尝不是在改革开放四十多年的已有起点上,寻求新的改革共识的必经之路呢。问题的实质在于,如何判断不同意见的合理性,这是形成新的改革共识的前提——布坎南的"不确定性之幕"模型为比较不同价值观提供了一个逻辑上的基准参照系。

这个基准参照系被深受布坎南影响的阿马蒂亚·森所补充。森认为,在为各种备选的制度变迁方案进行排序时,不需要存在一个所有人都一致同意的完备序(complete ordering),所需要的只是一种局部序(partial ordering)。局部性的概念在哲学上类似于罗尔斯的"重叠共识"(overlapping consensus):存在复数的关于制度变迁方案的完备排序,这些完备排序都符合人类的基本价值规范。各个完备序中"交叉即共享的部分构成了局部序"①。因此,关于推进制度变迁即全面深化改革的方案设计应该聚焦于局部序,这是可以凝聚社会最大的普遍共识的改革方法论。即是说,我们对于改革不必强调完备的一致意见和彻底的共同信念,而是只需要满足局部序或曰重叠共识,从而可降低关于制度变迁的集体选择时的决策成本,同时重叠共识的出现也意味着严格可控的外部性成本(布坎南,塔洛克,2000)。

(二)布坎南对中国经济前景的"必谓"

面前的内容所涉及的都是布坎南的研究纲领中的硬核假设在中国的创造性应用,但还有一个更重要的经济思想史问题没有解决,就是如果布坎南真的在有生之年曾关注中国问题,他理应有什么观点②。

布坎南对中国的经济增长奇迹自然不会无所察觉,但他在中国问题上的态度是对未知之事保持敬畏,故沉默是一种在学术上的理性选择。然而从经济思想史研究的角度来说,我们自然不会甘心这种沉默,而是更希望

---

① Sen, Amartya, 2009, *The Idea of Justice*, London: Penguin Books, p. 397.
② 布坎南向来反对经济学家扮演政策建议者的角色,这可能是布坎南拒绝对中国问题发表具体观点的主要原因之一。在布坎南看来,经济学家的角色是寻找制度变迁的可能方案,然后按照一致同意原则对此方案加以检验。如果检验未被通过,则经济学家要开始新一轮的寻找工作。即是说,经济学不应该自己做决策或提出自以为正确的建议,任何公共政策问题尤其是制度变迁问题应该交由选民的集体选择程序来决定。(Buchanan, James, 1959, "Positive Economics, Welfare Economics, and Political Economy", *Journal of Law & Economics*, Vol. 2, No. 1, pp. 124-138)布坎南曾经批评"自由至上主义者,就像社会主义者一样,在讨论改革时,往往假设自己似乎是在向某位好心的、将要推动改革的专制君主建言,而很少提及参与各方的同意"。([美]詹姆斯·M.布坎南:《自由的界限》,董子云译,浙江大学出版社,2012年,第220页)实际上,布坎南曾经在私下的通信中提到典型的自由主义经济学家弗里德曼,批评他在政策领域自以为有不同于他人的提议权,似乎(as if)将自己当作了上帝在人间的代言人。(Farrant, Andrew, 2019, "What Should (Knightian) Economists Do? James M. Buchanan's 1980 Visit to Chile", *Southern Economic Journal*, Vol. 85, No. 3, p. 711)

能从文献中挖掘布坎南在中国问题上潜在的观点和态度。这是一个需要理论上的想象力的研究主题,而合理想象先贤经济学家按照其理论的逻辑会说但未来得及说出的观点,这种做法正是在经济思想史研究运用"创造的诠释学"方法的最关键的部分。

如果布坎南真的开展关于中国问题的研究,那么他极有可能得出与诺思非常相近的观点——中国将因自主创新不足而无法支撑经济持续发展。我们之所以敢于进行这种创造性的推演,一方面是因为在20世纪80年代初,布坎南曾经访问过同为发展中国家和同样没有采用美国式政治制度的智利,他在智利期间的演讲可以带给我们有用的线索:"宪制应该明晰地确立个人的经济自由的基础。"[1]另一方面是因为布坎南和诺思都认为自己继承了亚当·斯密重视制度的传统(布坎南,马斯格雷夫,2000;North and Thomas,1973),故在关于"国家—制度变迁—经济增长"的关系的整体理解上有思想史渊源所决定的观点相似性。

在有效制度和经济增长的关系上,经济学家的一个共识是经济增长离不开社会稳定和市场自由,而布坎南认为,实现社会秩序稳定和市场分工扩大的关键在于有"实施产权与契约的有限君主,或者用亚当·斯密的术语来说就是合适的'法律和制度',如果没有合适的法律和制度,市场根本无法运行"[2]。此处,所谓的"合适的'法律制度'是指界定并实施私人财产权和自愿合同的法律框架或结构"[3]。这与诺思的思路——有效经济制度带来经济发展——异曲同工。按照公共选择学派的观点来看,一个社会对布坎南式宪制的需求强度随经济发展而递增:"随着经济发展达到一定的阶段,要实现较高水平的人均收入,则更需要通过宪政自由体制来增进和维护经济自由,为经济运行提供一个稳定的环境"[4]。

又由于布坎南和诺思都深受奥地利学派和熊彼特思想的影响,他们一致同意企业家的创新活动是经济发展的持续动力,故有效制度的经济激励效果必须体现于保护企业家的创新精神(Buchanan and Vanberg,1991;

---

[1] Farrant, Andrew, 2019, "What Should (Knightian) Economists Do? James M. Buchanan's 1980 Visit to Chile", *Southern Economic Journal*, Vol. 85, No. 3, p. 700.

[2] [美]詹姆斯·M.布坎南:《为什么我也不是保守派:古典自由主义的典型看法》,麻勇爱译,机械工业出版社,2015年,第80页。

[3] [美]詹姆斯·M.布坎南:《为什么我也不是保守派:古典自由主义的典型看法》,麻勇爱译,机械工业出版社,2015年,第37页。

[4] 冯兴元:《大国之道:中国私人与公共选择的宪则分析》,福建教育出版社,2013年,第381页。

North et al., 2009)。于是在对制度与经济增长的关系的认识上,布坎南的观点显然与诺思的"有效经济制度—>保护企业家创新—>促进长期经济绩效"的观点几乎完全一致。

问题还在于,有效的经济制度来源于国家权力的正确行使,布坎南和诺思在这一问题上又能达成共识。在国家政权与制度变迁的关系方面,布坎南与诺思一样都强调加强对国家权力的制度性约束,这可以算作布坎南和诺思不约而同对亚当·斯密的"合适的'法律和制度'"观点的扩展,因为"斯密没有告诉我们怎样确保存在一个有效政府"[1]。布坎南和诺思沿着斯密的思路所做的补充都是要以制度的形式(最高层级是宪制)来约束国家的权力,避免国家的行为沦为掠夺之手,因为这就违背了洛克式(非霍布斯式)的契约主义互利原则,国家从工具性质的扶助者变成了一个有自我意识的利维坦。而对诺思来说,他在这一问题上超越了布坎南之处在于他在实际的历史背景下讨论了制度的可自我实施(详见第四章第二节),从而实现了从规范的理论问题(应该有制度约束)向实证的操作问题(制度约束何以能产生持续的作用)的进阶。

正是由于上述种种观点上的类似,如果布坎南真的对中国问题加以讨论的话,他很可能得出与诺思以及阿西莫格鲁非常相近的消极结论。然而,这种批判性消极结论源自对中国问题的误解,故为接近真理计(了解布坎南和诺思的错误批判的病情和病因),需要有对批判的批判。

第二节　两条思想进路误读中国经济的原因:对批判的批判

布坎南、诺思和阿西莫格鲁表达了西方学者在看待中国问题时的三种态度:保持沉默、出言谨慎、妄言无忌。实际上,三位学者的观点都有不同程度的西方中心论色彩:布坎南的全部理论都是建立在西方式的民主制度和自由市场经济既已存在的预设之上,诺思和阿西莫格鲁则认为只有19

---

[1] North, Douglass, and Robert Thomas, 1973, *The Rise of The Western World: A New Economic History*, Cambridge: Cambridge University Press, p. 157–158.

世纪中叶之后在英国和美国出现的国家制度才是最优国家类型的当代样板。显然，无论是布坎南、诺思还是拓展了诺思的进路的阿西莫格鲁，他们关于中国问题的隐含或明确的看法都在不同程度上反映了西方中心论或者说"欧洲中心主义"(Eurocentrism)的最具侵略性的一种观点："欧洲具有一些无与伦比的特征，使它、也只有它能够最早进入现代化。这样就赋予欧洲在全球传播'现代性'的权威和权力，在那些地方，文化的、政治的或经济的'障碍'阻止了其独立自主的现代发展。"[1]按照上述逻辑，因为中国的奇迹在结果和过程上都与西方人的习惯认识如此不同，上述三位学者关于中国问题的观点都可以视为是对中国的国家制度建设和经济发展道路的隐性或显性的批判。而接下来，我们将对上述的立场、观点和方法加以反思，自然构成了对批判的批判。

一、为什么说布坎南和诺思误读了中国：观点质疑和原因分析

（一）为什么说两条进路误读了中国：对布坎南和诺思的质疑

无论是遵循以布坎南为代表的公共选择的弗吉尼亚学派的思想进路还是按照以诺思为代表的新制度经济学的华盛顿学派的思想进路，最终在中国的经济问题上得出的结论都是消极的解释和悲观的预测（诺思有直接的观点阐述，布坎南的观点则可通过"创造的诠释学"的方法而间接获得）。这种论调显然是一种误读，因为其无法回应如下的理论上的或经验上的拷问：

第一，如果说中国的经济奇迹只是源于后发经济体的"赶超"增长，则何以在历史上和当今世界都有大量的后发者无法利用后发优势实现赶超？例如，与中国在近代历史上有类似境遇并且同样人口众多的印度为什么就没有实现与中国同样水平的经济奇迹。

第二，退一步说，即使确实存在后发优势下的赶超效应，何以中国的高速或中高速增长能够持续四十多年，较之二战后同样被视为经济奇迹的日本、韩国、新加坡等东亚国家或地区的高速增长期都要长。

---

[1] [美]罗伯特·B.马克斯：《现代世界的起源——全球的、生态的述说》，夏继果译，商务印书馆，2006年，第12页。

第三,如果说中国经济增长在未来不可持续,那么这种观点显然与最新的经验事实不符。在世界范围的疫情危机下,中国是2020年全球唯一实现GDP正增长的主要经济体,这一事实充分表现了中国经济发展的韧性和持续力。

第四,中国经济增长未来不可持续的观点的立论前提是假设中国自主创新尤其是科技创新不足。中国当前在一些关键技术上确实存在被"卡脖子"的困难,但这不能掩盖新中国成立以来中国科技创新的重大成就。改革开放前我们有集中力量办大事所创造的"两弹一星"奇迹,当今时代我们则有以华为等为代表的有全球竞争力的科技类民营企业。中国的国家制度不利于企业家创新的观点完全无法解释后者的崛起和后者对中国经济的拉动作用(否则美国就不会一而再再而三地打击华为等中国的高科技民营企业)。

第五,布坎南对中国前景的潜在怀疑(通过"创造的诠释学"的方法而间接推理而得)无法自圆其说,因为中国的改革开放的启动和成功恰恰体现了布坎南的理论中的最重要的逻辑——在运用"一致同意"原则时考虑"决策成本"和"外部性成本"。从中国改革开放的历史经验来看,降低制度变迁的政治领域的交易成本的方法主要有二:"不争论"和"凝聚改革共识"。"不争论"可以降低布坎南所说的决策成本,而"凝聚共识"可以降低布坎南所说的外部性成本(布坎南,塔洛克,2000)。

邓小平对于基层的制度创新的一贯态度是"不争论""再看看",看清楚后再将效果好的来自基层试验的经验加以推广,无论是对于深圳特区这样的官方试验田还是傻子瓜子这样的草根创新都是如此。用邓小平自己的话说:"不搞争论,是我的一个发明。不争论,是为了争取时间干。一争论就复杂了,把时间都争掉了,什么也干不成。不争论,大胆地试,大胆地闯。农村改革是如此,城市改革也应如此。"[①]用布坎南的语言来说,邓小平的"不争论"降低了制度变迁的决策成本。

凝聚关于改革的最大共识是降低制度变迁时的另一种制度性交易成本——外部性成本——的有效方式。在改革已经进入攻坚期和深水区的情况下,继续推进改革需要凝聚共识。所谓凝聚共识,就是要形成推进改革开放的合力。人心齐,泰山移。没有广泛共识,改革就难以顺利推进,即

---

① 邓小平:《在武昌、深圳、珠海、上海等地的谈话要点》,载《邓小平文选》(第三卷),人民出版社,1993年,第374页。

使推进了也难以取得全面成功。用布坎南的语言来解释,凝聚最大共识可模拟出近似于一致同意的情境,从而消除绝大部分的外部性成本。

第六,诺思和阿西莫格鲁对中国的批评难以在经验上成立,因为中国和俄罗斯在后者发生转型后彼此经济绩效的巨大落差实际上已经否定了诺思和阿西莫格鲁的批评。

只要从客观数据上对比一下中国的经济表现和苏联解体后俄罗斯的经济转型的后果,就可以发现:所谓的西式制度改革的药方其实可能是一杯鸩酒,饮之者蒙受了巨大的经济成本。与俄罗斯等东欧国家高成本的转型不同,中国成功地以低经济成本(以经济的波动和通货膨胀来衡量)结束了"短缺经济"(shortage economy)[1]。中国在改革开放后前三十年接近10%的高速增长的基础上,近年来在没有巨大外生冲击时仍可以保持6%以上的中高速增长,且没有出现过严重的通货膨胀。相反,俄罗斯从1992年1月初开始经济转型,在首任领导人叶利钦主持经济转型的八年间,俄罗斯的年均GDP增长率(1992—1999年)为-5.1%,以CPI衡量的年均通货膨胀率(1993—1999年)则高达231.2%[2]。

这一客观结果的吊诡之处在于,俄罗斯在20世纪90年代初的制度转型显然更符合诺思的开放准入秩序和阿西莫格鲁的包容性经济制度的标准,而中国则被认为只发生了向包容性经济制度的有限转型,那么为什么反而是经济制度更为"开放"和"包容"的俄罗斯出现了经济衰退呢?阿西莫格鲁的研究恰恰回避了这一问题,而诺思则有着更为清醒的认识,他在自己的诺贝尔奖获得者的演讲中指出:正式制度需要与非正式制度相互协调才能发挥预想的积极作用,故简单的制度移植往往事倍功半,"私有化不是解决经济绩效疲软的万能灵药"[3]。

既然布坎南或诺思的思想进路都无法合理回答全部上述六个追问,则二者关于中国问题的立场和观点则都有可质疑之处,进而不得不引起对二

---

[1] 计划经济被公认为是"短缺经济",中国市场上商品短缺的情况一直到1998年后才终于结束。根据国家经贸委(2003年之后与外经贸部一道改组为商务部)公布的调查数据显示,1996年上半年,全国主要商品中,供不应求的仅占3%,供求平衡的占接近90%,供大于求的则已超过5%。到1998下半年,市场上已经不再存在供不应求的商品,供大于求的则占到了接近34%。此时,中国已经完全告别了短缺经济,开始进入了供给相对过剩的时代。

[2] 数据来源:世界银行数据库。

[3] North, Douglass, 1994, "Economic Performance through Time", *American Economic Review*, Vol. 84, No. 3, p. 366.

者所使用的论证方法的怀疑。接下来,我们将从两个方面来分析造成误读的原因,一是经验事实的错误,即以虚构的所谓现代化的西方经验作为评判中国的国家制度和经济发展道路的经验参照系;二是逻辑演绎的错误,即采用了时空误置的假设作为国家模型的建模关键组件,从而导致模型无法适用于对中国问题的回答。

(二)经验与逻辑的偏误:虚构的西方经验与错误的逻辑演绎

布坎南、诺思、阿西莫格鲁关于中国经济发展可持续性的预测,我们姑且称之为"中国经济前景悲观论假说"。为了能深入理解该假说的前提假设和推理逻辑,我们可以借助于科学哲学中的"演绎—律则"(deductive-nomological)模型来尝试解构该假说。

"演绎—律则"模型是科学哲学家们公认的"研究科学解释的重要出发点"[①],在该类模型中,"解释是事后的,预测是事前的,但是基本的演绎形式是一样的"[②],即解释和预测是同一硬币的两面。典型的"演绎—律则"模型包括三个要件:初始条件($C_1, C_2, \cdots\cdots, C_n$)、普遍法则即解释项($L_1, L_2, \cdots\cdots, L_n$)以及被解释项(E)。"演绎—律则"模型要求解释项(explanans)即普遍法则(general law)陈述与初始条件(initial conditions)陈述一样必须为真,以避免科学与迷信的混淆(天狗吃月亮也是对月食的一种解释,但天狗的存在不为真)。新制度经济学家们对中国经济前景的悲观预测可以用"演绎—律则"模型刻画为(其中"横线"代表演绎过程)

C_1:中国经济属于依赖现成技术的赶超式增长
C_2:中国在现有的制度下无法成为科技创新的领先者
L_1:发达经济体必须是科技等领域的全面创新者

E:因而,中国经济将陷入停滞而无法成为发达经济体

在上述对"演绎—律则"模型的具体阐发中,"中国经济前景悲观论假说"即"中国经济将陷入停滞而无法成为发达经济体"这一陈述是被解释项(explanandum)。

[①] [美]丹尼尔·豪斯曼:《导言》,载[美]丹尼尔·豪斯曼编《经济学的哲学》,丁建峰译,上海人民出版社,2007年,第8页。
[②] [美]D.韦德·汉兹:《开放的经济学方法论》,段文辉译,武汉大学出版社,2009年,第85页。

从经济学方法论的视角来看，如果一个待检验的假说能够被接受，其需要经受住的最基本的检验是该假说所产生的预测是否与现实的经验相一致。由于中国正处于从赶超式增长向高质量发展（以创新为发展的主要动力）过渡的阶段，相关的经验事实还没有积累足够的观察样本，故对于布坎南和诺思等人的"中国经济前景悲观论假说"即"中国经济将陷入停滞而无法成为发达经济体"的结论在短期内还无法开展直接的经验检验，而是需要经过一个比较长的历史阶段才能获得决定性的经验证据[1]。

虽然暂时还无法进行直接的经验检验，但是由于对过去的解释和对未来的预测在"演绎—律则"模型中是逻辑上对称的，故我们可以借助西方世界的历史事实来进行间接检验，而该检验的结果提前让我们知晓："中国经济前景悲观论假说"很可能得不到证实。原因在于，该假说成立的前提性初始条件是中国当前的政治—经济制度体系无法提供充分的创新激励，会导致大范围创新尤其是在关键技术领域的自主创新不足，而历史上的证据则提醒我们，西方世界科技革命的真实历史与布坎南和诺思从理论教条出发编织的西方故事并不一致，他们显然是犯了先射箭后画靶的错误。

布坎南和诺思等人都认为科技创新是有效的产权保护制度的函数，这一观点无法得到西方世界的真实历史情况的支持：诺思认为英国从有限准入秩序向开放准入秩序转型的时间发生于19世纪中叶（North, et al., 2009）；阿西莫格鲁将受限的利维坦开始出现于英国的时间也设定为这一时段（Acemoglu and Robinson, 2019）。众所周知，英国在19世纪中叶已经基本完成第一次工业革命且借此赢得了世界经济的霸权。所以很显然，以创新的大规模涌现和应用为标志的第一次工业革命及其所带来的生产力的飞跃，并不是完成了诺思和阿西莫格鲁所理解的根本性的国家制度转型的结果。这就说明，布坎南和诺思预测中国经济前景的"演绎—律则"模型的初始条件陈述C_2很可能不为真。

实际上，工业革命是经历了对西方科技革命成果的漫长消化期后的生产力潜能的爆发，而科技革命早在文艺复兴时代就已经开始了，其以15、16世纪达·芬奇（Leonardo da Vinci）、伽利略（Galileo Galilei）等人的成果为

---

[1] 中共十九大设定了到21世纪中叶建成社会主义现代化强国的战略目标，这可能也是检验阿西莫格鲁和罗宾逊的"中国经济前景悲观论假说"的一个合理的时间节点。

开端,以17、18世纪莱布尼茨(Gottfried Leibniz)、牛顿(Isaac Newton)等人的成就为高峰。没有证据表明在当时存在现代意义上的知识产权保护制度(否则可能就不会有莱布尼茨和牛顿之间无休止的微积分发明权之争了)。知识产权在世界范围内被广泛认可是非常晚近的事件,保护工业产权的《巴黎公约》在1883年签署时只有13个国家加入,世界知识产权组织1967年成立时也只有51个成员国[①]。

15世纪后西方世界科技的飞速发展的主要激励因素是当时各国君主和贵族们对于探索性研究的经济支持,而这些支出的背后则是科技创新要直接服务于军事竞争的需要。由于欧洲长期处于小国林立且与穆斯林世界直接对抗的地缘政治环境,在14世纪中国的火药技术经由阿拉伯世界被引入欧洲并应用于军事目的后,君主和贵族们对军事类科技(主要包括关于飞行弹道的物理学和关于火药的化学)的强烈兴趣成为他们投资于近代科技进步的原动力(文一,2016)。

在历史上,伽利略、牛顿等人从事的大量研究都是直接或间接服务于发明新式的毁灭性武器。根据牛津版的《技术史》记载(辛格等,2004),伽利略长期致力于研究炮弹在空中的飞行轨迹以求得最远的射程,为此花费很长时间在意大利的兵工厂进行观察和实验,所取得的实验成果进一步否定了亚里士多德的物体动力学理论。荷兰的惠更斯(Christiaan Huygens)和英国的牛顿则在伽利略的基础上引入了空气阻力因素,从而在科学上完善了关于炮弹和子弹的飞行轨迹的运动定律,也帮助牛顿在经典力学方面取得了杰出成就。

除了军事需要外,开发海外市场以扩大贸易的渴望(依赖于军事技术的征服也是贸易扩展的基础条件之一)还推动当时欧洲的君主和贵族们鼓励天文学(可帮助水手在远航时辨别方向)等领域的发展。由于很多科技在军用和民用的分界上是很模糊的(如航海技术和相关的天文学),所以即使是直接以军事为目的的科学研究也可以转化为商业用途,17、18世纪的英国和19世纪的德国走的都是这样一条军事竞争需要刺激科技研发投资,科技成果再转化为工业生产力的发展道路。

[①] 更具有讽刺意义的是,现行的"许多协议并不是追求全球经济福祉的产物,而是那些寻求盈利的跨国公司游说的结果。比如,关于专利和版权的国际规则……。经济学家普遍嘲笑这些规则,因为它们以不当方式限制了发展中国家获取廉价药品或技术的能力"。([土]丹尼·罗德里克:《贸易的真相:如何构建理性的世界经济》,卓贤译,中信出版社,2018年,第123页)

综上可知，西方学者们将科技创新视为产权制度的函数是一种理论上的虚构（逻辑上似乎"通"而真实历史中未发生），是对历史结果的事后的理论合理化而不是对真实的历史过程的理论解释（姚洋，2002）。即使没有针对科技创新的知识产权保护制度，只要由国家出面对科研活动加以鼓励和投资，科学研究的职业化、科技人才的教育和选拔、科学家团体等都会逐步涌现，从而实现近代史上西方世界的科技水平的加速发展。西方世界的科技进步的历史进一步加深了对初始条件陈述C_2的真实性的怀疑。

由于初始条件陈述C_2非真，上述关于中国经济前景的"演绎—律则"模型的结论从方法来看显然是不合理的[①]。于是我们可知，布坎南和诺思等对于西方世界的国家制度转型的时点的判断以及我们对于西方工业革命前的科技发展的探源反而支持了与"中国经济前景悲观论假说"相反的观点：中国在没有发生西方标准的制度转型的前提下，一样有可能有大规模的深度创新。所以，将一个尚待检验且只能在较远的未来才可以得到检验，同时又得不到历史证据支持的假说装扮成一个确定结论，这无疑是布坎南和诺思等人的中国问题研究的一项重要缺陷。

二、中国的国家制度的典型特征及其为什么是"好"制度

布坎南和诺思沿着不同思想进路构建的国家模型存在着一个共同的缺环——对于"国家能力"（state capacity）维度的忽视。这一忽视导致了严重的方法论问题，即二者的研究尤其是布坎南的研究是以国家具备充分能力为隐含前提的，而这一前提之于广大后发国家来说却是落后的原因本身。而具体在中国问题的研究领域，这一忽略进一步导致了布坎南和诺思对于中国的历史和现实的认知偏差，他们都忽略了的典型事实是：强国家能力从现实逻辑看是中国的国家制度的最显著的特征；而从

[①] 另外，该"演绎—律则"模型在普遍法则陈述上具有相当大的模糊性，或者说普遍法则L_1不完全为真。所谓的"创新"可以发生在各种领域以各种不同的形式出现；从来源上说既可以是完全本土原创型，也可以是外来引进模仿型；在历史上极少有国家在技术等创新领域全面领先过（恐怕只有英国和美国在历史上近似做到过）。模仿性创新有时候也有很重要的经济意义，例如在中国，除了0到1的完全原创式创新外，还存在1到N的模仿式创新的可能。因为中国有超过14亿的人口和巨大的国内市场，只要有点"拿来主义"的精神，1到N之间还是大有创新的空间，因为外来事物需要经过本土化的改造，才能适应中国的环境和中国人的偏好。L_1非真意味着布坎南和诺思关于中国经济未来前景的观点在逻辑推理的环节就存在缺陷。

历史逻辑看,是中国近代所面临的历史情境决定了中国的制度企业家带领中国人民,选择了走出一条强化国家能力的国家制度建设道路;从理论逻辑来说,在中国的历史和现实情境下,评价何谓"好"制度,关键的依据是治国者能否凭借国家治理体系和治理能力(即国家制度及其执行能力)的现代化领导人民实现经济的高质量发展,从而为中华民族伟大复兴奠定坚实的经济基础。

(一)当前中国的国家制度的典型特征:党的领导和强国家能力

按照习近平总书记的解读,国家治理现代化集中体现为"国家制度和制度执行能力"[①],党的十九届四中全会的"决议"在等价于国家治理体系的意义上使用了"国家制度"的概念。按照"决议"的表述,中国特色社会主义的"国家制度"是一个包含"经济、政治、文化、社会、生态文明、军事、外事等各方面制度"[②]的体系。

那么,中国现有的国家制度体系的由来是什么呢?按照马克思的观点,"人们自己创造自己的历史,但是他们并不是随心所欲地创造,并不是在他们自己选定的条件下创造,而是在直接碰到的、既定的、从过去承继下来的条件下创造"[③]。由于弱(weak)国家能力无法应对近代中国内外交困的局面,所以中国的国家制度建设的路径选择只能是先解决政治问题("自强"即国家能力的强化)再来解决经济问题("求富"即国家经济建设)。于是在近代中国,国家能力是国家制度建设的中心,二者之间的关系和经济影响表现为:强(strong)国家能力是通过不断地试错性学习而推进的国家制度建设的结果,即国家制度建设可以视为是对国家能力的有意识的制度性投资;当前中国的国家制度仍然以强国家能力为显著特征;而强国家能力有利于经济的长期持续发展。

具体来说,国家治理体系和国家治理能力在党的十八届三中全会和党的十九届四中全会的"决定"中被定义为主要体现"制度及其执行能力"[④]。

---

① 习近平:《切实把思想统一到党的十八届三中全会精神上来》,《求是》2014年第1期,第3页。
②《中共中央关于坚持和完善中国特色社会主义制度 推进国家治理体系和治理能力现代化若干重大问题的决定》,《人民日报》2019年11月6日,第1版。
③ [德]卡·马克思:《路易·波拿巴的雾月十八日》,载《马克思恩格斯选集》(第一卷),人民出版社,2012年,第669页。
④《中共中央关于坚持和完善中国特色社会主义制度 推进国家治理体系和治理能力现代化若干重大问题的决定》,《人民日报》2019年11月6日,第1版。

按照这一阐释,则中国当前国家制度的最显著的特征可以分解为如下两个方面:

第一,党的集中统一领导。中国当前的国家制度的首要的显著特征是在国家制度的顶层设计上强调执政党及其中央的权威。

党的领导的绝对性和全面性是从毛泽东时代就已经提出的治国准则,党的十九大报告和党的十九届四中全会的"决定"将其表述为"党是领导一切的"[1]和"党是最高政治领导力量"[2]。中国共产党是中国政治的实际领导核心,党的领导已经嵌入包括宪法在内的国家制度体系的方方面面,承认党的绝对领导是理解中国的国家制度的逻辑前提。

中国共产党的执政地位的永续稳固有重要的政治意义,进而会产生有利的经济影响。从治国者的时间视野来说,长治久安有利于治国者形成对未来执政前景的乐观预期,从而不是基于短期私利而是按照长期普遍利益来制定和实施政策。用一个简单的数学公式来表示:假设治国者的未来收益的贴现率为 δ,而 $\delta \in [0,1]$;显然,贴现率 δ 是政权的稳定性的函数,越是有一个安定团结的政治局面,治国者的贴现率就越高。设各期的执政收益都为 R,则治国者终生的执政收益的总贴现值为 $\frac{1}{1-\delta}R$[3]。显然,贴现率越高对治国者越是有利。

于是,执政地位稳定这一初始条件促使国家的积极回应与百姓的自愿服从构成了一个正反馈的良性循环:一方面,从治国者的角度来说,除了中华民族伟大复兴这一根本使命性质的因素外,其之所以选择对整个社会的长远普遍利益进行有效"回应"的策略,是因为这一策略从长期看也符合治国者自身的利益——可换取百姓对国家权威的自愿服从,而自愿服从有利于维护国家的长治久安,从而通过降低执政的不确定性而最大限度地提高了治国者未来收益的贴现率。另一方面,从百姓的角度来说,国家的回应从长期看提高了绝大多数人的福利(短期的受损者在长期也可以通过经济增长的外溢效应和政府的转移支付得到补偿),故对国家权威"自愿服从"

---

[1] 习近平:《决胜全面建成小康社会 夺取新时代中国特色社会主义伟大胜利——在中国共产党第十九次全国代表大会上的报告》,《人民日报》2017年10月28日,第1版。
[2] 《中共中央关于坚持和完善中国特色社会主义制度 推进国家治理体系和治理能力现代化若干重大问题的决定》,《人民日报》2019年11月6日,第1版。
[3] $\frac{1}{1-\delta}R = (1+\delta+\delta^2+\cdots+\delta^t)R$.

是与百姓自身的利益一致的。只要正反馈良性循环不被突发的重大冲击所破坏,以党的领导为中心的国家制度就会始终与最广大人民群众的根本利益保持一致。

第二,强国家能力。党的集中统一领导为国家能力的强化提供了制度基础,而反过来,全面和充分的国家能力又在客观上保证了党的领导的有效性。

充分的国家能力在中国体现于多个方面:例如,党和国家所领导的主流意识形态构成了国家的合法化能力[1](王绍光,胡鞍钢,1993)的来源。党和国家所领导的主流意识形态"充当了'启蒙'和'唤醒'国民、推动现代政治进程的工具,并由此获得了统摄、规划和引领人们的观念与行为规范的地位"[2]。次如,国家对于社会有很强的渗入能力(米格代尔,2012)。国家政权"自上而下地将地方机构、社会团体和政治人口'整编'纳入既定的政治框架中,形成行政性的、组织化的政治社会"[3]。又如,国家的法治能力不断得到完善。为了使国家所作出的政治承诺可信,一个重要的途径是"法治"的确立。中国的党和国家近年来通过推进"法治"而主动对自己的权力做出制度约束,如2004年的保护私有财产写入宪法,2014年党的十八届四中全会强调"推进全面依法治国"。再如,国家拥有极强的资源控制和汲取能力。国家政权垄断了全部暴力资源以及大部分人力、组织资源,并具有很强的财政资源汲取能力,这使得国家可以有足够的能力来保证国家政策的有效性,从而维护政治稳定和推动经济发展。

上述的国家能力中有些不易量化,但一国的国家财政汲取能力却是一个可量化的指标,且由于充分的汲取能力保证了国家制度的执行力。虽然现有文献在理论上一般认为国家能力是一个包含多样化元素的集合,但考虑到数据的可得性和易处理性,国家的汲取能力[4]仍然是在实证研究和政策应用中最常用的衡量国家能力的指标(焦长权,焦玉平,2018;福山,

---

[1] "合法化能力"指的是"国家运用政治符号在属民中制造共识,进而巩固其统治地位的能力"。(王绍光、胡鞍钢:《中国国家能力报告》,辽宁人民出版社,1993年,第6页)
[2] 景跃进、陈明明、肖滨:《当代中国政府与政治》,中国人民大学出版社,2016年,第14页。
[3] 景跃进、陈明明、肖滨:《当代中国政府与政治》,中国人民大学出版社,2016年,第14页。
[4] 采用这一指标来代表国家能力不乏争议(周其仁,2017),可争议之处主要在于:国家汲取能力是国家能力的结果而不是国家能力本身;国家的汲取能力应该与国家收入的用途挂钩(规范性的批评);国家能力只用汲取能力来衡量代表性不足;等等。

2015)。按照这一指标来横向比较的话,则中国的国家能力已经居于世界前列。如果以广口径来衡量,国家所掌握的收入占GDP的比重已经超过了40%(见图6-1)。

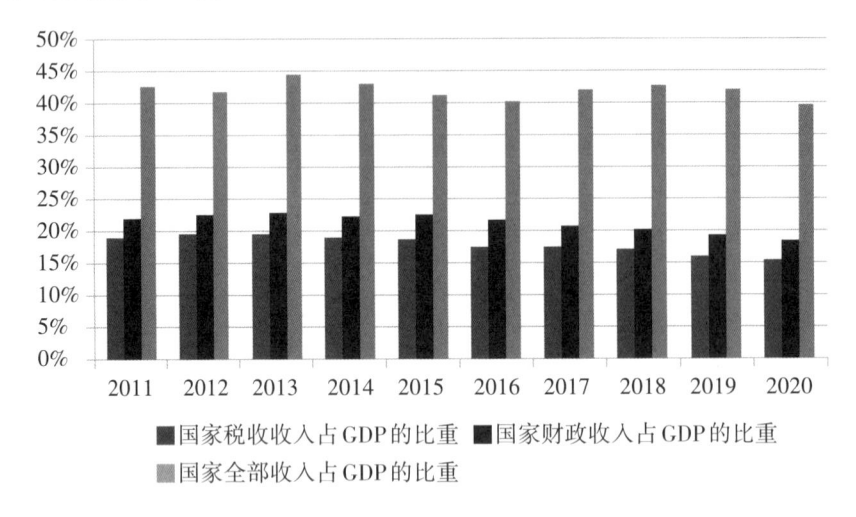

图6-1 国家对资源的控制能力(以相对比率衡量)

资料来源:"国家税收收入"的数据来自《中国统计年鉴》(历年)。"国家财政收入"即一般预算收入,其中包括税收收入和纳入一般预算管理的其他非税收入,数据亦来自《中国统计年鉴》(历年)。"国家全部收入"包括:一般公共预算收入、政府性基金收入(主要是地方政府出售土地使用权的收入)、社会保险基金(五险)的缴纳金额、住房公积金(一金)的缴纳金额、国有企业利润(我们用该指标代替了数额较低范围较窄的国有资本经营性收入)。其中,政府性基金收入的数据来自《中国统计年鉴》(历年);社会保险基金的缴纳金额的数据来自人力资源和社会保障部发布的《人力资源和社会保障事业发展统计公报》(历年)和财政部发布的《全国社会保险基金收入决算表》(历年);住房公积金的缴纳金额的数据来自住房和城乡建设部、财政部和中国人民银行印发的《全国住房公积金报告》(历年);国有企业利润的数据来自国务院国有资产监督管理委员会发布的《全国国有及国有控股企业经济运行情况》(历年)。

从图6-1可知,最近十年以来,国家的全部收入几乎都占到了GDP的40%以上(除了2020年由于受到疫情的外生冲击而略低于40%),最高曾经接近45%(2013年),这证明了国家有很强的资源汲取能力。另外从所占的比重上看,税收并没有在全部国家收入中占据绝对压倒性的地位,故中国当前严格来说仍不属于熊彼特意义上的税收国家(马骏,2011;Schumpeter,1918/2012)。

图6-2表现的是国家的汲取能力近十年以来的绝对增长趋势(只有2020年受疫情的影响而发生了意外的小幅下降),国家税收收入最高时接近15.8万亿元(2019年),国家财政收入最大值高于19万亿元(2019年),国家全部收入的最大值也曾经高于35万亿元(2019年)。

虽然国家的汲取能力只是整个国家能力的一种局部的代表性指标,但是已有的实证研究(Besley and Persson, 2014)表明:国家能力的各个维度之间存在群聚(cluster)效应即同步增长关系。所以图6-1和图6-2在一定程度上可以反映中国的国家能力的整体情况,而强国家能力的背后含义是国家制度建设的高质量。即是说,除各维度之间的互补性(双向正反馈)外,国家能力的群聚效应的出现至少很大一部分"是因为一些潜在的共同因素,比如制度"[①]。

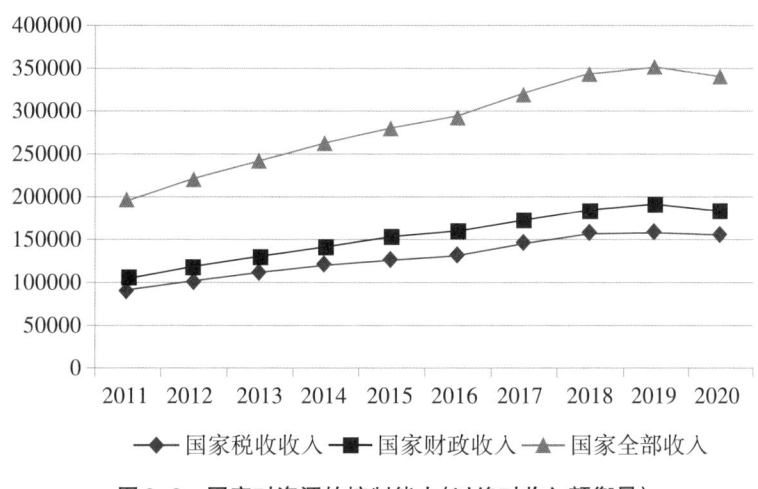

图6-2 国家对资源的控制能力(以绝对收入额衡量)

资料来源:同上。

通过接下来的研究,我们将发现:上述数据所反映出的强国家能力及其背后所蕴含的高质量国家制度建设,在中国的经济发展过程中起到了积极作用。无论是在新中国成立后的前三十年还是在改革开放后乃至中国

[①] 蒂莫西·贝斯利、托尔斯腾·佩尔松:《为什么发展中国家税收那么少?》,《比较》2015年第2期,中信出版社,第41页。

特色社会主义新时代都是如此。不过在讨论这一问题之前，我们将先从经济学的视角分析一下国家能力与国家制度建设之间的关系。

(二)国家能力与国家制度建设的关系的经济学分析

1.国家能力：概念及其在经济学的国家模型中的含义

"国家能力"概念兴起于20世纪80年代初西方政治学界"找回国家"的学术努力（埃文斯等，2009）。党的十八届三中全会首次提出，党的十九届四中全会再次强调的"国家治理能力"可视为"国家能力"的近义词，如果从广义来理解国家治理所涉及的范畴，则前者与后者几乎同义（王浦劬，杨彬，2019）。

从内涵上看，国家能力一般指的是中央政府贯彻自身意志实现特定目标的能力。如王绍光和胡鞍钢（1993）在国内最早讨论了国家能力问题，在他们看来，国家能力主要是指中央政府的能力，"是指国家将自己意志、目标转化为现实的能力"[1]。国外政治学家们[2]给出的定义与国内的研究基本相同，如福山（2017）认为国家能力属于一种制度能力，体现了"国家制度的实力（strength）"[3]，是所谓的"计划和执行政策及实施法律的能力"[4]；米格代尔（2012）则将国家能力定义为"国家领导人通过国家的计划、政策和行动来实现其改造社会的目标的能力"[5]。经济学家也提出了类似的定义（贝斯利，佩尔松，2014），认为国家能力是国家能否有效采取政策行动的能力；或者说国家能力是一种国家的制度能力，即国家有能力通过实施各种政策将利益和服务传递给家庭和企业（Besley and Persson，2011）。国家能力在有些文献中也被视为国家权力的表现形式之一，在四卷本的《社会权力的起源》中（Mann，1986，1993，2012，2013），曼（Michael Mann）将国家的基

---

[1] 王绍光、胡鞍钢：《中国国家能力报告》，辽宁人民出版社，1993年，第6页。
[2] 福山和米格代尔师出同门，二人都是著名政治学家亨廷顿（Samuel Huntington）的学生。
[3] [美]弗朗西斯·福山：《国家构建：21世纪的国家治理与世界秩序》，郭华译，学林出版社，2017年，第21页。
[4] [美]弗朗西斯·福山：《国家构建：21世纪的国家治理与世界秩序》，郭华译，学林出版社，2017年，第19页。
[5] [美]乔尔·S.米格代尔：《强社会与弱国家：第三世界的国家社会关系及国家能力》，张长东等译，江苏人民出版社，2009年，第5页。

础性权力①(infrastructural power)视为一种国家能力,即"一个国家政权(无论专制或民主)在疆域内渗入社会和为政治决策提供后勤保障的能力"②,尤其是"中央国家政权的制度化了的能力"③。

从外延上说,无论是经济学家还是政治学家都强调国家能力的工具性意义。王绍光和胡鞍钢(1993)将国家能力清单化,主要包括汲取能力、调控能力、合法化能力、强制能力,其中汲取财政收入的能力最为重要。米格代尔(2012)将国家能力清单化为渗入社会、调节社会关系、汲取资源、以特定方式配置和运用资源四个方面。经济学研究所提出的国家能力的清单,包括支持经济发展的能力、汲取财政收入的能力和提供公共服务的能力(贝斯利和佩尔松,2014;Besley and Persson, 2014);或者也可以简单地将国家能力视为由财政能力(国家有能力获得财政收入并将收入向最亟需的领域转移)和法治能力(国家有能力提供产权保护和契约执行等方面的司法服务)组成,两种能力分别代表了国家的汲取性角色和生产性角色(Besley and Persson, 2011)。

我们可以用正式的语言来说明国家能力在标准的经济学模型中的定位:国家能力类似于治国者按照特定目标函数(可以是社会福利、政权稳定、经济发展、租金等)实现最优化时的约束条件,故国家能力的增强之于治国者相当于预算的提高之于厂商,都意味着可以在更高水平上达成目标。所以,治国者在国家能力上的投资也近似于厂商在生产能力上的投资(见图6-3)。

在图6-3中,U_1、U_2和U_3代表治国者的无差异曲线,SC_1和SC_2代表国家能力所构成的约束,E_1、E_2和E_3是有约束的治国者效用最大化均衡点。我们假设治国者所偏好的内容可以归结为经济发展和社会稳定两大类,故纵轴和横轴分别代表二者。我们还假设社会稳定有其极限值,即一个社会的全

---

① 与"基础性权力"相对的是"专制权力"(despotic power),其被定义为"国家精英无须经过与多数市民社会团体的代表协商,就可以做出专断决策的实力(ability)"。(Mann, Michael, 2012, *The Sources of Social Power*, Volume Ⅲ: *Global Empires and Revolution*, 1890-1945, Cambridge: Cambridge University Press, p.13)

② Mann, Michael, 2012, *The Sources of Social Power*, Volume Ⅲ: *Global Empires and Revolution*, 1890-1945, Cambridge: Cambridge University Press, p.13.

③ Mann, Michael, 1993, *The Sources of Social Power*, Volume Ⅱ: *The Rise of Classes and Nation-States*, 1760-1914, Cambridge: Cambridge University Press, p.59.

部个体都完全认同国家合法性的状态(100%)——相当于公共选择理论中的一致同意;相反,经济发展所能给治国者带来的收益则是没有极限的。于是有SC_1和SC_2从横轴的100%处出发而沿着纵轴变化,SC_2代表更高的国家能力。

如果在治国者的信念中,社会稳定或者说国家长治久安占据了其目标函数的绝大部分权重,则他的无差异曲线就会如U_1一样呈现接近于垂直的形状,从而在100%社会稳定的极限处有角点均衡E_1。此时,国家能力的强化对于治国者来说没有意义,故治国者不会对此进行投资(因为投资本身也产生机会成本)。这反映了前近代中国封建王朝的情况,而西方世界所提供的例证也可说明U_1的合理性:大西洋贸易的兴起引发了英国的商业革命,提高了英国资产阶级的经济力量,从而使得他们有意愿也有能力去挑战既有的政治权力结构(Acemoglu, et al., 2005b)。由于无论在西方还是东方,经济发展都潜在威胁着在位治国者的利益,所以治国者可能刻意在经济制度上抑制经济发展(如重农抑商)以求社会稳定最大化,治国者此时没有必要对国家能力进行制度性投资。

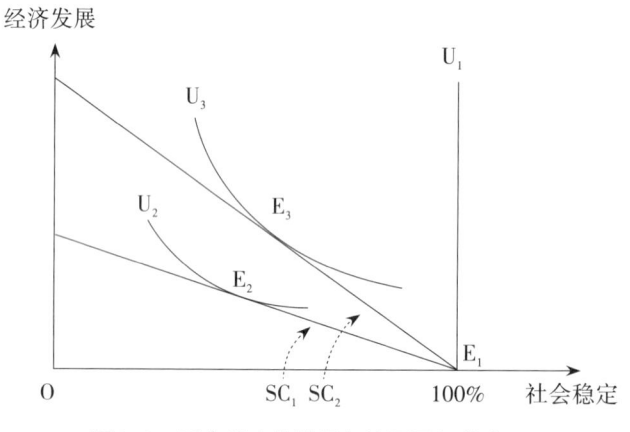

图6-3 国家能力的增强与治国目标的实现

一旦出现社会普遍的危机(可能源于国家间竞争的冲击或国内矛盾的积累),E_1所代表的均衡便不再稳定,治国者的目标函数或迟或早地会从U_1转型。所以,更常见的情形是治国者的无差异曲线如U_2和U_3一样是内凸的(意味着经济发展和社会稳定各自在治国者的目标函数中都占有相当高的权重),而国家能力的强化会提高治国者的效用水平,治国者因此有意愿对国家能力进行投资,经济发展也会作为其副产品而得到促进。

2.布坎南和诺思的国家模型中对国家能力的忽视和逻辑颠倒

在1844年发表的《国民经济学批判大纲》中,恩格斯曾批评当时已庸俗化的古典经济学家们"不去检验前提"[①],从而靠着不诚实的假设为整个资本主义体系辩护。在21世纪,西方的经济学家仍然在重复着同样的错误。

当沿着布坎南和诺思各自的思想进路来研究中国问题时,我们会发现,二者都有一个共同的但是却从来未曾检验过的隐含前提——国家在贯彻自己的意志时有充分的国家能力。实际上,国家要做好事(例如促进经济发展),必须同时具备三个前提条件:意愿、知识和能力。"意愿"指的是国家有伸出扶助之手激励;"知识"指的是国家知道该如何把事情做好;"能力"是指在具备意愿和知识的情况下,国家还要具备在制度改革和政策贯彻方面的执行力,从而能够最终实现国家的政策目标。

对于布坎南和诺思的国家模型来说,双方都没有充分重视或者干脆无视了国家能力问题。布坎南的著作从未直接涉及国家能力或类似的概念,而诺思只在最后一部著作《暴力与社会秩序》中有关于国家能力的几处轻描淡写地提及。

由于研究的经验背景是二战后的美国社会,布坎南的国家模型中或许确实可以隐含地假设国家能力足够充分。例如,福山(2017)就认为美国的国家制度的特点是国家能力较强而国家负责管理的职能范围较窄。又如,阿西莫格鲁也将美国视为强国家能力的典型代表,"它极大地扩张了国家能力并能够公平地解决大量冲突、实施一系列复杂的法律、提供人民所需要和乐见的公共服务。它有一个大而有效的官僚部门(不过偶尔也会膨胀和无效)且掌握着关于人民现状的大量信息。它拥有世界上最强大的军事力量"[②]。

但是,诺思的国家模型未给予国家能力足够的重视则是极不合理的。因为诺思的国家模型的应用范围是近代历史上的西方世界和当今广大的仍处于落后状态的第三世界,对于它们来说,强大的国家能力并不是

---

① [德]弗·恩格斯:《国民经济学批判大纲》,载《马克思恩格斯选集》(第一卷),人民出版社,2012年,第20页。
② Acemoglu, Daron, and James Robinson, 2019, *The Narrow Corridor: States, Societies and the Fate of Liberty*, New York: Penguin Press, pp. 26–27.

与生俱来的,甚至至今仍然可望而不可即。所以,国家能力的演化本应当作为国家模型的关键一环,而不是被当作一个默认的前提而被隐含地假设掉。遗憾的是,诺思只简单提及过国家能力对于国家转型[1]的意义(North et al.,2009),且忽略了国家能力在国家制度和国家政策之间的中介地位(North,2005),更几乎从未对国家能力的来源和历史演化有过深入的思考。

继承和发展了诺思的思想进路的阿西莫格鲁虽然更为看重国家能力的概念(Acemoglu and Robinson,2019),但他完全以西方世界的标尺来衡量一切国家的制度,这在方法上既不科学也远离了历史的真相。阿西莫格鲁开始关注国家能力问题始于其独立发表的论文(Acemoglu,2005,2010),而在稍后与罗宾逊合著的《国家为什么会失败》中,其在谈到包容性政治制度的必要条件之一即充分的集权时就已经触及了国家能力问题,但没有展开详细讨论。在2019年同样是与罗宾逊合著的《狭窄的通道》中,阿西莫格鲁给出了一个关于国家能力的更为全面的解读。阿西莫格鲁和罗宾逊将"国家能力"定义为"实现国家目标的能力。这些目标通常包括实施法律、解决冲突、规制经济活动和对这些活动征税,以及提供基础设施或其他公共服务,也包括为战争筹资"[2]。遗憾的是,阿西莫格鲁和罗宾逊在《狭窄的通道》中仍然延续了早期论文中的思路,认为只有始终维持国家与社会在权力上的平衡才能进入狭窄的通道(这一通道是最大化国家能力的唯一路径),从而建成"受限的利维坦"。这一思路不仅忽略了其他强化国家能力的可能路径,且对于包括中国在内的很多后发崛起国家的历史进程缺乏解释力。

---

[1] 诺思认为,在从脆弱向初级再到成熟的自然国家的政治发展的过程中,平行于组织成熟的是制度成熟,而所谓的制度成熟很大程度上可以用国家能力的提升来衡量:"国家能力的提高与私人组织的发展同等重要。更为成熟和复杂的组织的出现需要国家变得更为成熟和复杂,即国家必须有能力完成更多任务和做出更多可信承诺以带来稳定和预期,包括法治(rule of law)的出现。"(North, Douglass, John Wallis and Barry Weingast, 2009, *Violence and Social Orders: A Conceptual Framework for Interpreting Recorded Human History*, Cambridge: Cambridge University Press, p. 74)不过,韦森(2009)指出,诺思在《暴力与社会秩序》中所谓的自然国家状态下的"法治"其实是个自相矛盾的概念。"法治"如果只是在精英内部存在而不是面向所有的人,那么这算不上是"法治"。因为无论是按照哈耶克、布坎南等关注法治的经济学家还是多数法理学家公认的观点,法律的实施应该具有普遍性,否则就谈不上"法治"。

[2] Acemoglu, Daron, and James Robinson, 2019, *The Narrow Corridor: States, Societies and the Fate of Liberty*, New York: Penguin Press, p. 12.

上述国家模型在国家能力的研究上的一个更严重的问题是颠倒了国家制度和国家能力之间的逻辑关系，诺思认为充分的国家能力促进了国家的转型和国家制度的完善，但无论在西方世界还是非西方世界，历史的真实情况都是相反的，强国家能力是国家转型和国家制度建设的结果而非原因[①]。

3. 中国的国家能力与国家制度建设的关系：从救亡到复兴

在近代以来中国的制度企业家领航中华民族伟大复兴的道路上，充分的国家能力是有意识的国家制度建设的结果。强国家能力避免了出现国家有美好的意愿和充分的知识实施好的政策，却能力不足的情况。回到中国近代史的情境，中国对于外来冲击的一个显著回应是通过国家制度建设来优先增强国家能力，这就意味着中国近代以来，关于"什么是好制度"的问题意识和评价准则完全不同于西方世界。

西方的冲击不仅破坏了旧的国家制度的稳定和正常运转，且来自西方的入侵更冲击了中国人对于国家治理的（儒家）理想化模式的传统认知。在经历了第一次鸦片战争的战败后，多数国人尤其是中国的统治阶层对待西方冲击的最初态度仍是放任不理，从而浪费了两次鸦片战争之间二十年的时间。当19世纪60年代初终于开始在官方层面有所回应后，旧体制内部的洋务派（如中央的奕䜣和文祥，地方上的曾国藩、李鸿章、左宗棠和后来的张之洞等）最初仍然抱有一种向后看的思维，希望仅仅通过技术的引进和军事上的改革来维护传统的儒家治国理念以及符合这一理念的制度，所谓的"自强"和"求富"都是在原有的信念和制度下的修修补补。但是，中日甲午战争的失败宣告："现代化的要求与儒家社会追求稳定的要求水火不容"[②]。这就使得摆在后来的改良者或革命者面前的"基本抉择变得日益清晰：要么选择儒家遗产，要么选择以扩张国

[①] 阿西莫格鲁在此问题上的观点也有令人困惑之处，他认为，"国家能力部分取决于国家制度的安排，但更为关键的是崛起于官僚体制"。(Acemoglu, Daron, and James Robinson, 2019, *The Narrow Corridor: States, Societies and the Fate of Liberty*, New York: Penguin Press, p. 12)阿西莫格鲁把官僚体制在西方世界的兴起追溯至古罗马的政治传统。我们同意阿西莫格鲁国家能力取决于国家制度的观点，但是我们的看法与阿西莫格鲁的不同之处在于，我们认为官僚体制的壮大也是国家制度建设的一个组成部分，故不能将官僚体制视为与国家制度建设并列的原因。即是说，国家制度才是国家能力提升的主要原因。

[②] [美]芮玛丽：《同治中兴：中国保守主义的最后抵抗(1862—1874)》，房德邻等译，中国社会科学出版社，2002年，第11页。

力为原则的那个险恶的新世界"①。从短期效果看,国家能力的强化意味着国家可以集中有限的资源回应外来的军事入侵,从而挽救民族眼前的危亡;从中期效果看,国家能力的提升可以在列强环伺之下为民族经济的发展开拓空间,从而为中国的重新崛起提供经济上的保障;从长期效果看,中国近代史的特殊历史背景塑造了中国人关于国家制度和国家能力的共享信念,至今仍然影响依旧。

按照历史唯物主义立场,中国在面对"险恶的世界"时最终走上了以增强国家能力为优先的国家制度建设道路,这一选择具有客观初始条件约束下的历史必然性。中国是在19世纪中后期内外交困的背景下展开自身的现代化国家制度建设的,高强度国际竞争所造成的国家生存危机与国家的低组织化状态所导致的弱国家能力之间已经构成了恶性循环。于是,"在应对内部崩溃和外部威胁的双重危机中,组织起来、克服一盘散沙,成为最有力的政治逻辑"②。只有理解了这一逻辑才能真正清楚中国走上社会主义道路的意义,因为这在当时被陈独秀、李大钊、毛泽东等认为是最有希望实现中国人的救亡需求的国家制度建设方案。信念变迁的结果是,在经历了近代史上一次次愈发激进的革命后③,中国终于形成了一条由列宁主义政党为领导核心的国家制度建设道路。自建党以来,中国共产党基本上是仿照苏联的办法但结合本国实际来开展国家制度建设——恢复中央集权并建立起有制度执行力(服从+高效)的官僚系统,以便能够有效集中资源且资源能够被官僚系统合理利用。这一努力帮助中共取得了革命的胜利,且为新中国成立后的经济建设尤其是工业现代化打下了国家能力的基础。

由于对上述1840年鸦片战争到1949年新中国成立这一时段的中国历史视而不见,现有的西方学者的研究都没有意识到中国的国家制度建设是

---

① [美]芮玛丽:《同治中兴:中国保守主义的最后抵抗(1862—1874)》,房德邻等译,中国社会科学出版社,2002年,第395页。
② 景跃进、陈明明、肖滨:《当代中国政府与政治》,中国人民大学出版社,2016年,第2—3页。
③ 理想目标与残酷现实之间的差距令国家制度的建设——加强中央集权和建立有执行力的官僚体系——更为迫切。在中国,为平息太平天国运动而实施放权令清末各省督抚的势力大为扩张(拥有当地的行政权、财权甚至军权),中央对地方的控制力大为削弱,督抚们甚至可以用东南互保的名义违抗中央的军事命令。这种地方上的离心力一直持续到民国末期。孙中山在20世纪20年代请求苏联帮助建军整党,就是为了构建更为集权高效的行政机器和军事武装。

为强化国家能力①服务而不是反向因果,也无法识别出国家能力提升的中国特色的路径(至少不是阿西莫格鲁所刻画的那条"狭窄的通道")。于是,现有的西方化的国家理论就既无法解释中国与西方在国家制度上的差异性及其来源,也无力阐明国家制度和国家能力之间的关系以及国家能力对于经济发展的影响。

甚至说,缺少对国家能力的思考使得西方经济学家的国家理论在分析西方世界的历史进程时也无法自圆其说。例如,诺思认为国家能力"是自然国家转型为开放准入秩序的必要条件"②,而实际上早在1688年光荣革命和19世纪中叶后普选逐渐推广之前,英国就已经具备了相对较强的国家能力,足以行使国内的经济服务职能和对外的国际竞争职能。

在整个重商主义时代(在英国迟至19世纪60年代重商主义政策才被自由贸易政策所取代),为了达成获得贸易优势的政策目标,英国先是积极开展国家能力上的制度性投资,然后再以强国家能力来推动生产发展和优化贸易条件。在新自由主义的经济史叙事中,"英国被普遍认为是没有采取重大国家干预行为而发展起来的国家。但是通过进一步考察会发现,这不是事实"③。从14世纪开始,英国就致力于在羊毛加工等生产领域培育竞争优势。亨利七世(1485—1509年在位)时期,英国结束了贵族间的百年战争和玫瑰战争,实现了政治稳定和政令统一,国家能力得以增强,表现为行政官僚体系(由枢密院、治安法官和市镇当局等部门行使经济管理职能)不断发展完善,有能力执行中央政府的政策,而国家武装尤其是海军的实力在都铎王朝时期也在持续扩张。于是,亨利七世及其继承者们凭借日益增强的国家能力推行了很多扶植幼稚产业的政

---

① 阿西莫格鲁和罗宾逊给出的强化国家能力的方案是要依靠国家与社会的平衡发展,但这一答案更像是对如何限制权力的解答,或许的确如他们所说:"缺少红皇后效应,国家能力将仍然不完整。"(Acemoglu, Daron, and James Robinson, 2019, *The Narrow Corridor: States, Societies and the Fate of Liberty*, New York: Penguin Press, p.278)即是说,国家能力的某些层面在高水平上的持续强化需要国家与社会的平衡(如阿西莫格鲁和罗宾逊举例,统计数据的准确性依赖于社会民众对政府合理利用个人信息的信任),但是,将国家能力的全面的本质的提升完全归因于国家与社会的权力平衡,其说服力恐怕是不足的(不完整不等于国家能力不够强大,或者至少是在某些方面特别强大),中国等非西方世界经济体的近代史也不支持这一观点。
② North, Douglass, John Wallis and Barry Weingast, 2009, *Violence and Social Orders: A Conceptual Framework for Interpreting Recorded Human History*, Cambridge: Cambridge University Press, p.271.
③ [英]张夏准:《富国陷阱:发达国家为何踢开梯子?》(修订本),肖炼、倪延硕译,2009年,社会科学文献出版社,第19页。

策,如引进机器设备、招募海外熟练工人、加征关税,等等。与产业发展过程相伴随的是国家不断加强的经济控制力,到伊丽莎白一世(1558—1603年在位)时期"终于形成了国家对经济生活的全面控制"①,同时也在产业领域积累了充足的国际竞争力。

于是,无论是从中国还是从西方世界自身的真实的历史经验看,强化并正确运用国家能力是实现富强的一个具有普遍性的原则。洋务运动后的中国和重商主义时期的英国的经验从正反两方面说明,"为了启动经济增长,强大的政治制度往往是必需的"②。相反,在那些"脆弱或失败国家所缺乏的制度中,首先而又最重要的是行政上的能干政府"③。就是说,国家能力的缺失和失效至今仍是阻碍很多发展中国家走向现代化的瓶颈。

正是由于国家能力重要是一条普遍原则,所以与中国类似,其他的东方世界的后发国家也基本走上了优先强化国家能力的国家制度建设道路。为了能够在短期内集中资源来应对高强度的国际竞争,东方世界的后发经济体在国家制度建设中尤为注重加强中央集权和构建有执行力的官僚体系,借此来增强国家能力,特别是中央政府在政治、经济、文化等领域的控制力。例如在当前的东亚发达国家中间,日本率先由明治维新建立了政治上的中央集权和以高素质著称于世的公务员队伍,此后日本在经济政策上以政府直接扶持财阀(二战前)和政府制定产业政策(二战后)为特征;韩国在光复后也曾经长期在政治上实施集权和在经济上强调产业政策④。诺思和青木昌彦(Masahiko Aoki)等称这种国家高度参与经济发展的模式为"发展型国家",其出现是"为了在特定的国际环境中捍卫和促进国家主权"⑤。

---

① 李新宽:《国家与市场——英国重商主义时代的历史解读》,中央编译出版社,2013年,第53页。
② [美]弗朗西斯·福山:《政治秩序与政治衰败:从工业革命到民主全球化》,毛俊杰译,广西师范大学出版社,2015年,第44页。
③ [美]弗朗西斯·福山:《政治秩序与政治衰败:从工业革命到民主全球化》,毛俊杰译,广西师范大学出版社,2015年,第45页。
④ 发展经济学中的一种观点认为:与中国一样,东亚的日本和韩国在发展主义国家的背后也都依托着一种隐秘的意识形态(hidden ideology)。人们普遍以对经济增长的贡献来评判一项政策的好坏,且经济发展是国家合法性的来源。这种意识形态是一个多世纪以来希望赶超西方世界的欲望的凝结,也同东亚地区复杂的地缘政治有关。(Hayami, Yujiro, and Yoshihisa Godo, 2005, *Development Economics: From the Poverty to the Wealth of Nations*, Oxford: Oxford University Press, p. 276)
⑤ Aoki, Masahiko, 2001, *Towards a Comparative Institutional Analysis*, Cambridge, Massachusetts: MIT Press, p. 172.

二战后东亚地区的经济崛起证明了"发展导向型国家催生了强大的经济组织"[①],从而可以成为经济领域的扶助之手。

东方世界在近代史上为现代化而奋斗的经验说明:制度变迁的过程在诺思的概念框架中被表述为一个循环(箭头表示因果关系)即"感受到的现实—>信念—>制度—>政策—>被改变的感受到的现实"[②],但是这一循环应该在"制度"和"政策"之间弥补上"国家能力"这一环节(Besley and Persson,2014)。只有当国家具备充分的能力时,特定制度下所颁布的政策才可能有效,人们所感受到的现实继而会因为政策效果而发生改变。即是说,强国家能力是保证国家政策有效的必要条件(国家政权所具备的知识和愿望是令政策有效的另外的必要条件),而充分的国家能力是国家制度建设的结果。所以,一个完整的制度变迁过程应该被描述为"感受到的现实—>信念—>制度—>能力—>政策—>被改变的感受到的现实","能力"是其中需要被填补的缺环。

从上述描述的制度变迁的完整的逻辑链条可知,国家制度建设和国家能力之间存在着一种因果关系。国家能力的强弱是国家制度建设的方向和力度的函数。所以显然,布坎南和诺思的模型中的隐含前提假设——强国家能力——是一种脱离了西方世界历史真实和广大落后经济体现实真实的模型设定。这一错误设定导致二者的国家理论无法理解中国的国家制度之于国家能力的影响,继而也无法把握中国的国家能力在促进经济发展中的作用——这将是我们接下来要探讨的主题。

(三)为什么强国家能力的制度是"好"制度:经济成就的解释

虽然对于东西方发生"大分流"的具体时间点存在争议,但是无可争议的事实是,中国与西方世界尤其是英国的经济差距自18世纪末19世纪初工业革命启动后日渐拉大。在19世纪中叶,英国已经率先完成了工业革

[①] [美]道格拉斯·C.诺思、约翰·约瑟夫·瓦利斯、巴里·R.温格斯特:《平装版后记》,载[美]道格拉斯·C.诺思、约翰·约瑟夫·瓦利斯、巴里·R.温格斯特《暴力与社会秩序:诠释有文字记载的人类历史的一个概念性框架》,杭行、王亮译,上海人民出版社,2013年,第386—387页。

[②] North, Douglass, 2005, *Understanding the Process of Economic Change*, Princeton: Princeton University Press, p. 4.

命①，中国GDP总量虽大②却一直处于农业社会（从鸦片战争前到民国末期，农业产值始终约占GDP的2/3）而无法启动工业现代化。但是自新中国成立尤其是改革开放以来，中国在经济领域实现了伟大复兴（见表6-2）。

由表6-2可知，按照购买力平价计算，中国占世界GDP总量的比重从1952年的4.6%提升到2020年的18.3%（2014年就已经位居世界第一），人均GDP在2020年达到世界人均水平的100.7%（2018年第一次高于世界平均水平）。这一发展成就举世瞩目，然而遗憾的是，以布坎南和诺思的思想进路为代表的西方化的国家理论恰恰就是在中国经济问题上无法做出合乎科学标准的解释和预测。之所以有此缺憾，重要的原因之一是布坎南和诺思的思想进路存在重要缺环——忽略了国家能力在促进经济发展中的重要作用。对于解释中国计划经济时代的工业化成就和改革开放以来的经济高速增长来说，强国家能力都扮演着重要的角色。而对于创新尤其是科技创新这一关系中国经济未来是否可持续发展的关键问题来说，强国家能力也起到了重要的推动作用。

表6-2 中国在世界经济中的地位(%)

年份	1820	1890	1913	1952	1978	2003	2020
占世界GDP总量的比重	32.9	13.2	8.8	4.6	4.9	15.1	18.3
人均GDP占世界平均值的比重	90.0	50.3	41.7	23.8	22.1	73.7	100.7

资料来源：1820—2003年的指标都来自[英]安格斯·麦迪森：《中国经济的长期表现：公元960—2030年》，伍晓鹰、马德斌译，上海人民出版社，2008年，第57页。2020年的全部指标根据"世界银行数据库"的数据计算。

注：我们在计算GDP总量和人均GDP的相关指标时按照购买力平价计算，关于此种处理的解释见[英]安格斯·麦迪森：《中国经济的长期表现：公元960—2030年》，伍晓鹰、马德斌译，上海人民出版社，2008年，第166页。

---

① 在1860年（第二次鸦片战争的后期），英国的工业总产能是欧洲排名第二的法国的4倍左右，人均工业产能是法国的5倍左右。（[德]迪特·森哈斯：《欧洲发展的历史经验》，梅俊杰译，商务印书馆，2015年，第24、26页）

② 从GDP总量来看，19世纪的中国并非典型的弱小国家。根据麦迪森（2009）的研究，在鸦片战争爆发前二十年的1820年，中国的GDP占世界GDP的比重为32.9%，英国仅占5.2%，西欧合计也仅占23%。在经历了两次鸦片战争和太平天国运动后的1870年，中国的该比重虽然下降到17.1%，却仍然高于英国的9.0%。所以说，中国在近代之前经济发展的问题不在于总量而在于结构，一是"内卷"，即起码在北方只有经济总量增长而无人均经济增长；二是没有实现高发展质量，只有农业和资本主义商业的萌芽，却始终无法实现现代科技创新及其所驱动的工业化。

1.新中国成立前国家能力的落后状况及其负面经济影响

当中国遭遇了西方列强势力的冲击后,中国传统治理模式在国家能力上的不足暴露无遗。孱弱的国家能力使得中国既无力在短期内集中资源应对军事领域的国际竞争[①],也无法在中长期通过启动(以工业尤其是重工业为标志的)经济现代化来实现国际竞争力的实质提升。

虽然有所争议(李强,1998,2017;周其仁,2017),国家汲取收入的能力——常常以财政收入占GDP的比重来衡量——仍是政治学家和经济学家最常用来衡量国家能力的指标(福山,2015;Besley and Persson,2011)。资源汲取能力之所以关键,是因为国家能力的其他维度——如经济建设和军事建设等——都要以财政支持为依凭。以财政收入占GDP的比重这一指标来衡量,清朝末年中国传统的以田赋(地丁钱粮)为主的财政收入体系汲取能力过低,即使在引入了关税(第一次鸦片战争后开始征收,1961年成立国家海关)和厘金(对国内商品的商业税,为镇压太平天国运动而在1953年开始征收)之后,这方面的国家能力的改善相对于竞争对手来说也是微不足道的。我们可以通过与日本的比较来说明清末的中国在国家汲取能力上的严重不足(见表6-3)。

表6-3 中日近代国家汲取能力的对比(%)

年份	中国 生产总值增幅	中国 财政收入增幅	中国 财政收入占生产总值比重	日本 生产总值增幅	日本 财政收入增幅	日本 财政收入占生产总值比重
1887	—	—	5.07	—	—	35.11
1894	27.7	−3.5	3.83	23.5	12.2	31.90
1903	36.9	61.3	4.51	268.9	172.0	23.53
1908	19.1	14.8	4.35	76.6	215.9	42.08
合计值	108.1	78.7	—	704.7	864.6	—

资料来源:转引自王鸿铭:《国家能力的削弱及割裂:清末新政与立宪改革的困境》,中国社会科学院研究生院学报,2015年第3期,第116—117页。数据经过重新整理计算。

注:"增幅"指的是当前数值相对于表中所考察的上一期数值的变化比率。"合计值"指的是1908年相对于1887年增长的百分比。

[①] 这在中日甲午战争期间尤其明显,当北洋水师与日本海军在黄海激战时,中国的南洋水师却按兵不动。以至于中日之战与其说是两个国家的战争,不如说是李鸿章携其淮军与日本全国的战争。

中国和日本几乎同时开始了各自建设现代化国家的努力,中国的"洋务运动"兴起于1861年"辛酉政变"后,日本的"明治维新"则以1868年《五条御誓文》的发布为起点。然而,启动更早且打着"自强"和"求富"旗号的洋务运动却没有如明治维新之于日本那样显著提高清政府的国家财政汲取能力。由表6-3可知,中国的经济总量在整个清末时期增长迟缓,且财政收入的增幅(1894年相对于1887年甚至出现了绝对量上的负增长)还要低于经济总量的增幅,导致财政收入占全国的生产总值的比重始终处于5%左右的较低水平。与日本相比,中国的经济增长和财政收入增长的指标都全面落后。不仅如此,财政权力还在很大程度上掌握在地方大员的手中,中央政府可直接控制的财力尚不足财政总收入的一半[1]。显然,孱弱的财政汲取能力使得国家政权无法最大限度地集中国内资源来应对国家间的生存竞争,包括日本所给予的挑战[2]。

由于要同时面对"高强度国际竞争"和"弱国家能力"的双重困境,晚清的中国其实已经在国家治理上陷入了正反馈的恶性循环:弱国家能力导致挨打,挨打则令国家能力进一步弱化。《马关条约》和《辛丑条约》中规定的巨额赔款造成了严重的财政危机,以关税和厘金(二者是新增财政收入的主要来源)为主的新财政收入结构也无法再维持清政府的财政平衡。晚清的中央政府只能通过举借外债和向地方政府摊派来暂时缓解财政压力,国家提供经济建设型公共服务和社会福利型公共服务的能力被大为削弱,故"尽管国家的财政结构发生了彻底改变,但清政府仍没有财力展开有意义的经济发展计划"[3]。

之后的民国时期的国家政权,无论是北洋政府还是南京政府在财政收入的主要来源上都依赖海关关税、沿海城市的商业税和农业税,资源汲取能力和渗入社会的能力始终有限[4],且巨额的军费支出更导致整个

---

[1] [美]万志英:《剑桥中国经济史:古代到19世纪》,崔传刚译,中国人民大学出版社,2018年,第327—328页。
[2] 这一挑战从1874年日本入侵台湾和几乎同时吞并琉球来看就已经无法回避了,且日本的挑战是以中国的领土乃至令中国完全臣服为目的。
[3] [美]万志英:《剑桥中国经济史:古代到19世纪》,崔传刚译,中国人民大学出版社,2018年,第330页。
[4] 民国时期,中央政府财政收入占GNP的比重1931年为2.1%,1934年为4.8%。各级政府全部财政收入占GNP的比重在整个民国时期从未超过7%。(王绍光、胡鞍钢:《中国国家能力报告》,辽宁人民出版社,1993年,第29页)

民国时期财政赤字的常态化。这一现象在抗日战争期间表现得最为明显(见表6-4)。

表6-4 军费支出与银行垫款(百万元)

年份	军费支出 数额	军费支出 占总支出%	银行垫款 数额	银行垫款 占总收入%
1937	1388	66.4	1195	59.46
1938	698	59.7	835	73.04
1939	1611	57.6	2310	75.74
1940	3912	73.9	3834	74.32
1941	6617	69.2	9443	87.81
1942	15216	62.1	20081	78.10
1943	42943	73.0	40875	66.69
1944	131081	76.3	140090	78.57
1945	1060196	87.3	1043257	83.05

资料来源:刘朝勋、肖家新、李广平:《中国军费史》,海潮出版社,2000年,第373、391页。

由表6-4可知,外部的强国际竞争压力——日本的侵略——引发了军事支出在数额和比重上的长期居高。又由于国家的财政汲取能力有限,故政府只能通过向银行借款即扩大货币发行量的方式来增加财政收入以满足军费需要(我们可以看到军事支出与银行垫款之间存在明显的正相关),从而必然会引发通货膨胀。于是终民国之世,中央政府始终无力承担起重建国家制度进而强化国家能力的任务(易劳逸,1992,2010),现代化只取得了十分有限的成果。国家不仅无力提供经济建设型公共服务和社会福利型公共服务,为应付财政赤字而滥发纸币反而让恶性通货膨胀拖垮了国民经济和政权本身。

2.新中国成立后国家能力在工业化和建立市场经济体制中的作用

在按照布坎南和诺思的思想进路所建构的国家模型中,"汲取"(extraction)的概念已经污名化,汲取性制度被定性为负面的国家制度类型(布伦南,布坎南,2004a;Acemoglu and Robinson,2012a)。但实际上,"汲取"的性质取决于国家如何运用被集中起来的资源,能够支持经济发展的汲取反倒是国家能力的正面作用的体现(贝斯利,佩尔松,2015)。即是说,"创建必要的制度来支持和维护市场经济,不仅能使公民受益,也会带来寻求高水平税收的激励。实际上,高税收是国家发展的一部分"[1]。

按照著名的经济史学家格申克龙(Alexander Gerschenkron)的看法,在一个民间资本有限的后发国家,"国家的财政政策必须被视为资本供给的战略性因素",其应起到"对新的正在崛起的工业企业的财政性融资的作用"[2]。旧中国极其低下的财政汲取和资源配置能力显然无力担负为工业发展进行融资的目标,而工业滞后又直接导致了近代中国的国际竞争力的不振。

新中国成立后,凭借之前就已经建构起的服从而高效的行政机器,新政权成功扭转了近代以来长期困扰中国的财政汲取能力不足的局面(王绍光,2002)。1952年各级政府全部财政收入占GDP的比重达到25.6%,此后"一五计划"期间(1953—1957年)该比重年均达到了27.5%。较强的财政汲取能力保证了国家有充足的资源支持经济建设,"一五计划"期间"国内基本建设支出"占全部财政支出的比重年均高达37.8%,最高的年份曾经达到过46.8%[3]。这就使中国得以一举跃出近代以来在国家能力上的低水平陷阱,令国家有充分的财政能力去加速工业化。

中国的工业化之所以重要,除了其作为现代国民经济的支柱和国家的主要税基外,更是由于工业的长期积弱(见表6-5)导致了国家在国际竞争中的弱势。于是,在19世纪后半叶和整个20世纪的多数时间里,能否领导工业化成为一个政权和一个政党是否具有合法性的重要判据。毛泽东同志在抗日战争期间就曾指出:"中国落后的原因,主要的是没有新式工业。日本帝国主义为什么敢于这样地欺负中国,就是因为中国没有强大的工业,它欺侮我们的落后。因此,消灭这种落后,是我们全民族的任务。"[4]在毛泽东看来,能否发展经济或者说实现工业化决定了共产党的执政地位在

---

[1] 蒂莫西·贝斯利、托尔斯腾·佩尔松:《为什么发展中国家税收那么少?》,《比较》2015年第2期,中信出版社,第29页。

[2] [美]亚历山大·格申克龙:《经济落后的历史透视》,张凤林译,商务印书馆,2009年,第54页。

[3] 资料来源:根据《新中国五十年统计资料汇编》中的有关数据整理计算。

[4] 毛泽东:《共产党是要努力于中国的工业化的》,载《毛泽东文集》(第三卷),人民出版社,1996年,第146—147页。

人民群众心目中是否具有合法性。"如果我们不能解决经济问题,如果我们不能建立新式工业,如果我们不能发展生产力,老百姓就不一定拥护我们"①。所以在新中国成立后的50年代初(如表6-5所示,当时现代工业部门的产值只占GDP的4.4%),毛泽东坚持先"大仁政"后"小仁政"即先照顾"人民的长远利益"后照顾"人民的当前利益"的政策,认为"施仁政的重点应当放在建设重工业上"②。虽然为此产生了争论(潘家恩等,2018)并付出了比较高的民生代价和经济成本,但新中国毕竟在计划经济时代初步建成了独立的比较完整的工业体系。

表6-5 中国近代史上农业、手工业、现代工业占GDP比重(%)

	1890年	1913年	1933年	1952年
农业部门	68.5	67	64	55.7
传统手工业部门	7.7	7.7	7.4	7.4
现代工业部门	0.1	0.6	2.5	4.3

资料来源:[英]安格斯·麦迪森:《中国经济的长期表现:公元960—2030年》,伍晓鹰、马德斌译,上海人民出版社,2008年,第48页。

工业化是新中国经济在计划经济时代所取得的重要成就。但是,计划经济总体上的低效率促使中国走上了改革开放的道路。正如邓小平所指出的,改革开放"是一场新的大革命。我们革命的目的就是解放生产力,发展生产力。离开了生产力的发展、国家的富强、人民生活的改善,革命就是空的"③。经过改革开放后十多年的探索,中国共产党最终在十四大明确了要通过建立中国特色社会主义市场经济体制来推动经济发展。党的十九大后,"发挥市场在资源配置中的决定性作用"和"更好发挥政府作用"更是被写入了党章。在西方经济学界,无论是新古典经济学家还是新制度经济学家都乐于在理论上证明市场配置资源的有效性,但这一类理论鲜有提及的一个问题是:足够支撑高水平分工(斯密

---

① 毛泽东:《共产党是要努力于中国的工业化的》,载《毛泽东文集》(第三卷),人民出版社,1996年,第147页。
② 中共中央文献研究室:《毛泽东年谱(1949—1976)》第二卷,中央文献出版社,2013年,第163页。
③ 邓小平:《社会主义也可以搞市场经济》,载《邓小平文选》(第二卷),人民出版社,1994年,第231页。

式经济增长)、规模经济(马歇尔式经济增长)和企业家创新(熊彼特式经济增长)的有效市场并不是凭空出现的,市场制度的确立和有效运行是以国家能力的强大为后盾的。

从降低交易成本以促进经济发展的视角来看,国家需要扮演好市场制度中的第三方的角色。发生于既定市场制度下的经济活动会产生私人的交易成本(市场制度的交易成本Ⅰ),如果国家能够确立和实施有效的市场制度,就可以降低私人利用市场进行交易的成本,从而促进经济发展。但是,市场制度并不是免费品,需要由国家来承担确立和实施市场制度的成本(市场制度的交易成本Ⅱ[①])。之所以要由国家来承担交易成本Ⅱ,是因为"在监督和实施契约方面,由国家作为第三方运用暴力来实施契约存在巨大的规模经济"[②]。只有在国家能力通过国家制度建设而得以显著增强后,国家才有可能担负得起确立和实施市场制度所发生的交易成本Ⅱ,从而保证每一个市场主体(个人和企业)在利用市场进行经济活动时只需负担较低的交易成本Ⅰ[③]。于是,国家能力增强与市场经济的发展并不冲突,前者反而可视为后者有效运转的必要条件。

在中国特色社会主义的新时代,面对市场制度这一现代经济最基本的公共服务,更好发挥政府作用意味着在确立和实施市场制度的过程中重视和合理运用国家能力。如果不具备充分的国家能力,一个发展中国家的政府是无法承担起供给市场制度的责任的。相反,较强的国家能力不仅意味着政府有足够的资源汲取能力以支付交易成本Ⅱ,且可以通过国家能力的运用来降低交易成本Ⅱ——市场制度的确立和实施过程中也会发生测度和实施问题,高效的行政体系可令相关成本更低。

3.中国特色社会主义新时代国家能力在实现创新发展中的作用

通过科技创新来降低生产环节的成本不仅对于中国企业的国际竞争力非常重要,更对中国经济长期可持续发展影响深远。虽然说布坎南和

---

① 诺思在《西方世界的兴起》中称之为进行经济结构重组的交易成本(North and Thomas, 1973)。
② North, Douglass, 1990, *Institutions, Institutional Change, and Economic Performance*, New York: Cambridge University Press, p. 58.
③ 诺思晚年关于国家能力的观点没有与之前作品中的交易成本框架形成有机融合。实际上,在诺思的最后一部著作《暴力与社会秩序》中,"交易成本"这一概念的出现次数竟然为零。在作为《暴力和社会秩序》的前期成果的一篇2006年的NBER工作论文中,"交易成本"概念出现了一次,但不是一个关键概念。(North, Douglass, John Wallis, and Barry Weingast, 2006, "A Conceptual Framework for Interpreting Recorded Human History", NBER working paper SERIES.)

诺思推测自主创新不足将令中国经济放缓乃至停滞的看法言过其实,但创新的经济影响却是毋庸置疑的。人类历史上马尔萨斯陷阱反复出现和中等收入陷阱难以逾越,皆因要素驱动下的经济增长无法避免边际生产率递减的困境。这也是为什么"创新发展"被列为新发展理念之首,而新发展理念又是习近平新时代中国特色社会主义经济思想的主要内容。在各类创新中,科技创新是生产力最重要的来源和其他方向上的创新的基础,故我们不妨通过科技研发投入来考察近年来中国对创新的重视程度(见图6-4)。

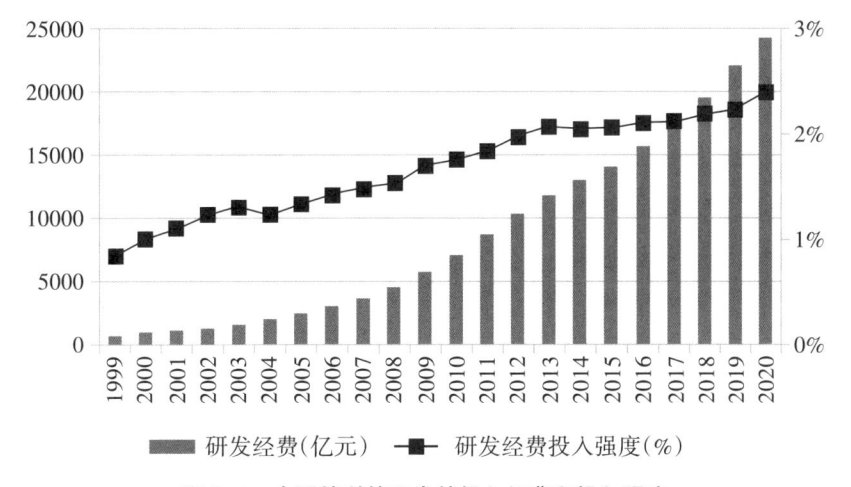

图6-4 中国的科技研发的投入经费和投入强度

注:研发经费投入强度=本国研发经费/本国GDP。

资料来源:国家统计局发布的《全国科技经费投入统计公报》(历年)。

由图6-4可知,中国从20世纪末以来无论是研发经费总额还是投入强度都呈明显的上涨趋势。在2015年,中国的研究经费的绝对值就已经仅次于美国位居世界第二位。研发经费投入强度2013年就已经超过了2%,2020年达到了2.4%的历史新高。

国家推动科技创新的方式当然不止于通过国家直接投入或鼓励私人投入来提高研发经费的额度。国家可以通过三种方式来促进创新,三者都以一定的国家能力为前提(见图6-5)。

在图6-5中,横轴表示创新的数量,纵轴是用价格来表示的创新的收益和成本。其中,MR^p是企业从事创新所能获得的预期边际收益。由于创新(尤其是基础科技领域的创新)是具有正外溢性的生产性活动,故创新投资的社会边际收益MR^{S}要大于企业的私人边际收益MR^P。所以,按照福利经济学中的外部性理论,国家应该对企业的创新活动进行补贴,从而令MR^{P}与MR^{S}相等。这是国家促进创新的第一种方式,该方式以国家的财政资源汲取能力——获得充足的财政收入并将其转移到亟须的领域——为保障。

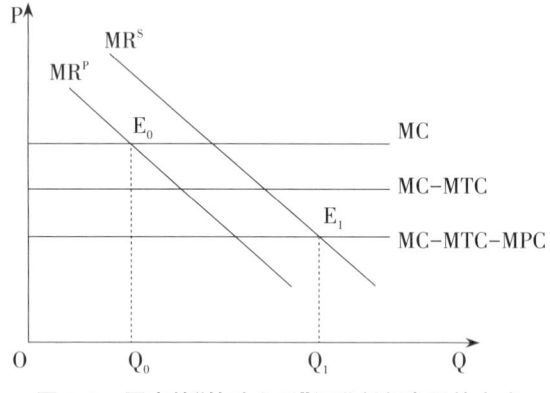

图6-5 国家的"扶助之手"促进创新发展的方式

如果我们将创新视为一种特殊的生产行为,则国家促进创新的第二种方式是降低企业创新时的制度性交易成本,即降低图6-5中的MTC。创新是生产手段的新组合,其包括新产品、新的生产技术、新的市场、新的原材料、新的组织形式五种类型(熊彼特,1990)。无论对于何种类型的创新,国家都在其中发挥着重要的作用,因为需要由国家作为有充分能力的第三方来维护市场中交易契约的执行。于是,国家的法治能力或者说维护市场健康有效运转的能力降低了那些从事创新活动的企业家们获取创新租金时的交易成本,从而可保障市场价格机制对创新的激励。

国家促进创新的第三种方式是以国家工程的形式推动基础科技的创新,而此类基础创新会降低企业生产环节的转型成本,即降低图6-5中的MPC。当前,中国经济需要实现的一个重要突破是在国际分工体系中的产业价值链升级,阻挠中国的产业升级也是美国发动贸易战的核心目的。在此种激烈的国际竞争的背景下,国家降低MPC的直接方式之一是发挥社会主义制度集中力量办大事的优势,通过集中国家的物质和人力资源实现核心技术的突破。

经由国家能力促进创新的三种方式,图6-5中创新的均衡点由E$_0$变为E$_1$,创新的水平大为提高(Q$_0$到Q$_1$)。于是综合上述关于国家能力与创新关系的分析,我们可知,强国家能力不仅不会阻碍创新,其合理运用反倒可以成为创新的推手,从而有利于通过创新发展来支撑经济的长期繁荣。

国家能力通过促进科技创新而对经济持续发展起到支撑作用,这在新中国的历史上和西方世界的历史上都有很多经验证据。虽然对外开放降低了中国获取外国知识的学习成本,但在引进高新技术上不能抱任何幻想,核心技术是花钱买不来的。即是说,基础性科技尤其是核心技术的研究——如"两弹一星"、大型计算机、芯片——在任何国家和任何时代都属于国家工程(国家扶助的方式可分为国家直接操作或向大企业提供巨额援助)。这是因为,在世界上任何一个国家,基础性科技尤其是核心技术研发的长周期、高投入、高风险对于追求利润最大化的企业来说都是难以突破的硬约束。所以,只有优化利用国家的汲取能力,以国家工程的方式进行基础性的科技创新研发(这是美国等科技领先国家的通行做法,互联网等有广泛商业用途的基础科技都是国家工程的成果),中国制造才能尽快提升在全球产业价值链分工中的地位。面对世界百年未有之大变局,中国当前正在通过发挥社会主义制度能够集中力量办大事的国家制度优势,实现核心技术的突破,从而增强中国制造业在国际市场中的竞争力。

通过回顾国家能力在促进中国经济起飞和高质量发展中所起到的重要作用,我们可知:至少在经济发展的意义上,具备较强国家能力的中国国家制度称得上"好"制度。然而,透过布坎南和诺思的模型所提供的理论透镜,我们却无法理解什么是中国特色的"好"制度,以及中国的国家制度到底好在哪里。由于立场、方法、观点上的西方中心论局限,布坎南和诺思等西方经济学家在看待中国问题时都无法把握党中央集中统一领导下的中国特色的国家制度的历史逻辑、现实逻辑和理论逻辑。回顾中国近代史,只有加强党的集中统一领导,才能改变中国"一盘散沙"的局面,从而凝聚成强大的国家能力。继而,强国家能力遂成为推动中国经济建设取得伟大成就的主要因素。在此意义上,以党的集中统一领导和强国家能力为显著特征的国家制度是符合中国历史和现实的情境理性的"好"制度。

第三节　小结：西方中心论的陷阱与中国实践对西方理论的超越

本章所讨论的是布坎南和诺思所各自代表的思想进路在看待中国的国家制度和经济发展实践时的观点（二者对中国的批判）及其问题（对二者所提出的"批判"的批判）。布坎南的观点是通过"创造的诠释学"方法而间接获得，诺思的观点则是通过对他本人和继承了他的思想进路的经济学家关于中国的研究而直接获得。

布坎南和诺思之所以在中国问题的研究中存在解释的扭曲和预测的偏误，基本上来自经验事实和逻辑演绎两个方面的缺陷。

第一，从经验事实来看，布坎南和诺思是按照（可能被误读或扭曲过的）归纳逻辑——以西方世界当前的国家制度框架和近代崛起的历史经验为参照——来建立自身的分析架构的。二者不仅没有引用任何非西方的后发国家谋求现代化的成功历史案例，甚至对于西方世界内部的现代化道路的多样性也未置一词（德国、俄国甚至美国在发展历程中都并未刻意模仿甚至是有意摆脱英国式的道路）。在历史分析中的样本选择性偏误，导致按照单一样本构建的模型只具有极为有限的普遍性。尤其是一旦照搬所谓的西方模式或者说"欧洲经验"，将之套用于分析中国问题，则必然会由于时空上的情境错置而导致理论的水土不服。从科学哲学的观点看，布坎南和诺思所遵循的归纳逻辑的一个重要弱点就是难以应对"黑天鹅"事件的证伪（波普尔，1986），中国经济的崛起所扮演的正是证伪西方中心论的"黑天鹅"的角色。

之所以演化为"黑天鹅"，原因在于中国的国家制度建设的初始情境的特殊性。强烈的冲击加上孱弱的回应不仅打破了中国人旧的共享信念，也影响了中国人新的共享信念的形成。在制度知识的试错性学习过程中，关于国家制度建设的信念不断被检验并根据反馈结果做出修正。在静态的局部均衡的视角下，可以承认各个社会的共享信念的差异对国家制度建设的道路选择起到了决定性作用。诺思也赞同"在不同的社会存在不同的行为信念，而它们引导出不同形式的制度和组织"[1]。所以，仅凭中国道路在人类历史上的独创性（故必然与西方经验不符）就得出中国经济发展前景

---

[1] North, Douglass, 2005, *Understanding the Process of Economic Change*, Princeton: Princeton University Press, p. 136.

危矣的结论是不合乎逻辑的,这种片面的推理也理应被批评为"缺乏坚实的、最好是数量化的证据,有的则缺乏系统的比较分析"[①]。

第二,从逻辑演绎来说,布坎南和诺思的国家模型都没有避开物理学艳羡症。热衷于模仿物理学是经济学自亚当·斯密开始就不断深化的特征,所以主流的新古典经济学才会将无法在数学上精确定义的因素排斥在模型之外,以便求得模型的普遍意义。于是,作为经济学试图跻身硬科学的努力的体现,多数的经济学家们一直坚持"经济学原理在范围上必须是普遍性的,这些原理必须适合所有的经济体系和任何一个历史时期"[②]。

这一趋势开始于作为第二代英国古典政治经济学代表的李嘉图(David Richard),其习惯于以假设的前提和抽象的逻辑演绎得到"一种决不可能被驳倒的、除了没有意思之外什么都不缺少的理论"[③],反过来再直接用此结果来解决复杂的实际问题——熊彼特称之为"李嘉图的恶习"[④](Ricardian Vice)。李嘉图的抽象方法[⑤]对主流经济学造成了很大的影响,典型地表现为主流经济学遗忘历史、极少谨慎地对待将所谓的普遍性原理运用于特定情境时的限制。

对理论的普遍性的偏好在新古典经济学范式的奠基人马歇尔处也有深刻的体现,他的"其他条件不变"(Ceteris paribus)假设令经济学的模型可以将其他因素的"干扰作用暂时忽略"[⑥],从而强化了经济学结论的普遍性。但是,好的国家制度只有在特定的文化传统和历史背景下才能获得意义。布坎南的公共选择理论和诺思的新制度经济学或是错误地假设存在先验的最优的国家制度模式,或是暗示英国的国家制度模式是人类迄今为止发

---

① [荷]皮尔·弗里斯:《国家、经济与大分流:17世纪80年代到19世纪50年代的英国和中国》,郭金兴译,中信出版社,2018年,第Ⅵ页。

② [英]杰弗里·M.霍奇逊:《经济学是如何忘记历史的:社会科学中的历史特性问题》,高伟、马霄鹏、于宛艳译,中国人民大学出版社,2008年,第264页。

③ [美]约瑟夫·熊彼特:《经济分析史》(第二卷),杨敬年译,商务印书馆,1992年,第146页。

④ [美]约瑟夫·熊彼特:《经济分析史》(第二卷),杨敬年译,商务印书馆,1992年,第147页。

⑤ 熊彼特对李嘉图的方法有如下概括:"他把那个总的体系切成一片一片,尽可能把它的大部分包捆起来,放进冷藏室里,以便使尽可能多的东西冻结起来,成为'既定的'。然后他把使事情简单化的假设一个个堆砌起来,直到通过这些假设实际上使一切都安排妥当以后只剩下几个集合的变数,在它们之间,根据这些假设,他建立起简单的单向关系,以便所希望的结果在最后显露出来,几乎就象同义异语反复那样。"([美]约瑟夫·熊彼特:《经济分析史》(第二卷),杨敬年译,商务印书馆,1992年,第146页)

⑥ Marshall, Alfred, 1920, *Principles of Economics (8th Edition)*, London: Palgrave Macmillan, p. 304.

现的最优模式,这些都是与评价国家制度时的情境依赖特征相矛盾的。

总结布坎南和诺思在中国问题上的观点并加以反思后可知,在如何看待中国的国家制度及其经济影响时,可以区分两种不同的研究方法。第一种是布坎南和诺思等人所坚持的方法,即预先按照先验或经验的方法设定一个最优的国家制度模式即制度变迁的理想化目标,然后以此作为审查各个民族的一切制度的标准。第二种方法则是从历史上真实的初始条件出发,重点考察制度变迁的过程而不是结果,强调好的国家制度的多样性和制度变迁的方向的开放性。

前一种研究方法的缺陷是非常明显的:制度变迁的研究不能像新古典模型一样只重视均衡的结果而不考虑实现均衡的过程,因为我们不仅对好制度是什么感兴趣,还希望弄清好制度在不同情境下是否会有变化,更希望了解符合本国实际的好制度是如何实现的。遗憾的是,布坎南和诺思对国家制度及其变迁的研究在方法论上体现为对结果的事后合理化而非对真实过程的解释,因为前者的国家模型完全以二战后美国的政治制度和经济制度为经验上的背景,而后者的国家模型则隐含了英国光荣革命后形成的国家制度是唯一的最优模式的观点。但实际上,对于处在不同情境——文化传统约束和应对现实危机的需要——的国家来说,什么是好的制度和如何实现好的制度都是未知的,都必然要经历反复而漫长的关于制度知识的学习过程。在这一探索过程中,既有信念遭遇国内外的各种冲击并通过试错性的学习而发生演化,然后信念的更新再经过一定的(暴力的或和平的)集体行动而转化为国家制度层面的创新。

于是,"在国家必定面对着什么(即国家所面临的挑战)、国家能够做到什么(国家所具备的能力)和国家必须做什么(国家所负的义务)这些问题上,各国之间仍有重大差异"[①]。正是由于上述问题上的显著差异,各个国家之间才会发生国家制度建设道路的大分流。具体针对1840年后的中国来说,分流后的国家制度建设的过程表现为:强国际竞争的强烈冲击和弱国家能力的虚弱回应加总为深重的救亡危机,于是感受到的现实的巨变和传统治国理念的失败促使制度企业家的信念逐步发生了重大的变化。信念变化是学习的结果(学习过程表现为对国家制度模式的满意解的反复搜索),这一结果导致以增强国家能力为要务的制度变迁,于是有了"路径突破"的可能。制度创新所带来的(以工业化增速、不平等条约的废除、对外

---

① [美]王国斌:《转变的中国——历史变迁与欧洲经验的局限》,李伯重、连玲玲译,江苏人民出版社,1999年,第157页。

战争的胜利等指标来衡量)或好或坏的绩效变化会形成对信念的反馈,信念则会根据反馈的结果做出进一步的调整,从而继续这一试错性学习的过程。最终,多数人尤其是关键的制度企业家日益赞同运用"枪杆子"和"笔杆子"来实施激进的制度变迁和选择社会主义道路。

历史的吊诡之处在于,T_1时刻的"路径创造"却可能会在T_2时刻对进一步的制度变迁起到限定作用——既可能是诺思所说的坏制度的锁定,也可能是好制度的锁定。由于近代中国在面对救亡危机时走上了通过国家制度重建优先强化国家能力的发展道路,故这一国家制度建设道路的选择随后构成了后人必须继承的制度禀赋和历史遗产。在改革开放后,中国的国家能力的表现形式和作用方式发生了一定的变化,开始努力去适应市场经济、对外开放和创新发展等新时期新时代的需要。实践证明,在中国特色的强调党的集中统一领导和充分保障国家能力的国家制度体系下,一国同样可以实现市场经济的深化、对外开放的扩大和科技创新的涌现。

标榜解释西方世界兴起的模型的普遍性,实际上等同于宣告只存在通往现代化的唯一道路,而中国的崛起则反映了现代化道路的多样性。在当今时代,随着中国的崛起,旧世界秩序的平衡被打破,国际竞争变得更加激烈,竞争形式也更加多样化。除了军事冲突这一传统的竞争手段外,国家间竞争在多数情况下体现为贸易之争、技术之争、标准之争和规则之争。同时,"全球治理体制变革正处在历史转折点上。国际力量对比发生深刻变化,新兴市场国家和一大批发展中国家快速发展,国际影响力不断增强,是近代以来国际力量对比中最具革命性的变化"[1]。在这样一种既存在高强度和全方位的国际竞争,又处于"百年未有之大变局"[2]的时代背景下,中国的崛起具有理论上和实践上的双重意义:在理论层面,中国经验的梳理有助于总结后发国家在赶超过程中的一般规律,从而弥补现有的经济学国家理论的思想进路所缺乏的对非西方世界的关怀。同时在实践层面,中国的成功打破了后发国家及其人民对西方现代化方案的迷信,给予当今广大发展中国家可供参考的现代化崭新经验。即是说,中国的崛起已经"拓展了发展中国家走向现代化的途径,给世界上那些既希望加快发展又希望保持自身独立性的国家和民族提供了全新选择"[3]。

---

[1] 习近平:《论坚持推动构建人类命运共同体》,中央文献出版社,2018年,第259页。
[2] 习近平:《论坚持推动构建人类命运共同体》,中央文献出版社,2018年,第539页。
[3] 习近平:《决胜全面建成小康社会 夺取新时代中国特色社会主义伟大胜利——在中国共产党第十九次全国代表大会上的报告》,《人民日报》2017年10月28日,第1版。

第七章 结论与展望

本书的主旨是比较与反思。比较的对象是在如何理解"国家"问题上，布坎南所代表的公共选择的弗吉尼亚学派和诺思所代表的新制度经济学的华盛顿学派的思想进路的异同。欲反思的内容则是一系列的中国问题：两条思想进路为什么无法解释近代以来的中国的国家制度建设和经济发展的路径选择；二者对中国经济未来前景的悲观预测到底错在何处；解释和预测上的无力是否意味着布坎南和诺思的国家模型存在重要的缺环需要加以补充，而这一补充及其所带来的重新认识能够给正处于现代化强国建设道路上的中国以何种政策启示。

在本章中，我们将先来归纳比较研究所获得的结论，主要是希望能够站在一个更具整合性的高度概括第二至四章的内容，并提炼两条思想进路所明确提出或隐含表达的方法论意蕴。然后，我们将在第五至六章的基础上，做进一步的深入反思。通过批判两条思想进路在中国问题上的扭曲认识，朝着对中国的国家制度和国家能力的正确认识迈进。

第一节 比较研究的结论

一、布坎南和诺思在思想进路上的区隔

布坎南和诺思之间有着较为紧密的学脉渊源，哈耶克、塔洛克、科斯、熊彼特等学者都在二者的思想上留下了共同的印记，从而构成了双方在思想进路上的交集。与此同时，二者也有着观点和方法上的明显差异，这些差异构成了双方的思想进路的区隔。综合第二至四章的内容，两位经济学巨擘的思想进路的主要方面的比较可概括为表7-1。

表7-1　两种思想进路的主要方面的比较

项目	布坎南的思想进路	诺思的思想进路
研究纲领的硬核假设	①方法论个人主义 ②经济人 ③作为交易的政治	①个人为自己的利益而不是集体的利益行动 ②契约要靠规则支持,规定和实施这些规则是有成本的 ③意识形态和信念改变人的行为
国家模型的种类	①个人主义民主模型 ②利维坦国家模型	①单一治国者模型 ②"作为组织的组织"的国家模型
制度的评价标准	兼顾正义和效率	经济增长意义上的效率,或者动态效率
主要分析工具	不确定性之幕	交易成本
经验参照对象	二战后的美国	光荣革命前后的英国
(财政)宪制何以自我实施	未讨论。只关注了宪制选择阶段在不确定性之幕背后的事前的一致同意	有较为详细的研究。认为在后宪制选择阶段,事后的权力平衡保证了宪制的自我实施

资料来源:作者自己整理。

通过表7-1,我们可以综合回顾一下布坎南所代表的公共选择的弗吉尼亚学派和诺思所代表的新制度经济学的华盛顿学派在研究"国家"时的思想进路的异同。

首先,我们来关注一个根柢性的方法论问题,就是二者各自的研究纲领的硬核假设。

布坎南和诺思一样,都在原则上拥护方法论个人主义和"经济人"这两项硬核假设。但是,二者对这两项假设的理解和运用是不同的,布坎南的研究思路是从个人与国家的关系出发,故他在方法论个人主义上相对更为彻底,尽管他也有做出让步的情况(布伦南,布坎南,2004a)。诺思的方法论个人主义则非常类似于布坎南少数做出让步的情况。在诺思的框架中,博弈的双方是"治国者VS选民";继承了诺思的思想进路的阿西莫格鲁的框架中的博弈双方则是"精英VS非精英"。显然，这些模型中的博弈参与者都是整体性的单元而非个人，故诺思的方法论个人主义是一种披着方法论整体主义外衣的混合体。

布坎南将所有参与政治活动的个人都假设为"经济人"，从而可直接跳脱出对仁慈政府的传统经济学设定。虽然也有对宪制伦理的考虑，但布坎南的"经济人"假设的贯彻是比较彻底的。相较而言，诺思在1981年的《经济史中的结构与变迁》里正式引入意识形态的概念，而意识形态的直接作用正是为了克服个人（在制度变迁过程中源于狭隘私利）选择搭便车。所以，"经济人"假设在诺思的思想进路中也是一种掺入了意识形态、心智、信念等因素的混合体。

作为交易的政治是布坎南最为重要的方法论基石，也是他在方法论上与新古典经济学家最明显的区隔。这一假设强调了政治活动中的自愿和互利的一面，从而不仅能够从政治经济学的视角而且能够利用福利经济学的工具（一致同意检验、补偿检验、帕累托改善等）来分析政治活动。诺思所看重的则是谈判权力的影响，相对谈判权力的分布从根本上决定了制度的类型及其变迁。从一定意义上说，诺思的权力范式与布坎南的交易范式是互补的，二者分别覆盖了从完全的零和博弈到完全的正和博弈的政治活动（实际政治是二者的混合）。

其次，我们来考察布坎南和诺思所构建的国家模型。

布坎南在不同时期有过两种国家模型。较早（20世纪60年代）的是"个人主义民主模型"。该模型是布坎南的三个硬核假设或者说三大方法论原则的典型代表。政客、议员、官僚、选民是基本的分析单元，他们都按照个人效用最大化行动，为了各自的利益而在政治活动中进行交易。较晚（20世纪80年代初）出现的是"利维坦国家模型"。此模型在方法论个人主义上做出了让步，将国家整体而非参与政治的个人视为追求税收总额最大化的巨兽。同时，先前的模型中强调的作为交易的政治也被弱化，只有"经济人"假设被完整保留下来。

诺思也构建过两种不同的国家模型。其一是"单一治国者模型"，此模型在20世纪80年代初正式出现，其与布坎南的"利维坦国家模型"不仅在出现的时间上接近，而且在模型架构上非常类似。治国者被视为国家机器的单一代表，他的效用函数——追求租金最大化——就是国家政权的效用函数。诺思最终放弃了单一治国者模型，而改用"作为组织的组织"的国家模型(North, et al., 2009)。该模型更加贴近方法论个人主义,也仍然体现了诺思素来强调的代表性个体(精英)为自身利益而行动,而对信念重要的强调则较之以前的作品有所减少(North, 2005)。

再次,我们来看布坎南和诺思所采用的制度评价标准的差异。

基于在集体选择中贯彻一致同意原则的维克塞尔传统,布坎南认为好制度应该同时满足正义和效率。在一致同意原则下不会有任何少数人被歧视性剥削,故该制度正义;在一致同意原则下任何人的状况都变得更好或至少不会变差,故符合帕累托改善意义上的静态效率。

诺思只以效率作为唯一的制度评价维度,所以他的思想进路中的好制度就是有效的制度。诺思所理解的效率与布坎南所指的静态资源配置效率不同,而是一种动态效率。此动态效率有时候指的是制度可以通过降低交易成本促进国民财富总值的增长,有时候指的是制度具有应对冲击和促进创新的适应性效率。作为对诺思的思想进路的一种自然拓展,阿西莫格鲁以是否有利于自由作为政治制度的评价标准(Acemoglu and Robinson, 2019)。

又次,我们分析一下布坎南和诺思所采用的主要分析工具的不同。

布坎南在讨论宪制的正义和效率时所使用的主要分析工具是"不确定性之幕"。这一分析工具体现了契约论哲学对布坎南的影响,因为它非常类似于罗尔斯的"无知之幕"。但是,布坎南的不确定性之幕并非照搬自罗尔斯。布坎南自身也是当代最重要的契约论哲学家之一,且布坎南和罗尔斯都受到了弗兰克·奈特(布坎南的博士论文导师)的影响。不确定之幕的作用在于当人们进行宪制的选择时,可以屏蔽任何既得利益的信息,使得立约者只能站在中立而非歧视的立场上进行选择。因而,这一宪制选择过程本身就同时兼顾了正义和效率。

诺思所采用的主要分析工具是"交易成本"概念,这一工具是经由诺思的同事张五常传递给他的,而该概念的发明人是布坎南曾经的同事科斯。诺思把交易成本分为测量成本和实施成本(North, 1994),并实证研究了美国的交易成本的历史变化(Wallis and North, 1986)。在诺思的思想进路中,政治领域的交易成本可以解释为什么会发生无效制度的路径依赖,因为交易成本导致可信承诺问题,从而使得政治制度的调整不可行。而一旦实现了路径创造即无效路径被突破,则有效的经济制度的功能就在于可以降低经济领域的交易成本,从而促进分工和创新,激励整个社会的生产性活动的扩展。

从次,我们来讨论一下布坎南和诺思各自选择的经验上的参照对象。

布坎南以二战后的美国的政治制度和经济制度为经验上的基本参照对象或者说经验背景。诺思则是以光荣革命前后的英国为经验背景。布坎南所选择的美国背景是资本主义制度已经进入成熟期后的状态;诺思所选择的英国背景则是资本主义制度兴起时期的状态。诺思之所以采用这一时期的英国为研究对象,是因为诺思关注的就是欧洲历史上有根本转型性质的制度变迁,而他认为美国历史上没有发生过这种大转型(Wallis, 2016)。相比之下,布坎南的关注对象——美国背景下的宪制调整——以诺思的标准来看称不上是根本性质的制度转型。

布坎南和诺思分别以美国和英国为经验背景可能引发一种学术上的研究偏向——西方中心主义。实际上,布坎南以体现了西方政治哲学的契约主义传统的"不确定性之幕"模型推导出了制度评价的规范最优标准,而诺思则直接将光荣革命后英国的宪制模式视为制度评价的经验最优标准。由于这些评价标准在本质上都是在两国特定的理论语境和历史情境下发生的特例,故以此来评价他国的国家制度建设和经济发展的实践,难免会有所偏颇。

最后,我们回顾一下布坎南和诺思在一个很重要的具体制度问题上——(财政)宪制何以自我实施——的观点异质性。

布坎南实际上从未讨论过制度的自我实施问题。似乎在他看来,只要事前在宪制选择阶段贯彻了一致同意原则,那么产生的财政宪制就可以兼顾正义和效率,从而必然会在后宪制选择阶段被各方所遵循。布坎南忽略了的问题是,事前和事后的同意是有区别的。事前立约是在假想或真实的不确定性下完成的,而"不确定性之幕"在事后则会越来越薄乃至彻底消失,既得利益的识别变得容易。此时,如果没有有效的自我实施机制,违背财政宪制的约束反而是绝对或相对利益受损方的事后理性选择。

诺思明确提出了制度的自我实施问题并加以详细讨论(North and Weingast, 1989)。在诺思看来,制度的自我实施意味着现有制度对博弈的各方来说都是有利的(起码好于违约)。而如果要维持这种激励相容的博弈均衡,又取决于立约各方的相对谈判权力。诺思以光荣革命后的英国为例,说明了当国王和议会的谈判权力达成平衡时,国王的财政权力被财政宪制有效约束,而议会也无法成为新的独裁者。诺思的分析是一种谈判权力的静态均衡分析,未来需要引入关于谈判权力的比较静态均衡和动态均衡的分析以解释制度的可自我实施程度的变化和制度的激励相容的崩溃。

二、布坎南和诺思在看待中国问题时的片面性

虽然布坎南在中国问题上有意识地保持了沉默,但我们还是可以通过采用经济思想史研究的"创造的诠释学"的方法而间接获得布坎南关于中国问题的潜在看法。诺思和沿着诺思的思想进路继续前进的其他经济学家之于中国问题的看法,则可以通过梳理他们作品中的相关内容而直接获得。

布坎南和诺思在研究中国问题时的片面性集中体现为他们对中国经济未来前景的预测,可称之为"中国经济前景悲观论假说"。之所以有这一假说,显然是因为中国的国家制度建设和经济发展的路径都不符合西方经验和西方经济学理论的惯有认知,故形成了对现代化建设道路的西方中心论的挑战。

正如我们在前面一章详细讨论过的,所谓的"中国经济前景悲观论假说"存在两项重要的缺陷,使得其无法通过历史和逻辑的双重检验。

一是经验事实上的错误。该假说得以成立的前提是只有现代西方式的国家制度才能促进创新。我们在上一章中已经证明,这种立论依据显然是罔顾了西方世界兴起的真实历史——国家的全方位推动而非产权制度才是创新的主要激励。皮之不存毛将焉附,由于前提就是虚构的,假说自然无法成立。我们在上一章已经通过科学哲学的"演绎—律则"模型证明,错误的逻辑前提必然会导致错误的逻辑结论。

二是模型建构上的错误。布坎南和诺思的国家模型都是在西方世界(主要是美国和英国)的历史和现实情境中构建的。所以,二者的思想进路不可能涵盖近代以来中国在国家制度建设过程中所专注的主题,因为中国所处的情境与西方世界是如此不同。由于面临着亡国灭种的国际竞争压力,而孱弱的国家能力又无法对此做出有效回应,中国近代的制度企业家的核心关注是通过国家制度建设来增强国家能力,这是从1840年到21世纪中叶一以贯之的国家制度建设的主题。布坎南和诺思的国家模型隐含地假设国家具有充分的能力,这实际上是把中国等后发经济体历史上和当

下要解决的关键问题通过假设取消掉了。

实际上,从西方近代社会科学的学术传统看,西方学者对中国问题的悲观看法和批评观点由来已久,亚当·斯密、孟德斯鸠(Charles-Louis de Secondat)、黑格尔(Friedrich Hegel)甚至马克思都或多或少地表达过这类论调。例如亚当·斯密在《国富论》中就曾经指出,"中国一向是世界上最富的国家,就是说,土地最肥沃,耕作最精细,人民最多而且最勤勉的国家。然而,许久以来,它似乎就停滞于静止状态了"[1]。斯密进而断言:"也许在马哥孛罗时代以前好久,中国的财富就已完全达到了该国法律制度所允许的发展程度。"[2]虽然亚当·斯密总体上对中国评价悲观,但并非没有留下余地,例如他认为:"中国似乎长期处于静止状态,其财富也许在许久以前已完全达到该国法律制度所允许有的限度,但若易以其他法制,那末该国土壤、气候和位置所允许的限度,可能比上述限度大得多。"[3]我们在前面的两章已经通过经验事实和理论分析证明:中国共产党领导下的国家制度建设成就和改革开放以来中国所取得的经济成就正反映了斯密的乐观期望,而不是布坎南的沉默无语、诺思的犹疑不决和阿西莫格鲁的片面悲观。

第二节 关于中国特色的国家理论的初步展望

一、回到真实情境:国家制度建设的路径多样性

布坎南和诺思都强调"制度重要",但是,如果不去考察各国在制度变迁时所面对的(由从历史中继承下来的文化传统和在现实中需要解决的危机所构成的)具体情境,则所谓的制度重要很容易沦为套套逻辑。因为所谓的好制度和应该选择的通向好制度的路径都是情境依赖的,不存在任何理论上的或经验上的唯一最优的目标和方案。

---

[1] [英]亚当·斯密:《国民财富的性质和原因的研究》(上卷),郭大力、王亚南译,商务印书馆,1972年,第65页。
[2] [英]亚当·斯密:《国民财富的性质和原因的研究》(上卷),郭大力、王亚南译,商务印书馆,1972年,第65页。
[3] [英]亚当·斯密:《国民财富的性质和原因的研究》(上卷),郭大力、王亚南译,商务印书馆,1972年,第87页。

并且，布坎南和诺思（尤其是后者）的制度重要主要指的是好制度可以提高经济效率。但是从国家制度建设的目标函数上来说，效率绝非最高阶的目标。在中国近代以来的历史和现实情境的影响下，上层制度企业家的奋斗体现为实现中华民族伟大复兴，而效率、自由、正义等统统只是二阶目标。即使只考虑作为二阶目标的效率，制度重要也很容易会变成一种陈词滥调，因为"经济增长对制度的要求取决于经济参数，并随着时间而变化"[①]。

上述对于好制度及其实现方式的情境主义理解有着重要的方法论意义：布坎南为"什么是好制度"提供了一个理想化的规范性质的基准参照系，诺思则试图说明"为什么朝向好制度的转型无法实现"，诺思的解释是由于"路径依赖"。但是，我们提出的"路径创造"概念也证明，所谓路径依赖只是制度变迁的一种极端状态，而在此极端状态（完全的制度黏性）和相反的极端状态（彻底的制度革命）之间存在一条制度变迁类型的连续谱系。由于路径创造所需要克服的阻碍因素在各个不同的时代的不同经济体中有各异的具体表现，也因为不同的历史和现实情境下对什么是好制度本就会出现多元评价标准，故好制度在内容和实现路径上都是多样性，这种多样性不仅必然而且应然。

著名的经济史学家格申克龙早在20世纪50年代就指出，即使在欧洲范围内，各国之间促进工业化的制度变迁路径也是有差异的。越是民间资本和自由市场的力量较弱的国家（如德国和俄国），就越是需要发挥国家的力量在制度上对工业加以扶持。格申克龙以德国为例指出，"德国的工业经济由于在追赶的过程中使用了特殊的方法，它的发展所遵循的路线与英国相比却有明显的不同"，且"德国的经验可以加以推广"[②]。

那么值得推广的德国经验是什么呢？当面临高强度的国家竞争时，属于西方世界一分子的普鲁士/德国在十九世纪也选择了通过国家制度建设来优先增强国家能力的发展道路。由于对手（英国、法国）的强大和自身处于分裂状态，德国在十九世纪所做出的回应是建立了中央集权制度和自主高效的官僚体系，此种被后世认为有鲜明德意志色彩的制度设计无疑能最

[①] [美]乔尔·莫克尔：《启蒙经济：英国经济史新论》，曾鑫、熊跃根译，中信出版社，2020年，第469页。

[②] [美]亚历山大·格申克龙：《经济落后的历史透视》，张凤林译，商务印书馆，2009年，第20页。

有效地集中和利用资源以应对国际竞争和推动工业化。于是显然，即使是在西方世界内部，英国道路也远非实现经济繁荣的唯一选择，德国的发展道路也是通向经济现代化的有效方式。

按照格申克龙的逻辑，法、德、奥、意、俄等欧洲国家各自相对于英国的落后程度不同，现代化爆发的时间点也各异，这决定了它们各自走向现代化的路线与英国模式的差异。将该逻辑稍加推广到西方世界之外，则由于在基本国情和历史文化上的情境差异更为悬殊，以中国为代表的东方诸国走上了不同于英国模式的发展道路就更不足为奇了。两相对比，中国和德国所代表的后发国家的国家制度建设道路似乎更具共性，而英国的国家制度建设道路反倒更像是一个特例。

格申克龙根据经济史的经验而总结的（在能够促进工业化的意义上的）好制度的内涵和路径的多样性能够得到经济思想史上的观点的支持。德国历史学派的先驱李斯特（Friedrich List）在1841年的《政治经济学的国民体系》一书中指出：并不存在所谓的"世界主义经济学"[①]即英国古典学派所鼓吹的具有世界范围内的普遍指导意义的经济学理论。这种经济学根本没有考虑不同民族国家的特殊性，因而将历史和现实中的情境因素完全抛弃了。与这种世界主义经济学相反，正确的经济学体系"不是建立在空洞的世界主义之上的，而是以事物本质、历史教训和国家需要为依据的"[②]。

李斯特的经济理论为后发国家的制度变迁和经济发展的多样化道路提供了智力支持，而李斯特的这一思想其实离不开美国的开国元勋之一和美国经济发展路线的规划者汉密尔顿（Alexander Hamilton）的影响（李斯特，1997）。与我们习惯的认知不同，美国为促进工业化而选择的经济制度也完全不同于英国模式。

汉密尔顿在1790年提交国会的《关于制造业的报告》中写道："我国在对外贸易拓展上遇到了阻力，这一困境已经促使人们开始认真反思扩大我国国内贸易范围的必要性。"[③]就是说，在面临激烈的国际竞争的情况下，发展民族工业以扩大国内市场大有裨益："在国内发展制造业，不仅可以充分

[①] [德]弗里德里希·李斯特：《政治经济学的国民体系》，陈万煦译，商务印书馆，1961年，第5页。
[②] [德]弗里德里希·李斯特：《政治经济学的国民体系》，陈万煦译，商务印书馆，1961年，第7页。
[③] [美]亚历山大·汉密尔顿：《关于制造业的报告》，崔学锋译，《演化与创新经济学评论》2014年第1期，第142页。

保障我国现在或将来遇到外部不利条件时免受损失,而且在战略上对国家的独立和安全也是极为有利的。"①汉密尔顿的上述看法塑造了美国学派的思想和美国制造业的保护主义政策体系(美国的贸易保护一直持续到二战后自己成为世界上唯一的资本主义经济强国后才彻底停止,而英国从19世纪后一直打出的都是自由贸易的旗号),并经由李斯特(他在1825年到1832年流亡美国期间深受汉密尔顿和美国学派的影响)而塑造了德国历史学派及众多赶超经济体关于经济政策和经济制度变迁的观点。

综上所述,我们显然可知,在各国谋求自身经济起飞和国力强盛的奋斗中,所谓的"好"制度并没有唯一标准,而且通向好制度的道路也是多样性的,这种双重多样性不仅是逻辑必然的且从事后结果看也是理想的。

二、如何正确理解中国:西方中心的国家理论的破产

布坎南和诺思都总结过国家可能具有善恶两面性。回顾经济思想史,恩格斯也曾经归纳出国家影响经济发展的不同可能:"国家权力对于经济发展的反作用可以有三种:它可以沿着同一方向起作用,在这种情况下就会发展得比较快;它可以沿着相反方向起作用,在这种情况下,像现在每个大民族的情况那样,它经过一定的时期都要崩溃;或者是它可以阻止经济发展沿着某些方向走,而给它规定另外的方向——这种情况归根到底还是归结为前两种情况中的一种。但是很明显,在第二和第三种情况下,政治权力会给经济发展带来巨大的损害,并造成大量人力和物力的浪费。"②

恩格斯的上述概括意味着,国家如果顺应经济发展的前进方向建立起了有效的经济制度和实施扶助性的经济政策,那么结果就会促进生产力的发展;反之,国家如果违背经济发展的前进方向建立起了无效的经济制度和实施掠夺性的经济政策,则结果就是阻碍生产力的发展。显然,新中国成立以来尤其是改革开放以来经济增长的经验事实说明,中国选择了正确

---

① [美]亚历山大·汉密尔顿:《关于制造业的报告》,崔学锋译《演化与创新经济学评论》2014年第1期,第143页。
② [德]弗·恩格斯:《恩格斯致康拉德·施米特》,载《马克思恩格斯选集》(第四卷),人民出版社,2012年,第610页。

的国家制度建设道路,故国家权力对经济发展起到的是积极的促进作用,从而用事实向理解国家的西方中心主义思想进路——布坎南所代表的公共选择的弗吉尼亚学派和诺思所代表的新制度经济学的华盛顿学派都是其中的典型——提出了挑战。用计量经济学的术语来说,中国在国家制度建设和经济发展上的表现是一个无法用一般统计规律来刻画的"野点"(outlier)。

诺思早期的代表作《西方世界的兴起》曾被称为"欧洲中心论经济史最值得注意的著作之一"[①]。在该书中,诺思认为"成功是在国家中进行产权重组的结果。失败——西方世界历史上的伊比利亚半岛及当代的拉美、亚洲和非洲——则是无效率的经济安排的结果"[②]。东欧剧变后,这种西方中心论观点被福山以"历史终结论"之名作为公开的价值标准来宣扬。历史终结论是所谓的"历史决定论"(historicism)的一种特殊版本(波普尔,1998),其预言人类政治发展的历史将终结于西方的自由民主制度。这不是一种客观的事实判断,而是一种主观的价值判断,就连福山近年来也因为中国的崛起而对自己的观点有所修正。一旦如布坎南和诺思那样将美国或英国的宪制确定为经济发展的根本制度原因时,就已陷入一种西方中心主义的制度评判准则中了。

于是,看待历史的视角是否合理就成为正确认识中国的国家制度建设和经济发展道路的重要方法论前提。那么,该选择何种历史视角来解读中国呢?体现着西方中心主义的思想进路——如布坎南和诺思的理论——显然是不合适或至少不完全合适的。因为这些理论是从现代化的胜利者的视角来看待落后者及其失败,于是病因和药方都是提前预设好的:病因是缺少同欧美一样可促进现代化的制度结构;药方则是通过模仿欧美来推动本国的制度转型。近年来,更多的历史学者在研究中国问题时倾向于全球史视角(李伯重,2017;马克斯,2006;斯塔夫里亚诺思,1993)或干脆以中国为主视角(沟口雄三,2011a,2011b)。由于这样一种视角的转换,中国不再需要被当作西方世界之外的特例,美国和英国的兴起过程和制度结构反

[①] [美]贡德·弗兰克:《白银资本:重视经济全球化中的东方》,刘北成译,中央编译出版社,2000年,第53页。

[②] North, Douglass, and Robert Thomas, 1973, *The Rise of The Western World: A New Economic History*, Cambridge: Cambridge University Press, p. 157.

倒可以在中国的立场上被视为一种特例。

实际上,任何形式的西方中心论都属于智力上的浪费和心态上的偏执,与其对某国的制度变迁的结果进行事后合理化甚至将之美化为所谓的最优制度模式,不如从各国的制度变迁的历史初始条件和真实过程出发,按照情境理性来理解好制度在内涵和道路上的多样性。在这一意义上,历史之于理解国家制度建设重要。

历史之所以重要,不仅是路径依赖,更是因为关于制度变迁的模型必须在关键性假设上符合历史真实。所以,要理解当前中国的国家制度及其与西方制度的差异,就必须首先理解近代以来中华民族谋求复兴的奋斗史和中国共产党人在国家制度上的探索历程。也就是说,需要关注的是中国的制度变迁过程的曲折性和复杂性,而不是简单地对制度变迁的结果加以事后的合理说明。事后的合理化只能保证逻辑上为真,却不一定与历史的真实情况相符。特定的历史结果可能有无数种逻辑上合理的解释,但历史的真相却是唯一的。即是说,从一定逻辑前提假设出发的事后合理化能够构造出一个简约精致的模型,但该模型却不见得是一个科学的理论,因为该理论的逻辑前提本身可能已经脱离了历史真实。

经济学方法论上的一个警示是不能仅在路灯下找钥匙,因为理论的合理性或会因此而过分屈服于工具和数据的可得性。同理,不能"仅仅在欧洲路灯的光亮下"[1]寻找对中国重新崛起的解释。由于布坎南、诺思、阿西莫格鲁等西方经济学家完全没有了解近代以来国家制度建设的历史真实情境,他们在批评中国的国家制度时的无的放矢也就不足为奇了。

按照情境依赖的逻辑,符合自身国情的制度安排不能直接移植,而是需要每个国家都经历一番学习的过程。尤其对于中国这样一个有着悠久历史和成熟的传统治国理念的国家来说,虽然在被迫卷入的现代化浪潮中已经注定不能继续扮演旧的自己,但也不愿和不能变形为纯西方化的他者,故符合自身国情的现代化道路的确立只能是一个持续的学习过程。因此,即使中国经济发展确实存在需要通过深化改革来解决的问题,也切不可不顾国情只照着西医的药方抓药。一个医生如果给所有的病人都开出相同的处方,那么定是庸医无疑。同理,给予所有的发展中

---

[1] [美]贡德·弗兰克:《白银资本:重视经济全球化中的东方》,刘北成译,中央编译出版社,2000年,第442页。

经济体同样的西方化制度改革建议("休克疗法"尚且殷鉴不远),恐怕也无法适应各国国情的复杂性和好制度的双重多样性。这是布坎南和诺思的以英美为基准参照系的国家理论之所以无法适应发展中国家国情的根本原因。

"使用基准模型的意义在于,澄清产生某种结果所隐含的具体假设条件,帮助我们系统地思考这些假设条件是否真正适用或者需要进一步的修正"[1]。布坎南和诺思的模型已经起到了这一作用,而本书的分析业已证明:当把他们的模型运用于解释中国问题时,模型中固有的一些显性或隐性的假设——此处可称为"关键性假设"[2](critical assumptions)——必须被修正。即是说,为了更好地理解以中国为代表的后发赶超和民族复兴,以及崛起过程中的国家与经济发展的关系,需要有一个超越现有西方化国家理论的分析框架。接下来将是本书除附录外的最后一个章节,我们将初步展望一下中国特色的国家理论最为亟待弥补的拼图。

三、迈向中国特色的国家理论:亟待填补的拼图

在新时代的背景下,发展仍然是党执政兴国的第一要务,无论是从提高人均GDP水平的中短期目标、推动共同富裕的中长期目标还是实现中华民族伟大复兴的最终目标来看都是如此。可惜的是,布坎南不关注至少主要关注的不是经济发展问题;诺思聚焦的是解释历史上的经济发展,且以英国和美国的国家制度作为经济发展的模板化制度安排。二者的理论都无法对中国的历史和现实情境下的国家建设与经济发展之间的关系做出准确的刻画,更遑论合理的解释。二者的理论的另一个或许是更为根本的缺失在于,他们都没有涉及中国的国家制度的最大优势也是最为本土化的特征——"中国特色社会主义制度的最大优势是中国共产党领导,中国

---

[1] 蒂莫西·贝斯利、托尔斯腾·佩尔松:《为什么发展中国家税收那么少?》,《比较》2015年第2期,中信出版社,第34页。
[2] "关键性假设"的概念由著名的经济学家罗德里克(Dani Rodrik)提出,其含义是指:"如果对该假设做出一定的使其更符合现实的修正,将导致模型得出显著不同的结论。"不同于弗里德曼的经典观点,罗德里克认为一个模型中的大多数假设可能都不是关键性的,但是,"要使一个模型有用,即能够反映现实,其关键性假设就必须能充分反映现实"。([土]丹尼·罗德里克:《经济学的规则》,刘波译,中信出版集团,2017年,第27页)

共产党是最高政治领导力量"①。于是,中国特色的国家理论的基本问题应该是党领导下的国家与经济发展的关系问题——党领导下的国家是否既有"意愿"也有"能力"促进经济发展。

按照标准的新古典经济学模型,如果把经济发展乃至更高层面的中华民族伟大复兴视为奋斗目标,则党领导下的国家促进经济发展的"意愿"问题近似于代表性个体的"偏好"或者说目标函数问题。

中国共产党诞生于中华民族面临亡国灭种危机之秋,故其在起点上就与西方的选举型政党不同,而是具有使命型政党的特征——致力于为中华民族伟大复兴而奋斗。于是,在经历了各种国家制度建设的尝试(洋务运动、维新变法、资产阶级革命)的失败后,党领导下的国家制度最终成为历史和人民的选择。在新中国成立后尤其是改革开放以来,中国共产党人不断探索建设社会主义的正确道路,致力于"解放和发展社会生产力,使人民摆脱贫困、尽快富裕起来,为实现中华民族伟大复兴提供充满新的活力的体制保证和快速发展的物质条件"②。进入中国特色社会主义新时代以来,中国共产党提出了立足新发展阶段、贯彻新发展理念、构建新发展格局,力图以经济高质量发展来带动中华民族伟大复兴这一目标的实现。

显然,无论在革命还是在建设年代,中国共产党始终有不同于西方选举型政党的目标函数,后者追求选票的最大化,而前者则始终以中华民族的伟大复兴为最高目标。所以,西方选举型政党必然只有当期的时间视野(以一个大选周期为限),中国共产党追求中华民族伟大复兴的目标函数则衍生出了长远的时间视野,从而在公共政策制定时表现为"党代表中国最广大人民根本利益,没有任何自己特殊的利益,从来不代表任何利益集团、任何权势团体、任何特权阶层的利益"③。

长远的时间视野有助于"政治科斯定理"从不可能变为接近可能(阿西莫格鲁,2016;施莱弗,维什尼,2004)。除了无知,政治利益的冲突——事

---

① 《中共中央关于党的百年奋斗重大成就和历史经验的决议》,人民出版社,2021年,第24页。
② 《中共中央关于党的百年奋斗重大成就和历史经验的决议》,人民出版社,2021年,第15页。
③ 《中共中央关于党的百年奋斗重大成就和历史经验的决议》,人民出版社,2021年,第66页。

后自我约束和事后补偿的承诺不可信[①]——导致政治领域的高交易成本,其是阻碍有效经济制度的变迁的最根本因素。此时,决定政治—经济双重均衡的因素除了政治权力的分配外,"统治者做决策的视野也很重要。如果统治者没有耐心,例如由于他害怕其他有竞争力的统治者取代他,那么自我实施的协议就较难继续,这是因为来自未来惩罚威胁的激励变弱了。因此,如果统治者有较长的执政视野,那么较好的均衡政策将会出现"[②]。就是说,一旦治国者有长远的时间视野,经济持续发展就可以同治国者自身利益之间激励相容(奥尔森,2005)。由于存在这一激励相容—制度可自我实施的底层逻辑,才有改革开放以来中国三十年年均接近10%的高速经济增长和十八大以来的经济高质量发展,而经济发展的绩效合法性又成为中国共产党永续执政的重要支撑资源(赵鼎新,2016)。

综上可知,上述内容的基本逻辑是:治国者以中华民族伟大复兴为目标—>治国者拥有长远的时间视野—>较优的制度和政策均衡—>经济较好较快发展。这一逻辑链条有几个隐含的前导性问题,而这些问题正是中国特色的国家理论不同于布坎南和诺思所代表的西方经济学国家理论的关键,也是中国特色的国家理论在未来亟待弥补的缺失的拼图:

其一,中国共产党何以能够永葆初心,始终以中华民族伟大复兴为奋斗目标。这需要补充党的建设理论,梳理总结从列宁开始的党的建设的历史经验教训和理论建构,在此基础上结合中国国情加以本土化时代化的升华;也需要对使命型政党的属性有更为深入的认识,包括使命型政党与其他类型政党的主要区别,使命型政党在中国诞生和发展壮大的历史逻辑、现实逻辑、理论逻辑等问题。

其二,治国者的长远的时间视野可能不仅是一个固有的良性偏好的问题。治国者的长远视野是形成有效经济制度的必要条件;有效的经济制度会促进经济发展;而经济发展所带来的政绩合法性一般来说有利于长期执

[①] 阿西莫格鲁(2016)认为,双重承诺难题是政治领域的交易成本的来源,其包括:"第一,掌权者不可能保证,一旦大权在握,未来不会以对他们有利的方式行使这一权力。第二,一旦统治者放弃权力,公民不会向他们兑现额外报偿的承诺,因为前统治者不再拥有政治权力强制实施这些承诺。"([美]达龙·阿西莫格鲁:《为什么政治科斯定理不成立:社会冲突、承诺以及政治学》,《比较》2016年第3期,中信出版社,第82—83页)

[②] [美]达龙·阿西莫格鲁:《为什么政治科斯定理不成立:社会冲突、承诺以及政治学》,《比较》2016年第3期,中信出版社,第106页。

政地位的永续稳固,故可进一步延伸治国者的长远视野,正反馈的良性循环于是得以形成。然而问题在于,经济发展的绩效合法性可能存在边际递减,经济发展甚至还可能反而生产出不稳定因素(奥尔森,2009;托克维尔,1992),此时仅靠治国者的固有的良性偏好还能否维持长远的时间视野?而如果不充分,又该引入何种新的补充机制?

其三,治国者长远的时间视野下的制度和政策能否得到有效执行。在执行层面,官僚是具体的落实者,但是横向和纵向的官僚体制都可能使原本较优的制度和政策的均衡遭到扭曲。恩格斯就曾经指出,"不论在旧专制君主制中或者在现代波拿巴主义君主制中,实际的政府权力都是掌握在军官和官吏这一特殊等级的手中"[①]。例如,为了自身的利益,官僚不仅可能在执行层面(通过努力最小化和卸责)使得政策效果大打折扣,而且可以利用信息不对称来干扰治国者对制度和政策的选择。对于中国的横向和纵向的官僚体制的特征和缺陷,现有文献已经从"竞争锦标赛""行政发包制"等方面开展了关于官僚制及其负面影响的研究(李稻葵,2003;张军,周黎安,2008;周黎安,2017),但是我们也要看到,现有的官僚体制在经济发展、全面脱贫、应对突发危机等方面仍然主要起到的是积极作用(公共选择学派则只强调官僚制的负面性),故官僚体制的改革可能存在着权衡取舍。布坎南和诺思对于官僚制理论都基本未曾着墨,中国特色的国家理论需要基于中国官僚制的特征事实,对已有的西方经济学研究(尼斯坎南,2004;塔洛克,2010;唐斯,2006)加以提升。

最后也可能是最重要的,较优的制度和政策均衡不仅依赖于治国者长远的时间视野,也取决于治国者在国家能力方面的有意识的制度投资,且国家能力还是好制度与好的经济结果之间的重要中介机制。正如本书在第五章和第六章讨论过的,中国的强国家能力可以看作是建党以来的国家制度建设的结果,用经济学的语言可称之为在国家能力上的制度投资。而国家在财政等方面的物质能力的提升对国家维护市场有效运转和提供公共服务都十分重要,是做大"蛋糕"(经济增长)和分好"蛋糕"(分配公平)的共同必要条件。

由于国家能力是一个广延的集合,所以国家需要增强的不仅是社会

---

① [德]弗·恩格斯:《论住宅问题》,载《马克思恩格斯选集》(第三卷),人民出版社,2012年,第240—241页。

存在方面的物质能力即"硬国家能力",还需要强化社会意识方面的思想创新的能力即"软国家能力"。如果没有改革开放之初的解放思想(第五章讨论的文化企业家在其中起到至关重要的作用),就很难想象有市场经济的建立和中国经济的起飞。中国的"软国家能力"的最核心的体现就是能够不断深化马克思主义的中国化时代化,表现在"当代中国的伟大社会变革,不是简单延续我国历史文化的母版,不是简单套用马克思主义经典作家设想的模板,不是其他国家社会主义实践的再版,也不是国外现代化发展的翻版"[①]。

那么,在最具代表性和重要性的"硬国家能力"即宽口径的国家汲取能力已经处于高位的情况下(见第六章第二节第二部分),继续增强国家的物质层面的国家能力的合意性和潜力该如何评估,又该从哪些物质维度入手?在外部的西方文化不断渗透,而内部的新一代人口的生活水准主观预期不断攀升且价值观日益多元的情况下,国家的主流意识形态该如何守正创新,主动迎接外来文化的挑战和积极应对国内思想领域的变化?这些软硬维度的国家能力问题和其背后的制度投资问题(国家能力的内生理论)都是中国特色国家理论必须弥补的缺环。

"中国处在一个关键时刻"[②],这是当今几乎所有经济学家的共识。中国能否在当前的关键时刻有力地回应国内外的挑战,在很大程度上系于国家治理体系即国家制度现代化建设的情况。在真实的世界中,任何一种国家制度都会有所缺憾,完美只存在于乌托邦的虚幻世界。所以我们应该承认,中国现有的国家治理体系仍有很多地方需要"补短板、堵漏洞、强弱项",需要"该坚持的坚持,该完善的完善,该建立的建立,该落实的落实"[③]。

按照历史唯物主义的世界永恒运动的观点,恩格斯曾经指出,"我们没有最终目标,我们是不断发展论者"[④]。习近平总书记也强调过,"改革开放

[①]《中共中央关于党的百年奋斗重大成就和历史经验的决议》,人民出版社,2021年,第67页。
[②] [美]达龙·阿西莫格鲁:《制度视角下的中国未来经济增长》,《比较》2014年第5期,中信出版社,第66页。
[③] 习近平:《全面提高依法防控依法治理能力 健全国家公共卫生应急管理体系》,《求是》2020年第5期,第6页。
[④] [德]弗·恩格斯:《1893年5月11日弗·恩格斯对法国"费加罗报"记者的谈话》,载《马克思恩格斯全集》(第二十二卷),人民出版社,1965年,第628页。

只有进行时没有完成时"①。所以,中国的国家制度建设也必将是一个不断探索前进的过程。在这一发展完善的过程中,选择性地吸收西方制度文明的理论成果和实践经验仍不失为降低试错成本的有效途径。鲁迅先生曾经将西方文化分为"根柢"和"枝叶"②,前者是可共享和具有普遍性的部分,后者是特色和具有民族性的部分,故全盘西化或保守主义恐怕都是需要避免的极端倾向——这也正是罗素(Bertrand Russell)在《中国问题》中对中国人的提醒③。于是,本书借助"拿来主义"的精神所做的努力,或可启发我们进一步思考国家与社会、政府与市场的关系。如果这一努力能够有益于我们更加完整准确地理解和把握国家制度建设的规律,则实在是善莫大焉。本书只是迈向中国特色的经济学国家理论的一小步,我们距离对中国的国家制度的完备理解还有太多块缺失的拼图需要弥补,而这也正是包括笔者在内的中国经济学人未来必须为之奋斗的事业。

---

① 习近平:《改革开放只有进行时没有完成时》,载《习近平谈治国理政》,外文出版社,2014年,第69页。
② 钱理群:《话说周氏兄弟:北大演讲录》,山东画报出版社,1999年,第74页。
③ [英]罗素:《中国问题》,秦悦译,学林出版社,1996年,第4页。

附录一：公共选择弗吉尼亚学派的内部关系与外部分殊

第一节　弗吉尼亚学派和公共选择学派其他分支概况

广义的公共选择学派远不止于弗吉尼亚学派这一分支，而是有多个不同的流派。所有属于广义的公共选择学派的经济学家都共享着相同的基本立场，那就是放弃和批判在新古典福利经济学和新古典财政理论中向来坚持的"仁慈"政府的假设（萨缪尔森，2006；布坎南，马斯格雷夫，2000），而是从"经济人"的视角来展开对政治—经济关系的分析。这不仅奠定了公共选择学派的基本立场，也极大地启发了新制度经济学的国家理论的研究。

公共选择的分支学派的划分标准并不一致甚至有值得商榷之处：例如，有时候会把整个芝加哥学派与弗吉尼亚学派并列（方福前，2000；许云霄，2006；Rowley，2008a），但弗吉尼亚学派实际上更接近于是芝加哥学派的一个庶子（布坎南和塔洛克都博士毕业于芝加哥大学）；另外，肯尼斯·阿罗所开创的社会选择理论有时也被视为是公共选择理论的一个分支甚至开端（缪勒，1993，1999；Mueller，2003），但实际上社会选择与公共选择有非常明显的区隔乃至于发生过理论交锋（汪毅霖，罗影，2015）；并且，各个分支学派在研究主题和人员交流上都有交叉，且除了弗吉尼亚学派之外基本上相对比较松散，任何划分标准都难以避免争议。

所以我们认为，与其强求划分出若干个公共选择学派的分支，不如追求一个较为稳妥的目标——界定出弗吉尼亚学派内部和外部的公共选择经济学家，并按照公共选择的研究主题和各个理论方向来梳理他们之间的关系和分殊。如果说新古典的福利经济学和财政学是建立在"市场失灵"及其治理的主题上的，那么公共选择理论的主题就是"政府失灵"及其救治,随之而来的对政府失灵的原因的探究又催生出了代议制、寻租、利益集团、官僚体制等具体的理论研究方向,而救治的途径几乎都可归结为宪制的改革。

弗吉尼亚学派是一个比较紧密的学术团体,其得名是因为此学派的代表性人物、基本团队和学术组织(弗吉尼亚学派的主要成员构成了"公共选择学会"的骨干力量)始终在弗吉尼亚州内的各大学之间游走,并最终落脚于该州的乔治·梅森大学。在弗吉尼亚学派的初代的两位领军者之间,布坎南更偏重研究宪制理论,塔洛克则对寻租、官僚部门等领域更感兴趣。后续的主要人物如范伯格、布伦南、普洛特(Charles Plott)、康格尔顿(Roger Congleton)、瓦格纳(Richard Wagner)等人(他们多数都担任过公共选择学会的主席,瓦格纳甚至在布坎南身后为其作传)都与布坎南和/或塔洛克有过或多或少的学术合作,在耳濡目染之间延续了第一代的问题意识和方法论。第一代和第二代的公共选择的弗吉尼亚学派的经济学家们从代议制的决策过程(布坎南、塔洛克、瓦格纳、康格尔顿等的研究)、寻租和官僚制(布坎南、塔洛克等的研究)、非理性民主(布坎南、布伦南等的研究)等方向来解读"政府失灵"。

从公共选择学会的历任主席的名单来看,其中很多人明显不属于弗吉尼亚学派,有些人也并非经济学家[①],且只在非常宽泛的意义上才可以被归为公共选择学派。例如2009年的诺贝尔经济学奖得主E.奥斯特罗姆及其丈夫V.奥斯特罗姆都曾任公共选择学会的主席(分别是1982—1984年和1967—1969年),但是二者通常都被视为政治学家[②],并且他们的研究领域也主要不属于"政府失灵"的范畴。

当然,在弗吉尼亚学派之外的广义的公共选择团体中,还是有很多经济学家关注"政府失灵"对经济的影响,如芝加哥学派的代表人物施蒂格勒(George Stigler)关于产业组织中的利益集团的研究。而真正将这一主题塑造为公共选择理论的重要构成部分的是奥尔森(Mancur Olson),他因为在集体行动和利益集团领域的独特贡献而成为最具影响力的公共选择经济

[①] 公共选择学会的历任主席中有很多是政治学家,将他们归为公共选择(经济学)学派是比较牵强的。另外还有一些很难归于公共选择学派的经济学家也担任过该学会的主席,如因为实验经济学的贡献而获得诺贝尔经济学奖的史密斯(Vernon Smith)在1988—1990年期间任主席。
[②] 就连公共选择学会的网站主页上也是如此认定。

学家之一。在奥尔森①工作的马里兰大学(University of Maryland),他与撰写了最为普及的公共选择综述性专著②的缪勒③(Dennis Mueller)都曾经担任"公共选择学会"的主席。

在弗吉尼亚学派之外,另一类分析"政府失灵"的努力来自尼斯坎南④、唐斯的官僚制研究;而属于弗吉尼亚学派的塔洛克也参与了这一领域的研究⑤。传统的智慧将官僚视为忠诚可靠的代理人,委托人有权力去按照自己的意愿雇用或解雇他们。然而在现实中,与在经济活动中个人会追求自身利益一样,官僚在政治活动中也会按照"经济人"的模式行动,例如追求部门预算的最大化。且由于缺乏竞争机制和结果不易于充分检验,政治领域的官僚部门一般要比经济领域的官僚部门效率更低。

广义的公共选择学派在"政府失灵"这一主题上的破解努力可综合为图附一-1。

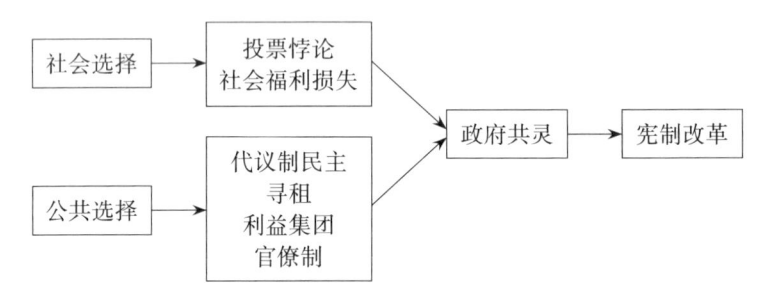

图附一-1 公共选择的具体研究方向和核心研究主题

从图附一-1可知,社会选择⑥与公共选择是二战后兴起的新政治经济学的两个不同范式。社会选择由两个学术传统构成,一是起自十八世纪晚

---

① 奥尔森于1972—1974年任公共选择学会主席。
② 参见[美]丹尼斯·缪勒:《公共选择》,张军译,生活·读书·新知三联书店,1993年。[美]丹尼斯·缪勒:《公共选择理论》,杨春学等译,中国社会科学出版社,1999年。Mueller, Dennis, 2003, *Public Choice* Ⅲ, Cambridge: Cambridge University Press.
③ 缪勒于1984—1986年任公共选择学会主席。
④ 尼斯坎南于1998—2000年任公共选择学会主席。
⑤ 参见[美]威廉姆·A.尼斯坎南:《官僚制与公共经济学》,王浦劬等译,中国青年出版社,2004年。[美]安东尼·唐斯:《官僚制内幕》,郭小聪等译,中国人民大学出版社,2006年。[美]戈登·塔洛克:《经济等级制、组织与生产的结构》,柏克、郑景胜译,商务印书馆,2010年。[美]戈登·塔洛克:《官僚体制的政治》,柏克、郑景胜译,商务印书馆,2010年。
⑥ 社会选择所试图求解的问题是:基于个体可能拥有的每一组不同的偏好结构,亦即在每个可能出现的社会偏好组合(profile)的基础上,确定社会偏好。([美]埃里克·S.马斯金:《第三版序言》,载[美]肯尼斯·J.阿罗:《社会选择与个人价值》(第三版),丁建峰译,上海人民出版社,2020年,第3页)

期的博尔达(Jean Charles Borda)和孔多塞(Marquis de Condorcet)的关于直接民主的投票悖论的研究[①],二是从庇古到罗宾斯再到伯格森(Abram Bergson)和萨缪尔森的福利经济学传统[②]。虽然社会选择也会推导出政府失灵的结论并同样主张宪制改革,但该结论仅在直接投票民主的选举规则下成立,且社会选择所主张的宪制改革——"宪制函数"(Constitutional Function)[③]的调整——也只关注于如何冲破集体决策的不可决定性,进而缓解投票悖论所可能带来的社会福利损失。

为了解释"政府失灵"的成因,从而可完善治理并减少失灵对经济的负面影响,公共选择至少衍生出了"代议制民主""寻租""利益集团""官僚体制"等具体研究方向,并认为即使不存在有形的法律意义上的独裁者,国家在形式民主制下仍然可能演变为利维坦。最终的解决办法是宪制的改革或者说革命,改革的内容不仅在于代议制下的民主程序问题(如避免财政幻觉、理性无知、预算失衡等),也关乎如何限制寻租、分利和官僚化等。弗吉尼亚学派的经济学家聚焦的是代议制民主和寻租问题,关于利益集团和官僚制的研究主要由其他分支的公共选择经济学家完成,或由他们与弗吉尼亚学派的经济学家共同开展。

附录一接下来的部分旨在讨论两个问题:一是在公共选择的弗吉尼亚学派内部,不同代表性经济学家的学术关联和观点差异;二是公共选择的弗吉尼亚学派与公共选择的其他分支学派之间在国家理论上的学术渊源和理论分殊。对于以上两个问题,本书第二章第一节的第一部分即"布坎南的主要理论贡献和思想来源"中已经有所阐释,附录部分将尽量不去重复已有的内容。同时,由于内部关系和外部分殊都涉及了大量公共选择领域的经济学家,一一详加介绍和比较显然不为篇幅所允许,也不符合经济

[①] 参见[美]埃里克·S.马斯金:《第三版序言》,载[美]肯尼斯·J.阿罗《社会选择与个人价值》(第三版),丁建峰译,上海人民出版社,2020年,第2页。
[②] 公共选择的弗吉尼亚学派也有福利经济学的内容,布坎南将卡尔多-希克斯改善转化为作为交易的政治,将帕累托有效转化为一致同意检验。
[③] 萨缪尔森(2006)认为,阿罗讨论的问题和经济学家们之前已创立的社会福利函数理论并不属于同一系统。1963年,阿罗在《社会选择与个人价值》的修订版的附记《社会选择理论札记》中也承认,可能自己最好选择一个更适当的名词取代"社会福利函数"(social welfare function)一词,用以表示决定社会排序或从个人排序形成选择函数的过程。阿罗因此愿意使用"宪法"(constitution)一词,即如果在Bergson的意义上存在社会福利函数的话,必然要有一种投票规则上的宪制设计或者说发生(政治)宪制选择问题——最常见的选项是简单多数决定。([美]肯尼斯·J.阿罗:《社会选择与个人价值》(第二版),丁建峰译,上海人民出版社,2010年,第118页)

学的成本—收益衡量标准。所以,我们将在弗吉尼亚学派内部和外部各选择一位代表性的公共选择理论大家,通过以点带面的方式带领读者一览公共选择弗吉尼亚学派的内部关系与外部分殊。

关于比较对象的选择,我们主要从三个方面加以考虑:第一,学术影响力标准。参与比较者要属于广义的公共选择学派,且在经济学界有公认的较高学术威望。第二,研究方向契合性标准。参与比较者在国家理论领域需要有比较完整和充分的研究。第三,理论交流的有益性标准。参与比较者所建构的国家理论需要较之布坎南的进路有明显的可资互替或互补的内容。我们将证明,塔洛克和奥尔森显然完全符合上述三条标准。

第二节 学派内部的关系:
以布坎南和塔洛克为中心的讨论

塔洛克(Gordon Tullock,1922—2014)是公共选择的弗吉尼亚学派的共同创始人,他与布坎南是长期的同事,主导创办了《公共选择》(1966年)杂志和"公共选择学会"(1963年),并担任首任主编和第二届主席(1965年)等重要职务。虽然塔洛克只接受过极少的正式经济学教育[①](塔洛克在芝加哥大学获得的是法学博士学位),但可能恰恰是跨学科的独特视角帮助他成为著名的经济学家。塔洛克研究兴趣广泛,被视为经济学的三个二级学科——公共选择、法经济学、生物经济学——的联合创立者(Rowley,2008b)。另外值得一提的是,塔洛克在20世纪40年代末和50年代初作为美国外交官员分别在天津和香港工作,他后来的很多研究——如寻租和官僚制——都与这段在中国的行政工作经历有关。

从公共选择的弗吉尼亚学派的内部关系来看,塔洛克无论是以贡献还是研究多样性计,都是布坎南的合适比较对象,原因可具体化为上述三条标准:第一,从学术影响力看,塔洛克是公共选择的弗吉尼亚学派的创始

---

① 在芝加哥大学攻读法学学位期间,塔洛克曾经参加过亨利·西蒙斯(Henry Simons)的一个学期的经济学课程,这是塔洛克一生中唯一受过的正式经济学教育。西蒙斯当时受聘于芝加哥大学法学院,同时也是经济学系的教师。(Rowley, Charles, 2008, "Gordon Tullock(1922-)", in Charles Rowley and Friedrich Schneider (ed.), *Readings in Public Choice and Constitutional Political Economy*, New York: Springer, p. 109)

人,许多经济学家认为塔洛克理应在1986年与布坎南分享诺贝尔经济学奖甚至值得单独获得诺奖。第二,从方向契合性来看,塔洛克在寻租、官僚化、投票等领域做了大量创新性的研究,可谓著述等身,而这些研究都是公共选择学派为理解国家所做的基础性贡献。第三,从交流的有益性来看,塔洛克认为自己对布坎南乃至整个学派的影响是:"我几乎完全根植于政治学的截然不同的背景和兴趣刺激他们去采取一种更宽泛的视角,尤其是布坎南。无论如何,其结果对于建立我们现在称为公共选择的这个学科,当然意义重大"[①]。相异的出发点意味着塔洛克与布坎南在公共选择的国家理论的研究中既有很多相近的立场,同时又和而不同,故有发生互补的化学反应的可能性。

所以,通过对布坎南和塔洛克的比较我们可以对弗吉尼亚学派作为一个小规模(相对于更大规模的整个公共选择学派而言)学术共同体的内部情况有进一步的更为清晰的掌握,因为弗吉尼亚学派后续的学脉演化几乎都是在按照布坎南和塔洛克所开拓的路线继续延伸。

一、基本假设和研究方法的比较

作为长期的同事、合著者、公共选择的弗吉尼亚学派的共同奠基人,塔洛克与布坎南在国家理论的基本框架上毫无疑问有许多共享的基本假设——其中之一就是"经济人"假设。

"经济人"是弗吉尼亚学派的三大方法论假设之一,其把经济学家关于政治活动参与者行为的看法从传统福利经济学的规范分析引向了实证分析。塔洛克的特殊性在于他较之布坎南更加坚定地恪守这一假设,并把理性自利模型(rational self-interest model)推广到更广泛的非市场行为的分析领域——故布坎南赞称塔洛克是天生的经济学家(natural economist)[②]。例如在对于美国背景下的官僚制的讨论中,塔洛克摆脱了韦伯式的规范性官僚制分析的传统,引入了与"经济人"颇为类似的"政治人"[③]概念,把追求

---

① [美]戈登·图洛克:《贫富与政治》,梁海音、范世涛等译,长春出版社,2006年,导言第3页。
② 转引自 Rowley, Charles, 2008, "Gordon Tullock (1922–)", in Charles Rowley and Friedrich Schneider (ed.), *Readings in Public Choice and Constitutional Political Economy*, Boston: Springer, p. 112.
③ [美]戈登·塔洛克:《官僚体制的政治》,柏克、郑景胜译,商务印书馆,2010年,第30页。

私人利益最大化的官僚即"政治人"视为分析官僚体制下的个人行为的基准。

塔洛克几乎不会去超越"经济人"或自己的"政治人"假设而讨论(公共领域的)伦理问题,这与布坎南颇为不同。由于受其导师奈特的影响下,布坎南一方面坚持"经济人"假设,另一方面也认为个人的伦理特征在宪制选择阶段和后宪制选择阶段都对约束个人行为有重要影响——例如,"对于一般的偏好(食物口味)来说可以有更高阶的偏好(健康),这就是个人为自身的行为选择而立宪(选择制度约束)"①。在目睹了20世纪70年代美国政治的一系列丑闻后(如越战、嬉皮士、水门事件,等等),布坎南愈发感受到了伦理作为一种内在约束的重要性,从而在80年代之后的作品中多次强调这一问题:如提出了"道德无政府状态"、"道德共同体"和"道德秩序"三种理想类型(布坎南,1986),并且将"无知之幕"或曰"不确定性之幕"这一哲学建构作为重要的分析工具(布坎南,马斯格雷夫,2000)。

从哲学高度的方法论(Methodology)层面来看,塔洛克和布坎南之所以在处理"经济人"假设或者说理性自利模型的灵活性上有所区别,可能的原因之一是二者有不同的学术追求,布坎南追求能够让这个社会变得更好,塔洛克则仅仅希望能够合理地理解这个世界②。所以,布坎南会有更多的伦理问题的考虑——这是让社会变得更加美好的条件之一,而塔洛克只需要把理性自利模型的逻辑推导到极致——这符合奥卡姆剃刀原则:在解释力和预测力相同的情况下,模型附带的假设越简洁越好。

而即使仅从作为分析工具的方法(method)的层面来说,塔洛克和布坎南"经济人"假设或者说理性自利模型的深层理解是不同的。塔洛克所受的芝加哥学派传统的训练意味着他的模型接近于新古典经济学的选择范式,即个体最优化模型;布坎南则在芝加哥学派的传统之外还受到了维克塞尔和奥地利学派的影响,故倾向于交易范式,即通过自愿交易实现互惠的模型。

---

① Buchanan, James, 1989/1999, "The Relatively Absolute Absolutes", in Geoffrey Brennan, Hartmut Kliment and Robert Tollison (eds.), *The Collected Works of James M. Buchanan*, Vol. 1, *The Logical Foundations of Constitutional Liberty*, Indianapolis: Liberty Fund, p. 447.

② Rowley, Charles, 2008, "Gordon Tullock (1922–)", in Charles Rowley and Friedrich Schneider (ed.), *Readings in Public Choice and Constitutional Political Economy*, Boston: Springer, p. 113.

二、在国家理论上的观点异同

在公共选择的具体研究中,布坎南关注的是"宪制的经济理论"(economic theory of constitutions),其中涉及进行规范的价值评估的基础;而在宪法—法律架构下有"政治制度的理论"(theory of political institutions)[①],后者涉及投票和投票规则理论、选举和政党竞争理论,官僚理论等实证问题,这些都是塔洛克更感兴趣的领域。诺思在新制度经济学国家理论的研究中也提出了类似的二分法,即"一个国家理论应该涵盖一个政治(politics)的理论和一个政府(government)的理论"[②],分开来看,"政治的理论应该解释在一个社会中权力、暴力和强制的分配;一个政府理论应该解释政府的结构以及政治官员和政府雇员的行为"[③]。由于诺思的主要研究也集中于国家理论中的政治理论[④],所以显然,塔洛克的工作无论之于布坎南还是诺思来说都是一种重要的补充。

在弗吉尼亚学派内部,塔洛克与布坎南之间的互补性集中体现在二者所合著《同意的计算》一书中,该书是塔洛克最知名的两项研究之一(另一项则是关于"寻租"的独立研究)。正如上面已经提到过的,塔洛克和布坎南对于理性自利模型的理解并不相同——分别基于选择范式和交易范式。在《同意的计算》中,这一"紧张"并没有造成理论上的冲突,反而构成了一种理论上的互补。

塔洛克之于《同意的计算》的贡献主要集中于"第十章"(互投赞成票及其对于简单多数投票规则的含义)、"第十六章"(两院立法和分权制衡)以及作为整部书的逻辑基础的"第六章"——塔洛克在1959年还在南卡罗来纳大学(University of South Carolina)工作期间就已经开始了此章内容的写作(详细内容可参见本书的第三章第一节)。

[①] Buchanan, James, 1979/1999, "Politics without Romance: A Sketch of Positive Public Choice Theory and Its Normative Implications", in Geoffrey Brennan, Hartmut Kliment and Robert Tollison (eds.), *The Collected Works of James M. Buchanan*, Vol. 1, *The Logical Foundations of Constitutional Liberty*, Indianapolis: Liberty Fund, p. 50.

[②] North, Douglass, John Wallis and Barry Weingast, 2009, *Violence and Social Orders: A Conceptual Framework for Interpreting Recorded Human History*, Cambridge: Cambridge University Press, p. 268.

[③] North, Douglass, John Wallis and Barry Weingast, 2009, *Violence and Social Orders: A Conceptual Framework for Interpreting Recorded Human History*, Cambridge: Cambridge University Press, p. 268.

[④] 政治的理论和政府的理论有时候无法完全二分,诺思的部分研究就属于二者的交叉领域(North, 1985)。

在"第六章"中,通过按照成本最小化来确定集体选择的最优投票规则,塔洛克避免了理性自利的个体选择模型的最短视狭隘的模式,把研究的视角从个人效用最大化的选择升级为关于宪制的公共选择。塔洛克的模型设定是:个人对最优投票规则的选择是最小的预期成本的函数,而预期成本分为两类——预期外部成本和预期决策成本。当作为一种集体决策的投票规则时,一致同意会令预期外部成本最小化(没有任何人会被剥削),但也会导致预期决策成本最大化(一个人的反对就会导致集体决策无法形成)。所以,从成本最小化来考虑,最优的集体选择的投票规则可能不是一致同意,而是合格多数或超级多数。一般来讲,决策所涉及的问题越重要(如关乎生命、自由、财产等),可能发生的不合理的集体决策的预期外部性成本就越高,故所需采用的投票规则就越是应该接近于一致同意。

显然,塔洛克对是否应该采用一致同意作为集体决策规则的论证与布坎南的论证是有差异的。塔洛克的论证方式是新古典的,基于成本原则(且决策成本非常类似于科斯的交易成本),布坎南则没有采用相同的范式和原则。在布坎南看来,一致同意作为集体决策规则的好处是可以避免(处于少数派地位的)任何人受到剥削[1],于是政治上的一致同意等价于经济学中的帕累托最优。而之所以一致同意可以作为宪制选择时的决策规则,是因为人们在进行宪制选择时处于"无知之幕"或曰"不确定性之幕"的背后(宪制如果足够稳定并适用于所有人,则宪制中的具体条款对每个人的影响都是不确定的),人们会按照社会整体福利最大化或者说任意一个随机个体的预期效用最大化来参与集体选择。

塔洛克在国家理论上的第二项重要成就是"寻租"理论[2](塔洛克,

---

[1] 这里有一个隐含的前提假设,就是每个人的投票权利相等,不会受到优势的权力联盟的破坏。这显然只在一种虚幻的理想化的西方民主制度下才成立,而在现实中根本不曾存在过,更不符合真实的历史。

[2] 塔洛克认为自己对"寻租"的认识很大程度上受到自己民国末年在中国的外交工作经历的启发:"我在中国时,偶尔见到乞丐故意自残,而且通常以骇人听闻的方式进行,以便增加其所得。"([美]戈登·塔洛克:《寻租》,载[美]查尔斯·K.罗利编《财产权与民主的限度》,刘晓峰译,商务印书馆,2007年,第95页)"寻租"理论的另一个创立者克鲁格(Anne Krueger, 1934-)也在远东地区有较长的生活时间。克鲁格是第一个正式提出了"寻租"这一学术概念并进行了经验研究的经济学家(Krueger, 1974)。所以,"寻租"理论被认为可以解释为什么这些经济体"在经济上落后,尽管它们并不缺少非常聪明、受过良好教育而且事业心很强的个人"。([美]戈登·塔洛克:《寻租》,载[美]查尔斯·K.罗利编《财产权与民主的限度》,刘晓峰译,商务印书馆,2007年,第100页)

1999,2005,2007,2008),布坎南也承认"寻租"是公共选择的弗吉尼亚学派的(次级的)研究纲领的一个重要组成部分(Buchanan,1980/1999,2003)。在此领域,塔洛克与布坎南在观点和方法上的差异同样是可辨识的。

塔洛克将"寻租"定义为这样一种活动:"你试图从社会得到一些特殊的好处,这种好处对你有利,但实际上会伤害其他人。"[1]他的"寻租"[2]研究的起点是对哈伯格(Arnold Harberger)关于垄断的社会损失的研究的反思。哈伯格认为垄断的社会成本(即"哈伯格三角形")只占国民总收入的千分之一左右,塔洛克则指出其中有重要的漏算——忽略了"寻租"所造成的社会成本。从垄断的起源来看,政府的产业监管是造成垄断的重要原因之一。利益相关者(包括生产者或消费者的联盟甚至低层级的政府部门[3])可以通过游说政府来获取垄断权力,进而赚得垄断租金,这一过程就是"寻租"。由于各个利益集团的游说活动是一种多个参与方的非合作博弈,而每个参与方都需要在这一过程中投入稀缺资源,故"寻租"必然会导致社会成本的耗费——在信息不对称的情况下甚至可能发生多方的寻租成本的加总额高于垄断租金本身。

在塔洛克看来,寻租不仅发生在产业监管领域,还涉及政府直接控制的转移支付等方面[4],故具有广泛而重要的公共选择含义:国家扮演了租金

---

[1] [美]戈登·塔洛克:《经济等级制、组织与生产的制度结构》,柏克、郑景胜译,商务印书馆,2010年,第152页。

[2] 塔洛克曾经指出:"对某些行动,经济学家可能会达成共识,认为的确是寻租,这些活动可以大致分成三类:以一种以普通纳税人立场来看是愚蠢的但对某个特定团体有利的方式花钱,将价格定在超过均衡价格的水平上,以及通过限制对某一行业的进入获得卡特尔利润。"([美]戈登·图洛克:《如何既做好事又得好报》,载[美]大卫·柯兰德编《新古典政治经济学——寻租和DUP行动分析》,马春文、宋春艳译,长春出版社,2005年,第240页)

[3] 地方政府或低层级的政府可以向中央政府或高层级的政府"寻租"。由于上级政府要根据下级政府的"需要"提供援助,下级政府可以主动对这套激励体系做出回应——例如通过故意降低当地政府所提供的公共品的质量和数量来创造"需要"。

[4] 除了按照"寻租"的发生领域来区分,还有一种"寻租"的分类方式是一个组织(如大公司和政府部门)作为一个整体从事与其他组织相关的寻租活动,或者是一个组织的内部人从事组织内部的寻租活动,后者与官僚科层制的研究紧密相关。内部寻租意味着"人们就是不努力工作,也不专注于组织的目标"。由于既缺乏市场竞争的检验和淘汰机制,也很难打破法律约束解雇不合格的员工,政府部门往往比大公司有更严重的内部寻租及其所引起的效率损失,故而"民主政体从来就不是长盛不衰的组织。我们必须创造出某种相当于周期性剧烈打乱组织结构的机制,那是使私营公司保持高效的重要因素"。([美]戈登·塔洛克:《经济等级制、组织与生产的制度结构》,柏克、郑景胜译,商务印书馆,2010年,第162,165页)

创造者的角色,即政府的监管和转移支付等行为的结果是"创租"[①];租金激励了利益集团为此而竞争即"寻租";当产生了租金竞争的获胜方后,胜者需要为了保住租金而继续投入稀缺资源即发生"保租"[②]。在此意义上,"政治过程本身就是内生于寻租过程的"[③]。无论是对宪制选择还是宪制下的日常政治都可以在"寻租"的视角下来理解,因为寻租不仅会影响各利益相关方在宪制下的租金最大化活动,还会影响他们对于宪制的选择——但为了寻租而"创造的制度无论从哪方面讲都是不合意的"[④]。

布坎南也较为重视对"寻租"的研究,但他对这一概念的理解和应用在很多方面不同于塔洛克。布坎南首先区分了寻利(profit seeking)和寻租,前者是指"在一个有序的市场架构中,个人试图最大化自身能力和机会的回报的行为可以产生社会收益"[⑤],后者则是指"在一定的制度设置下,个人努力最大化价值的行为造成社会损失而不是产生社会剩余"[⑥]。

在布坎南看来,无论是寻利还是寻租都是在既定制度的引导下发生

[①] 掌握政治权力者除了"创租"之外,也同时扮演着"寻租"者的角色,二者都是他们获得超额私人收益的方式。"政治职能能带来一种'财产权',不仅能立法规定租金,而且能将成本强加于人。政客能够通过克制行使其将负担性限制强加于人的权力而获得收益"——此收益来自可能受权力影响者"自愿"支付的赎买权力的费用。([美]戈登·塔洛克:《寻租》,载[美]查尔斯·K.罗利编《财产权与民主的限度》,刘晓峰译,商务印书馆,2007年,第150页)

[②] 推动"保租"的原因之一是"垄断租金的资本化"(capitalization of monopoly rents):可获得超额租金的资产在市场交易后,租金部分被资本化,这会导致新的资产所有人有强烈的动机"保租",以避免资产净值的损失。于是,政府与"寻租"相关的政策的变革阻力一般非常大,这种类似于棘轮效应的情况被称为"过渡收益困境"。([美]戈登·塔洛克:《寻租》,载[美]查尔斯·K.罗利编《财产权与民主的限度》,刘晓峰译,商务印书馆,2007年,第146页。Rowley, Charles, 2008, "Gordon Tullock (1922–)", in Charles Rowley and Friedrich Schneider (ed.), *Readings in Public Choice and Constitutional Political Economy*, Boston: Springer, p. 118)

[③] [美]戈登·塔洛克:《寻租》,载[美]查尔斯·K.罗利编《财产权与民主的限度》,刘晓峰译,商务印书馆,2007年,第105页。

[④] [美]戈登·图洛克:《特权和寻租的经济学》,王永钦、丁菊红译,上海人民出版社,2008年,第57页。

[⑤] Buchanan, James, 1980/1999, "Rent Seeking and Profit Seeking", in Geoffrey Brennan, Hartmut Kliment and Robert Tollison (eds.), *The Collected Works of James M. Buchanan*, Vol. 1, *The Logical Foundations of Constitutional Liberty*, Indianapolis: Liberty Fund, p. 104.

[⑥] Buchanan, James, 1980/1999, "Rent Seeking and Profit Seeking", in Geoffrey Brennan, Hartmut Kliment and Robert Tollison (eds.), *The Collected Works of James M. Buchanan*, Vol. 1, *The Logical Foundations of Constitutional Liberty*, Indianapolis: Liberty Fund, p. 104.

的①,布坎南称之为个人努力的无意图的结果。即是说,个人做好事(寻利)还是做坏事(寻租),不是因为道德的改变和行为的修正,而是因为人们在其中做出选择的制度架构的变迁。这里显然有两点与塔洛克的思路不同:第一,塔洛克认为一切政治活动包括制度变迁是内生于寻租行为的;而相反,布坎南则认为寻租行为内生于制度框架。第二,塔洛克是在新古典的理性选择模型下来理解人们的寻租行为,故即使是损人不利己的乞丐自残行为在塔洛克看来也是理性的;布坎南对于寻租行为的理解则有浓厚的奥利地学派的色彩,即寻租行为的出现是一种制度框架下的演化秩序——人之行动而非有意识地设计的结果。

另外,布坎南在"寻租"领域对很多具体概念的界定也明显异于塔洛克。例如,创租(rent-creation)在塔洛克的框架中是政府活动的结果,而在布坎南的框架中则反映了在生产领域的企业家能力(例如发明新产品,而这在塔洛克看来不属于寻租)。另外,布坎南提出了"租耗"(dissipation of rent)的概念——意指租金在竞争性市场上转化为了消费者收益,经济租因而消失。所以,在布坎南的框架中,租金消散是好事情,意味着垄断的消失。相反在塔洛克的框架中,与租耗类似的寻租成本概念(又称"塔洛克四边形")显然具有负面意味,蕴含着社会整体福利的无谓损失。

当然,双方在"寻租"问题上也存在显著的共识,典型的表现是寻租之于弗吉尼亚学派对国家的性质的理解:"正如许多关于寻租的文献所提到的,政府的权力不是用在保护人民的权利不受侵犯方面,反而常常被用来当作侵犯人们权利的工具。政府不是提供真正的公共产品,而是常常利用它的权威和课税的权力提供私人产品,以牺牲公共利益为代价,满足特定的、具有政治影响力的人们的欲望。"②而弗吉尼亚学派的寻租解决方案则

---

① 这一判断颇为类似我党的老一辈革命家的看法。例如,毛泽东在谈农业生产合作社时曾经说过:"光从思想上解决问题不行,还要研究解决制度问题。人是生活在制度之中,同样是那些人,实行这种制度,人们就不积极,实行另外一种制度,人们就积极起来了。……人是服制度不服人的。"(中共中央文献研究室:《毛泽东年谱(1949—1976)》(第二卷)》,中央文献出版社,2013年,第529页)又如,邓小平曾经提出,"制度好可以使坏人无法任意横行,制度不好可以使好人无法充分做好事,甚至会走向反面"。(邓小平:《党和国家领导制度的改革》,载《邓小平文选》(第二卷),人民出版社,1994年,第333页)
② [美]戈登·塔洛克:《寻租》,载[美]查尔斯·K.罗利编《财产权与民主的限度》,刘晓峰译,商务印书馆,2007年,第155—156页。

一致求诸制度变迁[①]:"宪制改革应该减少而不是继续扩大寻租机会"[②],从而可以更好地保护产权。在此意义上,"寻租问题既是制度经济学的,也是公共选择的"[③]。

第三节 分支之间的分殊:
以布坎南和奥尔森为中心的讨论

奥尔森(1932—1999)博士毕业于哈佛大学[④],长期在马里兰大学工作[⑤]。奥尔森是公共选择领域被引用率最高的经济学家之一(大量引用超越了经济学界,影响到政治学界乃至整个社会科学领域),他还曾在1972—1974年担任"公共选择学会"的第六任主席。

奥尔森是非弗吉尼亚学派同时又属于广义的公共选择学派的代表,而布坎南则是弗吉尼亚学派的奠基人和最重要的代表。有趣的是,"弗吉尼亚学派"(Virginia School)这一称谓并非出自布坎南等该学派内部的学者,而是奥尔森首先提出的(Olson and Clague, 1971)。在奥尔森和布坎南之间开展比较研究完全符合我们提到过的三项标准:

第一,在学术影响力上,奥尔森建立了属于自己的公共选择分支,并在经济界内部乃至整个社会科学领域都产生了广泛的影响。著名的公共选择理论家缪勒(Dennis Mueller)在发表于《公共选择》杂志的悼词中,在总结

[①] 塔洛克具体提出了针对"寻租",为了更好保护产权而需要的政治改革的五个温和步骤:"有效的多数决投票、在更大范围内使用全民公决、必须的平衡预算、对政府规模和职能的限制、改善宪法的执行力度。"([美]戈登·塔洛克:《寻租》,载[美]查尔斯·K.罗利编《财产权与民主的限度》,刘晓峰译,商务印书馆,2007年,第156页)

[②] Buchanan, James, 1980/1999, "Rent Seeking and Profit Seeking", in Geoffrey Brennan, Hartmut Kliment and Robert Tollison (eds.), *The Collected Works of James M. Buchanan*, Vol. 1, *The Logical Foundations of Constitutional Liberty*, Indianapolis: Liberty Fund, p. 115.

[③] Buchanan, James, 1980/1999, "Rent Seeking and Profit Seeking", in Geoffrey Brennan, Hartmut Kliment and Robert Tollison (eds.), *The Collected Works of James M. Buchanan*, Vol. 1, *The Logical Foundations of Constitutional Liberty*, Indianapolis: Liberty Fund, p. 114.

[④] 在哈佛大学求学期间,奥尔森受到了张伯伦(Edward Chamberlin)、谢林(Thomas Schelling)、加尔布雷斯(John Galbraith)等著名经济学家的影响。其中,张伯伦是奥尔森的论文指导教师。奥尔森的硕士阶段在英国牛津大学(University of Oxford)就读。

[⑤] 奥尔森还曾经在空军学术机构和普林斯顿大学(Princeton University)工作过。

了奥尔森众多的学术成就和他对自己的私人影响后不禁感慨:"奥尔森的过早离世使得他无缘获得很多本该属于他的荣誉。"[1]

第二,在方向的契合性上,奥尔森有独创性的国家理论。奥尔森开创了不属于"弗吉尼亚学派"[2]的公共选择研究,并且讨论的是这一领域最基础和最重要的问题[3]:对于集体行动(collective action)的逻辑的揭示构成了奥尔森最大的学术遗产[4],故而1965年出版的《集体行动的逻辑》(The Logic of Collective Action: Public Goods and the Theory of Groups)一书被公认为是"公共选择发展的先锋"[5]。在1982年出版的《国家的兴衰》(The Rise and Decline of Nations: Economic Growth, Stagflation, and Social Rigidities)一书中,奥尔森又提出了"分利联盟""共容团体"(encompassing groups)等影响深远的概念,继而在之后的研究中利用这一概念框架来解释经济发展的成败(奥尔森,2003,2004,2005)。可以说,奥尔森是公共选择学派的国家理论的最为重要的贡献者之一,其2000年出版的遗作《权力与繁荣》(Power and Prosperity: Outgrowing Communist and Capitalist Dictatorship,原名Capitalism, Socialism and Dictatorship)是所谓的集大成者。

第三,在交流的有益性方面,诺思在自己早期的新制度经济学研究中多次以公共选择理论的代表性杰作之名引用《集体行动的逻辑》一书,并赞誉奥尔森的"分利联盟"理论或者说"既得利益集团模型"是理解国家的一条重要进路,其重要程度与布坎南进路和诺思自己的进路并驾齐驱,可并称为制度研究的三种代表性方法。不过在诺思看来:"对制度的三种研究方法在很大程度上是相互补充的。但这一拼图游戏缺少太多的部分。"[6]就是说,"三种方法都有其局限性。没有一种理论能对多元性国家的分析提

---

[1] Mueller, Dennis, 1998, "Obituary: in Memoriam, Mancur Olson 1932-1998", *Public Choice*, Vol. 97, No. 4, p. 534.

[2] 布坎南曾经引用奥尔森的文章来定义什么是"弗吉尼亚学派"。(Buchanan, James, 1972, "Politics, Property, and the Law: An Alternative Interpretation of Miller et al. v. Schoene", *Journal of Law & Economics*, Vol. 15, No. 2, p. 439)

[3] Mueller, Dennis, 1998, "Obituary: in Memoriam, Mancur Olson 1932-1998", *Public Choice*, Vol. 97, No. 4, p. 532.

[4] McGuire, Martin, 1998, "Mancur Lloyd Olson, JR. 1932-1998 Personal Recollections", *Eastern Economic Journal*, Vol. 24, No. 3, p. 258.

[5] McGuire, Martin, 1998, "Mancur Lloyd Olson, JR. 1932-1998 Personal Recollections", *Eastern Economic Journal*, Vol. 24, No. 3, p. 255.

[6] [美]道格拉斯·C.诺思:《制度研究的三种方法》,载[美]大卫·柯兰德编《新古典政治经济学——寻租和DUP行动分析》,马春文、宋春艳译,长春出版社,2005年,第28页。

供一个全面框架"[1]。显然,诺思的上述观点意味着布坎南与奥尔森的比较研究不仅有思想史的意义,也有理论创新的意义,因为二者的比较或许可以为整合国家理论的拼图摸索出新的线索。

一、基本假设和研究方法的比较

作为公共选择学派的不同分支的代表,奥尔森与布坎南一样,也强调制度重要。布坎南尤其在意的是宪制,而奥尔森虽然没有明确分析宪制,但他最关注的"那些能够保障个人权利的制度"[2]与布坎南所强调的宪制在功能上异曲同工。

虽然都以制度作为最重要的研究主题,但是奥尔森和布坎南在基本假设上还是有本质的差异。布坎南所采用的三大方法论假设其中之一是"作为交易的政治",即是说,布坎南提倡的是经济学的交易范式或者说契约视角,这一范式的关键特征是交易的自愿属性。无论是在政治领域还是在经济领域,只有当各方都通过交易而获益时才会发生制度变迁。与之相反,奥尔森认为这种交易视角(他称之为"科斯谈判"[3])是极为不全面的,因为其忽视了"权力的逻辑"(logic of power)[4]。奥尔森将权力定义为"能够产生强制性服从的能力"[5],而强制属性显然迥异于布坎南的交易范式中的自愿属性。显然,奥尔森的权力范式可以同布坎南的交易范式构成一对理解国家的互补路径。

奥尔森在基本假设上还有一点完全不同于布坎南:个人在公共领域的偏好是稳定不变还是随着时间而发生演化。奥尔森几乎从未讨论过偏好、

---

[1] [美]道格拉斯·C.诺思:《制度研究的三种方法》,载[美]大卫·柯兰德编《新古典政治经济学——寻租和DUP行动分析》,马春文、宋春艳译,长春出版社,2005年,第29页。

[2] [美]曼库尔·奥尔森:《通向经济成功的一条暗道》,《比较》(第十一辑),中信出版社,2004年,第29页。

[3] 布坎南和科斯虽然都采用了契约视角或者说都强调交易,但是二者对交易范式下的"效率"概念有完全不同的看法:科斯认为效率有客观可测度的标准,而布坎南则从主观主义的视角对客观标准进行了解构。(Buchanan, James, 1984/1999, "Rights, Efficiency, and Exchange: The Irrelevance of Transactions Cost", in Geoffrey Brennan, Hartmut Kliment and Robert Tollison (eds.), *The Collected Works of James M. Buchanan*, Vol. 1, *The Logical Foundations of Constitutional Liberty*, Indianapolis: Liberty Fund, pp. 260-277)

[4] [美]曼瑟·奥尔森:《权力与繁荣》,苏长和、嵇飞译,上海人民出版社,2005年,第2页。

[5] [美]曼瑟·奥尔森:《权力与繁荣》,苏长和、嵇飞译,上海人民出版社,2005年,第2页。

观念、信念等问题。即是说,在奥尔森的国家理论的框架中,完全没有意识形态和社会主流信念之类的"观念的力量"[①](force of ideas)的存在。这或许可让理论更为简洁美观,却令理论的解释力降低。因为信念的力量与物质的力量共同构成了人类社会发展的主要推动力,并且社会存在和社会意识之间还会发生相互强化的作用和反作用。将个人的政治偏好等主观内容视为变量而非常量,并将它们作为制度变迁的重要解释变量方法,对此,布坎南的态度显然要开放得多。由于继承了小穆勒和奈特的"基于讨论的治理"的思路,布坎南理解人的政治信念是可以随着时间而演变的,只是一种"相对的绝对之物"而非"绝对的绝对之物"。即是说,偏好、信念、意识形态等主观因素在短期可以视为常量,而在长期则理应视为变量。

从方法论来说,布坎南所代表的公共选择的弗吉尼亚学派将政治活动中的参与者(政客、官僚、选民等)视为私人利益最大化的追求者,这是对新古典经济学中的"仁慈政府"假设的一次重要祛魅。奥尔森显然也赞同"经济人"假设在国家理论中的应用,且在基于这一假设进行经济分析时,奥尔森持有一种比布坎南更为彻底的理性主义立场即更加确信"经济人"假设具有在广泛领域的普遍解释力[②]。

之所以特别看重"经济人"假设在经济分析中的力量,原因在于奥尔森对经济学方法论的更深层次的理解。奥尔森认为,好的经济学模型意味着其所提供的"解释能够适用于大量现象——即这种解释具有权威性——并且简明扼要"[③],后者体现了奥尔森所赞同的奥卡姆剃刀原则。显然,理性选择模型是最符合上述两大标准——解释力和简洁性——的建模方式。布坎南同样相信,"'经济人',即理性的、自利取向的最大化者,是用来评估不同制度体系之机制的恰当的人类行为模型"[④],而他对"经济人"假设的变化既是经验的也是思辨的,同时还体现了芝加哥学派(尤其是弗里德曼)的"似然"设定(布坎南,塔洛克,2000)。不过,布坎南的基于"经济人"假设确

[①] Tullock, Gordon, 1983, "The Rise and Decline of Nations by Mancur Olson", *Public Choice*, Vol. 40, No. 1, p. 115.

[②] McGuire, Martin, 1998, "Mancur Lloyd Olson, JR. 1932-1998 Personal Recollections", *Eastern Economic Journal*, Vol. 24, No. 3, p. 254.

[③] [美]曼瑟·奥尔森:《国家的兴衰:经济增长、滞胀和社会僵化》,李增刚译,上海人民出版社,2007年,第12页。

[④] [澳]杰弗瑞·布伦南、[美]詹姆斯·M.布坎南:《规则的理由——宪政的政治经济学》,载《宪政经济学》,冯克利、秋风、王代、魏志梅等译,中国社会科学出版社,2004年,第72—73页。

实因为引入了伦理因素的考虑而变得更为复杂,且这种倾向在获得诺贝尔奖之后愈发明显(布坎南,2008;Emmett, 2018)。或许可以认为,为了能够解释更为广泛的经验现象,布坎南选择了在一定程度上牺牲奥尔森所看重的简洁性。

"方法论个人主义"也属于布坎南的方法论三大假设之一,而奥尔森在原则上也是个方法论个人主义者。只不过,奥尔森的学术野心不仅限于或者说主要不是去分析个体在集体行动中的选择,也不是只专注于讨论由单独个体所凝结成的小规模利益集团的行动规律,而是更希望去探究个体的微观选择所凝结成的宏观经济后果,从公共品供给偏向(小规模特殊利益集团即布坎南所说的集体选择中的少数派的其中一类)到经济发展迟滞,等等。在奥尔森看来,宏观经济学(奥尔森对宏观经济学的理解也是传统式的:就业、收入和价格、增长和稳定等国家和国际层面的广泛经济问题[①])要比微观经济学更重要,因为"个体理性远非社会理性的充分条件"[②]。只不过与多数宏观经济学不同,奥尔森(2009)是按照公共选择的方法论,从政治冲突的视角来理解宏观经济学问题,尤其是制度与经济增长的关系。相较而言,布坎南虽然采用基本相同的方法和视角,但他的注意力始终集中在微观经济学领域,甚至很少讨论制度之于经济增长的影响等广受经济学家关注的问题。因为布坎南所在意的是如何在集体选择中最大限度地维护个人(尤其是少数派)福利,包括个人的自由和权利等,这属于传统的微观的福利经济学的研究范畴。

二、在国家理论上的观点异同

奥尔森的治学习惯是用一套一以贯之的逻辑来解释尽量广泛的事实。这套逻辑的公认起点是奥尔森在1965年的《集体行动的逻辑》中关于特殊利益集团或者他自己所定义的"分利联盟"的研究。而其实早在此前,奥尔森就曾经透过对布坎南和塔洛克的《同意的计算》的批评而透露了自己在集体行动领域的看法。在奥尔森看来,布坎南和塔洛克由于意识形态上的

---

① 参见 McGuire, Martin, 1998, "Mancur Lloyd Olson, JR. 1932-1998 Personal Recollections", *Eastern Economic Journal*, Vol. 24, No. 3, p. 258.
② [美]曼库尔·奥尔森:《为什么有的国家穷有的国家富》,《比较》(第七辑),中信出版社,2003年,第38页。

"右翼观点"(right-wing view)①而犯了严重的逻辑错误(Olson, 1962)。在奥尔森看来,布坎南和塔洛克的底层逻辑是要在市场自由竞争的外部性和政府干预所造成的外部性之间做出权衡。由于隐含地假定政府干预弊大于利,布坎南和塔洛克更愿意选择通过私人组织的自愿合作来解决外部经济问题,但是二者忽视了自愿合作中的搭便车,故而弱化了政府在应对外部性和提供公共品中的作用。

上述看法预示了奥尔森随后在《集体行动的逻辑》中的观点,即需要通过选择性激励来避免个人在集体行动中的搭便车行为,但这种选择性激励只在小规模的组织中容易实施。所以在公共政策领域,很多时候需要担心的不仅是布坎南所关注的"多数人的暴政",即多数人(在简单多数表决制下)通过投票优势剥削少数派,还需要警惕少数人对沉默的大多数的剥削,因为小规模团体可以借由选择性激励更好地组织起偏向于特殊利益的集体行动——例如通过游说活动使得公共政策偏向自身的小团体利益而背离大众利益。

于是,按照奥尔森在《国家的兴衰》中的观点,小规模的特殊利益集团"降低了社会效率或总收入,并且加剧了政治生活中的分歧"。从这个意义上说,一个经济体的衰落可以归咎于社会中存在大量的分利联盟。这些小规模的分利联盟从分配政策的偏好来看只考虑"狭隘利益"(narrow interests),表现为由于"只会享有或损失社会产出增减量的微不足道的部分",故个人或组织"对增加社会产出既无热情也无兴趣"②。与之相对应的是"共容利益"(encompassing interest),其定义和功能是:"如果某位理性地追求自身利益的个人、或某个拥有相当凝聚力和纪律的组织能够获得该社会所有产出增长额中相当大的部分,并且同时会因该社会产出的减少而遭受极大的损失,则该个人或组织在此社会中便拥有一种共容利益。这种共容利益给所涉及到的人以激励,诱导他们去关心并努力提高全社会的生产率。"③

---

① 奥尔森被塔洛克评价为"在意识形态上是左翼民主党人(left-wing Democrat)"。(Tullock, Gordon, 1998, "Obituary: In Honor of a Colleague, Mancur Olson 1932-1998", *Public Choice*, Vol. 97, No. 4, p. 528)
② [美]曼库尔·奥尔森:《通向经济成功的一条暗道》,《比较》(第十一辑),中信出版社,2004年,第10页。
③ [美]曼库尔·奥尔森:《通向经济成功的一条暗道》,《比较》(第十一辑),中信出版社,2004年,第11页。

奥尔森用小规模的特殊利益集团即分利联盟解释了一国经济的衰落，但不存在严重的分利联盟问题只是一国经济兴起的必要非充分条件。在《权力与繁荣》中，奥尔森提出，市场经济的繁荣离不开"强化市场型政府"（market-augmenting government），因为只有它才能达成令一国经济发展[①]的两个条件：一是"可靠而界定清晰的个人权利"[②]，二是"不存在任何形式的强取豪夺"[③]。避免分利联盟阻碍经济繁荣已经仅仅是第二个条件下的一种特例，而关键的难题所在是本该致力于约束分利联盟的"强化市场型政府"本身代表着"一个矛盾的假设：持续的经济发展需要有这样的政府，它相当强大从而可以自我维持，但却又受到各种限制或制约，以至于无法滥用其至高无尚的权力来剥夺个人的权利"[④]。这个所谓的"矛盾"意味着奥尔森在关于国家作用的两难的认识上接近于"诺思悖论"（North，1981）；又由于强调国家必须相当强大，奥尔森暗示了21世纪以来关于国家能力的研究（Acemoglu and Robinson，2019）。

"强化市场型政府"至少在两个方面不同于弗吉尼亚学派尤其是布坎南的国家理论。第一，奥尔森认为国家为善或为恶即能否代表广泛的共容利益并非外生的，而是内生于一个社会的根本政治制度——奥尔森偏好于[⑤]"稳固的、尊重权利的民主体制"[⑥]。这不同于弗吉尼亚学派的观点，后者将国家必然为恶视为几乎不容置疑的先验假设（硬核），虽然他们也试图从经验上对之加以补充性证明（布坎南，2012）。第二，奥尔森

[①] 除了研究国家与经济发展的关系，奥尔森的国家理论还解释了国家的起源——"流寇"逐渐稳定下来成为"坐寇"，而无限度的掠夺变为了考虑长远的税收（奥尔森，2003a，2005）。奥尔森的国家理论另外涉及的一个问题是为什么大规模的民族国家会相对于其他类型的政体（如次国家政体和超国家政体）占有压倒性的优势。奥尔斯的解释是：主要原因不是范围经济或类似的效率因素，而是民族国家作为管辖者所具有的以军事为依托的权力。其他政体则一方面在疆域和人口上未及或超过了最优的范围经济，另一方面无法在各地选民偏好多样性的情况下实现公共品的有效供给（Olson，1986）。
[②] [美]曼瑟·奥尔森：《权力与繁荣》，苏长和、嵇飞译，上海人民出版社，2005年，第151页。
[③] [美]曼瑟·奥尔森：《权力与繁荣》，苏长和、嵇飞译，上海人民出版社，2005年，第152页。
[④] [美]曼库尔·奥尔森：《通向经济成功的一条暗道》，《比较》（第十一辑），中信出版社，2004年，第30页。
[⑤] 之所以奥尔森偏好于民主体制，是因为在他看来，"专制者在尊重契约及财产方面的承诺的不可靠性以及在其继承权上的不可避免的不确定性，均会扼杀那些既有益于其臣民、又有利于社会的长期贸易"。（[美]曼库尔·奥尔森：《通向经济成功的一条暗道》，《比较》（第十一辑），中信出版社，2004年，第20—21页）
[⑥] [美]曼瑟·奥尔森：《权力与繁荣》，苏长和、嵇飞译，上海人民出版社，2005年，第153页。

已经意识到了国家需要有充分的能力才能够自我维护,并可为私人的市场交易提供来自第三方的可靠保障,让市场活动大幅度超越可自我约束的交易的范围。这阐明了通向经济成功的一条暗道——"最繁荣的国家恰好是那些凭借制度而提供了最大限度的个人权利的国家"[①],而充分的国家能力是走通这条暗道的前提之一。布坎南的研究则完全没有提及过国家能力,这可能是因为充分的国家能力在二战后的美国是毋庸置疑的常识(布坎南远没有奥尔森那样关注落后国家的发展问题),更可能是因为布坎南并不关心国家能力之于监督私人契约进而促进经济繁荣的意义,而是更为关注如何保障个人的自由和权利不受利维坦国家的掠夺。国家被视为要防卫的对手而不是要倚靠的第三方监督者,作为对手的国家,其能力越强反而可能越危险。

如果说"强化市场型政府"是对弗吉尼亚学派的观点的补充,那么反过来,从弗吉尼亚学派的立场出发也有对奥尔森的概念框架尤其是作为逻辑起点的利益集团理论的批评。分利联盟的所有阻碍经济繁荣的活动按照弗吉尼亚学派的观点都可以归类为"寻租"。所以在弗吉尼亚学派的经济学家们看来(塔洛克,2007,2008;Buchanan,1980/1999),分利联盟或者说压力集团(pressure group)其实只是整个国家有机体的一块器官或者说整部国家机器中的部分零件(Tullock,1983)。即是说,分利联盟在游说政府部门和干预集体选择时"投入资源大小的主要决定因素是政治市场中可用的租金数量",而租金数量并非外生而是内生于国家的设租行为。

同时,利益集团的活动并非在民主制度下就会受到有效约束,弗吉尼亚学派的经济学家们已经反复证明了现代西方民主制度(典型的投票决策方式为简单多数制)会内生出利维坦国家(布伦南,布坎南,2004a;Buchanan,1990/1999),结果既可能是创造出更多的寻租机会而有多数人被少数人剥削(奥尔森的看法),也可能是少数人在公共政策的集体选择环节直接被多数人剥削(布坎南的关注)。

[①] [美]曼库尔·奥尔森:《通向经济成功的一条暗道》,《比较》(第十一辑),中信出版社,2004年,第27页。

附录二：新制度经济学华盛顿学派的内部关系与外部分殊

第一节　华盛顿学派和新制度经济学其他分支概况

新制度经济学是一个较为庞大的经济科学共同体。至今为止，至少有三位诺贝尔经济奖得主——科斯、诺思、威廉姆森——的获奖贡献明显是在新制度经济学领域。虽然存在家族内外或大或小的差异，但新制度经济学国家理论的华盛顿学派及其他分支享有一个基本的共识：国家影响制度变迁进而对经济绩效产生重要的影响。国家作为政治制度的集中体现决定了一个社会的经济制度，继而也就决定了整个社会的经济激励水平和经济持续发展的可能。

与很多华盛顿学派的经济学家[①]主要聚焦于国家理论不同，新制度经济学的其他分支的经济学家们更为关注的是企业理论。例如第一个属于新制度经济学的诺奖得主（1991年获奖）科斯分别于1937年和1960年发表了代表性论文《企业的性质》和《社会成本问题》[②]（Coase，1937，1960）。他在1937年的论文中提出了下述问题：既然经济学家通常认为市场在资源配置中有效，那么何以有必要存在企业。科斯得出的答案是利用市场是有成本的，这一成本就是交易成本。同时，利用企业也是有成本的，该成本

[①] 在华盛顿学派内部也有经济学家主要关注企业问题，例如张五常。不过，张五常在晚年的《中国的经济制度》和《经济解释》两部著作中也对国家问题有比较深入的讨论。

[②] 科斯认为，自己最著名的论文《社会成本问题》被严重地误读了，因为主流经济学家们（乔治·施蒂格勒是第一个）从该文中归纳出的"科斯定理"与科斯的本意大相径庭。"科斯定理"描述的是一个交易成本为零的世界，在这个非真的世界中，效率或者社会财富的最大化可以不依赖于法律制度，仅仅通过产权所有者之间的自愿交易而达成。但是，科斯真正关心的是存在明显的交易成本的真实世界，此时"科斯定理"不成立，而法律制度重要。科斯感叹"科斯定理"的内容只占了这篇长文中的四页，"但是许多人仅仅读过这四页——他们这么做的理由之一显然是论文中最抽象的部分"。

被称为组织成本。这一答案不仅解释了为什么会有企业和企业的边界在何处(两种制度性成本边际相等之处),也解释了为什么列宁将国家改造为一个社会主义大工厂的设想不可能成功——递增的组织成本会令这一制度设计毫无效率。这种从企业到国家的大视角的思路为科斯晚年以中国为对象的国家理论研究做了铺垫(科斯,王宁,2013)。

另一位代表新制度经济学界获得诺奖的经济学家威廉姆森的关注对象也是企业。威廉姆森在斯坦福大学的硕士阶段主要受到了肯尼斯·阿罗的影响(主要表现为对交易成本概念的理解),而在卡内基·梅隆大学(Carnegie Mellon University)的博士阶段则深受赫伯特·西蒙的影响(主要表现为对有限理性的引入)。由于专注于对企业的契约执行的研究,威廉姆森的工作可以被认为是对科斯的研究的深化和拓展。威廉姆森曾把经济学的研究领域分为四个层次(Williamson, 2000),其中第四层次是资源配置问题,这是主流新古典经济学的研究领域;第三层次是企业的治理问题(包括与契约、交易有关的治理结构的安排),其是科斯和威廉姆森关注的领域;第二层次和第一层次分别是正式制度(包括宪法、法律、法规等)和非正式制度[①](包括惯例、习俗、信念等),则都属于诺思和其他华盛顿学派经济学家的研究领域[②]。

在新制度经济学的科学共同体中,家族内的学术亲缘关系非常紧密,而张五常是其中的关键社会节点。一方面,张五常在芝加哥大学从事博士后研究时开始亲近(无论在学术还是私人关系上)新制度经济学创始人科斯;另一方面,张五常在从芝加哥大学转到西雅图华盛顿大学任教后把科斯的思想和方法带给了华盛顿学派的经济学家们。在1981年的《经济史中的结构与变迁》的"前言"中,诺思特别提道:"我对于交易成本和经济组织的理解要完全归功于我的同事张五常。"[③]通过张五常,诺思习得了由科

[①] 诺思在进入新制度经济学领域后很长一段时间都没有强调"非正式制度"的重要性。诺思曾经表示:"对非正式制度的关注是他在《制度、制度变迁和经济绩效》一书之后最明显的学术改变。"(姚洋:《制度与效率:与诺斯对话》,四川人民出版社,2002年,第22页)

[②] 在刚刚投入新制度经济学领域后的研究中(Davids and North, 1970, 1971),诺思曾经如科斯和威廉姆森一样,假设第三层次和第四层次都是不变的制度环境因素,而只考察在既定制度环境下制度安排的创新。但是,诺思很快就放弃了这种方法论上的自我设限。

[③] North, Douglass, 1981, *Structure and Change in Economic History*, New York: W. W. Norton & Company, Inc., p. xi.

斯所创立的制度变迁分析工具——交易成本范式[①]。诺思使用交易成本范式进行制度分析的过程实际上就是用该范式批判[②]和拓展新古典经济理论的过程(North,1995b)。诺思所开创的新范式的特征在于:"除了修改了理性假设,它将制度添加为关键约束,且分析了交易成本联结制度和生产成本的角色。它通过将观念和意识形态引入分析而拓展了经济理论,将政治过程——作为决定经济绩效的关键因素、经济绩效多样化的来源和无效市场的解释——模型化。"[③]

附录二接下来将关注两个问题:一是在新制度经济学的华盛顿学派内部,有代表性的经济学家们在国家理论上有何近似或相异和观点;二是新制度经济学的华盛顿学派与新制度经济学的其他分支学派在国家理论上的学术渊源和理论分殊。对于上述两项主题,本书第二章第一节的第二部分即"诺思的主要理论贡献和思想来源"中已经有所阐释,附录部分将尽量避免重复已有的内容。

同时,由于内部关系和外部分殊都涉及了大量新制度经济学这一研究领域的经济学家,而这些经济学家(如科斯、威廉姆森、张五常等)的观点在很多国内已有文献中已经有了比较详尽的介绍,故逐个加以比较研究难免有狗尾续貂之嫌,也不符合经济学家做选择时的机会成本原则。所以,我们将继续沿用在"附录一"中所采取过的处理办法,在华盛顿学

[①] 虽然都强调制度重要,诺思却与科斯一样明确拒绝接受以凡勃仑(Thorstein Veblen)、康芒斯(John Commons)等为代表的旧(old)制度经济学,尽管诺思在研究生阶段读过他们的著作。诺思认为,旧制度经济学家们有"关于经济运行的真知灼见……,但他们没有提供一套理论框架。而我们需要的是一个理论结构,并用它来解释和分析经济史。由于没有能够提供这样一个理论框架,旧制度经济学从未提出一个相对于新古典理论而言的替代范式"。([美]道格拉斯·C.诺思:《绪论》,载[美]约翰·N.德勒巴克、约翰·V.C.奈编《新制度经济学前沿》,张宇燕等译,经济科学出版社,2003年,第13页)另外,虽然深受马克思的理论的启发,但诺思认为马克思的理论同样不是分析制度变迁的合适工具:"马克思主义特别关注制度,还提出了很好的问题,并且对长期变化给出了一种解释,但他们的模型有太多瑕疵。把阶级看成分析的基本单位,没能把人口变动作为变化的源泉等,是其主要缺陷。"([美]道格拉斯·C.诺思:《绪论》,载[美]约翰·N.德勒巴克、约翰·V.C.奈编《新制度经济学前沿》,张宇燕等译,经济科学出版社,2003年,第13—14页)

[②] 诺思在批判新古典经济学的同时也仍然在自己的制度分析中保留了部分新古典范式的硬核,诺思认为"新古典理论的力量在于把稀缺性和竞争奉为经济学的核心,在于把个人视为分析的基本单位,在于经济学的严密推理"。([美]道格拉斯·C.诺思:《绪论》,载[美]约翰·N.德勒巴克、约翰·V.C.奈编《新制度经济学前沿》,张宇燕等译,经济科学出版社,2003年,第14页)

[③] North, Douglass, 1995, "The New Institutional Economics and Third World Development", in John Harriss, Janet Hunter, and Colin M. Lewis (eds.), *The New Institutional Economics and Third World Development*, New York: Routledge, p.19.

派内部和外部各选择一位代表性的国家理论的重要贡献者,通过以点带面的方式帮助读者辨识新制度经济学华盛顿学派的内部关系与外部分殊。我们选择比较对象的标准仍然是"附录一"中提及过的三点:学术影响力、方向契合性、交流有益性。我们将证明,巴泽尔和阿西莫格鲁显然都符合上述标准。

第二节　学派内部的关系：
以诺思和巴泽尔为中心的讨论

巴泽尔(Yoram Barzel, 1931-)是以色列裔美国人。1953年和1956年,巴泽尔在以色列希伯来大学分别取得学士和硕士学位。1961年,巴泽尔获得芝加哥大学博士学位,其论文导师是以刻画垄断损失的"哈伯格三角"而闻名的著名福利经济学家哈伯格(Arnold Harberger)。同年,巴泽尔进入华盛顿大学西雅图分校,成为诺思的同事。此后巴泽尔一直任教于该校,并于2014年11月在该校退休。巴泽尔2002年当选国际西方经济协会主席(WEAI),2017年获得埃莉诺·奥斯特罗姆终身成就奖。巴泽尔2002年出版的《国家理论》(A Theory of the State: Economic Rights, Legal Rights, and the Scope of the State)是新制度经济学在该领域最具代表性的研究之一。在该书中,巴泽尔非常清晰地处理了国家的定义、国家的由来、国家的规模(size)和范围(scope)等国家理论的经典主题。

按照我们在"附录一"和"附录二"的开头处已经多次提到过的三条标准,约拉姆·巴泽尔是最适合与诺思进行比较的华盛顿学派内部的同辈经济学家,第一,巴泽尔是久负盛名的新制度经济学家,并被视为该领域的诺贝尔经济学奖的遗珠(Ménard and Shirley, 2014);第二,巴泽尔在新制度经济学国家理论方面有专著《国家理论》和相关论文,在该领域造诣颇深;第三,巴泽尔虽然与诺思同属于新制度经济学的华盛顿学派,却在概念框架、基本认识和研究方法等方面与诺思的国家理论存在微妙差异,故有互补和/或互替的理论发展潜力。

一、基本假设和研究方法的比较

诺思和巴泽尔都强调制度重要、交易成本重要、历史重要、国家重要，这些都是二者共享的理论前提，并构成了二者的框架与新古典经济学理论的显著区别。但是，诺思和巴泽尔在某些可视为模型的逻辑前提的基本假设上也存在差异。一个明显的例子是，在对待新古典经济学中最重要的"经济人"假设的态度上，诺思和巴泽尔存在明显的差异。

一般来说，"经济人"假设可细分为两个子假设，一是关于理性的假设——即假设个人具有完备的理性；二是关于动机的假设——即假设个人是完全利己的。从20世纪70年代末80年代初开始，诺思就不断地对上述两个子假设表示质疑并提出替代性方案：一是用有限理性来取代完备理性；二是用意识形态来补充完全自利。这两方面的努力在2005年的《理解经济变迁的过程》中汇聚为对人们在复杂环境下的信念结构和集体学习的关注。

与诺思不同，巴泽尔虽然也重视制度和强调交易成本，但更多地保留有新古典价格理论的色彩。巴泽尔仍然将个人在制度变迁中的行为视为一种理性的最优化选择，没有强调理性的有限性和学习过程。同时，巴泽尔对于完全利己假设的修正也微不足道，他虽然在《国家理论》中提到了意识形态，且认为意识形态在某些情况下可以比暴力更有效率地优化资源的使用——因为作为契约的第三方实施者的国家、教会或其他暴力组织"可以控制意识形态来降低实施成本，这是只专注于暴力的实施者无法达成的"[①]。但是，巴泽尔没有如诺思一样深入分析实施者在意识形态领域的投资问题。

无论是在有哲学意味的方法论上还是在具体的分析方法上，诺思和巴泽尔之间都有非常强的相似性，二者尤其是巴泽尔的研究可以被视为"引入交易成本后的拓展的新古典分析"[②]。这可能与二者曾经在华盛顿大学西雅图分校经济系长期共事，并都受到了另一位同事张五常的强烈影响有关。不过，诺思和巴泽尔又都在方法论上有所创新，如二者都将政治领域和经济领域视作一个整体来讨论。于是，不同于科斯、威廉姆森、张五常等

---

① Barzel, Yoram, 2002, *A Theory of the State: Economic Rights, Legal Rights, and the Scope of the State*, New York: Cambridge University Press, p. 68.

② North, Douglass, 1981, *Structure and Change in Economic History*, New York: W. W. Norton & Company, Inc., p. 62.

人主要研究宏观制度安排既定情况下的微观治理问题,诺思和巴泽尔都更关注宏观层面的政治和经济制度的变迁及其经济后果。

在哲学层面的方法论上,诺思和巴泽尔都秉承了演绎与归纳相结合的立场。在使用经济理论的演绎方法时,巴泽尔一直强调价格理论[①]和成本—收益分析的应用,而诺思在后期作品中对相对价格变化的关注逐渐转淡。在收集历史案例和进行历史经验的归纳时,诺思和巴泽尔所乐于讨论的都是西方世界的历史案例,且解读案例时的价值立场十分鲜明——以光荣革命后的英国的国家制度体系为唯一的理想化模式,从而明显不符合马克斯·韦伯所强调的"价值中立"。例如,诺思经常以荷兰、英国及继承了英国传统的美国为正面研究对象,而以西班牙及受西班牙影响的拉美国家,甚至法国和苏联为反面对照组。巴泽尔所讨论过的正面对象则包括瑞士共和国、威尼斯城市共和国(Barzel,2002)和1688年光荣革命后的英国等(Barzel,2000)。

在具体的研究方法上,诺思和巴泽尔都以博弈论为主要的分析工具,并将制度变迁的历史过程解释为组织之间和/或组织内部的博弈过程。博弈论的应用在诺思的理论中最典型地体现为诺思从20世纪90年代后明确按照博弈论的语言来定义制度(North,1990),即将制度和组织分别定义为博弈规则(game rules)和博弈参与者(plays)。巴泽尔在使用博弈论时也不落窠臼,其在《国家理论》的"序言"中明确声明:"由于我没有被博弈理论家们所自我设定的约束所束缚,所以我能够提出一些受到更传统训练的专家们不会有疑的问题。"[②]

二、在国家理论上的观点异同

由于都出自新制度经济学的华盛顿学派且同是该学派第一代的标志性人物,巴泽尔与诺思之间在很多国家理论的观点上有明显的相似性(见表附二-1)。

[①] 巴泽尔指出:"价格理论在这里的应用方向大体上是朝着产权和交易成本的分析。"(Barzel, Yoram, 2002, *A Theory of the State: Economic Rights, Legal Rights, and the Scope of the State*, New York: Cambridge University Press, p. xi)

[②] Barzel, Yoram, 2002, *A Theory of the State: Economic Rights, Legal Rights, and the Scope of the State*, New York: Cambridge University Press, p. xii.

布坎南和诺思的经济思想的比较与反思——理解国家的两条经济学进路

表附二-1 诺思和巴泽尔的主要观点比较

	诺思	巴泽尔
国家的定义	组织的组织	控制一定人口和疆域的具有暴力优势的第三方契约实施者
国家的起源	控制暴力,实现秩序	控制暴力,实现秩序
国家的分类	开放准入秩序或限制准入秩序(自然国家)	法治国家或独裁国家
国家的根本职能	提供制度这一基本公共服务,在政治上稳定秩序,在经济上成为可有效实施契约的第三方	提供制度这一基本公共服务,在政治上稳定秩序,在经济上成为可有效实施契约的第三方
不同类型国家的经济绩效差异	开放准入秩序有利于促进经济的持续发展,限制准入秩序则相反	法治国家带来快速经济增长,独裁国家带来停滞
经济持续发展的动力	适应性效率:可提高一国的创新能力,可增强一国对各类冲击的回应能力	未讨论
国家转型的条件	达到门阶条件,同时有特殊的历史机遇	严重的外来冲击,但是冲击并不是突然和急迫的

资料来源:作者自己整理。

表附二-1中所展示的内容可以按照从国家是什么到国家与经济绩效的关系的脉络而整理如下:

(1)国家是什么？诺思和巴泽尔都将国家定义为在暴力上有优势的组织,但差异则在于巴泽尔、阿西莫格鲁以及多数作品中的诺思将国家视为暴力的垄断性组织,可是诺思在最后一本专著——2009年的《暴力与社会秩序》——之中认为国家是通过暴力组织间的租金分配协议来控制分散的暴力的"组织的组织"。

(2)国家如何起源？国家的起源与国家在暴力上的优势密切相关,诺思和巴泽尔在这一问题上是有共识的[①]。国家之所以诞生,是社会需要由

---

① 诺思的国家起源于暴力的观点得到了当代政治学研究的支持,福山就认为:"在历史上,武力从来都是国家形成和国家建设的一个要素。"([美]弗朗西斯·福山:《序言》,载[美]塞缪尔·P.亨廷顿《变化社会中的政治秩序》,王冠华、刘为等译,上海人民出版社,2008年,第XI页)

国家这一组织来垄断或控制暴力,通过消除暴力的滥用而建立起社会秩序,继而为经济繁荣创造基本的环境。

(3)国家包括哪些类型?在该问题上,诺思和巴泽尔都自觉或不自觉地采用了韦伯的理想类型的研究方式。诺思区分了开放准入秩序和限制准入秩序(即自然国家);巴泽尔区分了法治国家和独裁国家。其中,开放准入秩序和法治国家是按照自由或经济绩效标准定义的正面的国家类型,其他则都是负面的国家类型。

(4)国家的根本职能是什么?诺思和巴泽尔在此处又一次达成了共识,国家应该提供的基本的公共服务是经济制度,尤其是能够促进市场繁荣和交易扩大的产权制度,国家应该凭借其在暴力上的绝对比较优势成为保障契约有效实施的第三方。

(5)国家类型的差异会如何影响经济绩效?虽然说国家应该实现的根本职能——提供制度或者说博弈规则这类公共服务——在应然层面上是相同的,但是历史上不同类型国家在现实世界里完成这一职能的程度有很大区别。只有好的(能够保护产权和开放市场机会)经济制度可以对经济绩效产生正面影响。诺思和巴泽尔认为,开放准入秩序和法治国家为经济增长提供了好的制度安排,而其他类型的国家所提供的经济制度则无法推动经济繁荣,至少是无法实现持续的经济发展。

(6)那么,经济持续发展的动力又是什么呢?巴泽尔没有讨论这一问题,诺思则认为经济的持续发展依赖于创造性破坏,因为只有创造性破坏能够带来创新和适应性效率,可以让一个经济体实现发展的创新驱动并增强其应对环境中的各种冲击的能力(Cox, et al., 2019)。诺思认为只有在开放准入秩序下,创造性破坏才被允许甚至被鼓励。所以为了实现持续的经济发展,国家的制度转型不可或缺。

(7)于是我们必然要问,国家转型需要什么样的条件?巴泽尔对此问题的回答最为简单,认为转型的必要条件是外来威胁,如英国在中世纪之后所面临的国际竞争。外来威胁的出现迫使在位治国者不得不做出改革,而外来冲击并不急迫可以避免在位治国者"破罐破摔"即避免其行为的短期化。显然,诺思和巴泽尔再次形成共识——好的制度变迁取决于转型的历史机遇。

从上述对表附二-1中的内容的梳理可知,诺思与巴泽尔在国家理论上有颇多的共性之处。不过,二者的理论还是有很多可见的差异,从而存在理论上的互补性。

在《国家理论》一书中,巴泽尔所关注的威尼斯提供了一个欧洲古代史中法治国家如何能够长期存续的案例,这对于诺思所研究的近代西方历史中的制度变迁来说是一个视角上的拓展。巴泽尔承认,"不幸的是,威尼斯的成功故事……无法为其他地方得到类似结果提供有益的借鉴。威尼斯的大部分好运是来自幸运的环境。在早期历史中,因为它的贫穷,威尼斯对征服者来说毫无吸引力,即使在它取得了惊人的财富后,难以深入的礁湖使得它易守难攻。同等重要的是,随着宪法不间断地存续了数个世纪,法治变得更为巩固"[1]。

在巴泽尔的《国家理论》中,威尼斯的成功案例无法被推广还只是一个小的不幸,另一个更大的不幸在于法治国家自身兴废的非对称性——或可称之为"巴泽尔非对称性":当发生了足以摧毁集体行动机制的"严重冲击"[2](severe shocks)时,法治国家在"转瞬之间就可以被摧毁,且要花很长时间才能建立起来"[3]。即是说,维护法治的集体行动机制很难重新恢复,除非有新的严重冲击出现。在巴泽尔看来,之所以历史上独裁国家比法治国家更为普遍地存在,根源正在于这种非对称性。

---

[1] Barzel, Yoram, 2002, *A Theory of the State: Economic Rights, Legal Rights, and the Scope of the State*, New York: Cambridge University Press, p. 275.

[2] 巴泽尔还定义了所谓的"温和冲击"(modest shocks),即不至于摧毁集体行动机制的冲击。巴泽尔给"冲击"下了一个非常广泛的定义,且认为冲击多数是外生的或即使不是外生的也是随机的:"冲击是任何引起权力平衡的改变与之相关的不确定性的事件。自然灾害因为其随机性和不可预测性因而是一种破坏性的冲击。冲击也可能来自纯粹的失误、偶然事故甚至新宗教的传播,这些都属于人为因素造成的冲击。……内战和外战是造成冲击的主要原因,也可能是冲击的结果。虽然内战是内生的,但是它的结果与外战的结果一样不可预测,故其也构成了一种随机冲击。"(Barzel, Yoram, 2002, *A Theory of the State: Economic Rights, Legal Rights, and the Scope of the State*, New York: Cambridge University Press, pp. 250-251)在巴泽尔看来,威尼斯共和国的终结完全源于一场严重的外生冲击——1797年拿破仑率领的法军的占领。阿西莫格鲁在《国家为什么会失败》的第六章中也谈到了威尼斯,但是,阿西莫格鲁对威尼斯历史的解读与巴泽尔有根本性的差异。阿西莫格鲁认为,威尼斯的繁荣之源是包容性政治制度和包容性经济制度的携手共进,但是早在13世纪末期,这一趋势就被逆转了。旧的精英担心社会地位向上流动的新的精英们威胁自身的政治和经济地位(熊彼特式的创新及其伴随的创造性破坏的必然结果),于是先是政治制度对新的精英关闭,再是经济制度也不再支持新精英的出现。所以实际上,在拿破仑征服威尼斯之前,威尼斯的内生衰退已经持续数个世纪了。拿破仑的征服是威尼斯本身衰退的必然结果,而不是威尼斯共和国终结的本质原因。

[3] Barzel, Yoram, 2002, *A Theory of the State: Economic Rights, Legal Rights, and the Scope of the State*, New York: Cambridge University Press, p. 275.

虽然存在所谓的"巴泽尔非对称性",但是在近代历史上显然不乏从独裁国家转为法治国家的情况,巴泽尔曾以近代英国的制度转型为例具体讨论了这一过程(Barzel,2000)。巴泽尔对于独裁国家转型为法治国家的初始动力(军事技术革命导致财政危机)和演化路径的解读与诺思的观点其实非常类似,且巴泽尔的独裁国家和法治国家大体上可对应于诺思的限制准入秩序和开放准入秩序,而诺思曾回应过上述巴泽尔关于独裁国家向法治国家转型的模型[①](North,1993,1994b)。

诺思承认巴泽尔模型所做的理论贡献,赞扬其抓住了近五百年来西方社会的政治和经济发展的本质。诺思最为肯定的是巴泽尔模型将"时间"这一在新古典经济学和公共选择学派的分析中被忽视的因素放置于重要的位置:治国者需要足够的时间来建立遵守承诺的声誉,法治国家也需要充分的时间来使得集体行动机制不断强化。治国者时间视野的长短还会直接影响政策的选择(短期的利益最大化还是长期的利益最大化),故巴泽尔也提到:外部威胁("严重冲击"的一种)不能过于突然和急迫,否则对于治国者来说未来收入流的贴现率会较低,其将不会有耐心通过放松政治和经济的管制来换取更多的未来收入。

对于巴泽尔的国家理论,诺思同时也有批评性的意见:他认为巴泽尔的模型普遍性过于有限,仅适用于解释西北欧的英国和荷兰的历史,对于欧洲其他国家就已无法适用,更不要说用于分析拉美和远东地区了。例如,巴泽尔把专制国家向法治国家的转型唯一原因归结于(因军事技术革命而升级的)外来威胁及其引发的财政危机,这一单因素的解释显然牺牲了模型的普遍性。诺思在《暴力与社会秩序》中主张谨慎地看待军事技术革命这一外生冲击对制度变迁的影响,即"军事竞争必须在组成门阶条件的那些重要变化的背景下加以审视"[②],在诺思看来,问题出在巴泽尔模型没有讨论意识形态、信念、文化等因素,故回答不了历史发展的多重均衡属性。

上述批评出自20世纪90年代中期,此时诺思尚没有放弃单一治国者

---

① 巴泽尔研究独裁国向法治国转型的论文虽然在2000年才正式发表,但该论文的早期版本在20世纪90年代初就已经在新制度经济学家内部广泛传播了,诺思的评价对象正是这一论文的早期版本。

② North, Douglass, John Wallis and Barry Weingast, 2009, *Violence and Social Orders: A Conceptual Framework for Interpreting Recorded Human History*, Cambridge: Cambridge University Press, p.181.

模型。在2012年撰写的《暴力与社会秩序》①的平装版后记中,诺思再次提到了巴泽尔的《国家理论》,新提出的批评是巴泽尔的模型中假设存在绝对地垄断了暴力的唯一治国者②,即巴泽尔的模型忽视了国家这一组织的内部运转情况,故而未能触及国家活动的本质规律。

第三节　分支之间的分殊:以诺思和阿西莫格鲁为中心的讨论

阿西莫格鲁是土耳其裔美国人,1967年9月3日出生在伊斯坦布尔。由于双亲都有美国国籍,所以阿西莫格鲁在土耳其一直接受美国式教育。1989年,阿西莫格鲁在纽约大学取得经济学学士学位,之后在伦敦经济学院分别获得了经济学的硕士学位(1990年)和博士学位(1992年)——其博士论文导师是福利经济学家罗伯茨(Kevin Roberts)。1992—1993年,阿西莫格鲁曾在伦敦经济学院短期任职,之后转入麻省理工学院任教至今。2005年,阿西莫格鲁获得只颁发给四十岁以下的美国经济学家的克拉克奖;2015年被确认为过去十年被引用量最高的经济学家;2019年,阿西莫格鲁获聘麻省理工学院的最高学术头衔——"学院教授"。

阿西莫格鲁曾多次明确承认诺思的工作是自身理论的重要来源(Acemoglu, et al., 2005a; Acemoglu and Robinson, 2012b, 2019),而阿西莫格鲁的研究(Acemoglu and Robinson, 2006; Acemoglu and Robinson, 2012a)也在诺思后期的作品(North et al., 2009)中有鲜明的反映③。阿西莫格鲁在国家理论上的代表作是其与政治学家罗宾逊合著的《国家为什么会失败》(Why Nations Fail: The Origins of Power, Prosperity, and Poverty,英文

---

① 巴泽尔所给出的初始状态与诺思所理解的觅食秩序在分散的不受控制的暴力上有相似性。
② [美]道格拉斯·C.诺思、约翰·约瑟夫·瓦利斯、巴里·R.温格斯特:《平装版后记》,载[美]道格拉斯·C.诺思、约翰·约瑟夫·瓦利斯、巴里·R.温格斯特《暴力与社会秩序:诠释有文字记载的人类历史的一个概念性框架》,杭行、王亮译,上海人民出版社,2013年,第381页。
③ 双方的相互影响不仅体现在参考彼此的作品上,更有较为紧密的直接学术交流。如诺思在《暴力与社会秩序》一书的"序言"和最后一章(在脚注处)都感谢了阿西莫格鲁的长期合作者罗宾逊提供的事务性帮助和学术建议;阿西莫格鲁和罗宾逊在《国家为什么会失败》和《狭窄的通道》中同样向《暴力与社会秩序》的三位作者致谢,其中既感谢了诺思长久以来对自己的学术影响,也感谢了瓦利斯和温格斯特针对两本书所提出的修改意见。

版2012年出版)①和《狭窄的通道》(The Narrow Corridor: States, Societies and the Fate of Liberty,英文版2019年出版)。不同于诺思和巴泽尔等老辈经济学家更喜欢首先讨论国家的定义、国家的由来等国家理论的传统主题,阿西莫格鲁的研究倾向于直接叩问国家对自由和经济绩效的影响。

阿西莫格鲁是在华盛顿学派之外,与诺思在新制度经济学国家理论方面最合适的比较者之一,原因仍然是我们已经多次提到过的三条标准:第一,在学术影响力方面,阿西莫格鲁在较为年轻一辈的经济学家中间是公认的诺贝尔经济学奖未来最有力的竞争者之一。第二,在研究方向契合性上,阿西莫格鲁有《国家为什么会失败》和《狭窄的通道》两部专著及多篇论文,这些文献已经产生了广泛的学术影响并引领着后来者的研究。第三,在理论交流的有益性方面,阿西莫格鲁在概念框架、基本认识、研究方法等方面与诺思的国家理论的进路尤其是后期的模型有比较大的分殊,故存在二者相互批判借鉴的空间。

一、基本假设和研究方法的比较

不同于诺思而更接近于巴泽尔,"经济人"是阿西莫格鲁理论框架中的基本假设。直到2019年的新著《狭窄的通道》,阿西莫格鲁仍然没有像诺思一样深入考察意识形态、信念、文化等关于制度变迁的深层问题,而是仍然单纯地视制度变迁的动力来自精英和平民博弈时的成本—收益计算。在某种意义上,阿西莫格鲁的研究可视为对诺思1973年在《西方世界的兴起》中所提出的以价格理论来解释制度变迁的思路的深化拓展(Wallis,2016),而没有沿着诺思所开拓的强调非价格因素的进路继续前进。

早在20世纪80年代初,诺思就已经跳出了对相对价格变化这一制度变迁的解释变量的过度依赖,开始使用意识形态、心智模式和信念等概念来讨论非物质利益的力量对制度变迁的影响。而由于不曾在理论框架中

---

① 类似于诺思在《暴力与社会秩序》中有雄心要解释有文字记载以来的人类历史,阿西莫格鲁在《国家为什么会失败》中也宣称要"提出一个简化的理论并用其来解释新石器时代以来世界经济和政治发展的主要轮廓"。(Acemoglu, Daron, and James Robinson, 2012, *Why Nations Fail: The Origins of Power, Prosperity, and Poverty*, New York: Crown Business, p. 429)

有机地嵌入非价格的因素,利益和信念这两种制度变迁的推动力在阿西莫格鲁的框架中是不平衡的[①]。这一方法论上的选择虽然提升了模型的简洁化的美感,但其代价也是十分明显的——导致该框架无法解释一些对于制度变迁有关键作用的"非理性"行为。例如,阿西莫格鲁和罗宾逊在《狭窄的通道》中多次引用了英国近代女权运动的斗争史,但是阿西莫格鲁自身的框架却解释不了为什么在斗争过程中会出现主动牺牲个人利益甚至生命的行为[②]。

由于在治学过程中深受诺思的影响,所以与诺思和巴泽尔一样,阿西莫格鲁所关注的是宏观层面的政治和经济制度的变迁。并且在深层的具有哲学意味的方法论上,阿西莫格鲁也极为接近于诺思和巴泽尔,即同样是采用了演绎和归纳相结合的研究路线。例如在2019年出版的《狭窄的通道》中,阿西莫格鲁及其合作者罗宾逊使用了"理想(ideal)类型"或曰"纯粹(pure)"类型的方法。"理想类型"是由马克斯·韦伯所开创的结合了逻辑演绎和经验归纳的研究方式。采用"理想类型"方法的好处在于能够从纷繁复杂的日常经验中提炼出具有本质意义的内容,从而避免逻辑上的混淆。

在《狭窄的通道》中,阿西莫格鲁和罗宾逊按照"国家能力"和"国家与社会的平衡性"两个维度提炼出了四种类型的国家(见表附二-2),分别称之为:

"受限的利维坦"(Shackled Leviathan)——强国家能力+国家与社会保持平衡。

"专制的利维坦"(Despotic Leviathan)——较强国家能力+国家压倒社会。

"失踪的利维坦"(Absent Leviathan)——弱国家能力+国家压倒社会。

"纸糊的[③]利维坦"(Paper Leviathan)——弱国家能力+社会压倒国家。

[①] 在"经济人"假设上的执着坚持影响了阿西莫格鲁的理论的普遍意义。在《狭窄的通道》中,阿西莫格鲁和罗宾逊也涉及了某些在制度变迁过程中超出单纯经济人假设的因素,如他们认为,先知穆罕默德创立的伊斯兰教保障了其推动国家扩张和制度变迁时的合法性,又如他们认为德国在战后可恢复民主制度的原因之一是德国民众仍然保留了对两次大战之间的魏玛共和国的记忆。但是,这些非价格因素显然游离于阿西莫格鲁的整体理论框架之外。

[②] 阿西莫格鲁和罗宾逊在《狭窄的通道》中举出的例子之一是著名的英国女权运动家Emily Davison的牺牲行为。1913年1月4日,Emily Davison冲入赛马跑道并立于英王乔治五世的赛马之前。Emily Davison死于马蹄之下,年仅38岁。她去世五年后的1918年,英国年满30岁的女性获得投票权。

[③] Acemoglu and Robinson(2019)表示这一说法来自毛主席的名言——"一切帝国主义都是纸老虎"。

表附二-2　国家的四种类型

	国家与社会保持平衡	国家与社会失去平衡	
		国家压倒社会	社会压倒国家
强国家能力	受限的利维坦	专制的利维坦	
弱国家能力		纸糊的利维坦	失踪的利维坦

资料来源：作者自己整理。

在表附二-2所示的国家分类的基础上，阿西莫格鲁和罗宾逊构造了一个通向"受限的利维坦"——只有这种类型的国家可以维护自由——的狭窄的通道的概念框架，这体现了阿西莫格鲁的研究方法中演绎的成分。同时在归纳的维度上，阿西莫格鲁和罗宾逊列举出很多国家的大量历史案例来说明从其他国家类型转型为"受限的利维坦"的可能路径和潜在障碍，所涉及的国家囊括了五大洲，其中既有历史上的英国、美国等新制度经济学文献中较为常见的案例，也涉及了历史上的瑞典、南非、智利、澳大利亚等过去在文献中不常提及的案例。与以往作品（Acemoglu and Robinson, 2006, 2012）中所展现过的价值倾向一样，西北欧国家和美国被视为是制度变迁的正面代表，而苏联、中国、拉美和撒哈拉以南非洲国家的形象则多是负面的。

阿西莫格鲁不仅同诺思和巴泽尔一样都习惯采用演绎和归纳相结合的方法，而且在演绎建模的具体环节上，阿西莫格鲁的方法论选择也接近于诺思和巴泽尔——他们都采用了"方法论个人主义"的建模思路。虽然阿西莫格鲁的模型中的博弈参与者都是精英阶层和非精英阶层或国家（由精英组成）和社会（由非精英组成）之类的本体论上的整体单元（Acemoglu and Robinson, 2006, 2019），但阿西莫格鲁是把这些整体单元在认识论上当作个体来处理。博弈双方被设定为在是否实施民主和扩大福利等问题上存在矛盾，双方都按照最大化本方利益的方式来决策。最重要的是，阿西莫格鲁隐含地假设整体单元内部的各部分利益完全一致，所以才可能在模型中按照等价于个人利益最大化的思路来描绘国家、阶层这样的整体单元的行动逻辑[①]。在诺思和巴泽尔的模型中，分析的基本单元也都是单一

[①] 阿西莫格鲁的精英与非精英的博弈模型在设定上很接近于马克思的阶级分析模型。阿西莫格鲁没有考虑的一个问题是：精英内部以及非精英内部都可能存在利益的多元化，即使内部利益分歧很小，也可能出现搭便车的困境。诺思在1981的《经济史中的结构与变迁》中就已经注意到了这一问题（当时是批评马克思的方法论整体主义的弱点），诺思认为意识形态是集团或阶级内部的黏结剂。诺思在1981年提出的这一批评可能是导致其在2009年的《暴力与社会秩序》中着重分析那些组成国家的精英组织（暴力集团）之间的博弈的原因之一。

的代表性个体。

不过,诺思的方法论个人主义与阿西莫格鲁,也包括巴泽尔有两点明显的差异:一是诺思在强调个人最大化的同时也关注个人的有限理性,而阿西莫格鲁、巴泽尔的模型则几乎完全接受了新古典理论的完备理性假设。二是诺思强调个人可能存在超越狭隘自我利益的偏好,否则在理论上就无法解释制度变迁中的集体行动,因为可能出现"搭便车"的情况。诺思给出的搭便车的解决方案是"意识形态"①。阿西莫格鲁、巴泽尔的研究则尚未深入到这一层面,阿西莫格鲁直接假设集体行动的困境已经解决,故相当于把制度变迁中的搭便车问题通过假设取消掉了(Acemoglu, et al., 2005a);巴泽尔也回避了这一问题,他所谓的集体行动机制其实是一种政治制度性约束的确立而非在制度变迁过程中的集体动员(Barzel, 2002)。

如果说方法论的选择更多体现了研究者的个人学术偏好,那么在具体方法的层面,阿西莫格鲁则体现出了相对于诺思和巴泽尔来说在分析工具上的代际升级。一是在量化分析方法上的进步。虽然成名于在计量经济史方面的突破性贡献,但是诺思早年的量化研究主要是挖掘、整理和分析经济史中的数据,基本不使用计量模型,也就自然谈不上在计量过程中对于因果关系的识别。当诺思的研究转向对制度和制度变迁的分析后,量化研究方法的采用就更为有限了(Cox, et al., 2019)。而由于大量使用历史数据进行计量分析并利用工具变量法强化了计量模型的因果识别(Acemoglu, et al., 2001, 2002, 2005b),阿西莫格鲁极大地推动了关于制度变迁的历史根源的量化研究。二是在模型建构方法上的进步。诺思和巴泽尔虽然也乐于使用博弈论作为模型建构的分析工具,但是二者更多的是以文字来表达博弈论在制度分析中的应用,而很少使用数学语言来表达自己的思想。与之相反,阿西莫格鲁是一个构建数理模型的高手,其可以熟练使用多种数理分析工具。在大多数论文中,阿西莫格鲁都将自己的思想用数学语言加以表述,从而增强了模型的严谨性。

---

① 意识形态是马克思主义理论始终强调而新古典经济学理论完全无视的一个重要概念,诺思将其引入制度变迁研究的努力确实扩大了新制度经济学理论的研究范畴也增强了理论的解释力。客观地说,诺思用意识形态来解释搭便车行为何以在一定程度上被削弱,这种处理有添加"特设(ad hoc)条件"的嫌疑。

二、在国家理论上的观点异同

在《国家为什么会失败》中,阿西莫格鲁按照汲取性制度(类似于后来《狭窄的通道》中定义的抑制政治自由和经济自由的制度)和包容性制度(近似所谓的支持政治自由和经济自由的制度)的二分法给出了政治制度和经济制度之间的四种组合:"汲取性政治制度+汲取性经济制度""包容性政治制度+包容性经济制度""汲取性政治制度+包容性经济制度""包容性政治制度+汲取性经济制度"。

那么,是什么因素决定了以上四种组合中的哪一种会在一个社会中实际出现呢,回答这一问题首先要区别两种制度组合——稳态组合和非稳态组合。与诺思的"双重平衡"(double balance)的观点一样,阿西莫格鲁也强调,"经济制度和政治制度类型相同的国家往往稳定"[1],反之则不然。于是,"汲取性政治制度+包容性经济制度"和"包容性政治制度+汲取性经济制度"两种组合是非稳态的,会自发地向另外两种稳态均衡转型。所以,问题就转化为了"汲取性政治制度+汲取性经济制度"和"包容性政治制度+包容性经济制度"两种稳态组合何者会胜出。

阿西莫格鲁认为关键在于政治权力,因为当发生关于制度的冲突时,哪些人或群体会在政治博弈中获胜决定了接下来会发生什么,而胜败取决于谁会获得更多支持、得到更多资源和结成更为有效的联盟。简言之,谁将获胜要看政治权力在社会中的分配[2]。这一观点与诺思对"谈判权力"的重视非常相似(North,2005)。

阿西莫格鲁的上述观点可通过图附二-1得到更加形象和详尽的阐释。

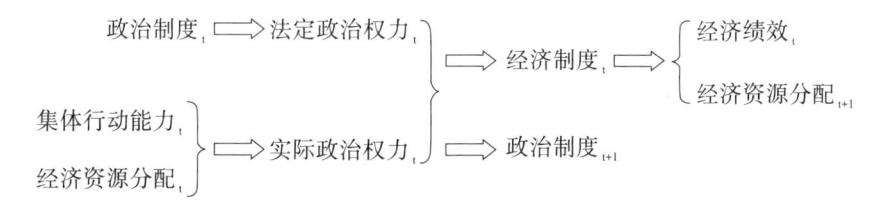

图附二-1 政治权力对经济制度的决定性影响

资料来源:Acemoglu et al.(2005a),略有修改。

---

[1] [美]达龙·阿西莫格鲁:《制度视角下的中国未来经济增长》,《比较》2014年第5期,第60页。
[2] Acemoglu, Daron, and James Robinson, 2012, *Why Nations Fail: The Origins of Power, Prosperity, and Poverty*, New York: Crown Business, p. 79.

在图附二-1中,阿西莫格鲁所提出的问题是:如果两个集团或者说两个阶层对于经济制度有不同的偏好,哪个集团会胜出呢？首先,当期政治制度(包括该国属于民主政体还是专制政体,在宪法和法律上对于政客和政治精英有何种限制,等等)决定了一个集团当期的法定政治权力[①]。其次,当期一个集团的集体行动能力和掌握的经济资源决定了该集团的当期实际政治权力[②]。更高的集体行动能力[③]意味着集团成员会采取共同行动而非搭便车,更多的经济资源意味着该集团可以更好地利用现有政治制度和打击敌对者。再次,法定政治权力与实际政治权力共同构成了一个集团所能掌握的全部政治权力,其决定了一个社会的次期政治制度和当期经济制度,而后者又决定了该社会当期的经济绩效和次期的经济资源分配。最后,次期政治制度和经济制度会引导一国的发展进入良性循环或恶性循环。

简单地概括图附二-1的逻辑就是:政治权力决定了经济制度的安排,从而影响着一国的经济表现。阿西莫格鲁认为只有包容性经济制度才是国家财富的根源,因为汲取性经济制度(类似于诺思的有限准入的经济系

[①] 阿西莫格鲁认为,"法定政治权力指的是来源于社会中的政治制度的权力。政治制度与经济制度类似,对关键行动者(key actors)的激励施加了约束,只不过此时约束是发生在政治领域内"。(Acemoglu, Daron, Simon Johnson, and James Robinson, 2005, "Institutions as the Fundamental Causes of Long-Run Growth", in Philippe Aghion and Steve Durlauf (eds.), *Handbook of Economic Growth*, Vol. 2B, Amsterdam: North Holland, p. 390)

[②] 阿西莫格鲁认为,实际政治权力是在现有政治制度尤其是法律和宪法以外的权力,一群人可以"起义、使用武器、雇用佣兵、拉拢军队或者从事会造成经济成本但是大体和平的抗议,以实现他们在社会问题上的诉求。实际政治权力有两个来源:"第一,依赖于该群体解决集体行动问题的能力";"第二,一个群体的实际权力取决于其经济资源,这些资源同时决定了该群体利用(或滥用)现有政治制度的能力以及该群体选择购买和依靠武力来对付其他群体的能力。"(Acemoglu, Daron, Simon Johnson, and James Robinson, 2005, "Institutions as the Fundamental Causes of Long-Run Growth", in Philippe Aghion and Steve Durlauf (eds.), *Handbook of Economic Growth*, Vol. 2B, Amsterdam: North Holland, p. 391)

[③] 阿西莫格鲁的框架将集体行动能力视为一个外生变量,从而相当于假设精英和非精英阶层各自都能够像一个整体一样行动。这引起了North et al.(2009)的批评,认为阿西莫格鲁的做法是直接假设掉了重要的问题。阿西莫格鲁在《狭窄的通道》中又提到了"集体行动问题",认为社会的权力取决于集体行动问题的解决情况。但是,对于如何解决集体行动问题,阿西莫格鲁大体上还是存而不论。同时,阿西莫格鲁又承认集体行动对于一国可转型进入那条代表着受限的利维坦的狭窄通道至关重要:转型"要求有一个广泛的一般来说是新成立的联盟去支持运动,其必须在联盟内部存在权力的平衡,免得一个团体排挤其他团体以建立自己的专制控制"。(Acemoglu, Daron, and James Robinson, 2019, *The Narrow Corridor: States, Societies and the Fate of Liberty*, New York: Penguin Press, p. 451)

统)是一种追求租金①最大化的体制,而包容性经济制度才能激励要素、才能和技术都流向效率较高的生产领域而不是租金较高的领域(Baumol, 1990)。而按照图附二-1的逻辑,要实现包容性的经济制度,需要先建立起包容性的政治制度。

那么,阻碍政治制度②从汲取向包容转型的因素是什么呢?阿西莫格鲁认为,原因在于汲取性政治制度与汲取性经济制度之间存在一种恶性循环(vicious circle)。恶性循环的基础是汲取性政治制度创造了汲取性经济制度,而后者又反过来支持汲取性的政治制度,因为经济财富和经济权力可以收买政治权力。③或者说,汲取性的政治制度及其所代表的法定政治

---

① 阿西莫格鲁与诺思在"租金"的政治意义上的看法颇有类似之处。在《暴力与社会秩序》及后续研究中,诺思认为需要按照自然国家的逻辑和第二种发展问题的思路来看待租金问题(North et al., 2015),而传统的观点"忽略了暴力并隐含地假设租金的产生与社会的内在性质无关"。自然国家中去除租金后的结果"通常不是竞争性的市场经济,而通常是一个无序和暴力的社会"。所以,"租金在限制准入秩序下是一种带来稳定的方法,即租金是发展问题的象征而不是问题本身"。同样的,虽然阿西莫格鲁认为租金在经济的意义上会导致包容性经济制度的萎缩,继而有经济发展的失败,但是同时,阿西莫格鲁通过直接转述诺思的研究表示同意诺思关于租金的政治意义的观点:很多后发经济体的精英之间会就租金的创造和分配达成政治契约,这一契约是限制暴力从而维护稳定的关键,也是避免一国陷入更差的经济状况的基础。于是,原本的政治均衡可能本就是依赖于市场失灵而存在的,"在没有切实了解当地的政治均衡和政治激励相容约束时,外部强加的改革将会产生意想不到的政治后果"。([美]达龙·阿西莫格鲁,詹姆斯·罗宾逊:《经济学VS政治学:政策建议的误区》,《比较》2014年第1期,中信出版社,第17页)

② Acemoglu et al. (2005a)对于诺思所认定的无效率制度的产生根源——政治领域的交易成本——做出了更明确的规定:政治交易成本本质上来源于精英和非精英之间的跨期承诺的不可信性,从而造成了国家和公民之间利益分歧无法通过谈判(科斯式协议)来缓解。(Acemoglu, Daron, Simon Johnson, and James Robinson, 2005, "Institutions as the Fundamental Causes of Long-Run Growth", in Philippe Aghion and Steve Durlauf (eds.), *Handbook of Economic Growth*, Vol. 2B, Amsterdam: North Holland, p. 427)Acemoglu and Robinson(2006)则从民主转型的角度讨论了政治承诺——政治交易成本——问题:假设在专制体制下,政治精英与平民之间的矛盾是重新分配经济资源。如果对于精英们来说,再分配的损失小于革命的成本,政治精英可能倾向于做出让步的承诺来缓解革命的威胁,但当平民发动革命的威胁在未来消失或下降时,这一承诺会变得不再可信。为了使得承诺可信从而避免当期的革命,精英们可能会选择在当期以民主化的方式改变政治制度。政治制度的改变调整了法定政治权力,从而令精英阶层的承诺的可信性大幅度提高。政治制度的民主化转型被逆转的理由则是承诺的不可信,为了影响政策,精英们需要重新掌握政治权力。一旦民主化后的再分配超出了精英们所能忍受的极限,即对于精英们来说再分配的损失已经大于革命的成本,精英阶层就可能会抓住机会逆转民主化。此时,掌权的平民可能会承诺降低未来的再分配水平,但是,这一承诺并不可信,因为精英们发动革命的机会也并不会永远存在。这时,对精英们来说最好的选择就是发动政变以恢复原有的政治制度。

③ Acemoglu, Daron, and James Robinson, 2012, *Why Nations Fail: The Origins of Power, Prosperity, and Poverty*, New York: Crown Business, p. 357.

权力与汲取性经济制度及其特权租金之间构成了恶性的共生关系,这种坏的双重平衡对经济持续繁荣有害,却便于维护精英们的政治权力和经济租金。阿西莫格鲁的恶性循环的观点与诺思所强调的自然国家的逻辑在本质上是一致的。在2012年撰写的《暴力与秩序》的"平装版后记"中,诺思指出:阿西莫格鲁和罗宾逊在《国家为什么会失败》中与自己一样,都认同"自然国家的驱动力是使精英的处境改善"[1],故会为了维护特权租金而不断巩固现有制度。

作为诺思的学术上的晚辈且深受诺思的作品的影响,阿西莫格鲁在上述概念框架中的很多工作都构成了对诺思的国家理论的完善乃至弥补。但是,阿西莫格鲁的研究也尚且远称不上完成了经济学国家理论的完整拼图,某些领域甚至相对于诺思的理论视野还有所倒退。

从阿西莫格鲁的研究的补充作用来看,诺思始终没有说明在他关于国家的早期模型(单一治国者)和后期模型("作为组织的组织"的国家)之间应该如何协调。诺思的想法或许是准备完全放弃早期模型,但问题是这样一来,制度变迁的逻辑就变得不完整:在诺思的后期国家模型中,制度变迁或者说他所定义的转型完全取决于精英集团内部的互动和精英自身的态度的变化,早期模型所关注的制度变迁的重要推动因素——精英阶层与非精英阶层之间的博弈——竟然被完全无视了。

于是,阿西莫格鲁的理论贡献之一是再次重申了精英与非精英之间的对抗在制度变迁中的重要性,并把该因素重新补进了国家模型(Acemoglu and Robinson,2006,2012a,2019)。在转型的动力问题上,诺思认为英国、美国、法国等西方国家的在十九世纪的转型与当时的精英们的利益是一致的,甚至转型就是精英阶层主动推动的结果。但是,这种思路完全有悖于十九世纪西欧各国工人阶级(典型的非精英阶级)运动风起云涌此起彼伏的基本事实。于是,诺思仰赖精英集团内部的自我变革的"改革思路是非常有问题的,且从某种程度上来说显得有些荒唐和天真"[2],从非精英阶层的视角看恐怕有些类似于鲁迅所说的"他信力"。

实际上,如果没有精英与非精英(诺思的早期模型中称为治国者和选

---

[1] [美]道格拉斯·C.诺思、约翰·约瑟夫·瓦利斯、巴里·R.温格斯特:《平装版后记》,载[美]道格拉斯·C.诺思、约翰·约瑟夫·瓦利斯、巴里·R.温格斯特《暴力与社会秩序:诠释有文字记载的人类历史的一个概念性框架》,杭行、王亮译,上海人民出版社,2013年,第382页。
[2] 韦森:《再评诺斯的制度变迁理论》,《经济学》(季刊)2009年第2期,第763页。

民)阶级对抗的视角,很多西方世界在后光荣革命时代政治制度变迁的一个最重要的特征事实就无法解释:正是工人阶级在整个19世纪始终不渝地为了自己的权利而斗争,乃至于批判的武器正在或已经升级为武器的批判,英国的民主制度的改革才缓慢但最终朝着普选迈出了实质性的步伐(见表附二-3)。

表附二-3　当今发达国家的普选起始年份

国家	成年男子	全民	国家	成年男子	全民
英国	1918	1918（1928）	荷兰	1917	1919
德国	1849	1946	新西兰	1889	1907
美国	1870（1965）	1965	挪威	1898	1913
日本	1925	1952	葡萄牙	—	1970
奥地利	1907	1918	西班牙	—	1931（1977）
比利时	1919	1948	瑞典	1918	1918
加拿大	1920	1970	瑞士	1879	1971
丹麦	1849	1915	意大利	1919	1946
芬兰	1919	1944	澳大利亚	1903	1962
法国	1848	1946			

说明:(1)"—"表示数据未知。(2)西班牙和美国括号外的年份为第一次开始时间,由于中间出现了倒退,括号内为重新开始的时间。(3)英国的情况特殊,在1918年时,年满30周岁的妇女被赋予了选举权,但直到1928年,妇女初次选举的年龄被降低到21周岁,妇女的选举权才与男性相同。

资料来源:[英]张夏准:《富国陷阱:发达国家为何踢开梯子?》(修订本),肖炼、倪延硕等译,社会科学文献出版社,2009年,第83页。

由表附二-3可知,直到工业化完成后的相当长的时间内,普选权才得以在各个西方国家逐步实现(张夏准,2009)。例如:英国在1830年有选举权的男性不到总数的10%,女性完全与选举无缘。作为在一战期间的政治妥协的产物（为了获得工人阶级和劳动妇女对参战的支持），全体男性和部分女性才于1918年被赋予选举权。迟至1930年，英国才实行所有女性获取与男性一样的选举权。类似地，美国的民主问题并没有随着独立和内战结束而自动解决，直到1965年，美国政治实际运行中对非洲裔美国人的选举权限制才被取消。无论是在英国还是美国，民主都是被歧视者不断斗争的结果，著名的有英国的宪章运动、反"谷物法"斗争、女权运动以及美国的黑人民权运动，等等（Acemogl and Robinson, 2019）。阿西莫格鲁曾经正确地重复过马克思主义经典作家们早已提出过的观点，"在民主的兴起和蓬勃发展过程中，工人阶级或社会的贫困群体常常起到决定性作用"，"工人阶级组织或从事集体行动对其推动制度改革的能力很关键"。[1]

所以说，如果不在制度变迁的分析中纳入精英与非精英阶层之间的博弈这一核心解释变量，则任何国家模型都是缺乏说服力的。这意味着为了弥补诺思的后期国家模型的核心变量缺失，正确的模型处理应该是精英内部互动视角与两个阶层的博弈视角的结合，但目前在笔者的阅读范围内，还没有发现类似的较为完整的研究。

阿西莫格鲁的国家模型之于诺思来说，在扩展了逻辑和经验的分析视角之外，还有另外一项明显的进步；同时很遗憾，也存在一项明显的倒退（见表附二-4）。

从表附二-4可知，较之诺思，阿西莫格鲁所取得的一项理论上的进步是开始重视"国家能力"这一因素。在诺思的几乎全部研究中，国家能力都是一个隐形的因素。诺思的概念框架所聚焦的是代表国家的治国者或精英阶层是否有兴趣或意愿去确立和实施有效的经济制度，却没有认真思考过国家是否有能力这样做。在2009年的《暴力与社会秩序》中，诺思也提到了国家能力，但是并没有将其融入自己的概念框架中，只是将增强国家能力视为政治发展的手段，因为需要依靠国家能力来"支撑复杂的专业化组织、创建不依赖人际关系的环境、维持可永续生存的国家以及在社会中控制暴力使用的扩散。这些国家能力的成分是自然国家转型为开放准入秩序的必要条件"[2]。对于国家能力的内涵和外延等问题，诺思完全没有着墨。

---

[1] [美]达龙·阿西莫格鲁，詹姆斯·罗宾逊：《经济学VS政治学：政策建议的误区》，《比较》2014年第1期，中信出版社，第6页。

[2] North, Douglass, John Wallis and Barry Weingast, 2009, *Violence and Social Orders: A Conceptual Framework for Interpreting Recorded Human History*, Cambridge: Cambridge University Press, p. 271.

表附二-4 阿西莫格鲁较之诺思在理论上的进步和倒退

	诺思	阿西莫格鲁
国家能力	没有明确定义和具体分析	实现国家目标的能力。这些目标通常包括实施法律、解决冲突、规制经济活动和对这些活动征税,以及提供基础设施或其他公共服务,也包括为战争筹资
意识形态/信念	意识形态/信念是每个人所拥有的用于解释世界的主观模型	未讨论

资料来源:作者自己整理。

相较而言,阿西莫格鲁和罗宾逊在《狭窄的通道》中的贡献是将"国家能力"明确纳入了新制度经济学国家理论关于制度变迁的概念框架之中,且对国家能力的生成问题展开了具体分析。虽然说阿西莫格鲁的观点——现代西方世界的强国家能力起源于罗马帝国官僚制的历史遗产——让人无法苟同(因为这种诉诸历史偶然性和充盈着西方中心论色彩的观点在欧洲之外的解释力是要大打折扣的,其只能回答为什么没有同样历史遗产的国家产生了弱国家能力,却无法解释为什么有着不同历史遗产的国家同样可以有强国家能力),但是较之诺思的沉默不语,阿西莫格鲁的工作已经算是一个可观的进步了。

从表附二-4中,我们还可以看到相比于诺思,阿西莫格鲁的框架中也存在着一项显著的理论上的倒退,他没有延续诺思从20世纪70年代末开始的对意识形态和信念的研究。诺思在1981年的《经济史中的结构与变迁》里强调了"意识形态"对于解释制度变迁的重要性。在诺思看来,意识形态既提供了一个关于个人所处的环境和体系是如何运行的实证模型,也提供了一个关于该环境和体系应该如何运行的规范模型,甚至于意识形态还给出了"如何令环境有序的处方"[①]。意识形态在诺思后来的著作中被扩充和改造为信念的概念,后者有较淡的政治味道和更强的认知科学色彩。

---

① North, Douglass, 1994, "Economic Performance Through Time", *American Economic Review*, Vol. 84, No. 3, p. 363, footnote.

从定义上看,信念是"人们解释和理解周围世界的心智结构的产品"[①]。如果个人分散的信念可以凝结成为共享信念,则信念在含义和功能上就与意识形态非常接近,因为意识形态也不过是"无数个体的心智模型的共享框架"[②]。那么,个人的信念形成的渠道是什么呢?诺思认为有两个主要渠道——"个人经验和教育"[③]。于是,信念的共享也大致有两个来源,一是多数人有共同的或类似的经历(可能是个人的直接经验也可能是个人从他人那里习得的间接经验),二是本国特定文化[④](通过正式和非正式的教育)所产生的影响。

诺思关于信念和文化的研究为我们解释制度多样性的产生原因和为什么要尊重制度多样性提供了线索。可惜的是,诺思极少将对信念问题的讨论置于中国的具体情境,而阿西莫格鲁干脆整个舍弃了这一研究方向,这种理论缺环所产生的弊端是:一旦将现有的新制度经济学国家理论应用于分析中国问题,则其水土不服的局限性立即暴露无遗。当新制度经济学家们误读了中国的国家制度建设和经济发展时(见第五章和第六章),误读所暴露出的正是上述缺环的后果。新制度经济学国家理论并没有始终坚持历史重要和文化重要的方法论原则,在讨论中国的现实问题时反而脱离了对中国近代历史的总结和对中国文化的思考。

[①] Knight, Jack, and Douglass North, 1997, "Explaining Economic Change: The Interplay between Cognition and Institutions", *Legal Theory*, Vol. 3, No. 3, p. 216.
[②] North, Douglass, 1994, "Economic Performance Through Time", *American Economic Review*, Vol. 84, No. 3, p. 363, footnote.
[③] North, Douglass, John Wallis and Barry Weingast, 2009, *Violence and Social Orders: A Conceptual Framework for Interpreting Recorded Human History*, Cambridge: Cambridge University Press, p. 28.
[④] 诺思对于文化的定义是:"一个社会的文化是积累而成的规则和规范(以及信念)的结构体(structure),我们的文化继承自过去,而文化又塑造了我们的现在并影响着我们的未来。"(North, Douglass, 2005, *Understanding the Process of Economic Change*, Princeton: Princeton University Press, p. 6)

参考文献

[1]蔡志明:《公共选择经济学与新制度经济学的比较研究》,《经济学动态》1993年第5期。

[2]车维汉:《由财政压力引起的制度变迁——明治维新的另一种诠释》,《中国社会科学院研究生院学报》2008年第3期。

[3]车维汉、茆健:《对彼得一世改革的再诠释——"财政压力假说"的经验检验》,《中国社会科学院研究生院学报》2012年第2期。

[4]陈强:《国际贸易与西方世界的兴起:财富效应还是货币效应》,《世界经济》2009年第1期。

[5]陈刚、李树:《官员交流、任期与反腐败》,《世界经济》2012年第2期。

[6]陈云:《悼念李先念同志》,《人民日报》1992年7月23日,第1版。

[7]中共中央文献研究室:《陈云年谱》(下卷),北京:中央文献出版社,2000年。

[8]邓小平:《保持艰苦奋斗的传统》,载《邓小平文选》(第三卷),北京:人民出版社,1993年。

[9]邓小平:《在武昌、深圳、珠海、上海等地的谈话要点》,载《邓小平文选》(第三卷),北京:人民出版社,1993年。

[10]邓小平:《关于农村政策问题》,载《邓小平文选》(第二卷),北京:人民出版社,1994年。

[11]邓小平:《在全国科学大会开幕式上的讲话》,载《邓小平文选》(第二卷),北京:人民出版社,1994年。

[12]邓小平:《社会主义也可以搞市场经济》,载《邓小平文选》(第二卷),北京:人民出版社,1994年。

[13]邓小平:《党和国家领导制度的改革》,载《邓小平文选》(第二卷),北京:人民出版社,1994年。

[14]杜润生:《杜润生自述:中国农村体制变革重大决策纪实》,北京:人民出版社,2005年。

[15]方福前:《公共选择理论——政治的经济学》,北京:中国人民大学出版社,2000年。

[16] 冯兴元：《大国之道：中国私人与公共选择的宪则分析》，福州：福建教育出版社，2013年。

[17] 傅伟勋：《哲学探求的荆棘之路》，载《从西方哲学到禅佛教》，北京：生活·读书·新知三联书店，1989年。

[18] 傅伟勋：《大乘佛学的深层探讨》，载《生命的学问》，杭州：浙江人民出版社，1996年。

[19] 高培勇：《论国家治理现代化框架下的财政基础理论建设》，《中国社会科学》2014年第12期。

[20] 高小勇、汪丁丁：《高小勇、汪丁丁专访诺贝尔经济学奖得主：大师论衡中国经济与经济学》，北京：朝华出版社，2005年。

[21] 贺大兴、姚洋：《社会平等、中性政府与中国经济增长》，《经济研究》2011年第1期。

[22] 黄少安：《制度经济学由来与现状解构》，《改革》2017年第1期。

[23] 贾根良：《打造中国的经济思想史学派》，《中国社会科学报》2016年1月12日，第8版。

[24] 李伯重：《火枪与账簿：早期经济全球化时代的中国与东亚世界》，北京：生活·读书·新知三联书店，2017年。

[25] 李稻葵：《官僚体制的改革理论》，《比较》（第七辑），北京：中信出版社，2003年。

[26] 李强：《国家能力与国家权力的悖论》，载张静编《国家与社会》，杭州：浙江人民出版社，1998年。

[27] 李强：《政治秩序中的国家构建——福山国家理论述评》，载［美］弗朗西斯·福山《国家构建：21世纪的国家治理与世界秩序》，郭华译，上海：学林出版社，2017年。

[28] 李新宽：《国家与市场——英国重商主义时代的历史解读》，北京：中央编译出版社，2013年。

[29] 李增刚：《关于新政治经济学的学科定位》，《学术月刊》2009年第3期。

[30] 林毅夫、李志赟：《政策性负担、道德风险与预算软约束》，《经济研究》2004年第2期。

[31] 林毅夫、刘明兴、章奇：《政策性负担与企业的预算软约束：来自中国的实证研究》，《管理世界》2004年第8期。

[32] 刘朝勋、肖家新、李广平：《中国军费史》，北京：海潮出版社，2000年。

[33] 卢周来：《新制度经济学，新政治经济学，还是社会经济学？——兼谈中国新制度经济学未来的发展》，《管理世界》2009年第3期。

[34]罗必良:《制度变迁:路径依赖抑或情境依赖?——兼论中国农业经营制度变革及未来趋势》,《社会科学战线》2020年第1期。

[35]吕炜、勒继东:《始终服从和服务于社会主义现代化强国建设——新中国财政70年发展的历史逻辑、实践逻辑与理论逻辑》,《管理世界》2019年第9期。

[36]吕炜、勒继东:《财政、国家与政党:建党百年视野下的中国财政》,《管理世界》2021年第5期。

[37]吕炜、王伟同:《中国的包容性财政体制——基于非规范性收入的考察》,《中国社会科学》2021年第3期。

[38]马珺:《财政学研究的不同范式及其方法论基础》,《财贸经济》2015年第7期。

[39]马骏:《治国与理财:公共预算与国家建设》,北京:生活·读书·新知三联书店,2011年。

[40]毛泽东:《改造我们的学习》,载《毛泽东选集》(第三卷),北京:人民出版社,1991年。

[41]毛泽东:《论人民民主专政》,载《毛泽东选集》(第四卷),北京:人民出版社,1991年。

[42]毛泽东:《在中央紧急会议上的发言》,载《毛泽东文集》(第一卷),北京:人民出版社,1993年。

[43]毛泽东:《一二九运动的伟大意义》,载《毛泽东文集》(第二卷),北京:人民出版社,1993年。

[44]毛泽东:《共产党是要努力于中国的工业化的》,载《毛泽东文集》(第三卷),北京:人民出版社,1996年。

[45]中共中央文献研究室:《毛泽东年谱(1893—1949)》(修订本)(上册),北京:中央文献出版社,2013年。

[46]中共中央文献研究室:《毛泽东年谱(1949—1976)》(第二卷),北京:中央文献出版社,2013年。

[47]孟捷:《中国特色社会主义政治经济学的国家理论:源流、对象和体系》,《清华大学学报》(哲学社会科学版),2020年第3期。

[48]聂辉华:《从政企合谋到政企合作——一个初步的动态政企关系分析框架》,《学术月刊》2020年第6期。

[49]金观涛、刘青峰:《兴盛与危机——论中国封建社会的超稳定结构》,长沙:湖南人民出版社,1984年。

[50]金观涛、刘青峰:《开放中的变迁:再论中国社会超稳定结构(2010年版)》,北京:法律出版社,2011年。

[51]景跃进、陈明明、肖滨:《当代中国政府与政治》,北京:中国人民大学出版社,2016年。

[52]江小涓:《中国推行产业政策中的公共选择问题》,《经济研究》1993年第6期。

[53]潘家恩、张振、温铁军:《"铁钩"与"豆腐"的辩证*——对梁漱溟20世纪50年代思想张力的一个考察视角》,《开放时代》2018年第2期。

[54]皮建才:《李约瑟之谜的解释:我们到底站在哪里?——与文贯中、张宇燕、艾德荣等商榷》,《经济学季刊》2007年第1期。

[55]钱理群:《话说周氏兄弟:北大演讲录》,济南:山东画报出版社,1999年。

[56]盛洪:《制度经济学在中国的兴起(代序)》,载《现代制度经济学(下卷)》北京:北京大学出版社,2003年。

[57]盛洪:《国家兴衰的制度经济学》,载《为万世开太平:一个经济学家对文明问题的思考(增订版)》,北京:中国发展出版社,2010年。

[58]唐寿宁:《经济学的宪政视角——〈经济学与宪政秩序的伦理学〉述评》,《管理世界》2005年第8期。

[59]陶然、苏福兵:《经济增长的"中国模式":两个备择理论假说和一个系统性分析框架》,《比较》2021年第2期。

[60]王鸿铭:《国家能力的削弱及割裂:清末新政与立宪改革的困境》,《中国社会科学院研究生院学报》2015年第3期。

[61]王绍光:《国家汲取能力的建设——中华人民共和国成立初期的经验》,《中国社会科学》2002年第1期。

[62]王绍光:《国家治理》,北京:中国人民大学出版社,2014年。

[63]王绍光、胡鞍钢:《中国国家能力报告》,沈阳:辽宁人民出版社,1993年。

[64]王浦劬、杨彬:《论国家治理能力生产机制的三重维度》,《学术月刊》2019年第3期。

[65]汪丁丁:《退出权、财产所有权与自由(代译序)》,载[美]詹姆斯·M.布坎南著《财产与自由》,韩旭译,北京:中国社会科学出版社,2002年。

[66]汪丁丁:《社会选择、公共选择与新政治经济学》,《学术月刊》2007年第8期。

[67]汪丁丁:《新政治经济学讲义:在中国思索正义、效率与公共选择》,上海:上海人民出版社,2013年。

[68]汪毅霖、罗影:《布坎南论阿罗不可能定理和民主的本质:兼及对民主转型问题的启示》,《新政治经济学评论》(第28卷),上海:上海人民出版社,2015年。

[69]韦森:《再评诺斯的制度变迁理论》,《经济学》(季刊)2009年第2期。

[70]韦森:《观念体系与社会制序的生成、演化与变迁》,《学术界》2019年第5期。

[71]韦森:《代译序——再评诺思的制度变迁理论》,载[美]道格拉斯·C.诺思著《制度、制度变迁与经济绩效》,杭行译,上海:上海人民出版社,2016年。

[72]韦森、陶丽君、苏映雪:《"哈耶克矛盾"与"诺思悖论":Social Orders自发生成演化抑或理性设计建构的理论之惑》,《清华大学学报(哲学社会科学版)》2019年第6期。

[73]文一:《伟大的中国工业革命:"发展政治经济学"一般原理批判纲要》,北京:清华大学出版社,2016年。

[74]吴晗:《历史上的君权的限制》,载《历史的镜子》,北京:北京理工大学出版社,2016年。

[75]《中共中央关于全面深化改革若干重大问题的决定(2013年11月12日中国共产党第十八届中央委员会第三次全体会议通过)》,《求是》2013年第22期。

[76]《中共中央关于坚持和完善中国特色社会主义制度 推进国家治理体系和治理能力现代化若干重大问题的决定》,《人民日报》2019年11月6日,第1版。

[77]习近平:《切实把思想统一到党的十八届三中全会精神上来》,《求是》2014年第1期。

[78]习近平:《改革开放只有进行时没有完成时》,载《习近平谈治国理政》,北京:外文出版社,2014年。

[79]习近平:《决胜全面建成小康社会 夺取新时代中国特色社会主义伟大胜利——在中国共产党第十九次全国代表大会上的报告》,《人民日报》2017年10月28日,第1版。

[80]习近平:《论坚持推动构建人类命运共同体》,北京:中央文献出版社,2018年。

[81]习近平:《在庆祝全国人民代表大会成立六十周年大会上的讲话》,《求是》2019年第18期。

[82]习近平:《全面提高依法防控依法治理能力 健全国家公共卫生应急管理体系》,《求是》2020年第5期。

[83]习近平:《在深圳经济特区建立40周年庆祝大会上的讲话》,北京:人民出版社,2020年。

[84]许云霄:《公共选择理论》,北京:北京大学出版社,2006年。

[85]姚洋:《制度与效率:与诺斯对话》,成都:四川人民出版社,2002年。

[86]姚洋:《中性政府:对转型期中国经济成功的一个解释》,《经济评论》2009年第3期。

[87]姚洋:《中国道路的世界意义》,北京:北京大学出版社,2011年。

[88]姚洋,席天扬:《中国新叙事:中国特色政治、经济体制的运行机制分析》,上海:上海人民出版社,2018年。

[89]姚洋,席天扬,李力行,王赫,万凤,张倩,刘松瑞,张舜栋:《选拔、培养和激励——来自CCER官员数据库的证据》,《经济学(季刊)》2020年第3期。

[90]赵鼎新:《国家合法性和国家社会关系》,《学术月刊》2016年第8期。

[91]张军、周黎安:《为增长而竞争:中国增长的政治经济学》,上海:上海人民出版社,2008年。

[92]张敏:《交易政治学的两个范式:方法形成及其模型评介——布坎南公共选择理论和新制度经济学派的政治学比较研究》,《南京社会科学》2005年第3期。

[93]张五常:《中国的经济制度:中国经济改革三十年》,北京:中信出版社,2009年。

[94]张五常:《经济解释(2014增订版)》,北京:中信出版社,2015年。

[95]张永璟:《公共选择理论与中国经济改革》,《比较》2017年第6期,北京:中信出版社。

[96]张宇燕、何帆:《由财政压力引起的制度变迁》,载盛洪、张宇燕主编《从计划经济到市场经济》,北京:中国财政经济出版社,1998年。

[97]张宇燕、高程:《美洲金银和西方世界的兴起》,《社会科学战线》2004年第1期。

[98]张宇燕、高程:《海外白银、初始制度条件与东方世界的停滞——关于晚明中国何以"错过"经济起飞历史机遇的猜想》,《经济学(季刊)》2005年第1期。

[99]张宇燕、高程:《阶级分析、产权保护与长期增长——对皮建才博士评论的回应》,《经济学(季刊)》2007年第1期。

[100]周黎安:《转型中的地方政府:官员激励与治理(第二版)》,上海:格致出版社,2017年。

[101]周其仁:《信息成本与制度变革——读<杜润生自述:中国农村体制变革重大决策纪实>》,《经济研究》2005年第12期。

[102]周其仁:《邓小平做对了什么》,载《中国做对了什么:回望改革,面对未来》,北京:北京大学出版社,2010年。

[103]周其仁:《国家能力再定义》,载《突围集:寻找改革新动力》,北京:中信出版社,2017年。

[104]朱富强:《警惕现代经济分析中嵌入的非历史倾向——以阿西莫格鲁等人的〈国家为什么会失败〉为例》,《经济纵横》2018年第4期。

[105][美]肯尼斯·J.阿罗:《社会选择与个人价值》(第二版),丁建峰译,上海:

上海人民出版社,2010年。

[106][美]肯尼斯·J.阿罗:《社会选择与个人价值》(第三版),丁建峰译,上海:上海人民出版社,2020年。

[107][美]肯尼斯·J.阿罗:《社会选择领域的其他问题》,载《选择的悖论:阿罗不可能定理与社会选择真相》,黄永译,北京:中信出版社,2016年。

[108][美]达龙·阿西莫格鲁:《制度视角下的中国未来经济增长》,《比较》2014年第5期,北京:中信出版社。

[109][美]达龙·阿西莫格鲁:《为什么政治科斯定理不成立:社会冲突、承诺以及政治学》,《比较》2016年第3期,北京:中信出版社。

[110][美]达龙·阿西莫格鲁,詹姆斯·罗宾逊:《经济学VS政治学:政策建议的误区》,《比较》2014年第1期,北京:中信出版社。

[111][美]S.R.爱泼斯坦:《自由与增长:1300~1750年欧洲国家与市场的兴起》,宋丙涛译,北京:商务印书馆,2011年。

[112][美]曼瑟·奥尔森:《独裁、民主和发展》,载盛洪主编《现代制度经济学》(上卷),北京:北京大学出版社,2003年。

[113][美]曼库尔·奥尔森:《为什么有的国家穷有的国家富》,《比较》(第七辑),北京:中信出版社,2003年。

[114][美]曼库尔·奥尔森:《通向经济成功的一条暗道》,《比较》(第十一辑),北京:中信出版社,2004年。

[115][美]曼瑟·奥尔森:《权力与繁荣》,苏长和、嵇飞译,上海:上海人民出版社,2005年。

[116][美]曼瑟·奥尔森:《国家的兴衰:经济增长、滞胀和社会僵化》,李增刚译,上海:上海人民出版社,2007年。

[117][美]曼库尔·奥尔森:《快速经济增长的不稳定作用》,《比较》(第四十三辑),北京:中信出版社,2009年。

[118][美]曼瑟·奥尔森:《集体行动的逻辑:公共物品与集团理论》,陈郁等译,上海:上海人民出版社,2018年。

[119][英]罗杰·E.巴克豪斯:《经济学方法论中的拉卡托斯主义遗产》,载[英]罗杰·E.巴克豪斯编《经济学方法论的新趋势》,张大宝等译,北京:经济科学出版社,2000年。

[120]蒂莫西·贝斯利、托尔斯腾·佩尔松:《中国面临的挑战:通过制度改革提升政府能力》,余江译,《比较》2014年第5期,北京中信出版社。

[121]蒂莫西·贝斯利、托尔斯腾·佩尔松:《为什么发展中国家税收那么少?》,徐兰飞译,《比较》2015年第2期,北京:中信出版社。

[122][美]卞历南:《制度变迁的逻辑:中国现代国营企业制度之形成》,[美]卞历南译,杭州:浙江大学出版社,2011年。

[123][英]卡尔·波珀:《科学发现的逻辑》,查汝强、邱仁宗译,北京:科学出版社,1986年。

[124][英]卡尔·波普尔:《开放社会及其敌人》(第二卷),郑一明等译,北京:中国社会科学出版社,1999年。

[125][英]以赛亚·伯林:《自由论》,胡传胜译,南京:译林出版社,2003年。

[126][英]肯尼思·E.博尔丁:《权力的三张面孔》,张岩译,北京:经济科学出版社,2012年。

[127][美]詹姆斯·M.布坎南:《经济学家应该做什么》,罗根基、雷家骕译,成都:西南财经大学出版社,1988年。

[128][美]詹姆斯·M.布坎南:《自由、市场与国家》,平新乔、莫扶民译,上海:生活·读书·新知三联书店上海分店,1989年。

[129][美]詹姆斯·M.布坎南:《我成为经济学者的演化之路》,载[美]伯烈特·史宾斯编《诺贝尔之路:十三位经济学奖得主的故事》,黄进发译,成都:西南财经大学出版社,1999年。

[130][美]詹姆斯·M.布坎南:《由内观外》,载[美]迈克尔·曾伯格编《经济学大师的人生哲学》,侯玲、欧阳俊、王荣军译,北京:商务印书馆,2001年。

[131][美]詹姆斯·M.布坎南:《民主财政论:财政制度和个人选择》,穆怀朋译,北京:商务印书馆,1993年。

[132][美]詹姆斯·M.布坎南:《财产与自由》,韩旭译,北京:中国社会科学出版社,2002年。

[133][美]詹姆斯·M.布坎南:《财产是自由的保证》,载[美]查尔斯·K.罗利编《财产权与民主的限度》,刘晓峰译,北京:商务印书馆,2007年。

[134][美]詹姆斯·M.布坎南:《宪法秩序的经济学与伦理学》,朱泱等译,北京:商务印书馆,2008年。

[135][美]詹姆斯·M.布坎南:《成本与选择》,刘志铭、李芳译,杭州:浙江大学出版社,2009年。

[136][美]詹姆斯·M.布坎南:《公共物品的需求与供给》,马珺译,上海:上海人民出版社,2009年。

[137][美]詹姆斯·M.布坎南:《自由的界限》,董子云译,杭州:浙江大学出版社,2012年。

[138][美]詹姆斯·M.布坎南:《制度契约与自由:政治经济学家的视角》,北京:中国社会科学出版社,2013年。

[139][美]詹姆斯·M.布坎南:《为什么我也不是保守派:古典自由主义的典型看法》,麻勇爱译,北京:机械工业出版社,2015年。

[140][美]詹姆斯·M.布坎南:《宪则经济学:人类集体行动机制探索》,韩朝华译,北京:中国社会科学出版社,2017年。

[141][美]詹姆斯·M.布坎南、理查德·瓦格纳:《赤字中的民主——凯恩斯勋爵的政治遗产》,刘廷安、罗光译,北京:北京经济学院出版社,1988年。

[142][美]詹姆斯·M.布坎南,理查德·A.马斯格雷夫:《公共财政与公共选择:两种截然不同的国家观》,类承曜译,北京:中国财政经济出版社,2000年。

[143][美]詹姆斯·M.布坎南、戈登·塔洛克:《同意的计算:立宪民主的逻辑基础》,陈光金译,北京:中国社会科学出版社,2000年。

[144][美]詹姆斯·M.布坎南、罗杰·D.康格尔顿:《原则政治,而非利益政治:通向非歧视性民主》,张定淮、何志平译,北京:社会科学文献出版社,2004年。

[145][澳]杰弗瑞·布伦南、[美]詹姆斯·M.布坎南:《征税权——财政宪法的分析基础》,载《宪政经济学》,冯克利、秋风、王代、魏志梅等译,北京:中国社会科学出版社,2004a年。

[146][澳]杰弗瑞·布伦南、[美]詹姆斯·M.布坎南:《规则的理由——宪政的政治经济学》,载《宪政经济学》,冯克利、秋风、王代、魏志梅等译,北京:中国社会科学出版社,2004年。

[147][美]哈罗德·德姆塞茨:《经济发展中的主次因素》,载[法]克劳德·梅纳尔编《制度、契约与组织:从新制度经济学角度的透视》,刘刚等译,北京:经济科学出版社,2003年,第82—103页。

[148][美]查尔斯·蒂利:《强制、资本和欧洲国家(公元990—1992年)》,魏洪钟译,上海:上海人民出版社,2007年。

[149][德]弗·恩格斯:《1893年5月11日弗·恩格斯对法国"费加罗报"记者的谈话》,载《马克思恩格斯全集》(第二十二卷),北京:人民出版社,1965年。

[150][德]弗·恩格斯:《国民经济学批判大纲》,载《马克思恩格斯选集》(第一卷),北京:人民出版社,2012年。

[151][德]弗·恩格斯:《论住宅问题》,载《马克思恩格斯选集》(第三卷),北京:人民出版社,2012年。

[152][德]弗·恩格斯:《恩格斯致康拉德·施米特》,载《马克思恩格斯选集》(第四卷),北京:人民出版社,2012年。

[153][德]维克多·J.范伯格:《经济学中的规则和选择》,史世伟、钟诚译,西安:陕西人民出版社,2011年。

[154][荷]皮尔·弗里斯:《国家、经济与大分流:17世纪80年代到19世纪50年

代的英国和中国》,郭金兴译,北京:中信出版社,2018年。

[155][美]弗朗西斯·福山:《序言》,载[美]塞缪尔·P.亨廷顿《变化社会中的政治秩序》,王冠华、刘为等译,上海:上海人民出版社,2008年。

[156][美]弗朗西斯·福山:《政治秩序的起源:从前人类时代到法国大革命》,毛俊杰译,桂林:广西师范大学出版社,2012年。

[157][美]弗朗西斯·福山:《政治秩序与政治衰败:从工业革命到民主全球化》,毛俊杰译,桂林:广西师范大学出版社,2015年。

[158][美]弗朗西斯·福山:《国家构建:21世纪的国家治理与世界秩序》,郭华译,上海:学林出版社,2017年。

[159][美]费正清:《美国与中国》,张理京译,北京:世界知识出版社,1999年。

[160][美]费正清:《伟大的中国革命》,刘尊棋译,北京:世界知识出版社,2000年。

[161][美]米尔顿·弗里德曼:《资本主义与自由》,张瑞玉译,北京:商务印书馆,1986年。

[162][美]米尔顿·弗里德曼:《实证经济学的方法论》,载《实证经济学论文集》,柏克译,北京:商务印书馆,2014年。

[163][美]贡德·弗兰克:《白银资本:重视经济全球化中的东方》,刘北成译,北京:中央编译出版社,2000年。

[164][美]亚历山大·格申克龙:《经济落后的历史透视》,张凤林译,北京:商务印书馆,2009年。

[165][日]沟口雄三:《作为方法的中国》,孙军悦译,北京:生活·读书·新知三联书店,2011年。

[166][日]沟口雄三:《中国的冲击》,王瑞根译,北京:生活·读书·新知三联书店,2011年。

[167][英]弗里德利希·冯·哈耶克:《致命的自负——社会主义的谬误》,冯克利,胡晋华等译,北京:中国社会科学出版社,2000年。

[168][英]弗里德利希·冯·哈耶克:《法律、立法与自由(第一卷)》,邓正来、张守东、李静冰译,北京:中国大百科全书出版社,2000年。

[169][英]弗里德利希·冯·哈耶克:《法律、立法与自由(第二、三卷)》,邓正来、张守东、李静冰译,北京:中国大百科全书出版社,2000年。

[170][英]弗里德利希·冯·哈耶克:《作为一个发现过程的竞争》,载《哈耶克文选》,冯克利译,南京:江苏人民出版社,2007年。

[171][英]弗里德里希·冯·哈耶克:《社会正义的返祖性质》,载邓正来编《哈耶克读本》,北京:北京大学出版社,2010年。

[172][美]D.韦德·汉兹:《开放的经济学方法论》,段文辉译,武汉:武汉大学出版社,2009年。

[173][美]丹尼尔·豪斯曼:《导言》,载丹尼尔·豪斯曼编《经济学的哲学》,丁建峰译,上海:上海人民出版社,2007年。

[174][美]丹尼尔·豪斯曼:《库恩、拉卡托斯和经济学的性质》,载[英]罗杰·E.巴克豪斯编《经济学方法论的新趋势》,张大宝等译,北京:经济科学出版社,2000年。

[175][美]黄宗智:《华北的小农经济与社会变迁》,北京:中华书局,1986年。

[176][美]亚历山大·汉密尔顿:《关于制造业的报告》,崔学锋译,《演化与创新经济学评论》2014年第1期。

[177][德]卡伦·霍恩:《通往智慧之路:对话10位诺贝尔经济学奖得主》,陈小白译,北京:华夏出版社,2012年。

[178][英]杰弗里·M.霍奇逊:《经济学是如何忘记历史的:社会科学中的历史特性问题》,高伟、马霄鹏、于宛艳译,北京:中国人民大学出版社,2008年。

[179][英]罗伯特斯·基德尔斯基:《凯恩斯传》,相蓝欣、储英译,北京:生活·读书·新知三联书店,2006年。

[180][英]约翰·梅纳德·凯恩斯:《就业、利息与货币通论(重译本)》,高鸿业译,北京:商务印书馆,1999年。

[181][美]伊斯雷尔·柯兹纳:《市场过程的含义:论现代奥地利学派经济学的发展》,冯兴元、景朝亮、檀学文、朱海就译,北京:中国社会科学出版社,2012年。

[182][美]大卫·柯兰德,曼瑟尔·奥尔森:《分利联盟与宏观经济学》,载[美]大卫·柯兰德编《新古典政治经济学——寻租和DUP行动分析》,马春文、宋春艳译,长春:长春出版社。

[183][英]罗纳德·哈里·科斯,王宁:《变革中国:市场经济的中国之路》,徐尧、李哲民译,北京:中信出版社,2013年。

[184][美]保罗·肯尼迪:《大国的兴衰:1500年到2000年的经济变化和军事冲突》,蒋葆英等译,北京:中国经济出版社,1989年。

[185][美]孔飞力:《叫魂:1768年中国妖术大恐慌》,陈兼、刘昶译,上海:生活·读书·新知三联书店上海分店,1999年。

[186][美]西蒙·库兹涅茨:《现代经济增长:速度、结构与扩展》,戴睿、易诚译,北京:北京经济学院出版社,1989年。

[187][英]伊姆雷·拉卡托斯:《科学研究纲领方法论》,兰征译,上海:上海译文出版社,1986年。

[188][德]弗里德里希·李斯特:《政治经济学的国民体系》,陈万煦译,北京:

商务印书馆,1961年。

[189][德]弗里德里希·李斯特:《政治经济学的自然体系》,杨春学译,北京:商务印书馆,1997年。

[190][苏]弗拉基米尔·列宁:《国家与革命:马克思主义关于国家的学说与无产阶级在革命中的任务》,北京:人民出版社,1959年。

[191][英]林重庚:《序二:中国改革开放过程中的对外思想开放》,载吴敬琏等编《中国经济50人看三十年:回顾与分析》,北京:中国经济出版社,2008年。

[192][英]史蒂文·卢克斯:《权力:一种激进的观点》,彭斌译,南京:江苏人民出版社,2012年。

[193][英]罗素:《中国问题》,秦悦译,上海:学林出版社,1996年。

[194][美]罗威廉:《最后的中华帝国:大清》,李仁渊、张远译,北京:中信出版社,2016年。

[195][土]丹尼·罗德里克:《经济学的规则》,刘波译,北京:中信出版集团,2017年。

[196][土]丹尼·罗德里克:《贸易的真相:如何构建理性的世界经济》,卓贤译,北京:中信出版社,2018年。

[197]菲力蒲·G.罗伊德:《民族—国家的创建方式》,练睿民译,载郭忠华、郭台辉编《当代国家理论:基础与前沿》,广州:广东人民出版社,2017年。

[198][美]罗伯特·B.马克斯:《现代世界的起源——全球的、生态的述说》,夏继果译,北京:商务印书馆,2006年。

[199][德]卡·马克思:《路易·波拿巴的雾月十八日》,载《马克思恩格斯选集》(第一卷),北京:人民出版社,2012年。

[200][德]卡·马克思:《〈政治经济学批判〉序言》,载《马克思恩格斯选集》(第二卷),北京:人民出版社,2012年。

[201][德]卡·马克思:《马克思致斐迪南·拉萨尔(1858年2月22日)》,载《马克思恩格斯选集》(第四卷),北京:人民出版社,2012年。

[202][美]理查德·A.马斯格雷夫:《社会科学、道德和公共部门的作用》,载[美]迈克尔·曾伯格编《经济学大师的人生哲学》,侯玲、欧阳俊、王荣军译,北京:商务印书馆,2001年。

[203][美]埃里克·S.马斯金:《第三版序言》,载[美]肯尼斯·J.阿罗《社会选择与个人价值(第三版)》,丁建峰译,上海:上海人民出版社,2020年。

[204][英]安格斯·麦迪森:《中国经济的长期表现:公元960—2030年》,伍晓鹰、马德斌译,上海:上海人民出版社,2008年。

[205][英]安格斯·麦迪森:《世界经济千年统计》,伍晓鹰、施发启译,北京:北

京大学出版社,2009年。

[206][美]罗杰·迈尔森:《对国家制度建设进行干预的准则》,《比较》2012年第6期,北京:中信出版社。

[207][美]马丁·麦圭尔,曼瑟·奥尔森:《独裁和多数规则的经济学:看不见的手与权力的运用》,《新制度经济学》(第十八辑),北京:经济科学出版社,2008年。

[208][美]乔尔·S.米格代尔:《强社会与弱国家:第三世界的国家社会关系及国家能力》,张长东等译,南京:江苏人民出版社,2009年。

[209][美]罗杰·勒罗伊·米勒、丹尼尔·K.本杰明、道格拉斯·C.诺思:《公共问题经济学(第十九版)》,王欣双等译,北京:中国人民大学出版社,2019年。

[210][美]丹尼斯·缪勒:《公共选择》,张军译,上海:生活·读书·新知三联书店上海分店,1993年。

[211][美]丹尼斯·缪勒:《公共选择理论》,杨春学等译,北京:中国社会科学出版社,1999年。

[212][美]乔尔·莫克尔:《启蒙经济:英国经济史新论》,曾鑫、熊跃根译,北京:中信出版社,2020年。

[213][美]约翰·V.C.奈:《关于国家的思考:强制世界中的产权、交易和契约安排的变化》,载[美]约翰·N.德勒巴克、约翰·V.C.奈编《新制度经济学前沿》,张宇燕等译,北京:经济科学出版社,2003年。

[214][美]弗兰克·H.奈特:《风险、不确定性与利润》,安佳译,北京:商务印书馆,2006年。

[215][美]威廉姆·A.尼斯坎南:《官僚制与公共经济学》,王浦劬等译,北京:中国青年出版社,2004年。

[216][美]道格拉斯·C.诺思:《经济学的一场革命》,载[法]克劳德·梅纳尔编《制度、契约与组织:从新制度经济学角度的透视》,刘刚等译,北京:经济科学出版社,2003年。

[217][美]道格拉斯·C.诺思:《绪论》,载[美]约翰·N.德勒巴克,约翰·V.C.奈编《新制度经济学前沿》,张宇燕等译,北京:经济科学出版社,2003年。

[218][美]道格拉斯·C.诺思:《资本主义与经济增长》,载北京大学中国经济研究中心编《站在巨人的肩上——诺贝尔经济学奖获得者北大讲演集》,北京:北京大学出版社,2004年。

[219][美]道格拉斯·C.诺思:《制度变迁理论纲要》,载北京大学中国经济研究中心编《站在巨人的肩上——诺贝尔经济学奖获得者北大讲演集》,北京:北京大学出版社,2004年。

[220][美]道格拉斯·C.诺思:《改变中的经济和经济学》,载北京大学中国经

济研究中心编《站在巨人的肩上——诺贝尔经济学奖获得者北大讲演集》,北京:北京大学出版社,2004年。

[221][美]道格拉斯·C.诺思:《制度研究的三种方法》,载[美]大卫·柯兰德编《新古典政治经济学——寻租和DUP行动分析》,马春文、宋春艳译,长春:长春出版社,2005年。

[222][美]道格拉斯·C.诺思:《期待着政治学和经济理论的联姻》,载[美]詹姆斯·艾尔特、玛格丽特·莱维、埃莉诺·奥斯特罗姆主编《竞争与合作:与诺贝尔经济学家谈经济学和政治学》,万鹏飞等译,北京:北京大学出版社,2011年。

[223][美]道格拉斯·C.诺思、约瑟夫·瓦利斯、巴里·R.温格斯特:《暴力与社会秩序:诠释有文字记载的人类历史的一个概念性框架》,杭行、王亮译,上海:上海人民出版社,2013年。

[224][美]道格拉斯·C.诺思、约翰·沃利斯、史蒂文·韦布、巴里·温加斯特:《有限准入秩序:概念框架导论》,载[美]道格拉斯·C.诺思等编《暴力的阴影:政治、经济与发展问题》,刘波译,北京:中信出版社,2018年。

[225][美]道格拉斯·C.诺思、约翰·沃利斯、史蒂文·韦布、巴里·温加斯特:《教训:暴力的阴影》,载[美]道格拉斯·C.诺思等编《暴力的阴影:政治、经济与发展问题》,刘波译,北京:中信出版社,2018年。

[226][美]道格拉斯·欧文:《亚当·斯密论"尚可容忍的司法管理"和国民财富》,《比较》2021年第1期,北京:中信出版社。

[227][俄]普列汉诺夫:《论个人在历史上的作用问题》,王荫庭译,北京:商务印书馆,2010年。

[228][美]芮玛丽:《同治中兴:中国保守主义的最后抵抗(1862—1874)》,房德邻等译,北京:中国社会科学出版社,2002年。

[229][美]保罗·A.萨缪尔森:《经济分析基础(增补版)》,何耀等译,大连:东北财经大学出版社,2006年。

[230][印]阿马蒂亚·森:《理性与自由》,李风华译,北京:中国人民大学出版社,2006年。

[231][德]迪特·森哈斯:《欧洲发展的历史经验》,梅俊杰译,北京:商务印书馆,2015年。

[232][英]亚当·斯密:《国民财富的性质和原因的研究(上卷)》,郭大力、王亚南译,北京:商务印书馆,1972年。

[233][英]亚当·斯密:《国民财富的性质和原因的研究(下卷)》,郭大力、王亚南译,北京:商务印书馆,1974年。

[234][英]亚当·斯密:《道德情操论》,蒋自强、钦北愚、朱钟棣、沈凯璋译,北

京:商务印书馆,1997年。

[235][英]欧内斯特·莫斯纳、伊恩·辛普森·罗斯:《亚当·斯密通信集》,林国夫、吴良健、王翼龙、蔡受百译,北京:商务印书馆,1992年。

[236][英]亚当·斯密:《法理学讲义》,R.L.米克,D.D.拉斐尔,P.G.斯坦编,冯玉军、郑海平、林少伟译,北京:中国人民大学出版社,2017年。

[237][美]A.爱伦·斯密德:《财产、权力和公共尊重——对法和经济学的进一步思考》,黄祖辉译,上海:上海人民出版社,1999年。

[238][英]昆廷·斯金纳:《国家与自由:斯金纳访华讲演录》,北京:北京大学出版社,2018年。

[239][美]斯塔夫里亚诺斯:《全球分裂:第三世界的历史进程》,迟越、王红生等译,北京:商务印书馆,1993年。

[240][美]安德烈·施莱弗、罗伯特·维什尼:《掠夺之手:政府病及其治疗》,北京:中信出版社,2004年。

[241][美]戈登·塔洛克:《寻租:对寻租活动的经济学分析》,李政军译,成都:西南财经大学出版社,1999年。

[242][美]戈登·塔洛克:《如何既做好事又得好报》,载[美]大卫·柯兰德编《新古典政治经济学——寻租和DUP行动分析》,马春文、宋春艳译,长春:长春出版社,2005年。

[243][美]戈登·图洛克:《贫富与政治》,梁海音、范世涛等译,长春:长春出版社,2006年。

[244][美]戈登·塔洛克:《论投票:一个公共选择的分析》,李政军、杨蕾译,成都:西南财经大学出版社,2007年。

[245][美]戈登·塔洛克:《寻租》,载[美]查尔斯·K.罗利编《财产权与民主的限度》,刘晓峰译,北京:商务印书馆,2007年。

[246][美]戈登·图洛克:《特权和寻租的经济学》,王永钦、丁菊红译,上海:上海人民出版社,2008年。

[247][美]戈登·塔洛克:《经济等级制、组织与生产的结构》,柏克、郑景胜译,北京:商务印书馆,2010年。

[248][美]戈登·塔洛克:《官僚体制的政治》,柏克、郑景胜译,北京:商务印书馆,2010年。

[249][美]戈登·塔洛克:《公共选择:戈登·塔洛克论文集》,北京:商务印书馆,2011年。

[250][美]安东尼·唐斯:《官僚制内幕》,郭小聪等译,北京:中国人民大学出版社,2006年。

[251] [英]汤因比:《历史研究(上册)》,曹未风译,上海:上海人民出版社,1959年。

[252] [美]万志英:《剑桥中国经济史:古代到19世纪》,崔传刚译,北京:中国人民大学出版社,2018年。

[253] [美]王国斌:《转变的中国——历史变迁与欧洲经验的局限》,李伯重、连玲玲译,南京:江苏人民出版社,1999年。

[254] [美]卡尔·魏特夫:《东方专制主义:对于极权力量的比较研究》,北京:中国社会科学出版社,1989年。

[255] [美]奥利弗·威廉姆森:《交易成本经济学的自然演进》,载中信《比较》编辑室编《建立现实世界的经济学:诺贝尔经济学奖得主颁奖演说文集》,北京:中信出版社,2012年。

[256] [美]奥利弗·威廉姆森:《治理机制》,石烁译,北京:机械工业出版社,2016年。

[257] [美]奥利弗·威廉姆森:《契约、治理与交易成本经济学》,陈耿宣编译,北京:中国人民大学出版社,2020年。

[258] [美]巴里·温格斯特:《有限政府的政治基础:17—18世纪英格兰的议会和君主债务》,载[美]约翰·N.德勒巴克、约翰·V.C.奈编《新制度经济学前沿》,张宇燕等译,北京:经济科学出版社,2003年。

[259] [德]马克斯·韦伯:《学术与政治:韦伯的两篇演说》,冯克利译,北京:生活·读书·新知三联书店,1998年。

[260] [瑞典]奈特·维克塞尔:《正义税收的新原则》,载[美]理查德·A.马斯格雷夫,艾伦·T.皮考克编《财政理论史上的经典文献》,刘守刚、王晓丹译,上海:上海财经大学出版社,2015年。

[261] [美]赫伯特·西蒙:《人类活动中的理性》,胡怀国、冯科译,桂林:广西师范大学出版社,2016年。

[262] [英]西尼尔:《政治经济学大纲》,蔡受百译,北京:商务印书馆,1977年。

[263] [以]阿耶·希尔曼:《公共财政与公共政策——政府的责任与局限》,王国华译,北京:中国社会科学出版社,2006年。

[264] [英]约翰·希克斯:《经济史理论》,厉以平译,北京:商务印书馆,1987年。

[265] 查尔斯·辛格,E.J.霍姆亚姆,A.R.霍尔,特雷弗·J.威廉斯:《技术史:文艺复兴至工业革命,约1500年至约1750年》(第三卷),高亮华、戴吾三译,上海:上海科技教育出版社,2004年。

[266] [美]约瑟夫·熊彼特:《经济发展理论——对于利润、资本、信贷、利息和

经济周期的考察》,何畏、易家祥等译,北京:商务印书馆,1990年。

[267][美]约瑟夫·熊彼特:《经济分析史》(第二卷),杨敬年译,北京:商务印书馆,1992年。

[268][美]约瑟夫·熊彼特:《资本主义、社会主义与民主》,吴良健译,北京:商务印书馆,1999年。

[269][美]易劳逸:《1927—1937年国民党统治下的中国流产的革命》,陈谦平、陈红民等译,北京:中国青年出版社,1992年。

[270][美]易劳逸:《毁灭的种子:战争与革命中的国民党中国(1937—1949)》,王建朗等译,南京:江苏人民出版社,2010年。

[271][英]张夏准:《富国陷阱:发达国家为何踢开梯子?》(修订本),肖炼、倪延硕等译,北京:社会科学文献出版社,2009年。

[272]《中共中央关于党的百年奋斗重大成就和历史经验的决议》,北京:人民出版社,2021年。

[273] Acemoglu, Daron, 2005, "Politics and Economics in Weak and Strong States", *Journal of Monetary Economics*, Vol. 53, No. 7, pp. 1199–1226.

[274] Acemoglu, Daron, 2010, "Institutions, Factor Prices, and Taxation: Virtues of Strong States", *American Economic Review*, *Papers & Proceedings*, Vol. 100, No. 2, pp. 115–119.

[275] Acemoglu, Daron, and James Robinson, 2006, *Economic Origins of Dictatorship and Democracy*, Cambridge: Cambridge University Press.

[276] Acemoglu, Daron, and James Robinson, 2012, *Why Nations Fail: The Origins of Power, Prosperity, and Poverty*, New York: Crown Business.

[277] Acemoglu, Daron, and James Robinson, 2012b, "Response to Fukuyama's Review".

[278] Acemoglu, Daron, and James Robinson, 2019, *The Narrow Corridor: States, Societies and the Fate of Liberty*, New York: Penguin Press.

[279] Acemoglu, Daron, Simon Johnson, and James Robinson, 2005, "Institutions as the Fundamental Causes of Long-Run Growth", in Philippe Aghion and Steve Durlauf (eds.), *Handbook of Economic Growth*, Vol. 2B, Amsterdam: North Holland.

[280] Acemoglu, Daron, Simon Johnson, and James Robinson, 2005, "The Rise of Europe Atlantic Trade, Institutional Change, and Economic Growth", *American Economic Review*, Vol. 95, No. 3.

[281] Alchian, Armen, 1950, "Uncertainty, Evolution, and Economic Theory", *Journal of Political Economy*, Vol. 58, No. 3.

[282] Almeida, Rafael, 2019, "Douglass North as a Political Economist", *CHOPE Working Paper* No. 2019(05).

[283] Aoki, Masahiko, 2001, *Towards a Comparative Institutional Analysis*, Cambridge, Massachusetts: MIT Press.

[284] Barzel, Yoram, 1992, "Confiscation by the Ruler: The Rise and Fall of Jewish Lending in the Middle Ages", *Journal of Law and Economics*, Vol. 35, No. 1.

[285] Barzel, Yoram, 2000, "Property Rights and the Evolution of the State", *Economics of Governance*, Vol. 1, No. 1.

[286] Barzel, Yoram, 2002, *A Theory of the State: Economic Rights, Legal Rights, and the Scope of the State*, New York: Cambridge University Press.

[287] Baumol, William, 1990, "Entrepreneurship: Productive, Unproductive and Destructive", *Journal of Political Economy*, Vol. 98, No. 3.

[288] Besley, Timothy, and Torsten Persson, 2011, *Pillars of Prosperity: the Political Economics of Development Clusters*, Princeton: Princeton University Press.

[289] Besley, Timothy, and Torsten Persson, 2014, "The Causes and Consequences of Development Clusters: State Capacity, Peace, and Income", *Annual Review of Economics*, Vol. 6, No. 1.

[290] Blanchard and Shleifer, 2001, "Federalism with and without Political Centralization: China Versus Russia", *IMF Staff Papers*, Vol. 48.

[291] Brennan, Geoffrey, 2012, "Politics as Exchange and the Calculus of Consent", *Public Choice*, Vol. 152, No. 3/4.

[292] Buchanan, James, 1949, "The Pure Theory of Government Finance: A Suggested Approach", *Journal of Political Economy*, Vol. 57, No. 6.

[293] Buchanan, James, 1952, "Wicksell on Fiscal Reform: Comment", *American Economic Review*, Vol. 42, No. 4.

[294] Buchanan, James, 1954, "Social Choice, Democracy, and Free Markets", *Journal of Political Economy*, Vol. 62, No. 2.

[295] Buchanan, James, 1954, "Individual Choice in Voting and the Market", *Journal of Political Economy*, Vol. 62, No. 4.

[296] Buchanan, James, 1959, "Positive Economics, Welfare Economics, and Political Economy", *Journal of Law & Economics*, Vol. 2, No. 1.

[297] Buchanan, James, 1962, "The Relevance of Pareto Optimality", *Journal of Conflict Resolution*, Vol. 6, No. 4.

[298] Buchanan, James, 1962/1999, "Predictability: The Criterion of Monetary

Constitutions", in Geoffrey Brennan, Hartmut Kliment and Robert Tollison (eds.), *The Collected Works of James M. Buchanan*, Vol. 1, *The Logical Foundations of Constitutional Liberty*, Indianapolis: Liberty Fund.

[299] Buchanan, James, 1972/1999, "Before Public Choice", in Geoffrey Brennan, Hartmut Kliment and Robert Tollison (eds.), *The Collected Works of James M. Buchanan*, Vol. 1, *The Logical Foundations of Constitutional Liberty*, Indianapolis: Liberty Fund.

[300] Buchanan, James, 1972, "Politics, Property, and the Law: An Alternative Interpretation of Miller et al. v. Schoene", *Journal of Law & Economics*, Vol. 15, No. 2.

[301] Buchanan, 1976, "Adam Smith on Public Choice", *Public Choice*, Vol. 25, No. 1.

[302] Buchanan, James, 1979/1999, "Politics without Romance: A Sketch of Positive Public Choice Theory and Its Normative Implications", in Geoffrey Brennan, Hartmut Kliment and Robert Tollison (eds.), *The Collected Works of James M. Buchanan*, Vol. 1, *The Logical Foundations of Constitutional Liberty*, Indianapolis: Liberty Fund.

[303] Buchanan, James, 1980/1999, "Rent Seeking and Profit Seeking", in Geoffrey Brennan, Hartmut Kliment and Robert Tollison (eds.), *The Collected Works of James M. Buchanan*, Vol. 1, *The Logical Foundations of Constitutional Liberty*, Indianapolis: Liberty Fund.

[304] Buchanan, James, 1984/1999, "Rights, Efficiency, and Exchange: The Irrelevance of Transactions Cost", in Geoffrey Brennan, Hartmut Kliment and Robert Tollison (eds.), *The Collected Works of James M. Buchanan*, Vol. 1, *The Logical Foundations of Constitutional Liberty*, Indianapolis: Liberty Fund.

[305] Buchanan, James, 1986/1999, "Better than Plowing", in Geoffrey Brennan, Hartmut Kliment and Robert Tollison (eds.), *The Collected Works of James M. Buchanan*, Vol. 1, *The Logical Foundations of Constitutional Liberty*, Indianapolis: Liberty Fund.

[306] Buchanan, James, 1987, "The Constitution of Economic Policy", *American Economic Review*, Vol. 77, No. 3.

[307] Buchanan, James, 1987, "An Interview with Laureate James Buchanan", *Austrian Economics Newsletter*, Vol. 9, No. 1.

[308] Buchanan, James, 1989/1999, "The Relatively Absolute Absolutes", in Geoffrey Brennan, Hartmut Kliment and Robert Tollison (eds.), *The Collected Works of James M. Buchanan*, Vol. 1, *The Logical Foundations of Constitutional Liberty*, India-

napolis: Liberty Fund.

[309] Buchanan, James, 1990/1999, "Socialism Is Dead but Leviathan Lives on", in Geoffrey Brennan, Hartmut Kliment and Robert Tollison (eds.), *The Collected Works of James M. Buchanan, Vol. 1, The Logical Foundations of Constitutional Liberty*, Indianapolis: Liberty Fund.

[310] Buchanan, James, 1994, "Choosing What to Choose", *Journal of Institutional and Theoretical Economics*, Vol. 150, No. 1.

[311] Buchanan, James, 1995, "Economic Science and Cultural Diversity", *KYKLOS*, Vol. 48, No. 2.

[312] Buchanan, James, 2003, "Public Choice: The Origins and Development of a Research Program", Working Paper, Center for Study of Public Choice, George Mason University.

[313] Buchanan, James, 2010, "The Constitutionalization of Money", *Cato Journal*, Vol. 30, No. 2.

[314] Buchanan, James and Viktor Vanberg, 1991, "The Market as a Creative Process", *Economics and Philosophy*, Vol. 7, No. 2.

[315] Coase, Ronald, 1937, "The Nature of the Firm", *Economica*, Vol. 4, No. 16.

[316] Coase, Ronald, 1960, "The Problem of Social Cost", *Journal of Law & Economics*, Vol. 3, No. 2.

[317] Coase, Ronald, 1984, "The New Institutional Economics", *Journal of Institutional and Theoretical Economics*, Vol. 140, No. 1.

[318] Coase, Ronald, 1992, "The Institutional Structure of Production", *American Economic Review*, Vol. 82, No. 4.

[319] Coats, A. W., 1976, "Economics and Psychology: the Death and Resurrection", in Spiro Latsis (ed.), *Method and Appraisal in Economics*.

[320] Cox, Gary, Douglass North, and Barry Weingast, 2019, "The Violence Trap: A Political-Economic Approach to the Problems of Development", *Journal of Public Finance and Public Choice*, Vol. 34, No. 1.

[321] Davis, Lance, and Douglass North, 1971, *Institutional Change and American Economic Growth*, Cambridge: Cambridge University Press.

[322] Emmett, Ross, 2018, "Why James Buchanan Kept Frank Knight's Picture on His Wall Despite Fundamental Disagreements on Economics, Ethics, and Politics", in Richard Wagner (ed.), *James M. Buchanan: A Theorist of Political Economy and Social Philosophy*, London: Palgrave Macmillan.

[323] Farrant, Andrew, 2019, "What Should (Knightian) Economists Do? James M. Buchanan's 1980 Visit to Chile", *Southern Economic Journal*, Vol. 85, No. 3.

[324] Farrant, Andrew and Vlad Tarko, 2019, "James M. Buchanan's 1981 Visit to Chile: Knighttian Democrat or Defender of the 'Devil's Fix'", *Review of Austrian Economics*, Vol. 32, No. 1.

[325] Fu, Charles Wei-Hsun, 1976, "Creative Hermeneutics: Taoist Metaphysics and Heidegger", *Journal of Chinese Philosophy*, Vol. 3, No. 2.

[326] Garud, Raghu, Cynthia Hardy, and Steve Maguire, 2013, "Institutional Entrepreneurship", in Elias Garaynnis (ed.), *Encyclopedia of Creativity, Invention, Innovation, and Entrepreneurship*, New York: Springer.

[327] Gennaioli, Nicola, and Hans-Joachim Voth, 2015, "State Capacity and Military Conflict", *Review of Economic Study*, Vol. 82, No. 4.

[328] Greif, Avner, 2006, *Institutions and the Path to the Modern Economy: Lessons from Medieval Trade*, Cambridge: Cambridge University Press.

[329] Greif, Avner, 2008, "North, Douglass Cecil (born 1920)", in Steven Durlauf and Lawrence Blume (eds.), *The New Palgrave Dictionary of Economics (second edition)*, Vol. 6, New York: Palgrave Macmillan.

[330] Greif, Avner, 2014, "Do Institutions Evolve?", *Journal of Bioeconomics*, Vol. 16, No. 1.

[331] Greif, Avner, and Steven Tadelis, 2010, "A Theory of Moral Persistence: Crypto-morality and Political Legitimacy", *Journal of Comparative Economics*, Vol. 38, No. 3.

[332] Greif, Avner, and Murat Iyigun, 2013, "Social Organizations, Violence, and Modern Growth", *American Economic Review: Papers & Proceedings*, Vol. 103, No. 3.

[333] Greif, Avner, and Jared Rubin, 2016, "Political Legitimacy and the Transition to the Rule of Law: The English Experience", Working Paper.

[334] Greif, Avner, and Joel Mokyr, 2017, "Cognitive Rules, Institutions, and Economic Growth: Douglass North and Beyond", *Journal of Institutional Economics*, Vol. 13, No. 1.

[335] Hansjürgens, Bernd, 2000, "The Influence of Knut Wicksell on Richard Musgrave and James Buchanan", *Public Choice*, Vol. 103, No. 1/2.

[336] Hayami, Yujiro, and Yoshihisa Godo, 2005, *Development Economics: From the Poverty to the Wealth of Nations*, Oxford: Oxford University Press.

[337] Hayek, F. A, 1955, "Degree of Explanation", *British Society for the Philoso-

phy of Science, Vol. 6, No. 23.

[338] Hayek, F. A., 1960, *The Constitution of Liberty*, Chicago: University of Chicago Press.

[339] Hayek, F. A., 1974, "The Pretence of Knowledge", *American Economic Review*, Vol, 79, No. 6.

[340] Hersch, Gil and Daniel Houser, 2018, "From Models to Experiments; James Buchanan and Charles Plott", in Richard Wagner (ed.), *James M. Buchanan: A Theorist of Political Economy and Social Philosophy*, London: Palgrave Macmillan.

[341] Hodgson, Geoffrey, 2017, "Introduction to the Douglass C. North Memorial Issue", *Journal of Institutional Economics*, Vol. 13, No. 1.

[342] Horn, Karen, 2009, *Roads to Wisdom, Conversations with Ten Nobel Laureates in Economics*, Cheltenham: Edward Elgar.

[343] Horn, Karen, 2011, "James M. Buchanan-Doing away with Discrimination and Domination", *Journal of Economics Behavior & Organization*, Vol. 80, No. 2.

[344] Kaldor, Nicholas, 1961, Capital Accumulation and Economic Growth, In F. A. Lutz and D. C. Hague (eds.), *The Theory of Capital*: Proceedings of a Conference held by the International Economic Association, London: Macmillan.

[345] Knight, Jack, and Douglass North, 1997, "Explaining Economic Change: The Interplay between Cognition and Institutions", *Legal Theory*, Vol. 3, No. 3.

[346] Krueger, Anne, 1974, "The Politcal Economy of the Rent-Seeking Society", *American Economic Review*, Vol. 64, No. 3.

[347] Latsis, S. J., "A Research Programme in Economics", in Spiro Latsis (ed.), *Method and Appraisal in Economics*.

[348] Lee, Hsien-Chung, 2020, "Using 'Thought Units' to Apply the Method of Creative Hermeneutics", *International Communication of Chinese Culture*, Vol. 7, No. 4.

[349] Mann, Michael, 1986, *The Sources of Social Power, Volume Ⅰ: A History of Power from Beginning to A. D. 1760*, Cambridge: Cambridge University Press.

[350] Mann, Michael, 1993, *The Sources of Social Power, Volume Ⅱ: The Rise of Classes and Nation-States, 1760-1914*, Cambridge: Cambridge University Press.

[351] Mann, Michael, 2012, *The Sources of Social Power, Volume Ⅲ: Global Empires and Revolution, 1890-1945*, Cambridge: Cambridge University Press.

[352] Mann, Michael, 2013, *The Sources of Social Power, Volume Ⅵ: Globalizations, 1945-2011*, Cambridge: Cambridge University Press.

[353] Marshall, Alfred, 1920, *Principles of Economics (8th Edition)*, London: Pal-

grave Macmillan.

[354] McCloskey, Deirdre, 2010, *Bourgeois Dignity: Why Economics can't Explain the Modern World*, Chicago: Chicago University Press.

[355] McGuire, Martin, 1998, "Mancur Lloyd Olson, JR. 1932–1998 Personal Recollections", *Eastern Economic Journal*, Vol. 24, No. 3.

[356] Ménard, Claude, and Mary Shirley, 2014, "The Contribution of Douglass North to New Institutional Economics", in Sebastian Galiani and Itai Sened (eds.), *Institutions, Property Rights, and Economic Growth: The Legacy of Douglass North*, Cambridge: Cambridge University Press.

[357] Mokyr, Joel, 2014, "Culture, Institutions, and Modern Growth", in Sebastian Galiani and Itai Sened (eds.), *Institutions, Property Rights, and Economic Growth: The Legacy of Douglass North*, Cambridge: Cambridge University Press.

[358] Mokyr, Joel, 2016, *A Culture of Growth: The Origins of the Modern Economy*, Princeton: Princeton University Press.

[359] Mueller, Dennis, 1998, "Obituary: in Memoriam, Mancur Olson 1932–1998", *Public Choice*, Vol. 97, No. 4.

[360] Mueller, Dennis, 2003, *Public Choice Ⅲ*, Cambridge: Cambridge University Press.

[361] Musgrave, Richard, 1939, "The Voluntary Exchange Theory of Public Economy", *Quaterly Journal of Economics*, Vol. 53, No. 2.

[362] Musgrave, Richard, 1959, *The Theory of Public Finance: A Study in Public Economy*, New York: McGraw-Hill.

[363] North, Douglass, 1961, *The Economic Growth of the United States, 1790–1860*, New Jersey: Prentice-Hall, Inc..

[364] North, Douglass, 1968, "Sources of Productivity Change in Ocean Shipping, 1600–1850", *Journal of Political Economy*, Vol. 76, No. 5.

[365] North, Douglass, 1974, "Beyond the New Economic History", *Journal of Economic History*, Vol. 34, No. 1.

[366] North, Douglass, 1976, "The Place of Economic History in the Discipline of Economics", *Economic Inquiry*, Vol. 14, No. 4.

[367] North, Douglass, 1977, "Economic Growth: What have We Learned from the Past?", *Carnegie-Rochester Conference Series on Public Policy*, Vol. 6.

[368] North, Douglass, 1978, "Structure and Performance: The Task of Economic History", *Journal of Economic Literature*, Vol.16, No. 3.

[369] North, Douglass, 1979, "A Framework for Analyzing the State in Economic History", *Explorations in Economic History*, Vol. 16, No. 3.

[370] North, Douglass, 1981, *Structure and Change in Economic History*, New York: W. W. Norton & Company, Inc..

[371] North, Douglass, 1982, "The Theoretical Tools of the Economic Historian", in Charles Kindleberger, and Guido di Tella (eds.), *Economics in the Long View: Essays in Honour of W. W. Rostow*, Vol. 1, Models and Methodology, London: Macmillan Press Ltd.

[372] North, Douglass, 1984, "Transaction Costs, Institutions, and Economic History", *Journal of Institutional and Theoretical Economics*, Vol. 140, No. 1.

[373] North, Douglass, 1985, "The Growth of Government in the United States: An Economic Historian's Perspective", *Journal of Public Economics*, Vol. 28, No. 3.

[374] North, Douglass, 1986, "Is It Worth Making Sense of Marx?", *Inquiry*, Vol. 29, No. 1-4.

[375] North, Douglass, 1988, "Ideology and Political/Economic Institutions", *Cato Journal*, Vol. 8, No. 1.

[376] North, Douglass, 1989, "Final Remarks-Institutional Change and Economic History", *Journal of Institutional and Theoretical Economics*, Vol. 145, No. 1.

[377] North, Douglass, 1989, "A Transaction Cost Approach to Historical Development of Polities and Economies", *Journal of Institutional and Theoretical Economics*, Vol. 145, No. 4.

[378] North, Douglass, 1990, *Institutions, Institutional Change, and Economic Performance*, New York: Cambridge University Press.

[379] North, Douglass, 1990, "A Transaction Cost Theory of Politics", *Journal of Theoretical Politics*, Vol. 2, No. 4.

[380] North, Douglass, 1993, "Institutions and Credible Commitment", *Journal of Institutional and Theoretical Economics*, Vol. 149, No. 1.

[381] North, Douglass, 1994, "Economic Performance through Time", *American Economic Review*, Vol. 84, No. 3.

[382] North, Douglass, 1994, "The Historical Evolution of Politics", *International Review of Law and Economics*, Vol. 14, No. 4.

[383] North, Douglass, 1995, "The Paradox of the West", In R. W. Davis (ed.), *The Origins of Modern Freedom in the West*, Stanford: Stanford University Press.

[384] North, Douglass, 1995, "The New Institutional Economics and Third World

Development", in John Harriss, Janet Hunter, and Colin Lewis (eds.), *The New Institutional Economics and Third World Development*, New York: Routledge.

[385] North, Douglass, 1999, "Hayek's Contribution to Understanding the Process of Economic Change", in Viktor Vanberg (ed.), *Freiheit, Wettbewerb und Wirtschaftsordnung*, Freiburg: Haufe.

[386] North, Douglass, 2005, *Understanding the Process of Economic Change*, Princeton: Princeton University Press.

[387] North, Douglass, and Robert Thomas, 1971, "The Rise and Fall of Manorial System: A Theoretical Model", *Journal of Economic History*, Vol. 31, No. 4.

[388] North, Douglass, and Robert Thomas, 1973, *The Rise of The Western World: A New Economic History*, Cambridge: Cambridge University Press.

[389] North, Douglass, and Barry Weingast, 1989, "Constitutions and Commitment: The Evolution of Institutional Governing Public Choice in Seventeenth-Century England", *Journal of Economic History*, Vol. 49, No. 4.

[390] North, Douglass, John Wallis, and Barry Weingast, 2006, "A Conceptual Framework for Interpreting Recorded Human History", *NBER working paper 12795*.

[391] North, Douglass, John Wallis, Steven Webb, and Barry Weingast, 2007, "Limited Access Orders in the Developing World: A New Approach to the Problems of Development", *World Bank Policy Research Working Paper No. 4359*.

[392] North, Douglass, John Wallis and Barry Weingast, 2009, Violence and Social Orders: *A Conceptual Framework for Interpreting Recorded Human History*, Cambridge: Cambridge University Press.

[393] North, Douglass, Gardner Brown, and Dean Lueck, 2015, "A Conversation with Douglass North", *Annual Review of Resource Economics*, Vol. 7, No. 1.

[394] Olson, Mancur, 1962, "Reviewed Work (s): The Calculus of Consent: Logical Foundations of Constitutional Democracy by James M. Buchanan and Gordon Tullock", *American Economic Review*, Vol. 52, No. 5.

[395] Olson, Mancur, 1986, "Toward a More General Theory of Governmental Structure", *American Economic Review, Papers and Proceedings*, Vol. 76, No. 2.

[396] Olson, Mancur, and Christopher Clague, 1971, "Dissent in Economics: The Convergence of Extremes", *Social Research*, Vol. 38, No. 4.

[397] Ostrom, Elinor, 2011, "Honoring James Buchanan", *Journal of Economic Behavior & Organization*, Vol. 80, No. 2.

[398] Pantsov, Alexander, and Steven Levine, *Deng Xiaoping: A Revolutionary*

Life, New York: Oxford University Press.

[399] Pincus, Steven, and James Robinson, 2014, "What Really Happened during the Glorious Revolution", in Sebastian Galiani and Itai Sened (eds.), *Institutions, Property Rights, and Economic Growth: The Legacy of Douglass North*, Cambridge: Cambridge University Press.

[400] Robbins, Lionel, 1932, *An Essay on the Nature and Significance of Economic Science (first edition)*, London: Macmillan & Co., Limited.

[401] Rowley, Charles, 2008, "Public Choice Trailblazers versus the Tyanny of the Intellectutal Estabishment", in Charles Rowley and Friedrich Schneider (ed.), *Readings in Public Choice and Constitutional Political Economy*, Boston: Springer.

[402] Rowley, Charles, 2008, "Gordon Tullock (1922-)", in Charles Rowley and Friedrich Schneider (ed.), *Readings in Public Choice and Constitutional Political Economy*, New York: Springer.

[403] Russel, Bertrand, 1934/2004, *Power: A New Social Analysis*, London: Routledge.

[404] Samuelson, Paul, 1954, "The Pure Theory of Public Expenditure", *Review of Economics and Statistics*, Vol. 36, No. 4.

[405] Samuelson, Paul, 1955, "Diagrammatic Exposition of a Theory of Public Expenditure", *Review of Economics and Statistics*, Vol. 37, No. 4.

[406] Schumpeter, Joseph, 1918/2012, "The Crisis of Tax State", in Jurgen Backhaus (ed.), *Navies and State Formation: The Schumpeter Hypothesis Revisited and Reflected*, Wirtschaft: Forschung und Wissenschaft.

[407] Sen, Amartya, 1986, "Prediction and Economic Theory", *Proceedings of the Royal Society of London, Series A, Mathematical and Physical Science*, Vol. 407, No. 1832.

[408] Sen, Amartya, 1999, *Development as Freedom*, New York: Alfred A. Knopf.

[409] Sen, Amartya, 2009, *The Idea of Justice*, London: Penguin Book.

[410] Sen Amartya, 2011, "On James Buchanan", *Journal of Economic Behavior & Organization*, Vol. 80, No. 2.

[411] Simon, Herbert, 1955, "A Behavioral Model of Rational Choice", *Quarterly Journal of Economics*, Vol. 69, No. 1.

[412] Smith, Adam, 1982, *Essays on Philosophical Subjects*, Indianapolis: Liberty Fund.

[413] Snowdon, Brian, 2016, "Institutions, Economic Growth and Development: A

Conversation with Nobel Laureate Douglass North", *World Economics*, Vol. 17, No. 4.

[414] Tabellini, Guido, 2008, "Institutions and Culture", Journal of the European Economic Association, Vol. 6, No. 2-3.

[415] Tullock, Gordon, 1972, "Review: Institutional Change in American Economic Growth by Lance E. Davis and Douglass C. North", *Public Choice*, Vol. 13, No. 1.

[416] Tullock, Gordon, 1983, "The Rise and Decline of Nations by Mancur Olson", *Public Choice*, Vol. 40, No. 1.

[417] Tullock, Gordon, 1983, "Review: Structure and Change in Economic History by Douglass C. North", *Public Choice*, Vol. 40, No. 2.

[418] Tullock, Gordon, 1998, "Obituary: In Honor of a Colleague, Mancur Olson 1932-1998", *Public Choice*, Vol. 97, No. 4.

[419] Vanberg, Viktor, 1992, "Review: Institutions, Institutional Change and Economic Performance by Douglass C. North", *Public Choice*, Vol. 74, No. 3.

[420] Vogl, Ezra, 2011, *Deng Xiaoping and the Transformation of China*, Cambridge, Massachusetts: Belknap Press.

[421] Wallis, John, 2014, "Persistence and Change in Institutions: The Evolution of Douglass C. North", in Sebastian Galiani and Itai Sened (eds.), *Institutions, Property Rights, and Economic Growth: The Legacy of Douglass North*, Cambridge: Cambridge University Press.

[422] Wallis, John, 2016, "The New Economic History and Beyond: The Scholarship of Douglass C. North", *Journal of Economic History*, Vol. 76, No. 3.

[423] Wallis, John, and Douglass North, 1986, "Measuring the Transaction Sector in the American Economy, 1870-1970", in Stanley Engerman and Robert Gallman (eds.), *Long-Term Factors in American Economic Growth*, Chicago: Chicago University Press.

[424] Williamson, Oliver, 1975, *Markets and Hierarchies: Analysis and Antitrust Implication: A Study in the Economics of Internal Organization*, New York: The Free Press.

[425] Williamson, Oliver, 1985, *The Economic Institutions of Capitalism: Firms, Markets, Relational Contracting*, New York: Free Press.

[426] Williamson, Oliver, 1989, "Transaction Cost Economics", in Richard Schmalensee and Robert Wiliig (eds.), *Handbook of Industrial Organization*, Vol. 1.

[427] Williamson, Oliver, 2000, "The New Institutional Economics: Taking Stock, Looking Ahead", *Journal of Economic Literature*, Vol. 38, No. 3.

[428] Wong, Bin, 2012, "Taxation and Good Governance in China, 1500–1914", in Bartolomé Yun-Casalilla, Patrick O'Brien, and Francisco Comín (eds.), *The Rise of Fiscal States: A Global History*, 1500–1914, Cambridge: Cambridge University Press.

[429] Xu, Chenggang, 2011, "The Foundamental Institutions of China's Reforms and Development", *Journal of Economic Literature*, Vol. 49, No. 4.

[430] Zhao, Dingxin, 2009, "The Mandate of Heaven and Performance Legitimation in Historical and Contemporary China", *American Behavioral Scientist*, Vol. 53, No. 3.